BRASIL EM PROJETOS

Jurandir Malerba

BRASIL EM PROJETOS

História dos sucessos políticos e planos
de melhoramento do reino. Da ilustração
portuguesa à Independência do Brasil

FGV EDITORA

Copyright © 2020 Jurandir Malerba

Direitos desta edição reservados à
FGV EDITORA
Rua Jornalista Orlando Dantas, 9
22231-010 | Rio de Janeiro, RJ | Brasil
Tels.: 0800-021-7777 | 21-3799-4427
Fax: 21-3799-4430
editora@fgv.br | pedidoseditora@fgv.br
www.fgv.br/editora

Impresso no Brasil | *Printed in Brazil*

*Todos os direitos reservados. A reprodução não autorizada desta publicação,
no todo ou em parte, constitui violação do copyright (Lei nº 9.610/98).*

Os conceitos emitidos neste livro são de inteira responsabilidade dos autores.

1ª edição – 2020; 1ª reimpressão – 2024.

Preparação de originais: Ronald Polito
Projeto gráfico de miolo e diagramação: Mari Taboada
Revisão: Michele Mitie Sudoh
Capa: Estúdio 513
Imagens da capa: Vista externa da Galeria da Aclamação: do Rei D. João VI (no Rio de Janeiro),
Thierry Frères, 1839 (Biblioteca Nacional do Rio de Janeiro); Planta e prospecto geométrico da
régia varanda que se eregio para a Feliz Aclamaçaõ de Nosso Augusto Soberano o S. D. Joaõ
VI. em a Côrte do Rio de Janeiro, J. S. Moniz, séc. XIX, (Pinacoteca do Estado de São Paulo).
Imagens: Wikimedia Commons, exceto p. 107 (Biblioteca Nacional de Portugal), p. 112 (Bi-
blioteca Brasiliana Guita e José Mindlin), p. 167 (The Metropolitan Museum of Art), p. 196
(Biblioteca Brasiliana Guita e José Mindlin), p. 203 (Biblioteca Brasiliana Guita e José Mindlin),
p. 238 (Biblioteca Brasiliana Guita e José Mindlin), p. 242 (Biblioteca Nacional), p. 248
(Biblioteca Luso-Brasileira), p. 284 (Museu Histórico Nacional) e caderno de fotos p. 3, alto
a direita (Museu Paulista da USP), p. 4, alto (Itaú Cultural), p. 5. alto (Hitoire des Fregates),
p. 6, alto (Museu da Chácara do Céu), embaixo (Museu Nacional de Belas Artes).

Ficha catalográfica elaborada pela Biblioteca Biblioteca Mario Henrique Simonsen

---

Malerba, Jurandir, 1964-
    Brasil em projetos : história dos sucessos políticos e planos de melhora-
mento do reino: da ilustração portuguesa à Independência do Brasil / Jurandir
Malerba. - Rio de Janeiro : FGV Editora, 2020.
    416 p.: il.

    Inclui bibliografia.
    ISBN: 978-65-5652-027-8

    1. Brasil - História - Período colonial, 1500-1822. 2. Brasil - História - João VI,
1808-1821. 3. Elites (Ciências sociais) - Brasil 4. Reformadores sociais - Brasil. 5.
Brasil - Vida intelectual. I. Fundação Getulio Vargas. II. Título.

                            CDD -- 981.03

Elaborada por Amanda Maria Medeiros López Ares – CRB-7/1652

Este livro é dedicado aos homens e mulheres mortos, desaparecidos, torturados, perseguidos e injustiçados, que dedicaram e dedicam suas vidas à luta em prol de projetos de Brasil solidários, democráticos e inclusivos.

SUMÁRIO

Uma outra história do Brasil   9
Prefácio: Leve como um pássaro, não como a pluma   11
Introdução: uma ponte para o passado   17

PARTE I. O BRASIL NO IMPÉRIO PORTUGUÊS

1. A era das reformas   39
2. Uma nova pedagogia   51
3. O espectro visível das luzes   59
4. A condição colonial   71
5. Alinhamento ideológico, ciência e economia política   85
6. Império luso-brasileiro, de quem?   103
7. Reformadores   113

PARTE II. O IMPÉRIO PORTUGUÊS NO BRASIL

8. Era no tempo da guerra   159
9. Uma Corte nos trópicos   169
10. Lógicas de Corte   183
11. Uma questão de classes   197
12. O personagem: d. João   205
13. José da Silva Lisboa, reformador   213

PARTE III. DE COLÔNIA PORTUGUESA A IMPÉRIO DO BRASIL

14. Independência: *passe-partout*   239
15. Cortes, conchavos e cizânias   249
16. Perfil de um homem entre dois tempos   271
17. José Bonifácio, arquiteto de quimeras   285

Conclusão: Um país para poucos   309

Agradecimentos   317
Notas   319
Referências   368
Índice onomástico   414

UMA OUTRA HISTÓRIA DO BRASIL

A FGV Editora está lançando a coleção "Uma outra história do Brasil", com o primeiro volume *Brasil em projetos*, de Jurandir Malerba.

A intenção é apresentar sínteses autorais que focalizem os grandes projetos elaborados por diferentes grupos políticos que atuaram no país ao longo dos últimos 200 anos.

A coleção visa disponibilizar para o grande público a trajetória da construção da nação, com seus conflitos, momentos de conciliação, fracassos, de forma a permitir entender porque somos um país tão excludente e desigual. Esperamos que as publicações contribuam para um melhor entendimento da nossa história e para o fortalecimento das lutas por um país mais justo e democrático .

A coleção tem previsão de publicação de mais 4 volumes, assim organizados com os seguintes títulos provisórios: *Centralismo ou localismo? Projetos para a nação brasileira (1831-1870)*; *A geração de 1870: republicanismo, positivismo e federalismo (1870-1920)*; *Modernização e nacionalismo (1920-1964)*; *Tradições em debate: autoritarismo e neo liberalismo.*

MARIETA DE MORAES FERREIRA

PREFÁCIO

LEVE COMO UM PÁSSARO, NÃO COMO A PLUMA

Pode (e deve) um livro escrito por um historiador acadêmico — com larga experiência tanto na pesquisa historiográfica quanto nas densas discussões teóricas sobre o caráter da disciplina histórica — buscar o diálogo e a aproximação com um público leitor formado por não especialistas? É possível combinar o necessário rigor no trato com as fontes documentais a uma prosa fluida, imune a certos cacoetes normativos da escrita científica? Como conciliar análise estrutural e narrativa, complexidade e legibilidade, acuidade interpretativa e limpidez de estilo?

Este livro oferece-nos algumas alternativas e possibilidades de resposta. Em paralelo ao propósito de analisar os projetos e programas traçados por agentes públicos hegemônicos ao tempo da formação do Estado brasileiro — dos estertores da Colônia ao início do Império —, Jurandir Malerba põe também em relevo, de forma resoluta, uma demanda que hoje se impõe à prática da escrita da história.

Diante do crescente interesse popular pelas representações do passado — fato que pode ser aferido pelo número cada vez mais elevado de revistas ilustradas, livros de alto consumo, blogues, canais de youtubers, páginas

nas redes sociais e programas de TV específicos —, a historiografia precisa voltar a questionar-se, mais uma vez, sobre seu lugar e papel, para a partir desse ponto crucial demonstrar sua relevância e, no limite, redefinir a compreensão que tem de si própria.

Fugir à urgência desse debate significa, no mínimo, insistir no alargamento de um vácuo que, em tempos recentes, passou a ser ocupado, de modo eficaz e ruidoso, por revisionismos, simplificações, teorias conspiratórias e negacionismos de toda espécie. É premente, portanto, que os pesquisadores mais conscienciosos de seu ofício percebam que estão sendo vencidos em uma avassaladora disputa de sentidos, numa batalha de discursos pela posse da memória — fenômeno no qual o encastelamento acadêmico tem contribuído sobremaneira para a melancólica perda de espaço público dos intelectuais e da análise mais qualificada.

Em tempos de anticientificismos, de desconstrução oficial do conhecimento, de ataques explícitos à arte e à cultura, de recusa a qualquer proposta de pensamento complexo, cabe à comunidade acadêmica repensar não só os limites de sua atuação, quase sempre circunscrita aos intramuros das universidades, mas também de redefinir os paradigmas que a definem e a sustentam. A busca por uma escrita inventiva, que brote de uma prática de pesquisa criativa — tanto na escolha dos objetos de estudo quanto no uso e exposição dos aportes teóricos que a guiam e lhe conferem mérito científico —, faz parte basilar desse processo.

Enquanto tal não ocorre ou se dá apenas de forma germinal e restrita a algumas experiências isoladas — e, ao escrever isso, não posso deixar de aludir à influência luminar que a saudosa professora Jerusa Pires Ferreira exerceu sobre minhas escolhas metodológicas como pesquisador da história e da cultura —, é recomendável, pelo menos, que tenhamos em vista a necessidade de discutirmos o devido compromisso social e ético do conhecimento acadêmico em relação à esfera pública.

Esta é a premissa básica inerente ao livro que o leitor tem em mãos. Aqui, em nenhum momento, Jurandir Malerba faz concessões — de forma ou de fundo — para buscar o êxito mercadológico como finalidade cardeal da obra. Como historiador de vasto repertório e reconhecida erudição, Malerba não recorre, por óbvio, ao simplesmente pitoresco, às facilidades do circunstancial. Também não descura da elegância da linguagem e do prazer do texto em troca de um deliberado rebaixamento do estilo para, supostamente, torná-lo mais palatável e acessível.

Em contrapartida — e isso, sim, parece-me decisivo —, Malerba evita a todo instante o tom solene. Rejeita, a qualquer custo, aquela fatuidade acadêmica que se escuda no hermetismo como espécie de chancela a ser pavoneada entre os pares. Por um lado, não quer simplesmente entreter o leitor, diverti-lo, distraí-lo, enfileirar-lhe uma sequência de eventos e anedotas a respeito de personagens caricaturescos de folhetim. Mas, por outro, nem por isso abdica do recurso de adotar a narrativa como ferramenta de escrita, a exemplo de quando discorre, na Parte II do volume, com singular colorido, sobre a transferência da Corte portuguesa para o Brasil.

Em vez de simplesmente relatar episódios, analisa-os, interpreta-os, confere-lhes sentido. A narrativa, desse modo, serve para elucidar as próprias estruturas e desvelar os modos de pensar de toda uma época. Ao longo do volume, os personagens escolhidos pelo autor como "protagonistas" desta trama de significados são exibidos em seus respectivos contextos e cenários de complexidade.

Os projetos, pensamentos e propostas de ideólogos e reformadores como Rodrigo de Sousa Coutinho, José da Silva Lisboa e José Bonifácio de Andrada e Silva — alguns dos nomes de proa que compõem o painel histórico aqui retratado — são surpreendidos e lidos a contrapelo das intenções originais expressadas por seus escritos, como bem recomendava Walter Benjamin (procedimento cuja inspiração está explícita nas palavras e nas ressonâncias do texto de Malerba).

Problematiza-se, aqui, a autoimagem que esses "inventores do Brasil" construíram de si e de seu tempo — representações de um ambiente intelectual posteriormente cristalizadas em uma vasta bibliografia de pretensões canônicas e, por vezes, quase hagiográficas. Os diagnósticos e soluções apresentados por aquela constelação de "reformadores ilustrados", em que pesem as discordâncias pontuais entre si, convergiam para um só vértice, pressuposto condicionado pela origem comum a todos eles: a construção de um Estado à imagem e semelhança das elites. "Um grupo seleto, que jamais hesitou usar de todos os ardis, inclusive da força bruta, para garantir seus privilégios de classe e manter as camadas populares controladas, a seu serviço", conclui Malerba, com argúcia analítica.

Em *Seis propostas para o próximo milênio*, Ítalo Calvino propunha que, para sobreviver a uma época dominada pela profusão de sons e imagens, a palavra escrita necessitaria se autoinvestir de alguns atributos inescapáveis, sob pena de vir a perecer na babel audiovisual da era tecnológica pós-industrial. Dois desses predicados, à primeira vista, parecem excludentes: consistência e leveza. "A leveza para mim está associada à precisão e à determinação, nunca ao que é vago ou aleatório", explicava Calvino, que pedia auxílio ao poeta Paul Valéry para ilustrar melhor os contornos de sua afirmação: "É preciso ser leve como um pássaro, e não como a pluma."

Este é um livro leve — e não leviano, como os tantos títulos apelativos que, das gôndolas das livrarias, acenam aos incautos com a promessa de escrever a história "para os que tem pressa", "sem as partes chatas" ou com enfoque "politicamente incorreto". Pois este é, ao mesmo tempo, um livro consistente. Os leitores que porventura queiram aprofundar as discussões levantadas por Malerba terão oportunidade de fazê-lo mergulhando nas sete centenas de referências a fontes primárias e secundárias, bem como nas seis centenas de notas — todas elas apresentadas ao final do volume, de modo a não comprometer a fluência e o ritmo da leitura.

O fato de um historiador acadêmico convidar um biógrafo para prefaciar a obra, por si só, é bastante significativo. Em um texto antológico, de 2014 — "Acadêmicos na berlinda ou como cada um escreve a História? — uma reflexão sobre o embate entre historiadores acadêmicos e não acadêmicos no Brasil à luz dos debates sobre *public history*" —, Jurandir Malerba já punha em questão a necessidade de superarmos uma tensão inócua, por muito tempo retroalimentada entre pesquisadores de dentro e de fora dos circuitos universitários.

"Não se deve lidar com a questão em termos corporativos", advertia o texto de Malerba, cuja versão original foi apresentada no congresso The Future of The Theory and Philosophy of History, realizado na Bélgica naquele mesmo ano. "Não se trata de uma contenda de historiadores *versus* jornalistas, mas da formação de consciência histórica por meio da disseminação do saber histórico e das instâncias de legitimação deste saber", argumentava. "É imperiosa a necessidade de os historiadores acadêmicos assumirem a importância da dimensão pública de sua atividade, ultrapassando os muros da academia para cada vez mais tomar parte, como especialistas, nos debates de interesse público."

Este livro parece-me ser a busca da concretização de tais proposições. Os historiadores estão descobrindo o imperativo de um texto escorreito e bem cuidado, mas, principalmente, a importância fulcral de ampliar o alcance e o número de interlocutores do resultado de suas investigações. Cabe aos jornalistas que escrevem livros históricos fazer a parte correspondente. Refinar procedimentos metodológicos, renunciar a impressionismos à guisa de preencher lacunas de pesquisa, referenciar fontes documentais, evitar a tentação dos anacronismos, assumir a ausência de respostas efetivas para todas as perguntas a que se propõem.

Entre tantos outros méritos, a presente obra cumpre funções capitais. Escrever com profundidade para leitores não necessariamente situados dentro da universidade é uma delas. Outra é conclamar os historiadores profissionais a elevar o nível do debate público, unindo o saber científico à participação. Por fim, a terceira — e talvez a mais importante —, demonstrar ao mercado editorial e aos profissionais de mídia que é possível oferecer um produto de qualidade que busque democratizar o conhecimento e, ao mesmo tempo, respeite a inteligência do leitor.

LIRA NETO
Porto, março de 2020

INTRODUÇÃO

UMA PONTE PARA O PASSADO

Sobre o seu Brasil, pode estar descansado; são grandes os seus destinos, e o melhor dos príncipes tem feito a seu respeito tudo o que era possível fazer em tão pouco tempo. Liberdade do comércio, e mais amplo, debaixo dos princípios os mais liberais. Direitos das alfândegas muito moderados, sendo os maiores 24% e uma terça parte remetida a favor da navegação e propriedade nacional. Nenhum privilégio exclusivo. Declaração que não haverá Inquisição no Brasil, feita no Tratado com a Grã-Bretanha. Permissão do estabelecimento de todas as manufaturas. Introdução de todas as culturas preciosas, e que o Brasil ainda não possuía. Abertura de todas as comunicações do interior do Brasil, tanto por água, qual o de Goiás pelo [rio] Tocantins, como a do rio Doce, e muitas outras comunicações para o Maranhão, para Mato Grosso etc. [...] Remeto-me ao discurso que o nosso Lisboa fez sobre os benefícios que S.A.R. tem feito ao Brasil, e não quero importuná-lo, nem me sobeja tempo para me ocupar de matéria tão agradável. O que S.A.R. tem também ordenado a favor de Portugal não há de deixar de o elevar a um maior grau de felicidade do que antes possuía, e a emancipação do Brasil há de ser-lhe muito útil, não obstante tudo o que inquieta os visionários que seguem os princípios do sistema mercantil, e que talvez é a causa de se não terem executado as Reais Ordens que tanto teriam feito ao Reino. Apesar do desejo que tive sempre de o ver aqui, e que espero se verificará brevemente, visto a licença que eu também aqui solicitei, nunca deixei de lembrar-me da falta que fará ao Real Serviço no Reino, e por isso é que me não viu tão ativo neste ponto. D. Rodrigo de Sousa Coutinho a José Bonifácio de Andrada, Rio de Janeiro, 26/4/1810.

Em finais de abril de 1810, um dos maiores estadistas portugueses de todos os tempos, d. Rodrigo de Sousa Coutinho, encontrava-se estabelecido na cidade capital do Rio de Janeiro, para onde tinha se transferido dois anos antes com o príncipe regente d. João, sua real família, corte e Estado, fugindo das hostes napoleônicas que haviam invadido o reino nos últimos dias de 1807. Àquela altura, o primeiro conde de Linhares já tinha vivenciado um pouco de tudo em sua longa trajetória política a serviço d'el rei. Nascido em 1755, aos 22 anos iniciou sua carreira como enviado extraordinário e ministro plenipotenciário na Corte da Sardenha, em Turim, onde permaneceu até 1796, quando foi chamado pela Coroa para assumir a Secretaria de Estado da Marinha e Domínios Ultramarinos e, a partir de 1801, a presidência do real erário (o tesouro real). Em 1803, em meio a querelas e joguetes de poder, requereu ao soberano alívio de seus encargos, isolando-se em sua propriedade em Lagoalva. Do príncipe, mais que gratidão e reconhecimento, sempre recebeu manifestações de sincero afeto. Tanto assim que, recém-chegado no Rio, foi reintegrado à cúpula dirigente do Estado, feito ministro dos Negócios Estrangeiros e da Guerra e, ainda em 1808, recebeu a mercê do título de conde de Linhares. Nessa posição, retomaria intensa correspondência com um de seus mais proeminentes epígonos, José Bonifácio de Andrada e Silva, como ele coimbrão e naturalista versado nas artes e ofícios das minas e metalurgia. Este, nascido em Santos em 1763, aos 20 anos tomara o caminho do reino para matricular-se na universidade, onde concluiu os estudos jurídicos, de filosofia natural e matemática, perambulou por uma década pela Europa em missão de estudos e, depois de 1800, foi investido de inúmeros afazeres de Estado, contando entre eles a propriedade da cátedra de mineralogia da Universidade de Coimbra, onde atuava quando da invasão do reino pelos gauleses.[1]

Depois de haver organizado e liderado o Corpo Militar dos universitários — os "voluntários acadêmicos" — para fazer frente às sucessivas vagas invasoras dos franceses em 1808, 1809 e início de 1810,[2] o mais famoso dos irmãos Andrada começava sua saga para tentar retornar ao Brasil, de onde partira havia quase três décadas. Só o lograria em fins de 1819, para assumir papel de protagonista nos destinos pátrios.

Pois bem, a 26 de abril de 1810, d. Rodrigo escrevia ao prezado amigo, que ficara no reino para defendê-lo de armas em punho contra os franceses, razão pela qual o trata como verdadeiro herói. Ambos já angariavam justificada notoriedade por seus trabalhos científicos e pelas funções e cargos que ocupavam no aparelho de Estado português. Pontos cardeais da história do período encontram-se na carta, da qual se extrai a epígrafe anterior. Liberdade de comércio debaixo dos princípios liberais e crítica aberta aos fundamentos do sistema mercantil — "nenhum privilégio exclusivo" — são os preceitos adotados pelo príncipe regente ao chegar ao Brasil, quando abriu os portos às "nações amigas". São, antes de tudo, doutrinas que embasaram o ataque violento ao Antigo Regime, fundado em monopólios, privilégios, liberdades, isenções e franquias, às prerrogativas e precedências dadas por nascimentos e linhagem, em detrimento da capacidade e da liberdade dos indivíduos. Nossos personagens encontram-se no âmago das revoluções liberais, e o modo como elas assolaram o velho reino lusitano foi dramático, a tal ponto de fazer toda uma Corte europeia ver-se coagida a abandonar sua sede e retirar-se para sua mais pródiga colônia. Esse movimento definiria os contornos da separação de Brasil e Portugal a partir de 1820. Mas esse é um capítulo posterior desta história.

Na missiva, d. Rodrigo exultava a permissão para instalação de fábricas na América portuguesa; a revolução industrial então avançava a vapor, alterando a geopolítica e a divisão social do trabalho em escala global. Referia-se também à integração das partes do Brasil, por meio do fomento às comunicações e transportes. A unidade do território, a unidade do Império lusitano afinal, era uma verdadeira obsessão de d. Rodrigo, por ele expressa e fervorosamente defendida na famosa *Memória sobre os melhoramentos dos domínios de sua Majestade na América*, de 1798. Aludia, ainda, ao discurso do "nosso Lisboa" sobre os benefícios feitos pelo príncipe regente ao Brasil. Trata-se, aqui, de José da Silva Lisboa, visconde de Cairu, coimbrão também, igualmente funcionário público, a quem se atribui proeminência nos sucessos da abertura dos portos em 1808, e que foi efetivamente o maior vulgarizador das ideias do liberalismo econômico no Brasil do período, leitor e tradutor de Adam Smith que era. Em 1818, Cairu fez o elogio dos dez anos de administração joanina no Brasil.[3]

Todos esses homens — d. Rodrigo, Cairu, Bonifácio — e tantos outros, alguns a seguir retratados, viveram nesse momento crucial de acelerada desintegração das bases do Antigo Regime e da emergência de preceitos novos, sobretudo no que tange à abertura econômica e à adoção do constitucionalismo como princípio de ordenamento jurídico das nações. O constitucionalismo, a propósito, foi a pedra de toque da revolução do Porto em 1820, de que sucede a ruptura entre Brasil e Portugal dois anos depois. Todos esses homens compartilhavam de uma formação homogênea, angariada nos bancos da universidade reformada de Coimbra — reformada pelo marquês de Pombal, espécie de referência canônica deles todos.

Todos esses homens, enfim, leais vassalos da Coroa portuguesa, que, a partir de minuciosos diagnósticos dos problemas do império, feitos com as ferramentas teóricas de que dispunham, elaboraram diversos planos, projetos, sistemas, ideias, propostas para a regeneração do reino, cuja decadência era proclamada havia décadas pelos ilustrados "estrangeirados" que circulavam pela Europa e de onde traziam para Portugal notícia das conquistas da modernidade. Não podiam antecipar então que seus planos e projetos para revitalização do reino serviriam logo a propósitos do novo país independente, que surgiria da ruptura dos domínios coloniais portugueses da América com a velha metrópole.

Ideias, projetos, planos, sistemas para organizar a sociedade brasileira, sua população, seu ordenamento jurídico-político, ocupação do território, formas mais racionais de exploração de riquezas naturais e da força de trabalho, produção econômica, educação formal e técnica de jovens e adultos, potenciais modos de inserção na geopolítica e na economia-mundo — tudo isso foi tema de reflexão, estudo e disputa antes mesmo de o Brasil tornar-se Brasil, corpo político autônomo, com o advento de sua emancipação política, datada de 1822 pela narrativa oficial. Planos, ideias e projetos conflitaram no Brasil ao longo da história do país independente. Durante a primeira metade do século XIX, quando a "unidade" da monarquia nascente era um horizonte virtualmente inatingível em face da fragmentação e dos conflitos que pulularam por todo o território da antiga América de colonização portuguesa, desde os farroupilhas do Rio Grande de São Pedro aos cabanos paraenses, desde a sabinada até os malês baianos e balaios maranhenses, além de sublevações em Minas Gerais e Pernambuco, "Brasil" era uma entidade em violenta disputa e ardorosa construção. Na segunda metade do século, estabelecida a hegemonia dos plantadores escravistas e seu projeto conservador do regime de terras e de trabalho, os desentendimentos dentro da classe hegemônica acirraram-se em torno da "questão escrava", da imigração e da ordem monárquica. Consumado o golpe da república, a história do século XX é esse suceder de projetos em litígio, sobre o que era e o que deveria vir a ser o Brasil.[4] Em comum, até 2002, o fato de todos esses projetos que lograram algum grau de êxito em sua implantação serem feitos à imagem e semelhança e atendendo aos interesses dos mandatários históricos do país: latifundiários, grandes comerciantes, industriais, conglomerados financistas. O povo brasileiro precisou esperar o terceiro milênio para ver um partido popular ascender ao jogo de mando — para logo, não obstante todos os êxitos (e também muitos erros!), ser descartado de supetão.

Os projetos, planos e sistemas que melhor se conhece são aqueles deixados pelos vitoriosos da história, os das classes que tomaram as rédeas do Estado, cujos filhos tiveram acesso à educação formal e preencheram as galerias das arcadas, das câmaras governamentais, púlpitos, tribunas e magistraturas. Este livro conta uma parte da história de projetos e ideias das elites dominantes e dirigentes — opção a um só tempo metodológica e teórica. A história social da segunda metade do século XX nos ensinou a desviar os olhos dos aparatos civis e políticos das configurações sociais, contestar as narrativas oficiais dos mandantes instalados no Estado, para buscar as pessoas comuns como sujeitos da própria história. Escutar suas vozes resistentes. Os ganhos franqueados por essa historiografia foram incomensuráveis. Não obstante, neste livro ressoam os pensamentos cifrados do filósofo Walter Benjamin, em vários timbres. Primeiro, quando ele ensina que a investigação da história promove o encontro secreto entre as gerações que nos precederam e a nossa. Somos tocados por uma lufada de ar que já foi respirado antes. Um passado que não passa e grita por ser desvelado — "alguém na terra está a nossa espera". Os projetos do Brasil golpista de hoje comunicam com os planos dos reformistas do século XVIII e isso há de ficar evidente aqui; é o que me cabe como historiador, responder ao apelo que me dirigem os idos. Ilude-se quem crê que apenas rupturas há entre passado e presente. Em segundo lugar, Benjamin, porque ele fez ver, poeticamente, que os mortos não estarão seguros se o inimigo vencer: "E esse inimigo não tem cessado de vencer. [...] todos os que até hoje venceram participam do cortejo triunfal, em que os dominadores de hoje espezinham os corpos dos que estão prostrados no chão."[5] Nomear o inimigo e expor e entender suas estratégias e ações de dominação faz-se assim imperativo e, não menos importante, um modo legítimo de escrever a história "a contrapelo".

Uma história de planos, ideias, sistemas e projetos formulados pelas capas dominantes e dirigentes, em nome de governos estabelecidos, como política de Estado ou a ela alinhada, desde o governo pombalino até o reconhecimento da independência brasileira — eis o eixo condutor desta narrativa. Por suposto que a história do período contemplado nesta narração é muito mais rica e complexa do que aqui se apresenta. Os projetos elaborados pelas elites dirigentes, alguns postos em prática, sofreram contestações ruidosas, muitas vezes dentro dessa mesma elite. Basta lembrar os movimentos sediciosos que aconteceram em território americano do Império português em 1788-89 nas Minas Gerais (Inconfidência Mineira), 1794 no Rio de Janeiro, 1798 na Bahia (Revolta dos Alfaiates), em Pernambuco em 1801 (Conspiração Suassuna), 1817 e 1824 (Confederação do Equador). E porventura encontrará traços de projetos e ideias estruturantes para um país do futuro quem os procurar nos escritos dos inconfidentes ou nos autos de devassa feitos no debelar dessas insurreições. Muito díspares entre si, envolvendo agentes, motivações e interesses demasiadamente diversos, esses importantes movimentos não comporão esta narrativa, por duas razões conexas. Primeiro porque, ao privilegiar os projetos de Brasil desenhados por agentes do Estado ou a ele alinhados, este enredo pretende contribuir para uma história da construção de Estados, de seus agentes, da administração e políticas públicas no Brasil, situando-as dentro dos quadros de referência filosófica e dos macrocontextos políticos envolventes. Em segundo lugar, aquelas sublevações suscitaram a produção de uma vasta biblioteca, feita por especialistas ao longo de mais de dois séculos e ultimamente muito ampliada. De modo que o instigante desafio de percorrê-la, a averiguar se existem e quais planos e projetos esboçaram os insurgentes mineiros, fluminenses, baianos ou pernambucanos, obrigaria um desvio sem volta para os propósitos desta obra.

De modo que projetos importantes, alternativos aos dos setores hegemônicos detentores do poder de Estado, não entrarão no raio de cobertura desta narrativa. Projetos como os que lampejam em agentes históricos do porte dos revolucionários de 1817 e 1824, os jornalistas frei Joaquim do Amor Divino Caneca e Cipriano Barata. Editor do célebre *Typhis pernambucano* e autor da *Dissertação sobre o que se deve entender por pátria do cidadão e deveres deste para com a mesma pátria*, frei Caneca foi um dos protagonistas da independência, líder da insurreição de caráter republicano instaurada em Pernambuco em 1817, pela qual foi preso e depois anistiado, e da Confederação do Equador de 1824, desta vez preso, e por uma junta militar imperial indiciado e executado como líder do movimento e "escritor de papéis incendiários".[6] Cipriano, contestador voluntarioso da ordem monárquica que se instalava, mais que reformas estritamente políticas, advogava pela imprensa transformações sociais estruturais, como a abolição da escravatura. Defensor pertinaz da imprensa livre, redator do célebre *Sentinela da liberdade na guarida de Pernambuco*, lançado no ano seguinte à independência, também chegou a ser preso, mas não teve destino tão trágico como o de frei Caneca, embora, como sabemos, também não tenha visto seus principais ideais realizados.[7] Correligionário de Caneca e Barata na Confederação do Equador, perseguido tenazmente pela facção andradina, de quem era inimigo declarado, foi outro jornalista luminar, João Soares Lisboa, português de nascimento, entusiasta da independência e redator do *Correio do Rio de Janeiro*, que começou a circular em 1822 e extinguiu-se no ano seguinte, propalando ideais libertários que resvalavam na projeção de uma nação independente e democrática, na qual os cidadãos escolhessem seus governantes pelo voto direto.[8] As concepções e ideias de Estado e sociedade desses intelectuais de primeira linha, por marginais aos projetos das classes hegemônicas, não serão tratadas neste livro.

Objeção pertinente à investigação dos projetos das elites dominantes é que elas impuseram seus planos contra uma maioria, estabelecendo um veto aos planos, aos sonhos, desejos e anseios das camadas inferiores da população. Haverá historiadores mais bem equipados que possam um dia descortinar os projetos de homens e mulheres anônimos, ágrafos, dos camponeses e trabalhadores urbanos pobres, informais, marginalizados, os não representados nas instâncias estatais. Nossa dificuldade de resgatar esses projetos é enorme, por várias razões. Primeiro porque esses agentes, expropriados de quase tudo, haviam que lutar cotidianamente contra toda forma de opressão, da chibata do feitor ao cassetete da polícia, pela sobrevivência, sua e dos seus, nos campos, ermos, ruas e periferias das cidades. Como desenhar, em tais circunstâncias, grandes planos coletivos para entidade tão abstrata como uma nação? Como, nessas circunstâncias, se perceber parte constituinte de singular coletivo tão etéreo?

Por outro lado, os dominantes sempre se esmeraram em silenciar os que, fora das próprias fileiras, ousaram questionar o sistema estabelecido ou propor alternativas. Quando tal sucedeu, a repressão sempre foi impiedosa. Isso acaba gerando para os historiadores um obstáculo metodológico importante em suas investigações: a escassez de documentação. Mas sabemos que esses sujeitos, homens e mulheres, escravizados ou libertos, pobres todos, pretos e pardos, trabalhadores formais ou informais, sempre estiveram na luta, resistindo às circunstâncias, aos projetos impostos. No contexto contemplado nesta análise, Maria Quitéria, Maria Felipa, sóror Joana Angélica, agentes importantes no contexto da independência; Luiza Mahin, Jorge da Cunha Barbosa e José Francisco Gonçalves, e os escravos Gonçalo, Joaquim e Pedro, malês baianos; e, num momento seguinte, o cabano Angelim no Pará; os lanceiros negros farroupilhas dizimados na batalha de Porongos; Raimundo Gomes e Manoel dos Anjos Ferreira, vaqueiro e fazedor de balaios no Maranhão — esses e tantos protagonistas da história almejaram um dia, senão uma pátria, um país, uma nação, ao menos um entorno social alternativo e pagaram com suas vidas por tais anseios.[9] Seus projetos restam por ser resgatados.

A história que aqui se conta, porém, não será capaz de trazer à luz esses sujeitos e seus projetos tão zelosamente apagados da história. Nossa meta, embora menos audaciosa, guarda sua importância e não deixa de apresentar dificuldades. Escrever mais uma versão dos percursos que desaguaram na "independência" do Brasil, esse período tumultuoso que começa sob o indefectível ministério pombalino, passando pelo "reformismo ilustrado" mariano e joanino, da transferência da Corte joanina e da sede do Império português para o Rio de Janeiro até os sucessos da emancipação política — escrever uma "nova história" desses tempos depois de que tantos e mais competentes historiadores e historiadoras o fizeram; fazê-lo de modo a trazer alguma contribuição à historiografia; e realizá-lo com alguma originalidade e elegância, não será pretensão das mais simples. A nosso favor, o fato de essa história já estar muito bem contada e documentada. Pois vislumbraremos esses turbulentos horizontes de cima dos ombros de gigantes. Nada a acrescentar a essa história em termos factuais, traremos alguma contribuição se lograrmos oferecer uma síntese e problematizar alguns conceitos que parecem sedimentados e naturalizados pelo tempo.

Vamos aqui falar de projetos, sistemas, planos, programas, enfim, de ideias; cotejá-los, esmiuçá-los, interpretá-los. Mas como entendemos o conceito de "ideia"? Para o grande formulador da hermenêutica histórica no século XIX, Wilhelm Dilthey, a principal tarefa do historiador é justamente interpretar as expressões da vida humana. Mas "expressão", assim como os outros dois eixos de seu tripé metodológico, a "experiência" e a "compreensão", possui uma acepção particular. Expressão não significa, para Dilthey, "transbordamento" de sentimentos ou emoções, como se diz dos poetas e dos músicos, que expressam — manifestam, exprimem, transmitem — seus sentimentos em obras de arte. "Expressão" teria o sentido mais lato de "expressão de vida" ou "manifestação da vida": tudo aquilo que é produto da passagem dos seres humanos pela terra, a saber: ideias, ações e manifestações do espírito, especialmente as obras de arte. A compreensão dessas formas ganharia em dificuldade das primeiras às últimas. "Ideias", de que são exemplos os tratados jurídicos e filosóficos, constituições ou planos de governo, seriam racionalizações, construções lógicas, conceitos elaborados, porém pobres para revelarem a complexidade da vida: são aquilo que realmente querem expressar e não oferecem maiores dificuldades de interpretação. Já mais difícil é compreender o que leva à ação os seres humanos, interpretar gestos e ações, pois os atos humanos, também expressões da vida, são mistos de cálculo racional, vontade, desejos, sentimentos e impulsos instintivos. Expressões ainda mais complexas, por fim, de mais difícil interpretação, mas que revelariam melhor a vida em sua plenitude e complexidade, seriam as obras de arte, imunes ao embuste e à dissimulação.[10]

Se nos pautássemos pela armação conceitual diltheyana, diríamos que neste livro, longe das manifestações inconscientes do espírito (expressas na arte) e mais do que as ações humanas (que porventura se inscreveram na história como fatos memoráveis), nosso objeto fundamental de análise são "ideias", as expressões conscientes dos agentes no campo político e no embate ideológico, que, no período retratado (as décadas anteriores à emancipação política brasileira), formularam sistemas, planos, programas, propostas, projetos de e para o Brasil.[11]

Filósofo da vida,[12] Dilthey postulava a conexão que estabelecemos com outros mundos históricos passados como assentada num substrato comum de humanidade, que partilhamos com outros seres humanos, de nós separados no tempo e no espaço. Essa humanidade compartilhada seria a chave metodológica da possibilidade de um sujeito presente, em busca de conhecimento e por meio dos vestígios deixados pela vida antes de nós, transpor-se para outros mundos históricos e compreendê-los adequadamente. Essa ponte de humanidade comum era, para ele, o fundamento da hermenêutica histórica, da possibilidade de os seres humanos interpretarem a história; de fazerem sentido do passado como história no presente.

Essa "magia" dos livros de história, de estabelecer uma ponte para o passado, deve ser bem compreendida. Não é somente o caso de nós, sujeitos do tempo presente, termos acesso a um mundo histórico pretérito; trata-se da potência do passado, povoado de homens e mulheres, saturado de vida, de lutas, opressão e sofrimento, de reclamar um lugar no presente. Como um portal, o livro de história abre para que os feitos e desfeitos passados nos sejam conhecidos hoje, agora, oferecendo elementos para compreensão de nossos embates e desafios atuais que ecoam outras eras. Os filósofos da história chamaram esse ato de *re-enactment*.[13] O passado reclama revisão, a partir dos impasses do presente. Passado que, ao ser evocado, gera disputas de interpretação; impacta e transforma esse mesmo presente. Em constante litígio, o passado vive nos sucessivos presentes.

Como se disse, esses planos começaram a ser desenhados mesmo antes dessa entidade política chamada Brasil existir autonomamente. Desde meados do século XVIII, ministros, altos funcionários ou meros súditos devotados do reino português envidaram esforços no sentido de alcançar os mais altos desígnios, antes de qualquer coisa, para a Coroa portuguesa, a quem serviam todos fielmente. Neste caso, planos que visavam estabelecer como melhor e mais racionalmente se extrair da colônia americana suas riquezas, em um momento particularmente crítico para as monarquias ibéricas, tempos de receitas minguantes e crescentes ameaças externas, que impeliram ambos os impérios (espanhol e português) a encetarem drásticas reformas administrativas.[14]

Conforme se sucediam as conjunturas, cadenciadas pelos desdobramentos da guerra entre as potências inglesa e francesa, que pelejavam palmo a palmo pela conquista do continente europeu, dos oceanos e impérios coloniais, novas planos, sistemas, ideias e projetos eram formulados. O quadro histórico geral que abrange o período é aquele que os historiadores entendem como o de uma grande crise: crise do Antigo Regime, dos Estados absolutistas e das sociedades estamentais, de derrocada dos grandes domínios coloniais sustentados pela lógica mercantilista dos exclusivos, privilégios e monopólios na exploração econômica, do metalismo e da busca de balanças comerciais favoráveis, da fisiocracia e sua fé na riqueza provinda da terra. O lastro cultural que dá sustentação às ideias é o da emergência da "ilustração", da racionalidade própria à ciência moderna, da emancipação do indivíduo, da emergência da esfera pública e da sociedade civil, do mercado livre e da ciência da economia política. No período aqui abarcado, essas velhas e novas ideias coexistem, conflitam, completam-se. O cataclismo que marca o período resulta do choque entre esses dois mundos históricos, um velho que, ameaçado, reage, persevera, mas esmaece e declina; outro *in ovo*, que irrompe dos escombros próprios da e contra a velha ordem em colapso, dilacerando-a. O início do século XIX é uma esquina onde esses dois mundos colidem. Um choque violento de tempos históricos, a gerar as convulsões do parto da modernidade capitalista. Não tomaremos qualquer daqueles conceitos por suposto, mas os problematizaremos oportunamente.

Nosso entendimento do passado turva-se por uma espécie de refração que os conceitos sofrem ao longo do tempo. Os vencedores de cada época criam para si narrativas justificadoras e enaltecedoras de seus feitos; seus herdeiros as reiteram, reforçam e não raro a elas agregam novos elementos. Assim, as elites lusas do XVIII, que tinham conhecimento das novas ideias ilustradas em circulação no continente, apropriavam-se dessas ideias, usavam-nas para construir uma autoimagem de si atualizada com o discurso da modernidade. Numa época em que era público o debate sobre "antigos e modernos", todos queriam estar em dia com as últimas novidades. De modo que as elites intelectuais lusas não tinham dificuldades em se enxergarem e apresentarem como "ilustradas", "modernas"; que seu príncipe era ilustrado e seu governo, "esclarecido". Historiadores posteriores reiteraram essas representações, ao referir as ações governamentais iniciadas pelo marquês de Pombal como reformas ilustradas, o governo a que servia como "monarquia ilustrada", a sua política o "despotismo esclarecido".

Não se questiona o compromisso reformista iniciado por Pombal, avançado por grandes estadistas posteriores como d. Rodrigo de Sousa Coutinho, o visconde de Cairu ou José Bonifácio, todos estes escrutinados neste livro. A questão é outra: é pensarmos até que ponto essa autoimagem de si condiz com a experiência e a prática desses agentes. Qual a extensão de sua gana de mudança? O que da realidade queriam transformar, o que preservar? Numa era de grandes revoluções, por que o furor reformista dos agentes governamentais lusos? Quando questões como essas são postas, a transparência e tranquilidade dos conceitos se esmaecem. Nesse sentido, não será despropositado questionar se muito do conceitual que embasou o conhecimento e o entendimento que hoje temos daqueles tempos não está condicionado às autoimagens produzidas pelos estratos hegemônicos, pelos vencedores, que narraram sua história como uma epopeia de progresso, vitórias e conquistas.

Contar mais uma vez a história de Portugal desde as reformações pombalinas até a emancipação política brasileira não é, pois, o propósito fundamental deste livro. Essa história já foi muitas vezes bem contada.[15] Ao retomar aspectos centrais dessa história, nosso intento é antes procurar iluminar os desígnios que os letrados do período, encarregados da governação do Império, entreviam para o prodigioso território brasileiro, num primeiro momento como domínio colonial, depois como potencial país independente. Para isso vamos remexer os escritos de alguns dos maiores expoentes do que se batizou de "reformismo ilustrado" português, herdeiros intelectuais do reformador maior Sebastião José de Carvalho e Melo, o estadista que, a partir de 1750, iniciou o contundente programa de reestruturação do Estado lusitano com o objetivo de alavancar o reino ao nível competitivo de outras grandes potências imperiais concorrentes. O recuo até meados do século XVIII nada tem de fortuito: a ideia de regeneração da monarquia, por meio da reformação como política de Estado, remonta ao célebre marquês de Pombal. Suas ações no sentido de prover o reino de núcleos de formação de quadros capacitados marcam todo o período. A visão de mundo de seus herdeiros intelectuais, como d. Rodrigo de Sousa Coutinho, o bispo Azeredo Coutinho, o visconde de Cairu e José Bonifácio de Andrada e Silva, enfim, dos principais agentes da própria emancipação política, foi forjada em instituições como a Universidade reformada de Coimbra, o Colégio dos Nobres ou a Academia das Ciências de Lisboa. Por isso seus horizontes culturais, formas de sociabilidade e embates políticos são tão miudamente tratados na primeira parte do livro. Todos esses homens, que compuseram o núcleo duro do que Kenneth Maxwell batizou de "geração de 1790", forjaram-se nesse tempo e ambiente mental da singular "ilustração portuguesa". Por isso nosso marco inicial havia de ser e é o ministério pombalino.

Atravessaremos essas águas tormentosas resgatando alguns dos mais conspícuos projetos de Brasil saídos da pena de reformadores do velho Império claudicante, como d. Rodrigo de Sousa Coutinho e Joaquim José da Cunha Azeredo Coutinho, para quem, como também Luís dos Santos Vilhena, João Rodrigues de Brito ou Francisco Soares Franco, cumpria zelar pelo Brasil, entendido como a grande joia da Coroa, fonte de riqueza e majestade; passaremos em seguida pelo rico período joanino, quando o Brasil, depois de ter o comércio franqueado às nações, é alçado à dignidade de Reino Unido a Portugal. Reza a crença que o decreto da abertura dos portos de 1808 contou com a colaboração discreta de José da Silva Lisboa, que logo receberia a mercê do título de visconde de Cairu, festejado introdutor da economia política nos trópicos. A narrativa culmina nos momentos decisivos da ruptura política do Brasil em face de Portugal, quando se destaca o "projetista" José Bonifácio de Andrada e Silva, esse sábio que era usina de ideias, a maioria das quais nunca viu postas em prática.

Serão muitos nomes próprios evocados ao longo desta narrativa, muitos dos quais conhecidos desde os bancos escolares, ou por diversa via, como as mídias; outros menos familiares, mais obscuros aos não especialistas. Os soberanos d. José I, d. Maria I, d. João VI, d. Pedro; Pombal, d. Rodrigo, Azeredo Coutinho, Cairu, Bonifácio e tantos outros estadistas, sujeitos, agentes, colocados no centro da história, desta história que aqui se conta. O fato de terem ocupado lugares proeminentes nas circunstâncias em que viveram pode causar a ilusão de que se trata de personagens supra-humanos, cuja mera vontade teria o condão de guiar a história, como verdadeiros heróis. Muitos autores hoje, sobretudo de livros de divulgação histórica, ainda fiam seus enredos desse modo, como se a história resultasse da vontade e do caráter, das virtudes (ou vícios) de seus personagens. A história praticada por investigadores profissionais, contudo, mostrou que não é bem assim; que esses protagonistas tiveram papel de relevo devido a forças e circunstâncias muito além de sua vontade e mesmo do alcance de sua consciência, de si e de seu tempo. Tanto quanto homens e mulheres fazem a história, a história faz os homens. Se iluminamos aqui, a seguir, pensamentos, ideias e projetos, procuramos fazê-lo inserindo-os em suas circunstâncias envolventes.

Cada agente, evento e situação mencionados a seguir carrega atrás de si o lastro de historiografias de proporções babélicas. Pense-se apenas nas dimensões das bibliotecas pombalina, joanina, pedrina ou andradina. Quantos rios de tinta já deitados em papel para falar daqueles personagens; ou as historiografias afeitas, da administração colonial, das guerras europeias, da ilustração ibérica, da regência e reinado joaninos, das cortes gerais e da independência. São debates historiográficos infinitos e em marcha. O propósito de contar a história dos projetos de Brasil até o rompimento entre colônia e metrópole impôs-me passar ao largo de embates teóricos e querelas historiográficas. Se algumas menções a historiadoras e historiadores persistem no corpo da narrativa, é porque algumas vezes os temas sobre os quais se discorre são introduzidos a partir das perspectivas diversas, dos embates de interpretação, entendidos como um princípio mesmo do fazer histórico. As obras abundantemente referidas em notas incluem-se não por qualquer critério de precedência, superioridade ou prestígio, mas como guias indicativos de onde o leitor pode eventualmente confirmar dados ou interpretações, se a leitura instigar esse interesse. Documentos de época, que os historiadores usávamos chamar de fontes primárias, aparecem aqui e acolá, prioridade dada àqueles impressos e/ou acessíveis via internet. Principalmente durante a análise dos diversos projetos de Brasil que vamos escrutinar ao longo do livro, pareceu oportuno deixar essas fontes falarem, para que o leitor tenha contato direto com esses vestígios, testemunhos do passado. Mas nunca as fontes "falam por si"; são sempre cercadas de análises que procuram contextualizar e fazer sentido de seus conteúdos.

O enredo inicia assim com a ponderação da situação do Brasil nos quadros do Império português da época moderna. Após uma rápida perspectiva do contexto das reformas pombalinas, com atenção à da universidade de Coimbra, reestruturada à luz da ciência experimental e utilitária emergente, o foco direciona-se à reflexão do caráter da ilustração ibérica e das implicações da condição colonial do Brasil, o alinhamento ideológico desse estrato de letrados condutores da máquina de Estado do Império português, treinados na universidade em leis ou filosofia natural, a maior parte deles conhecedora das novas ciências baseadas no método experimental, hipotético e dedutivo e também na nascente economia política, ciência que procurava explicar a riqueza das nações. Encerra-se essa primeira parte com a análise de dois dos mais importantes e debatidos reformadores do final do século XVIII e inícios do seguinte: d. Rodrigo, situado no alto escalão da administração imperial, braço forte do Estado; e o bispo Azeredo Coutinho, que também galgou altos postos eclesiásticos, porém, mais propriamente como representante da classe dos grandes plantadores coloniais do que pastor de almas, deixou contribuições importantes sobre questões urgentes de gestão da economia e sociedade coloniais.

Segue o entrecho com a inusitada transferência da Corte portuguesa para o Brasil em 1807-08, desdobramento da guerra continental decorrente da expansão napoleônica pela Europa. Único nos fastos das monarquias do velho mundo, esse evento foi decisivo para os sucessos que desaguariam 13 anos depois na separação de Brasil e Portugal, ao promover a aproximação do príncipe regente, aclamado rei no Rio de Janeiro em 1818, com os altos estratos da sociedade local, ricos plantadores e comerciantes de escravos africanos — aproximação regulada pela lógica e a sintaxe de uma Corte europeia de Antigo Regime. Depois de assinalar o protagonismo de d. João nos caminhos do Império nesse quadrante, não poderia ser outro o "projetista" escolhido para a composição senão o próprio Silva Lisboa.

A trama remata-se com perspectivas do processo de independência brasileira; primeiramente, um panorama das questões e personagens implicados, seguido por uma análise do assentamento das cortes gerais e extraordinárias da nação portuguesa, os calorosos embates lá encetados e suas repercussões no Brasil, elementos centrais da ruptura política. Conclui-se a seção com a vista de um dos mais polêmicos personagens da história da independência, José Bonifácio, sua trajetória e seus planos ousados para o país que rebentava sob suas mãos.

Este livro começou a ser pensado em 2016 e sua redação concluiu-se no outono de 2019. Traz a marca indefectível das derrotas sofridas não apenas no campo da política institucional brasileira, mas da regressão dos próprios marcos civilizatórios conquistados em décadas de luta. Aqueles que subsidiaram a interrupção do curto ciclo democrático iniciado em 1988 com o pacto republicano firmado na Constituição cidadã, e a maioria por eles arrastada por meio de propaganda e notícias falsas, talvez não soubessem que estavam abrindo uma caixa de Pandora, da qual revoou uma legião de fundamentalistas de extrema direita e exércitos de autômatos prontos para defender com todos os ardis estranhos ao jogo democrático a instalação de um governo cujo plano, projeto e ideia de Brasil, jamais publicamente defendido, sustenta-se num ataque visceral contra o próprio Estado republicano, a soberania nacional e os direitos mais fundamentais das pessoas. Se esse plano tivesse sido exposto à esfera pública, provavelmente não teria logrado êxito eleitoral. Mas não foi e põe-se em prática com o beneplácito do sufrágio popular. Assistimos em pleno desenvolvimento o improviso de um conjunto de intentos e ações, mal se pode chamar de plano, sistema ou projeto, contra os interesses do Brasil e da maioria dos brasileiros. Sirva este esforço de escrita como uma singela contribuição à historiografia e, ainda mais urgente, ao debate sobre que planos, projetos e ideias realmente atendam aos anseios do povo brasileiro nos sombrios dias correntes. Nosso compromisso para com os mortos nos obriga a permanecer atentos e fortes.

PARTE I

O Brasil no Império português

❝[...] geralmente me dão o nome de projetista, e que com esta qualificação lançam sobre mim todo o ridículo correspondente. Se um tal epíteto convém a quem lembrou alguns planos para animar a nossa agricultura e indústria, deduzidos da imitação de outras nações que tiraram já da sua adoção a maior utilidade, então convirei que ele me convém, e de boa vontade me sujeitarei a todo o ridículo que me querem dar.❞

— D. Rodrigo de Sousa Coutinho, 1787

❝A América é o tesouro do mundo, o Brasil é o tesouro da América: é um montão de riquezas, considerado por todos os lados; as ciências naturais estarão ali como no seu elemento; as despesas imensas que se tem feito e que se fazem, por mar e por terra, até mesmo com desperdício das vidas dos homens, para se descobrirem os segredos da natureza, ali serão ganhadas; o pároco instruído nas ciências naturais fará tudo.❞

— Azeredo Coutinho, *Discurso sobre o estado atual das Minas do Brasil* (1804)

O Marquês de Pombal expondo os seus planos para a reedificação da cidade de Lisboa depois do Terramoto, autor desconhecido. 1913.

CAPÍTULO 1

A ERA DAS REFORMAS

Entre meados do século XVIII e início do XIX, no contexto das chamadas revoluções liberais (desde a Independência americana de 1776, Revolução Francesa de 1789, revolução de São Domingos de 1791 até o pipocar dos processos de independência na América Latina), situam-se os drásticos movimentos econômicos, políticos, ideológicos e culturais que definiram os caminhos da emancipação política brasileira, as formas de ordenamento jurídico que assumiu o Estado brasileiro nascente e o encaminhamento político que este dera aos assuntos mais prementes para os setores promotores do rompimento com a antiga metrópole, como as questões da terra e do trabalho, da organização do Estado monárquico, da invenção de uma nação. Tudo aquilo que depois a historiografia luso-brasileira denominou num primeiro momento de "absolutismo esclarecido", depois de "reformismo ilustrado", remete àquele longo e intenso período. Parafraseando o viajante francês Saint-Hilaire, com alguma licença poética podemos dizer que havia ali algo chamado Brasil, embora não se reconhecessem como tais os "brasileiros".[16] Antes de se constituir num corpo político autônomo com a independência em 1822 — processo efetivamente concluído com a antecipação da maioridade de d. Pedro II ao trono em 1840 com vistas a criar um centro de poder num território dilacerado por forças centrífugas —, o "Brasil" era aquilo que os exploradores coloniais fizeram dele em três séculos de ocupação: um território anexado, uma cornucópia, uma imensa colônia de inesgotáveis riquezas naturais, que deveriam ser extraídas por todo artifício, incluindo a escravização de povos inteiros, e canalizadas para a metrópole com todo denodo pelos portugueses de além-mar, homens de Antigo Regime e fiéis vassalos de um monarca distante, com a missão adicional de propagar a fé cristã, à base da espada se necessário.

Esse quadrante é marcado por um conjunto de importantes reformas do Estado português, que durante séculos foi reconhecido, ao lado de outras potências europeias como Espanha, França, Holanda e Inglaterra, como um vasto e sólido império colonial, que se estendia por todas as partes do globo. No decorrer da era moderna, transformações estruturais nas formas de organização e exploração do trabalho e produção de riqueza, contudo, alteraram a geopolítica mundial, que se centrava mais e mais na Europa,[17] abalando as bases econômicas mercantilistas sobretudo dos reinos ibéricos, enquanto outras potências europeias se lançavam a uma competição voraz que iria culminar nas sucessivas guerras entre Inglaterra e França, especialmente após a revolução nesta última, que não por acaso se adota como um marcador entre eras: 1789.[18]

As elites portuguesas tinham alguma consciência desse lento submergir da velha potência marítima e colonial. Incomodavam-nas as condições do atraso em relação às demais monarquias europeias, que se riam dos pobres portugueses. O consagrado padre Antônio Vieira vaticinava em carta, dizem uns que de 1675 a Duarte Ribeiro Macedo, outros de 1672 a d. Rodrigo de Meneses, qual era "o miserável estado a que está reduzida aquela pobre terra [...]. Assim resgatávamos antigamente o ouro na Cafraria, e imos qualificando o nome que não sem razão nos chamam de Cafres da Europa. Não crera tal coisa se me a não referira pessoa digna de fé, e este é o estado a que tem chegado o eclesiástico e secular da nossa terra".[19] O teor pejorativo da expressão "cafre" é muito eloquente: cafre é o infiel, o rude, o bárbaro, o ignorante, em particular, o selvagem e o negro!

A rigor, desde a restauração do reino português, que devido a uma vacância dinástica em 1580 passou 60 anos submetido à Espanha, teve início um lampejo de lenta e gradual inserção de Portugal no contexto cultural europeu, do qual se manteve praticamente isolado durante aquele período da "união ibérica". Um trânsito de pessoas, ora fidalgos que saíam, ora comerciantes, diplomatas e militares que chegavam, encetou paralelamente certa circulação de ideias. E as ideias que arribavam eram as de uma modernidade que lastrava lá fora, enquanto cá dentro marchava a decadência. Pelo menos, esse era o sentimento disseminado entre a elite ilustrada lusitana. Não eram poucos os que atrelavam o atraso à igreja, ao sistema educacional a ela submetido e à inquisição por ela administrada. Já desde o século XVII, outras vozes, como as dos "ericeirenses" d. Luís da Cunha (1662-1749), Alexandre de Gusmão (1695-1753) e Ribeiro Sanches (1699-1783), se levantaram para denunciar o fanatismo que carcomia a nação e arruinava a economia.

Diz-se dos "ericeirenses" porque uma espécie de quartel-general desses letrados modernizantes, "estrangeirados" que circularam pela Europa ilustrada e de lá traziam o pensamento arejado das luzes, sediou-se na casa do conde de Ericeira, Francisco Xavier de Meneses (1673-1743), uma espécie de academia informal, chamada dos "discretos", que teve um papel importante no cenário intelectual português. Nos certames literários travados nos salões dos Ericeiras, onde circularam pessoas como o engenheiro Azevedo Fortes (1660-1749) e o dicionarista padre Rafael Bluteau (1638-1734), começou a contestação à escolástica que embasava todo o sistema educacional. Os ditos "estrangeirados"[20] estabeleceram as pontes entre as novas ideias "ilustradas", que atualizaram o pensamento europeu já desde o século XVII, mas sobretudo no XVIII, e a base ideológica das reformas encetadas em Portugal. Entre eles ganham destaque, além de Bluteau, o mencionado d. Luís da Cunha, talvez o mais célebre diplomata português, que serviu nas maiores capitais europeias e viveu muitos anos em Paris numa espécie de autoexílio, o que, dizem os estudiosos, lhe franqueava perspectivas amplas das condições do atraso da vida nacional: "aos seus olhos iluministas, tudo parecia necessitado de reforma: a Corte, o exército, o ensino, os tribunais e, de um modo geral, todos os costumes e todos os ramos de nossa administração pública."[21] Conforme expresso em texto que se tornou uma espécie de manual da elite letrada lusa, o seu *Testamento político*,[22] d. Luís tinha especial ranço contra as ordens religiosas e as mesas inquisitoriais. O célebre diplomata deixou herdeiros importantes, como Alexandre de Gusmão e Ribeiro Sanches, nomes que estão na base das ações reformistas levadas a cabo a partir de 1750 por uma figura ímpar da história moderna, cujo nome batizaria toda uma era, Sebastião José de Carvalho e Melo (1699-1782), futuro conde de Oeiras e marquês de Pombal.

Antes de falarmos desse personagem notável, porém, cumpre referir outro "estrangeirado" que jogou papel importante na disseminação do pensamento ilustrado no reino português, autor de uma obra que antecipou e serviu de fundamento intelectual para as reformas levadas a cabo por Pombal. Por suposto nos referimos a Luís Antônio Verney (1713-1792) e seu *Verdadeiro método de estudar*,[23] "exposto em várias cartas, escritas pelo Barbadinho da Congregação de Itália, ao Doutor na Universidade de Coimbra". Essa obra apresentou-se como um genuíno projeto de reestruturação do sistema de ensino em Portugal, reivindicando radical renovação pedagógica e cultural, e uma primeira crítica direta aos métodos escolares dos jesuítas. A obra do frade capuchinho teve o impacto de uma verdadeira bomba de efeito retardado na cultura e no sistema educacional português. Leitor dos grandes da época, de Locke a Newton, de Galileu a Pufendorf e Grotius, Verney externa as diretrizes do iluminismo, a fé no conhecimento científico, a crença no progresso e na razão. Sua contribuição foi justamente assinalada por gerações de historiadores, em que pese o reconhecimento de uma dívida quase plagiária que tinha para com os filósofos ingleses e escoceses.[24] O ataque de Verney à pedagogia jesuítica não deixou pedra sobre pedra.[25] O frade barbadinho pugnou impiedosamente contra as instituições que encerravam Portugal no passado, como a escolástica, o feudalismo e a aristocracia hereditária, assim como investiu pesado contra a Inquisição e o congregarismo. Condenou o isolamento cultural português, o dogmatismo da Igreja, exultou o valor do conhecimento experimental, proscrevendo a metafísica em favor do pensamento racional. Alinhado ao iluminismo do tempo, concebia o espírito humano numa marcha progressiva rumo à perfeição, em alguma medida antecipando Kant (a quem voltaremos logo). A gana racionalista e reformista patente em Verney fazia-o propagador de uma fé quase religiosa na razão, única força capaz de fazer progredir a sociedade. Usando de uma antiga metáfora, para além de toda polêmica, *O verdadeiro método* funcionou como um despertador[26] — talvez aquele que acordou o futuro marquês de Pombal.

Não entenderá a história portuguesa na segunda metade do século XVIII quem não tiver a justa dimensão dessa personagem complexa que foi Sebastião José de Carvalho e Melo, o todo-poderoso ministro de d. José I, não por acaso de alcunha "o reformador", que governou Portugal durante seu reinado.[27] Pombal dá pleno sentido à expressão "um homem e sua época",[28] tendo deixado sua marca na expulsão dos jesuítas do reino, na ofensiva contra a aristocracia tradicional (no trágico episódio do massacre dos Távoras e do padre Malagrida), na reforma que patrocinou no sistema educacional, nas diretrizes empreendidas na governança colonial e na política de alianças com a Inglaterra que deu a Portugal certo protagonismo no cenário europeu da época.

O ataque empreendido por Verney à dogmática escolástica, às instituições feudais e à aristocracia, entendidos como causas do atraso em Portugal, ressoou no leal servidor da coroa Sebastião José de Carvalho e Melo. Logo que se tornou secretário de Estado das Relações Exteriores e da Guerra em agosto de 1750, o então marquês de Oeiras, ciente do desafio posto pelo atraso do reino, traçou um plano de reorganização política e econômica do país, com o fim de alcançar maior autonomia em face da crônica dependência ante os ingleses.[29] Entre as principais ações administrativas estariam mudanças no sistema de coleta do quinto real do ouro, o controle ao contrabando colonial, privilégios ao comércio de açúcar e tabaco do Brasil, políticas de fomento ao adensamento populacional da colônia e de consolidação de suas fronteiras, entre outras.

Como seus discípulos posteriores, de d. Rodrigo de Sousa Coutinho ao padre Azeredo Coutinho, do professor Luís dos Santos Vilhena a José da Silva Lisboa e José Bonifácio, cuidar de povoar o território era quase uma obsessão para Carvalho e Melo. Em carta datada de 1751 a Gomes Freire de Andrade Bobadela (1685-1763), governador e capitão-geral do Rio de Janeiro entre 1733 e 1763, externava ao missivista um dos principais propósitos de sua engenharia política, a obra de povoar o Brasil: "E como a força e a riqueza de todos os países consiste principalmente no número de multiplicação da gente que o habita, este número e multiplicação da gente se faz mais indispensável agora na raia do Brasil para sua defesa…" Uma vez que adensar o Brasil com as gentes do reino significaria esvaziá-lo por completo, tornava-se imperativo "abolir toda a diferença entre portugueses e tapes privilegiando e distinguindo os primeiros quando casarem com as filhas dos segundos; declarando que os filhos de semelhantes matrimônios serão reputados por naturais deste reino e nele hábeis para ofícios e honras".[30] As políticas demográficas se fariam presentes em todos os planos, sistemas e projetos dos reformadores portugueses e a elas voltaremos oportunamente.

Mas essas ideias, planos e projetos não se limitavam a ações na área demográfica. Toda a estrutura produtiva (particularmente extração mineral e agricultura) e distributiva (comércio e navegação) haveria que ser repensada, por meio de uma mudança na formação de quadros hábeis para servir ao Estado e de um novo desenho deste. Suas estratégias foram logo definidas. Carvalho e Melo buscou "[…]

racionalizar e fortalecer a máquina de coleta do principal tributo real, o quinto. Defendeu o devedor colonial de execuções hipotecárias violentas, criou Casas de Inspeção para regulamentar os preços dos produtos coloniais. E ele asseguraria o futuro do território americano, antes de mais nada pela emancipação e europeização dos índios".[31] Essas seriam as principais diretivas dos reformadores que seguiram posteriormente sua obra. Porém, para levá-las a cabo, Carvalho e Melo entendia ter nos jesuítas seu maior obstáculo. Para superá-lo, não poupou expedientes, começando pela criação de companhias de comércio, uma delas açambarcando o território da Amazônia, com o fim de barrar a hegemonia dos inacianos e, sob patrocínio do Estado, prover mão de obra africana em condições mais vantajosas (que as oferecidas por traficantes privados) aos agricultores. Para esse fim, ele fundou a Companhia do Grão-Pará e Maranhão em 1755, ouvindo a experiência e anseios de seu meio-irmão Francisco Xavier de Mendonça Furtado (1701-69), então governador-geral daquela capitania. Toda essa engenharia por parte do Estado português não tinha outro fim senão racionalizar o sistema produtivo com vistas a socorrer o erário régio, dentro de uma lógica marcadamente mercantilista, voltada à acumulação de numerário. Tais ações, todavia, conflitaram frontalmente com interesses estabelecidos, nomeadamente dos jesuítas. Desse choque de interesses sairia vitorioso o famoso estadista português, que acabaria por enxotar os religiosos para fora do Império.

Dentro do mesmo jogo de poder se insere o movimento que fez Carvalho e Melo contra outra força que se lhe opunha: a nobreza tradicional, a qual se pôs diligentemente a combater e reformar. Não cabia no Estado forte projetado pelo futuro Pombal um segmento tão poderoso e tão dispendioso à monarquia:

> [...] o combate aos privilégios fiscais usufruídos pelos nobres, a qualificação de homens de negócios para os cargos públicos, a permissão correspondente para que as autoridades públicas se envolvessem em assuntos comerciais, e a concessão de títulos de nobreza para incentivar

investimentos nas companhias privilegiadas foram partes de uma política mais ampla, adotada por Carvalho e Melo.[32]

No mesmo plano de ação insere-se a fundação, em 1761, do Colégio dos Nobres, custeado pelos valores e propriedades expropriados à casa de Aveiro e aos jesuítas.[33]

Não se pode afirmar com convicção a origem do ódio que Pombal nutria pela congregação dos inacianos. Razões psicológicas ou simplesmente econômicas já foram dadas como explicação. Um clássico historiador inglês, Charles Boxer remete as primeiras demonstrações dessa animosidade às relações tensas travadas entre o mencionado Francisco Xavier, governador do Maranhão e Grão-Pará, e os jesuítas ali sediados, por suposto excesso de poder econômico e autonomia destes em face da Coroa. Verdadeiras, falsas ou exageradas, fato é que as denúncias do governador devem ter atiçado a sanha antijesuítica do preposto de d. José I.[34] A acusação de Pombal de que os jesuítas foram os mentores da tentativa frustrada de regicídio em 1758 levou à sua expulsão e à carnificina contra os maiores títulos da casa dos Távora-Aveiro.[35] Por sua vez, notório detrator da obra pombalina, o português João Lúcio de Azevedo raciocina em termos econômicos, ressaltando o poderio da corporação na produção e acúmulo de riqueza, nomeadamente aquela extraída da colônia portuguesa na América, em detrimento dos interesses da Coroa. Conta Azevedo que o governador do Grão-Pará dali escrevia ao poderoso irmão, alertando que "[...] 'Os regulares — significava principalmente os jesuítas — são o inimigo mais poderoso do Estado, e, por isso mesmo que doméstico, ainda mais poderoso e nocivo'. E de um modo típico acentuava o seu pensar: 'Estas gentes são o meu Manuel Pereira de Sampaio', dizia recordando ao irmão o nome aborrecido do êmulo na missão de Viena".[36]

Para conter o crescente poder dos missionários, em 1755 Pombal decretou preceito legal declarando livres os índios do Brasil e extinguindo as missões, embora fosse dado aos religiosos permanecer atuando em seu trabalho espiritual nas povoações, conquanto a governança temporal passasse agora a empregados públicos diretamente nomeados pelo governador. Ocorreu que os padres não aceitaram a manobra restritiva e começaram a confrontar as autoridades. Toda a questão da gestão colonial teve que ser repensada pelas autoridades metropolitanas por causa desses sucessos no Pará, que resultaram em deportações de religiosos, especialmente da ordem fundada por Inácio de Loyola em 1534.

Pode-se situar nesses eventos o estopim de uma intensa campanha de ataques contra os padres, orquestrada pelo primeiro-ministro, cujo texto mais representativo é a famosa *Relação abreviada*,[37] que se constitui num panfleto difamatório de atos perpetrados por jesuítas na América, verdadeiros ou supostos, acusando a existência de uma poderosa república de 31 povoações "tão rica e opulenta em frutos e cabedais para os padres, como pobres e infelizes para os desgraçados índios",[38] e que pinta um quadro tenebroso da opressão dos padres contra os indígenas, à revelia das leis do reino e da própria Igreja, além da concentração da produção agrícola e do comércio nas mãos dos inacianos, contra os interesses da monarquia.

A repercussão da *Relação abreviada* foi bombástica, não apenas no reino, mas por todo o continente europeu, traduzida que foi para várias línguas. Em paralelo à campanha publicitária, o governo português manobrava diplomaticamente contra a ordem diretamente em Roma. Os analistas mais ponderados consentem não haver dúvidas de que os jesuítas comerciavam e auferiam bons lucros; porém, o propósito era mais o de sustentarem suas atividades do que os meros proveitos mundanos, o que não elimina a hipótese, muito plausível, de que excessos tenham acontecido.

Tal é o contexto geral que envolveu a expulsão dos jesuítas do Reino de Portugal e seus domínios ultramarinos.[39] Para Carvalho e Melo e seus sequazes, qualquer tentativa de modernização em Portugal esbarrava na presença dos soldados da Companhia de Santo Inácio de Loyola, arautos da decadência, que deviam e foram extirpados da cena.

A investida derradeira deu-se com a Lei de 3 de setembro de 1759, em que d. José, pela mão de seu primeiro súdito, ordenava a expulsão dos inacianos de todos os seus domínios continentais e ultramarinos:

> Declaro os sobreditos Regulares na referida forma corrompidos, deploravelmente alienados do seu Santo Instituto, e manifestamente indispostos com tantos, tão abomináveis, tão inveterados e tão incorrigíveis vícios para voltarem à observância dele, por notórios rebeldes, traidores, adversários e agressores, que têm sido e são atualmente, contra a minha Real Pessoa e Estados, contra a paz pública dos meus reinos e domínios, e contra o bem comum dos meus fiéis vassalos; ordenando que tais sejam tidos, havidos e reputados; e os hei desde logo, em efeito desta presente lei, por desnaturados, proscritos e exterminados; mandando que efetivamente sejam expulsos de todos os meus reinos e domínios, para neles mais não poderem entrar. E estabelecendo debaixo de pena de morte natural, e irremissível, e de confiscação de todos os bens para o Meu Fisco e Câmara Real, que nenhuma pessoa de qualquer estado e condição que seja, dê nos mesmos reinos e Domínios, entrada aos sobreditos regulares, ou qualquer deles.[40]

Talvez Pombal tivesse a clara consciência de que o "perigo" dos jesuítas, mais que o comércio que praticavam, residia no controle absoluto que detinham das almas dos súditos, contra o que era impossível a qualquer poder temporal rivalizar. Todo sistema educacional estava nas mãos dos religiosos, especialmente dos inacianos. Essa consciência dá a exata medida do furor com que Pombal se lançou à tarefa de destituí-los dessa função, ainda que, para tanto, houvesse que se lhes destruir. Foi com uma série de medidas, desde o fechamento das aulas gratuitas dos jesuítas em 1759 até a reforma da Universidade de Coimbra em 1772, que o poderoso primeiro-ministro pretendeu retirar Portugal das trevas da ignorância e do atraso. "Modernizar" significava corrigir todos os erros, hipotéticos ou verdadeiros, cometidos em dois séculos de pedagogia jesuítica.

A campanha avançou com o aparecimento da *Dedução cronológica*, publicada logo em 1767-68, cujo subtítulo constitui-se numa indisfarçável declaração de guerra:

> Parte Primeira, na qual se manifestam pela sucessiva série de cada um dos Reinados da Monarquia Portuguesa, que decorreram desde o Governo do Senhor Rei d. João III até o presente, os horrorosos estragos, que a Companhia denominada de Jesus fez em Portugal, e todos seus Domínios, por um Plano, e Sistema por ela inalteravelmente seguido desde que entrou neste Reino, até que foi dele proscrita, e expulsa pela justa, sábia, e providente Lei de 3 de Setembro de 1759 / dada à luz pelo Doutor José de Seabra da Silva Desembargador da Casa da Suplicação, e Procurador da Coroa de S. Majestade...[41]

Trata-se do mais veemente ataque à obra jesuítica deitado em dois volumes analíticos e um terceiro contendo "provas", "sem autoridade para o imparcial estudo da questão, mas que, aparecendo em plena refrega, ressoaram na Europa com um fragor de mina que estoira, destroçando muralhas".[42] A rigor, constitui-se em um meticuloso dossiê de denúncias e queixas acumuladas em dois séculos para corroborar tese estabelecida *a priori* de que, após a chegada dos jesuítas em Portugal, tudo foi devastação e decadência: as letras, as artes, a indústria, o comércio, o poderio militar e até as virtudes cívicas. Se Seabra da Silva assina o documento, ele é produto da vontade de Pombal.

O impacto dessa obra foi estrondoso, resultando na extinção da ordem dos jesuítas não apenas do reino lusitano, mas de outros países europeus. Portugal havia chegado a romper relações diplomáticas com o Vaticano por 10 anos, desde 1760. Em junho de 1770 o novo núncio apostólico recém-chegado a Lisboa, e recebido com todas as vênias, promoveu o restabelecimento das boas relações com a Santa Sé, entre o rei d. José I e Clemente XIV, com fervorosas comemorações de júbilo em Lisboa e Roma. Foi o ensejo que valeu a Carvalho e Melo a graça do título de marquês de Pombal. As concessões para a reconciliação devem ter sido tensas. Em 1771, Verney havia sido expulso de Roma, já então célebre pela polêmica ensejada por seu *Verdadeiro método de estudar*, base intelectual da reforma dos estudos, iniciada um ano antes com a criação da Junta de Providência Literária, responsável pelas reformas e a publicação do *Compêndio histórico do estado da Universidade de Coimbra no tempo da invasão dos denominados jesuítas*, como se verá a seguir. Não obstante protestos e algum ruído na opinião pública, uma das mais importantes ordens religiosas católicas deixava de existir legalmente, só sendo oficialmente restaurada em 1814.[43] O édito da supressão foi publicado em Lisboa em setembro de 1773.

CAPÍTULO 2
UMA NOVA PEDAGOGIA

Dentro do conjunto de mudanças executadas durante o longo governo pombalino, talvez nenhuma outra tenha tido maior alcance do que as reformas realizadas no sistema educacional, das primeiras letras à universidade, às quais a eliminação dos jesuítas está profundamente ligada. Os condutores do Estado português entenderam que o atraso do reino em relação às demais potências europeias atribuía-se em grande medida aos meios e fins do ensino, demasiado escolástico, metafísico, sob orientação pedagógica jesuítica, e que, coerente com uma das feições utilitaristas da ilustração moderna, a atualização do reino passava pela capacidade do Estado de fornecer as condições para uma mais eficaz formação profissional, em todas as áreas de um conhecimento guiado pela razão da nova ciência moderna.

As reformas patrocinadas a ferro e fogo por Carvalho e Melo no sistema de ensino podem assim ser entendidas dentro de um plano de ação governamental voltado à transformação da realidade do país por meio da apropriação tópica e funcional, dentro dos moldes fornecidos pela monarquia absolutista lusa, das propostas utilitaristas da ilustração, voltadas à racionalização do Estado ora posto a serviço do sistema produtivo, com todos os recursos técnicos disponibilizados pela ciência. As principais ações governamentais nesse sentido situam-se entre os anos de 1759, quando da supressão dos jesuítas, e 1772, em que se decretam os novos estatutos da Universidade portuguesa, tidos pelos ideólogos como marco da "refundação" da instituição criada em 1290, praticamente junto com o próprio Estado português, e desde 1537 instalada em Coimbra por ordem de d. João III (1521-57), dito "o colonizador". Nesse intervalo de 13 anos situa-se a criação do marco educacional pombalino, que assenta na reforma de todo o sistema de ensino desde "estudos menores" até a universidade. Até sua expulsão, toda a instrução estava nas mãos dos inacianos; já no decreto de extinção das suas aulas e escolas (28/6/1759), prevendo-se o vácuo que se abriria, medidas mais urgentes foram tomadas, como a criação de postos de professores régios de gramática latina, grego e retórica, dispondo-se as novas diretrizes que deveriam normatizar a oferta dessas disciplinas.[44]

Tais intervenções não podem ser entendidas como meros arranjos paliativos devidos à circunstância da expulsão da Companhia de Jesus. Nelas, e em outras medidas que se seguiram, dispõe-se um claro projeto de secularização da sociedade por meio da ação de Estado. Entre tais medidas arrolam-se a fundação das mencionadas Aulas do Comércio em 1759,[45] do Colégio dos Nobres em 1761,[46] a reestruturação e expansão da malha de escolas iniciais de "ler, escrever e contar", assim como das ditas "secundárias". A reforma da universidade de Coimbra só ganhará sentido quando vista e articulada dentro desse quadro geral, em que pese o fato de que, no conjunto dessas intervenções, a reforma universitária talvez seja a de maior repercussão e consequências.

O plano deflagra-se efetivamente a partir de 1770 quando o português nascido no Rio de Janeiro Francisco de Lemos Faria Pereira Coutinho (1735-1822), futuro bispo de Coimbra e conde de Arganil, é nomeado com toda pompa e circunstância reitor da Universidade.[47] Como visto no capítulo anterior, a preparação da reforma começou pelo ataque feroz aos jesuítas, levada a cabo pela recém-instituída Junta de Providência Literária, da qual Francisco de Lemos era membro.

D. Maria I. Giuseppe Troni (atribuído).
Óleo sobre tela. 1783. Palácio Nacional de Queluz.

A missão consignada por Carvalho e Melo e o cardeal da Cunha[48] era a promoção de ataque devastador aos inacianos. O diagnóstico nem um pouco imparcial dos "danos" causados por dois séculos de controle jesuítico da educação do reino e a proposição de meios para sua solução foram anunciados na obra de viés panfletário *Compêndio histórico do estado da Universidade de Coimbra*, anteriormente referido. Concomitantemente, é dado supor que a elaboração dos estatutos da nova universidade avançava em paralelo. Entre as primeiras medidas para saneamento da instituição promoveu-se a jubilação dos antigos professores e a contratação de novos. A toque de caixa, confirmados os novos estatutos e outras providências para sua implantação, imediatamente davam-se as ordens de baixa dos velhos lentes e de nomeação de novos, 27 dispensados e 53 contratados, sendo destes 33 "proprietários" (titulares das cadeiras) e 20 substitutos.[49]

Na acurada apresentação à nova edição do *Compendio histórico*, elencam-se os três principais instrumentos do cerco de Pombal aos inacianos, quais sejam o próprio *Compêndio* publicado em 1771, consistindo na contundente queixa por parte do governo da situação de deterioração a que havia chegado a Universidade portuguesa. A fundamentação ideológica desse documento havia sido enunciada havia um quarto de século, com a publicação de *O verdadeiro método de estudar*, de Luís Antônio Verney, que, como dito, gerou enorme estardalhaço.[50] Além desses dois célebres documentos, é mister juntar um terceiro, a referida *Dedução cronológica e analítica*,[51] de José de Seabra da Silva (1732-1813) (quem iremos também encontrar na Junta de Providência Literária). Trata-se igualmente de um virulento panfleto antijesuítico, que prenuncia as queixas depois reiteradas no *Compêndio histórico* acerca dos danos causados ao reino pelos jesuítas, acusados de serem "árabes ao serviço de Mafoma".[52] Em comum nos três documentos,[53] o propósito de execração e aniquilamento dos padres inacianos e sua obra, face obscura do projeto iluminista pombalino. As ações alavancadas por esses textos prepararam o solo para a reforma em si, que ganhou corpo nos novos *Estatutos da Universidade de Coimbra*, de 1772.[54] Conforme magistralmente sintetizou um filósofo português: "mais ciência e menos lógica, mais prática e menos metafísica, mais utilitarismo e menos idealismo", onde por "mais" leia-se tudo, e por "menos", nada.[55]

No prefácio à edição recente do *Compêndio histórico*, concebe-se esse texto, junto com os novos *Estatutos*, como representação do poder, no sentido de pretender ser um marco temporal, estabelecer um divisor de eras, fixar um "antes" ("antigo", de sombras e ignorância) e um "depois" (moderno, de luzes e conhecimento). Um projeto desse corte, que implicava o desmonte do ensino em todo o reino português, referência maior do pombalismo, só com muitas aspas se conceberia como rigorosamente "iluminista".[56] Sem embargo do propalado caráter modernizante do plano de reestruturação do sistema de educação, que almejaria transformar toda a sociedade portuguesa em seus aspectos políticos, socioeconômicos e culturais, por meio da abertura à nova racionalidade inscrita no jusnaturalismo e nos novos saberes da filosofia natural (a qual abrange a física, a química, a botânica agora sistematizada a partir dos princípios de Lineu), da medicina experimental,[57] das ciências físico-matemáticas e da astronomia kleperianas,[58] com as viagens científicas no reino, na África e no Brasil patrocinadas pelo Estado, com os novos equipamentos anexos, como o Teatro Anatômico, o Observatório Astronômico, o Horto Botânico, o Museu de História Natural, o Laboratório de Física e o Dispensatório Farmacêutico[59] — sem embargo de tudo isso, compartilhamos do entendimento de "que o essencial das Luzes não se instaurara".[60] A imperativa discussão do conceito de "luzes" será realizada no próximo capítulo.

O empreendimento pedagógico reformador ancorava-se numa visão segundo a qual Estado e educação sustentavam-se reciprocamente. O aparelho governamental fomentaria o sistema de ensino por meio da reforma das instituições, desde os estudos ditos menores à universidade; esta beneficiaria ao governo e ao bem-comum preparando funcionários públicos capacitados em todas as áreas, de modo a se alcançar a felicidade geral. A primeira medida efetivamente reformadora do ensino consistiu no alvará de expulsão dos jesuítas em setembro de 1759, em que se visava dar solução ao estado caótico em que alegadamente se encontrava a educação no Reino de Portugal, por meio do expurgo dos padres da companhia. A ação de Pombal é fortemente centralizadora e estatizante. Seu principal propósito foi impedir os jesuítas de exercerem quaisquer atividades de ensino no reino. Assinado por d. José I e pelo conde de Oeiras, esse diploma prescreve uma nova metodologia para as escolas ditas "menores", como se denominava o ensino básico, em contraposição à formação universitária. Com o estabelecimento da Direção-Geral dos Estudos, centralizando e subordinando ao poder régio todo o sistema educativo do reino, praticamente se inaugura um sistema público de educação em Portugal.[61] Trata-se de um conjunto de instruções onde, ainda mantendo-se o latim como eixo do ensino, se ordena a substituição do método dos jesuítas (cujos manuais de língua latina eram explicados nessa própria língua) pelo ensino do latim clássico em língua vulgar.[62]

É nesse contexto que se inauguram as chamadas aulas régias de retórica, ministradas por um corpo pequeno de professores régios, encarregados de oferecer o curso de filosofia nas cidades mais importantes do reino, como Lisboa, Porto e Coimbra, aulas essas criadas para suprir a lacuna dos cursos de filosofia antes oferecidos pelos jesuítas, pré-requisitos para ingresso na universidade.[63]

No que concerne às reformas no âmbito da Universidade, dos estudos superiores, seguindo as instruções esboçadas no *Compêndio histórico*, a diretriz por trás das ações é a de fazer da universidade um instrumento do Estado no plano geral de revitalização do reino, de colocá-la a serviço do bem público.[64] Há que se dimensionar com maior cautela, nesse sentido, o espírito "iluminista" e modernizante das reformas, assumido pelos agentes do Estado e reiterados pela historiografia liberal portuguesa do século XIX, a que não poucos historiadores contemporâneos ecoam sem a necessária relativização crítica. Feita essa ressalva, é correto afirmar-se que o Estado procurou de fato instrumentalizar o ensino superior, no sentido de colocar as ciências e as artes a serviço da sociedade portuguesa, visando alçá-la ao patamar de civilização das grandes nações europeias. Para tanto, além das alterações no corpo docente da universidade, promoveu-se a abertura a ideias e autores orientados pelo racionalismo e pelo espírito científico do tempo, que serviram de base para a mudança dos programas de estudos e métodos pedagógicos das faculdades reformadas de medicina, matemática, filosofia e leis, com a recepção de autores como Hugo Grotius, Samuel von Pufendorf, Johann Gottlieb Heineccius e Jacques Cujas, do direito natural e das gentes, e a atualização do direito civil português.

Toda essa cruzada reformadora e modernizante assumida e patrocinada pelo Estado tinha como objetivo final a formação de quadros profissionais, recrutados entre as classes dirigentes do país. A universidade foi então concebida como uma incubadora de técnicos, expertos nos mais variados campos das ciências e artes úteis e aplicadas (leis, por suposto, mas também medicina, agricultura, indústria, comércio) e intelectuais orgânicos, no sentido cunhado por Antonio Gramsci,[65] de ideólogos comprometidos com a consolidação do novo ordenamento político e jurídico que se almejava edificar, mas, sobretudo, súditos leais e defensores do Estado monárquico português. Não foi casual que, por essa época, o domínio de um conhecimento legitimado na universidade foi aceito e utilizado pela monarquia como uma nova forma de ascensão social. Ao lado da nobreza tradicional de linhagem, surge uma nova espécie de nobreza civil egressa dos bancos universitários e das carreiras públicas.[66]

Não obstante todo empenho reformador, não são poucos aqueles que acusam o fracasso do empreendimento pombalino. Franco detrator da obra de Pombal, João Lúcio de Azevedo assinala que a reforma, apesar de toda pantomima, não logrou êxito. Passados alguns meses da queda do ministro, em 1777, muitos já denunciavam a decadência da universidade. Conta Azevedo que um dos homens mais sábios do reino, Antônio Ribeiro dos Santos, assim se expressou sobre a obra de Pombal:

> [...] "Que havia ele fazer agora, se fez pouco no princípio, se edificou um edifício ruinoso, como havia agora de ter-se em pé? [...] Este ministro, apesar de tudo quanto disseram dele os seus panegiristas, não talhou um plano útil, que honrasse a sua nação e o seu século". O mesmo censor mostrava que Pombal, "profundo em algumas partes da administração política, não tinha nem plano, nem sistema no todo, tudo fazia por pedaços e a retalhos, de que depois se não uniam as partes, nem se ajustavam entre si". O juízo evidentemente é exato, e bem se ajusta, como aos mais, à reforma dos estudos.[67]

Também imediatamente à queda do ministro, o reitor da Universidade d. Francisco de Lemos manifestava ao governo a necessidade de novas mudanças por se acharem os estudos das humanidades "na última decadência", assim como o Colégio dos Nobres, o brilhante da Coroa, que já antes da morte de d. José se encontrava em franco decaimento. Na visão de Azevedo, a falta de unidade no projeto de reforma do ensino proposto por Pombal foi o que levou ao retrocesso da "viradeira" no reinado seguinte. Logo da ascensão d. Maria I ao trono, a Mesa Censória, criação de Pombal e composta por protegidos seus, recomendava que os estudos menores voltassem "ao santo zelo e ciência das corporações religiosas".[68]

Outros especialistas mais próximos de nós corroboram a crítica de Azevedo. Entre as razões para o fracasso do projeto reformista, aponta-se a dificuldade de recrutar quadros qualificados para o exercício do magistério. A expulsão dos jesuítas levou ao caos as escolas menores, ao gerar um vazio "nunca [...] preenchido em termos quantitativos a breve trecho, pois só veio recuperar as cifras de frequência anteriores cerca de um século e meio depois". Pombal destruiu de um só golpe toda uma vasta estrutura de ensino construída durante dois séculos pelos jesuítas e espalhada pela metrópole e ultramar. Além da Universidade de Évora, os inacianos dirigiam mais 34 colégios nos principais centros urbanos de Portugal, além de outros em territórios coloniais, como os 17 colégios e 36 missões só no Brasil.[69] Segundo estimativas confiáveis, 85% dos estabelecimentos de ensino portugueses estavam nas mãos dos jesuítas quando da supressão da ordem. O Estado português não foi capaz de suprir o déficit, de modo que ainda em 1910, ano da proclamação da república em Portugal, calculava-se em 75% o número de analfabetos. O golpe contra os inacianos, e por extensão o sistema educacional português, fora tão devastador em consequências que seus efeitos na sociedade portuguesa, decorrentes dos limites estruturais à prosperidade oriundos de uma educação deficitária, faziam-se sentir ainda em fins do século XX.[70]

CAPÍTULO 3

O ESPECTRO VISÍVEL DAS LUZES

"Luzes", *Enlightenment, Lumières, Aufklärung, illuminismo, ilustración* são termos complexos, criados no século XVIII, uma autoimagem positiva que as capas dominantes europeias construíam para si mesmas como um marcador temporal. Não será o ensejo de aprofundar aqui um dos temas mais pesquisados e problematizados da história, como é o caso do que se batizou de "modernidade", processo multifacetado e de longa duração caracterizado pela emergência do capitalismo, a afirmação da nova classe social burguesa, a formação do Estado como organização política burocrática, primeiramente na forma de monarquias despóticas, a expansão colonialista europeia pelo globo, a emergência das ciências modernas, o racionalismo, as doutrinas do liberalismo econômico e outros aspectos que levaram muitos pensadores que experenciaram esses movimentos à convicção de que estavam às portas do futuro — ou, senão, se progredia aceleradamente em direção a ele.

"Luzes": palavra ambígua, polissêmica, resistente a definições categóricas, termo coringa que atravessou séculos, um signo que marca a tomada de consciência de uma nova era, de um novo indivíduo esclarecido, seu próprio guia e senhor, capaz de tomar o céu por assalto e as rédeas da história em suas mãos, alterar seu curso por um simples ato de vontade; uma nova era de homens modernos, em contraposição aos antigos que lhes precederam, que viviam nas trevas da ignorância, tutelados por suseranos — reis, generais, mestres ou padres — que se lhes dobravam os joelhos. O termo remete historicamente a grandes mudanças técnicas e políticas, como a primeira revolução industrial, a independência dos Estados Unidos e a revolução francesa. "Revolução" como propriedade de uma aceleração do tempo nunca experimentada pela humanidade (por "humanidade" leia-se: Europa, que então passou a se considerar o centro do mundo). No plano do pensamento, a ciência, erigida sobre o método cartesiano e a mecânica newtoniana, impunha-se contra todas as outras formas de conhecimento. A observação e o experimentalismo se sobrepuseram à metafísica e à escolástica.[71] O iluminismo pressupõe um universo coerente, racional, explicável, verdadeiro e progressivo. Se o mundo e a história são racionais, a razão humana pode desvendar seus segredos e mecanismos por meio da investigação científica, que deve ser difundida ao extremo por meio da democratização do ensino.[72]

Os sábios iluministas ainda não têm o perfil do cientista "disciplinado" do século XIX, com vasto conhecimento sobre um campo reduzido de investigação, mas, como os renascentistas que os precederam, transitavam por todas as áreas do saber, imbuídos da pretensão enciclopédica de tudo dominar. Embora esses traços gerais sejam relativamente presentes por todo lado, variações culturais sugerem falar antes de "iluminismos" no plural, em vez de um único movimento homogêneo.[73]

Toda essa efervescência cultural se propagou como fogo em mato seco pela Europa (pelo Norte do Ocidente, incluindo aí os Estados Unidos da América), devido à intensa atividade editorial[74] e, especialmente, ao espírito efetivamente universalista dos grandes centros de ensino superior, onde a circulação de estudantes e mestres era a regra. Essa prática deu origem e alcunha a um tipo único na história cultural portuguesa, a figura do "estrangeirado", o sábio que retorna ao reino após perambular pelas universidades e salões europeus, tanto quanto o forasteiro que senta praça em Portugal, ambos os tipos transmissores das novas ideias esclarecidas do tempo que permitiriam a superação do isolamento e decadência do reino.[75] A propósito, esse aspecto de pastiche, de imitação, constitui um dos traços principais do que se chamou de "ilustração" em Portugal e, por extensão, do "reformismo ilustrado" de que se tratará adiante.

Pombal inscreveu-se na história construindo para si a imagem do "déspota esclarecido", aquele que não hesitou em usar da força para extirpar do reino as "sombras" da ignorância representadas pelos jesuítas, que por séculos detiveram o monopólio sobre o sistema de ensino no reino e conquistas. Já vimos que o alcance das reformas não foi tão bem-sucedido quanto venderam seus autores e herdeiros intelectuais posteriores. Não obstante reconhecer a censura e a repressão que as ideias libertárias ilustradas sofreram pelos órgãos repressivos da monarquia e da igreja, já se entendeu que "as reformas pombalinas instauraram em Portugal e no Brasil o clima do Iluminismo",[76] juízo que corre como uma espécie de senso-comum entre os experts no assunto.[77]

A historiografia sobre a "ilustração luso-brasileira" é pródiga na reiteração da tese de que o pendor reformista é a forma peculiar de que se revestiu o idiossincrático iluminismo português.[78] A tese reconforta e transmite segurança: já que o século XVIII é o tempo quando florescem as ideias ilustradas na Europa, então só pode assim também ter sido em Portugal, e por extensão em seus domínios ultramarinos. Mas a questão ganha em complexidade quando se levanta o problema do que afinal se trata quando se fala de "ilustração", das "luzes" em Portugal — ou, como diriam os teóricos narrativistas, qual seria o "referente" para esses signos.

Por suposto que elementos do ideário iluminista foram acolhidos, e oportunamente acolhidos, por pensadores e governantes do século XVIII português. Entre esses elementos, talvez aquele de que melhor uso se fez foi o "pragmatismo".[79] A historiadora Maria Beatriz Nizza da Silva atenta para esse caráter pragmático, utilitarista da cultura lusa fomentada pelo Estado.[80] Assim o denotam as memórias e instruções aos administradores da colônia em que se percebe a preocupação com a produção de mapas, que deixaram de informar apenas posições geográficas para fazer saber do caráter e condições da economia e da população. A questão do povoamento, de habitar o vasto território da possessão portuguesa na América, ocupou a reflexão de inúmeros súditos leais, como veremos oportunamente. Em outubro de 1797, por exemplo, por ordem de d. Maria I, a Secretaria de Estado dos Negócios Ultramarinos e da Marinha (de que era encarregado d. Rodrigo de Sousa Coutinho) enviava uma circular aos capitães-mores do Brasil por meio da qual se fazia saber que, "desejando Sua Majestade que a esta Corte cheguem anualmente noções muito mais exatas e individuais de cada uma das capitanias do Brasil, foi servida ordenar que se preparassem os mapas que acompanham esta carta, e que remetesse VM^{ce}, a fim de que se principie um trabalho, por meio do qual se possa chegar ao conhecimento [...]".[81] E então se arrolam as informações desejadas: sobre o número, composição étnica e profissional da população; dados sobre natalidade, nupcialidade e mortalidade; comércio interno e externo; produção agrícola e preços dos gêneros em cada capitania, do movimento de navios nos portos etc. E acresce: "A estes oito mapas se ajunta uma instrução para o modo de os formar, a qual os referidos mapas Vm^{ce} comunicará a pessoa incumbida deste trabalho."[82] A coleta e sistematização desses dados haveria de mobilizar uma multidão de súditos, fossem párocos, magistrados, comerciantes ou funcionários. Nizza da Silva vê nessa ação governativa a manifestação e demanda de "maior racionalidade nas decisões da metrópole visando ao desenvolvimento econômico da colônia".[83] Por certo que havia nessa postura de planificação, de planejamento, de estudo para maximização de resultados com menores custo e trabalho um esforço de racionalização. Mas de que "racionalidade", de que "razão" estamos falando aqui? Será essa racionalidade concernente àquelas atitudes a mesma que se refere ao conceito de iluminismo *tout court?*[84]

A rigor, essa "racionalidade pragmática" é o humo donde brota a "ilustração" portuguesa. Mas tal noção de ilustração "aplicada" à exploração do homem pelo homem e da natureza não dá conta do conceito original de ilustração, muito mais amplo e complexo, aquele ligado às forças históricas de uma classe nova e emergente que não encontrou seu lugar na estrutura social estamental do Antigo Regime e rompeu com ela, que formulou seu ideário libertário por meio da e na filosofia das luzes, da economia política, do liberalismo político, do jusnaturalismo e do Estado moderno. Diante desse quadro, o reformismo português só muito artificiosamente pode ser apelidado de "ilustrado", não obstante se usar amiúde do vocabulário *up-to-date*, bebido em autores estrangeiros, para justificar ideologicamente os planos de melhoramentos empreendidos pelo velho Estado monárquico em busca da sua sobrevivência, por meio de uma administração mais eficiente na exploração de homens e mulheres e da natureza da América.

A ilustração europeia, fundamento ideológico e projeto político da burguesia, serviu de lastro ao desmantelamento do *ancien régime*, da velha ordem estamental na qual as prerrogativas de nascimento determinavam a posição social dos indivíduos, velha ordem que aquele fundamento e projeto visavam implodir para inaugurar um novo tempo de "liberdade" e "igualdade", por meio da revolução se necessário, como foi o caso em 1789. Para além disso, ela surgiu e se propagou nas universidades, nos salões, nos cafés, naquilo que depois se chamou de "sociedade civil" e esfera pública. A ilustração portuguesa (assim como a espanhola), por sua vez, não foi além da apropriação das ideias da nova ordem em circulação, apropriação tópica e funcional, no sentido de aplicar a racionalização técnica no sistema produtivo e na governança com vistas justamente a evitar a mudança, obstruir a superação da velha ordem, impedir a revolução por meio de reformas que garantissem a perpetuidade do *status quo*.

E foi, acima de tudo, uma política de Estado, como ferramenta a se usar para superar o atraso e promover a modernização do país. Nesse sentido, pode-se dizer que não se trata do mesmo movimento, mas de um uso ideológico que letrados e administradores portugueses, recrutados entre a nobreza e treinados no colégio dos Nobres e na Universidade de Coimbra, fizeram daquele conjunto de ideias aliení-genas, reformando as velhas estruturas para garantir sua manutenção. Entendê-los como "ilustrados" é sucumbir à autoimagem que faziam de si próprios, sem superá-la criticamente.[85]

Então, podemos perguntar, afinal: o que são essas "luzes" tão in-censadas e reivindicadas pelos letrados portugueses do XVIII? O que elas iluminam? A propriedade e a extensão da noção de "ilustração" em Portugal e no Brasil colonial devem ser problematizadas, aten-tando-se para a carga semântica mobilizada pelas ideias em disputa no reformismo português da segunda metade do século XVIII.[86] A questão do atraso e da necessidade de modernização do velho reino no catecismo pombalino mobilizava dois conceitos polares, referentes à querela entre antigos e modernos, que são "Europa" e "jesuítas". O primeiro, carregado de positividade, a denotar modernidade, progres-so, ciência, organização, utilidade, razão, luzes, liberdade, emancipa-ção, e, como tal, apresentava-se como um ideal a ser imitado e per-seguido. O segundo expressa o oposto: atraso, ignorância, desordem, corrupção, sombras, decadência, ruína; uma mácula que se deveria combater e superar. Na doutrina ideológica que sustenta a agenda política pombalina, o conceito "Europa" deveria revestir a forma de um sistema pedagógico, político e cultural para o novo reino que se almejava construir, a partir da remoção das causas do atraso, alegadas ou verdadeiras. Portugal descobriu maravilhado a Europa das luzes e nela quis se espelhar, para situar-se de novo no jogo das nações. Descoberta franqueada pelos "estrangeirados", que denunciaram a defasagem cultural e científica do reino ibérico em relação ao movi-mento de ideias que convulsionava o continente.[87] A consciência da assimetria entre Portugal e "Europa" induz à aceitação da adoção da agenda reformista e do viés pragmático do iluminismo continental, com vistas a suprimir as perdas associadas ao jesuitismo e recuperar o tempo perdido.

Nesse sentido, não há como questionar a forte presença de um dos aspectos centrais das "Luzes" na governança pombalina e no reformismo ilustrado que se lhe seguiu: o pragmatismo, o utilitarismo ancorado no pensamento corrente de iluministas como Étienne Bonnot de Condillac, Jeremy Bentham, David Hume, Adam Smith, Claude-Adrien Helvétius e Jean-Baptiste Say.[88] Mas esse aspecto é subsidiário de outro envolvente e que lhe fixa o sentido, o qual Emmanuel Kant estipulou em sua célebre resposta à questão de "O que é esclarecimento?",[89] como a saída do homem de sua menoridade autoimposta; "menoridade" entendida como a incapacidade de usar o próprio entendimento sem qualquer guia, ou seja, a ausência de liberdade. A razão refere-se, antes de qualquer utilidade, pragmatismo ou aplicabilidade prática, à construção da própria autonomia moral do homem, à sua capacidade de questionar em que consiste a atualidade na qual ele próprio se insere e age, como pensador capaz de interrogar-se sobre o sentido de seu tempo, de seu presente. Tudo isso: a filosofia como problematização de uma atualidade e como questionamento, pelo filósofo, dessa atualidade da qual faz parte e em relação à qual tem que se situar, poder-se-ia dizer do "esclarecimento" como um discurso da modernidade e sobre si mesma.[90]

Autonomia, emancipação e liberdade individual por meio da razão estão na base do "esclarecimento", da "ilustração". É muito interessante que, desde o século XVIII mesmo, os estudiosos da ilustração em Portugal, compreendendo a sanha reformadora desde o consulado pombalino, os ministérios de d. Rodrigo de Sousa Coutinho até o estabelecimento da cabeça do Estado português no Rio de Janeiro, negligenciem esse aspecto central em favor do outro subsidiário, observável em sua feição pragmática e utilitarista. Por isso, como dito, nossa concordância com o entendimento de que "o essencial das Luzes não se instaura", no sentido de que, já no que concernia ao *Compêndio histórico* (mas igualmente a outros documentos que ancoram as reformas pombalinas, particularmente da Universidade), tinha-se claro o que devia ser expurgado, mas não o que se lhe pôr no lugar. Aqui, uma contextualização à maneira da história dos conceitos, tal como formulada por Reinhart Koselleck, se faz necessária.

O liberalismo do começo do século XIX e interpretações subsequentes pintaram Pombal como grande reformador. Mas esse entendimento comporta alguma relativização. Na almejada reforma, às vezes mais propalada que efetiva, constata-se a abertura a autores e ideias, a adoção do experimentalismo em detrimento da especulação metafísica, o fomento à produção de saberes de imediata aplicação prática, como os que se tornaram célebres por obra da Academia Real das Ciências de Lisboa.[91] Porém, ao mesmo tempo, a política cultural e educativa levada a cabo pelos agentes do Estado português — assentada em fundamentos honoríficos e clientelistas —[92] é típica de uma organização de Antigo Regime, de uma sociedade estamental encimada por uma monarquia absolutista, assentada em fundamentos de origem divina e de estrutura patriarcal, que entendia seus súditos como vassalos submissos a quem cumpria tutelar, e não como indivíduos livres e senhores de sua razão e de seu destino. Nesse quadro, apenas o lado "utilitarista" da ilustração, vantajoso à política reformadora do Estado, era apropriado e tolerado pelas autoridades. Lembre-se da ativa operação da Real Mesa Censória de repressão às "francesias", produtora de listas zelosamente organizadas e atualizadas que proscreviam, por exemplo, obras "incendiárias" como as de um Voltaire ou um Rousseau.[93]

Assim, não soa despropositado o entendimento do ácido João Lúcio de Azevedo quando, do alto de sua maledicência, afirma que Pombal era retrógrado em relação à Europa das luzes. Suas reformas foram paliativas e a retalho. As mudanças no sistema de ensino não mais que uma afronta aos jesuítas. Mas, em seu íntimo, "o seu espírito estava longe, muito longe das ideias, que naquele tempo agitavam a

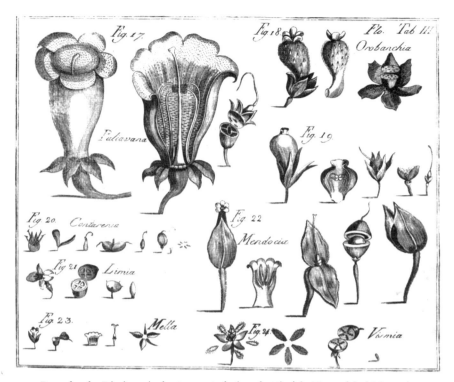

Prancha do *Diccionario dos termos technicos de História Natural [...] Memoria sobre a utilidade dos jardins botânicos*, Domingos Vandelli. Coimbra, 1788.

Europa". Obras filosóficas de pensadores como Spinoza, Hobbes, La Mettrie, Voltaire, Diderot eram expurgadas pela Mesa Censória com seu beneplácito, o mesmo sucedendo com a melhor literatura da época, como a *Nova Heloísa* de Rousseau, os *Contos* de La Fontaine e *Le sopha*, do libertino de Claude Prosper de Crébillon. No veredito de Azevedo, "[…] Define a situação o dizer-se que, em 1776, não foi permitido divulgar-se a tradução de um *Elogio de Descartes*, porque — diziam os censores — não estava o povo português ainda acostumado a ver na sua língua escritos que aefervoravam 'o espírito da dúvida, do exame, da independência e da liberdade'". Aos vendedores de livros defesos, as leis impunham, além do confisco, seis meses de cadeia, e em caso de reincidência dez anos de degredo para Angola "[...] só quando o ciclone das guerras napoleônicas, varrendo a Europa, chegou até nós, as inteligências puderam cabalmente emancipar-se da tutela dos censores e da inquisição".[94]

Enfim, parece urgente relativizar a extensão dessa ilustração absolutista portuguesa, tese consagrada por luminares da historiografia e reiterada por gerações dos mais sérios historiadores e historiadoras, segundo a qual o penhor crítico dos homens do século XVIII, modernos, ilustrados, cientistas, guiados pela razão, confrontava a visão de mundo dos antigos que os precederam, assentada numa concepção religiosa de vida, imperfeita, ilusória, ignorante, submersa em trevas. Essa consciência de si que nutriam aqueles agentes os movia na nobre tarefa de edificar um mundo novo, tarefa que demandava profundo conhecimento da natureza, fonte de felicidade; demandava um novo direito e uma nova moral, firmados não no transcendente, mas na sociedade civil; e, por fim, em um novo ordenamento político. Tudo isso, criam os reformadores e reiteraram os historiadores posteriores, se alcançaria por meio de uma nova pedagogia.[95] Ora, aqueles reformadores não queriam, a rigor, instituir um novo mundo, mas reconstruir, restaurar, "regenerar" seu velho mundo, no qual os membros daquela elite dirigente do Império português ocupavam lugares privilegiados. Desejavam reformar o velho mundo justamente para evitar sua implosão por meio da ruptura revolucionária, como assistiram na revolução francesa, e mais dramaticamente em São Domingos, onde os ideais de igualdade propalados pelos liberais europeus foram apropriados pela classe dos escravizados, onde o terror virou-se contra os *criollos*, europeus grandes proprietários nativos ou residentes na ilha. Esse "reformar para conservar" bebeu no vocabulário, nos chavões, nas ideias iluministas; mas essa apropriação tópica não fez daquela elite uma elite "ilustrada", "iluminista", no sentido estrito da palavra, e no sentido com que a historiografia luso-brasileira generosamente a representou.

Eram "ilustrados", "iluministas" que, salvo poucas vozes a confirmar a regra, como Bonifácio, justificavam calorosamente a concentração da propriedade da terra, a diferença natural entre os homens por nascimento, o direito da propriedade do homem pelo homem, a legitimidade do resgate de escravos na África, o emprego coercitivo da mão de obra indígena, a liberdade de comércio e até mesmo, se necessário, a emancipação da colônia do jugo metropolitano, amparando-se nos melhores formuladores de doutrinas tão díspares como o bulhonismo, a fisiocracia, a economia clássica e a filosofia iluminista. Mas isso não fazia daqueles portugueses, nascidos no reino ou nascidos na colônia, fisiocratas, liberais ou ilustrados. Eram sujeitos singulares, situados na esquina da Europa e numa dobra particularmente cataclísmica do tempo.

Atribuir o qualificativo de "ilustrados" aos homens, proprietários, brancos e ricos que se beneficiaram de uma formação universitária metropolitana, pressuposto para ingresso na vida pública e usufruto das benesses de um Estado patrimonial, educação e lugar alcançados por nascimento e inserção em redes clientelistas garantidoras de privilégios, liberdades, franquias e isenções, atribuir o qualificativo de "ilustrados" a esses homens implica jogar nas "sombras" e no silêncio todos os desafortunados, negros, índios, mestiços, escravizados ou libertos, homens e mulheres pobres, que tiveram o infortúnio de nascer às margens do sistema produtivo ou ser "resgatados" na África, e que serviram de carvão a gerar a energia movedora da agricultura tropical e da exploração das riquezas naturais da colônia. Reiterar esses conceitos com que aqueles homens se reconheciam e com que os distinguiram os potentados posteriores seus herdeiros significa reiterar a fala oficial, dos mandatários de sempre. Significa condenar uma segunda vez aqueles desafortunados da história.

Abade Raynal. *Histoire philosophique et politique des établissemens et du commerce des Européens dans les deux Indes*, Frontispício do v. 6, Genebra, 1780.

CAPÍTULO 4

A CONDIÇÃO COLONIAL

Um entendimento apropriado do que foram as "luzes" e o reformismo ilustrado exige a formulação de perguntas adequadas: qual o sentido das "luzes"? Por que do seu pendor reformador? O que exatamente a ilustração lusitana queria reformar? Essa indagação remete, entre outros temas, às relações de tipo colonial que caracterizaram a ocupação e exploração, por Portugal, da porção do novo mundo que viria a ser posteriormente o Brasil.

Os três séculos entre a chegada dos portugueses ao continente americano até a emancipação política do Brasil no começo do século XIX são coetâneos do que se chamou de "modernidade", concernente ao amplo movimento de expansão global da civilização europeia no período mercantilista do capitalismo emergente, identificado na perspectiva econômica como o da sua fase de "acumulação primitiva".[96]

A empresa montada por Portugal, durante a vigência do "sistema colonial" da era moderna, visava extrair a maior riqueza possível de suas colônias para sustentar a monarquia absolutista e seu entorno. Não havia por parte dos agentes do Estado qualquer preocupação em *conservar* os recursos tanto naturais quanto humanos. Em resenha à edição em inglês das viagens do explorador português Fernão Mendes Pinto (1510-83), o historiador A. J. R. Russell-Wood assim definiu a natureza do "antigo sistema colonial":

[...] Mendes Pinto não foi o único a criticar a construção de um império, que se estendia de Amboína ao Amazonas. Outros — de que se destacam Gil Vicente, Luís Vaz de Camões, João de Barros e Diogo de Couto — registraram que o reverso da medalha do papel de civilizadores e missionários assumido pelos portugueses era a brutalidade, a covardia, a avareza, a crueldade, a pilhagem e o desprezo pelas sensibilidades, costumes, crenças e propriedade dos locais. A prosa e a poesia do séc. XVI exprimiram o receio de que o preço a pagar por tal aventureirismo poderia ser a degenerescência moral e o declínio das virtudes cívicas em Portugal.[97]

Esse espírito animou a empresa de exploração da América pelos portugueses. Assim se deu desde o primeiro século com a extração do pau-brasil, praticamente extinto junto com a Mata Atlântica, concomitante ao início da desagregação das organizações sociais ameríndias.[98] De modo similar, a expansão da cultura açucareira ia deixando para trás terras esgotadas à exaustão, ocupando e consumindo novas. O mesmo aconteceu com a mineração no século XVIII, quando a exploração aurífera foi sendo abandonada conforme esgotavam-se os veios aluvionais. A lógica desse sistema produtivo depredatório era explorar o rico negócio de metais e matérias-primas tropicais que demandava o mercado europeu. Em troca, as necessidades mínimas da colônia eram abastecidas com as manufaturas importadas sobretudo da Inglaterra, fazendo Portugal o papel de atravessador, que se beneficiava desse comércio triangular e do exclusivismo (ou "exclusivo", ou monopólio) metropolitano.[99] Após a Independência, apenas o intermediário lusitano foi eliminado, e o Brasil foi forçado a assumir sua imposta "vocação agrária".

A ocupação da terra por meio do latifúndio foi como um efeito da própria colonização.[100] As dimensões continentais do território conquistado na América pelo pequeno reino luso eram desproporcionais à sua capacidade demográfica, motivo pelo qual o povoamento foi desde sempre um dos maiores desafios do governo português. A concessão de imensas glebas como donatarias a nobres reinóis foi a fórmula encontrada para se promover a posse da terra povoada por uma densa população indígena de etnias diversificadas — seus habitantes originários, tidos pelos colonizadores como ineptos às formas de trabalho agrícola europeias, desde as primeiras décadas da colonização, mas potencialmente tábulas rasas, verdadeiros serafins piíssimos decaídos na floresta tropical prontos para conversão à fé cristã, sem prejuízo do apetite sexual insaciável do colonizador, inclusive de religiosos, protagonistas de um dos mais longos e extensos estupros coletivos da história, esse que forjou a formação do povo brasileiro.[101] O solo não tinha valor monetário e só passaria a tê-lo na segunda metade do século XIX. A carência de mão de obra foi suprida pelo comércio de humanos "resgatados" na África. O tráfico negreiro, mais que abastecer de força de trabalho engenhos, fazendas e minas, tornou-se ele mesmo o maior negócio colonial.[102]

Sobre essa arquitetura complexa, dúctil e cambiante se assentou um dos mais vorazes empreendimentos colonizadores da era moderna, que teve seu auge com a descoberta e exploração dos metais preciosos nos sertões até as duas primeiras décadas do século XVIII, quando surgem os primeiros sinais de esgotamento das minas.[103] Mas, por volta da metade do século XVIII, os territórios conquistados por Portugal na América constituíam a principal fonte de receita do reino, mercê da implantação, pela administração colonial, de um complexo aparelho fiscal que acumulava riqueza por meio da tributação ostensiva de todo o sistema econômico, da produção ao consumo, comércio interno e externo. Toda essa máquina era gerida por devotados funcionários reais, em geral homens de alto coturno na hierarquia nobiliárquica do antigo regime português ou neófitos dessa espécie de "nobreza civil" que colhia seu *status* da formação universitária e atuação profissional.[104]

No período crítico de reorganização do império colonial português a partir de 1750, momento de dificuldades crescentes de arrecadação conjugadas a gastos também ascendentes na cada vez mais conturbada geopolítica continental (sobretudo após 1789), três "estrangeirados" dominaram a cena política portuguesa nos reinados de d. José I (1750-77), d. Maria I (1777-92) e do príncipe regente d. João (1792-1816), período compreendido como o do "reformismo ilustrado": Sebastião José de Carvalho e Melo (1699-1782), marquês de Pombal, que serviu a d. José I ocupando várias pastas, foi o agente político mais importante do império entre 1750 e 1777; Martinho de Mello e Castro (1716-95), secretário de Estado da Marinha e Territórios Ultramarinos (1770-95), herdeiro político direto de Pombal; e d. Rodrigo de Sousa Coutinho (1755-1812), que ocupou posições-chave como a Secretaria de Estado da Marinha e dos Territórios Ultramarinos (1796-1801), a presidência do Erário Régio (1801-03) e, depois da transferência da Corte para o Brasil, a Secretaria de Estado da Guerra e dos Negócios Estrangeiros (1808-12). Esses três dignitários portugueses tinham em comum o nascimento nobre, embora oriundos de diferentes estratos da aristocracia; pertencerem a famílias atuantes na administração colonial; e serem egressos dos bancos da Faculdade de Direito da Universidade de Coimbra.[105] Embora tidos e havidos por ilustrados, nenhum deles jamais demonstrou qualquer contestação ao poder absoluto do rei, às origens divinas de sua autoridade, a seu direito natural às vastas possessões coloniais havidas por "herança", à arquitetura patriarcal do Estado monárquico, às diferenças naturais de qualidade entre os súditos ditadas por nascimento na sociedade estamental, à legitimidade de submissão por escravização de povos inteiros, para garantia da saúde financeira da metrópole e glória da Coroa.

No que concerne à política colonial, coincidiam no entendimento da centralidade estratégica do Brasil para a felicidade do reino. Por isso, trabalharam denodadamente em prol da expansão do território colonial e definição de suas fronteiras, do aprimoramento do aparelho administrativo e militar, da manutenção da unidade interna do Brasil e da unidade do império ultramarino como um todo, do melhoramento da economia brasileira — tudo sempre em favor dos interesses da Coroa.[106]

A morte de d. José em 1777 provocou rearranjos e redefinições importantes na política do reino. A mais impactante delas foi a renúncia de Pombal, desafeto de d. Maria I, herdeira da Coroa, sucedida por considerável reação de forças represadas sob quase três décadas de opressão do todo-poderoso marquês. A "viradeira" — movimento de tímida abertura que reabilitou decaídos, libertou presos e recebeu exilados políticos, regenerou a aristocracia tradicional perseguida por Pombal — foi menos extensa e profunda do que se faz crer.[107] Os postos importantes da administração do reino continuaram nas mãos dos sequazes de Pombal, sendo o mais conspícuo deles Martinho de Melo e Castro, que permaneceu secretário de Estado da Marinha e Territórios Ultramarinos até sua morte em 1795. Não só nos nomes a continuidade se observa. Excetuando a extinção das companhias gerais de comércio, do Grão-Pará e Maranhão e Pernambuco e Paraíba, as diretrizes da política econômica do consulado pombalino vigoraram mesmo após sua queda.[108] Diretrizes cujo princípio máximo era o aprofundamento do "pacto colonial", do sistema de domínio exclusivista da metrópole sobre a colônia, reiterado diligentemente tanto por Martinho de Melo e Castro como pelo seu sucessor d. Rodrigo de Sousa Coutinho.

Nos termos do "pacto colonial", a economia interna da colônia continuou a ser estimulada no sentido do aprimoramento das culturas tradicionais e da aclimatação de novos gêneros agrícolas. A economia colonial como um todo se beneficiou de eventos de ordem geopolítica alheios a Portugal e Brasil, como os desdobramentos da guerra de independência dos Estados Unidos da América (1776), que por um momento obrigaram a Inglaterra a buscar alhures matéria-prima para abastecer sua poderosa indústria têxtil; e, logo em seguida, a Revolução Francesa (1789), a ascensão de Napoleão e a revolução em São Domingos, que culminaram na guerra em solo europeu e no desbaratamento da principal indústria açucareira do mundo. Num primeiro momento, esses acontecimentos favoreceram a produção e o comércio na América portuguesa.[109]

Dentro da lógica do "sistema colonial", na qual a colônia americana serve de cornucópia a abastecer ininterruptamente a metrópole de metais e produtos tropicais que garantissem positiva sua balança de comércio, desde que devidamente coibidos o contrabando e a sonegação, qualquer sinal de desenvolvimento autônomo, como começou a acontecer com a proliferação de pequenas fábricas aqui e acolá em partes brasileiras, devia ser severamente desencorajado, tanto por competir com as incipientes indústrias do reino quanto por eventualmente poder suscitar pruridos de autonomia por parte dos súditos estabelecidos no Brasil. Vêm daí as diligências de Martinho de Melo e Castro, na forma de dois alvarás datados de 1785, visando reprimir fraudes e ilícitos no comércio e na tributação, e mandando encerrar todas as fábricas no Brasil, com exceção das que produzissem o tecido grosseiro das vestimentas dos escravos,[110] medida que só seria revogada em 1808 por d. João já instalado no Rio de Janeiro.[111] Melo e Castro justificaria mais tarde o fechamento das manufaturas no Brasil:

> [...] Quanto às fábricas e manufaturas é indubitavelmente certo que sendo o Estado do Brasil mais fértil e abundante em frutos e produções da terra, e tendo os seus habitantes, vassalos desta Coroa, por meio da lavoura e da cultura, não só tudo quanto lhes é necessário para sustento da vida, mas muitos artigos importantíssimos para fazerem, como fazem, um extenso e lucrativo comércio e navegação; e se a estas incontestáveis vantagens ajuntarem as da indústria e das artes para o vestuário, luxo e outras comodidades precisas, ou que o uso e costumes tem introduzido, ficarão os ditos habitantes totalmente independentes da sua capital dominante.[112]

Será tratado em maior detalhe à frente como d. Rodrigo de Sousa Coutinho, reformista sucessor de Martinho de Melo e Castro, usará de estratégias políticas e fundamentos ideológicos diversos, não mais tão abertamente mercantilistas, mas agora inspirados nos novos princípios do liberalismo e da economia política, para reforçar e mesmo aprofundar essa relação de dependência da colônia para com a metrópole portuguesa.

Conforme vimos em capítulo anterior, uma elite a serviço da administração metropolitana começou a ser demandada e preparada desde os começos do século XVIII pelos "estrangeirados", como foi o próprio Pombal, cujo perfil de reformador ganha suas primeiras feições em Londres, onde atuou como embaixador de Portugal entre 1738 e 1745; mas foi Carvalho e Melo o grande mentor do treinamento desse escol de técnicos e cientistas, ao criar os principais centros de formação, como o Real Colégio dos Nobres (1761) e a Universidade "restaurada" de Coimbra (1772). Contudo, surpreenderá o fato de que foi o Brasil que abrigou a primeira academia científica do Império português. Em 1772 fundou-se a Academia Científica do Rio de Janeiro, com o propósito de estimular o estudo das ciências naturais e da agricultura com vistas ao melhoramento da economia colonial. Similarmente a outra instituição que ali apareceu posteriormente (a Sociedade Literária do Rio de Janeiro, 1786-94), a Academia Científica não teve longa duração (apenas sete anos), mas sua atuação foi importante para o incremento de novos produtos agrícolas de exportação. No mesmo contexto se insere a criação da Academia Real das Ciências de Lisboa em 1779, como polo indutor de estudo de temas ligados à economia e à indústria.[113]

Embora de maneira indireta, como uma espécie de *think tank* do Antigo Regime, aquela última cumpriu papel de relevo na política reformadora ao subsidiar a produção de inúmeros estudos, na forma de discursos ou memórias, publicados ou não, sobre assuntos da esfera produtiva, da agricultura à metalurgia, passando pela saúde dos escravos até meios para o aprimoramento do sistema de crédito.[114] Alguns acadêmicos posteriormente vieram a ocupar lugares e funções proeminentes na governança, como os dois jovens especialistas em mineralogia e metalurgia enviados à Europa pela Academia, que ascenderam a cargos altamente influentes: Manuel Ferreira da Câmara, designado inspetor-geral das minas de ouro e diamantes do Brasil, e José Bonifácio de Andrada e Silva, inspetor-geral das minas de Portugal.[115]

D. Rodrigo de Sousa Coutinho foi, por assim dizer, o continuador da obra de Carvalho e Melo. Como secretário de Estado da Marinha e dos Territórios Ultramarinos (1796-1801) e depois como presidente do Erário Régio (1801-03), o futuro conde de Linhares atuou com destreza a serviço da Coroa durante o conturbado período napoleônico. Nas cartas que trocava quase diariamente com o príncipe regente, mas também com vice-reis, governadores e outros agentes a serviço da Coroa portuguesa na América, descortinam-se o escopo e a ousadia de seus projetos, planos, sistemas e ideias, que tinham no Brasil o esteio da metrópole.[116] O projetos de d. Rodrigo serão analisados no capítulo 7, a seguir.

No interregno que vai da morte de d. José I e a queda de Pombal (1777) até a forçada transferência da Corte portuguesa para o Rio de Janeiro (1808), portanto, no reinado mariano e nos primeiros anos da regência de d. João, as crescentes demandas da monarquia portuguesa, pressionada entre as potências beligerantes europeias, levaram a que as potencialidades do sistema colonial fossem entesadas ao extremo e, com a mesma força, começaram a se esgarçar suas contradições, de modo perigoso para a Coroa. Já se entendeu esse período, correspondente ao reformismo ilustrado, como marcado pela "crise" do sistema colonial da época moderna, na tese clássica defendida por Fernando Novais, reiterada pelo autor em vários escritos. Em suas próprias palavras, "o chamado 'monopólio colonial', ou mais corretamente e usando um termo da própria época, o regime do 'exclusivo metropolitano' constituía-se no mecanismo por excelência do sistema, através do qual se processava o ajustamento da expansão colonizadora aos processos da economia e da sociedade europeias em transição para o capitalismo integral".[117] A colonização era, nessa perspectiva, um desdobramento da expansão comercial e marítima europeia. Em outro escrito, Novais apresenta sua interpretação do processo de independência a partir dessa concepção de "sistema", com suas estruturas, dinâmicas, mecanismos; uma síntese lógica e, como tal, anti-histórica:

> Eis aí as peças do antigo sistema colonial: dominação política, comércio exclusivo e trabalho compulsório. Assim se promovia a acumulação de capital no centro do sistema. Mas, ao promovê-la, criam-se ao mesmo tempo as condições para a emergência final do capitalismo, isto é, para a eclosão da Revolução Industrial. E, dessa forma, o sistema colonial engendrava sua própria crise, pois o desenvolvimento do industrialismo torna-se pouco a pouco incompatível com o comércio exclusivo, com a escravidão e com a dominação política, enfim, com o antigo sistema colonial [...]. A crise do antigo sistema colonial parece, portanto, ser o mecanismo de base que lastreia o fenômeno da separação das colônias [...]. Trata-se, antes de tudo, de inserir o movimento de Independência no quadro da crise geral do colonialismo mercantilista.[118]

Em termos lógicos — puramente formais —, é muito plausível sustentar que, dialeticamente, o longo processo de erosão do Antigo Regime, nos momentos culminantes da transição do feudalismo ao capitalismo, as novas formas de organização produtiva baseadas no trabalho assalariado e na linha fabril tenham entrado em conflito com as velhas relações de produção e de propriedade escravistas, caracterizando um período de "crise". Nesse sentido, como notou Alexandre Valentim, a crise do antigo sistema colonial português, sendo um artefato lógico (mesmo teleológico), não exige demonstração. Aceitando-se a emergência do capitalismo industrial como um processo inevitável, uma fatalidade resultante das contradições internas do mecanismo, sua marcha inexorável só poderia culminar no colapso do maquinismo colonial assentado nos princípios mercantilistas.[119] Não obstante, amparados em sólida base empírica, muitos autores demonstraram como aquele sistema nunca havia funcionado tão harmoniosa e eficazmente no período tido por Novais como de "crise do sistema", quaisquer que sejam os indicadores considerados (produtividade, volume de exportação/importação, rentabilidade, controle do fisco e do contrabando etc.). Observando o comércio colonial português entre 1796 e 1807, Valentim Alexandre pôde confirmar a forte expansão do comércio externo do reino nesse contexto.[120] Nesse sentido, o período em tela só pode ser a rigor percebido como de crescimento, expansão, prosperidade.[121] O argumento de que se trata de um tipo de crise especial, uma "crise de crescimento", é retórico e guarda uma contradição em termos.

Uma segunda reserva, feita pelo autor português, à ideia de uma "crise" do sistema colonial, assenta na tese de que o ímpeto reformador (particularmente de d. Rodrigo) se explica como ação governamental para estancar sua presumida exaustação. O ponto em questão aqui é a concepção de império de d. Rodrigo, assentada na ideia de uma indissolúvel unidade entre metrópole e colônias, que deveriam constituir um "sistema federativo" a ser preservado "com o maior ciúme, a fim de que o português nascido nas quatro partes do mundo" se julgasse "somente português", tal como expresso na famosa *Memória sobre o melhoramento dos domínios de Sua Majestade na América*.[122] Discutiremos esse texto e a concepção de império nele inscrita mais à frente. Por ora, apesar de d. Rodrigo defender ferrenhamente a ideia de unidade, quer-se enfatizar que o papel a desempenhar pelas partes é completamente assimétrico. Embora d. Rodrigo tenha consciência de que, isolado, Portugal não seria mais que uma província da Espanha, ainda assim em seu desenho de império ele reservava à metrópole a condição de "capital e centro" de "suas Vastas Possessões", o "ponto de reunião e assento" da monarquia. Do ponto de vista econômico, a Portugal cumpriria a função de "entreposto comum" do império, pelo que qualquer relação comercial *inter partes* em seus domínios deveria ser rechaçada. Além disso, endossando Martinho de Melo e Castro, haveria que se reservar à cabeça do império toda atividade industrial, reiterando-se aí a ideia da "vocação agrária" do Brasil. As "reformas", deste ponto de vista, portanto, em vez de se caracterizarem como ameaças ou sinais de crise do sistema colonial, melhor se definem como ações no sentido da defesa, da tentativa de preservação do *status quo ante*, do chamado "pacto colonial". O que se altera é o viés doutrinário: mercantilista em Pombal; fisiocrata em Martinho de Melo e Castro (como estampado no alvará de 1785); e agora, em d. Rodrigo, pintado com a palheta ideológica da economia clássica, do *laissez-faire*, do liberalismo econômico, que exige verdadeiros contorcionismos intelectuais de d. Rodrigo para serem conjugados com o sistema de exclusivos.[123] Nesse sentido, soa muito plausível o entendimento de Valentim Alexandre de que o ativismo reformador de d. Rodrigo pode ser mais bem compreendido como uma estratégia de reação à crise financeira deflagrada pelas guerras napoleônicas, antes que uma "crise sistêmica" interna à relação metrópole-colônia.[124]

Indo além, algum estudioso mais atilado haverá ainda de realizar uma história conceitual, *a la* Koselleck, da expressão "pacto colonial". Não consta no dicionário do padre Rafael Bluteau.[125] Não será despropositado inferir-se que tenha sido talhada pela historiografia de origem reinol e depois assimilada pela brasileira. Do ponto de vista histórico, soa quase a um opróbio porque reitera, em primeiro lugar, a narrativa épica de que a colonização portuguesa na América fora obra exclusiva dessa nação, que no território americano edificou uma civilização onde nada haveria. Para essa edificação, nunca é demais lembrar, submeteu povos inteiros, de ameríndios e de africanos escravizados por colonizadores que aqui se tornaram colonos; na escrita dessa epopeia, a ideia de "pacto" reforça o mito de que a empresa de colonização se baseou em comum acordo e redundou em "recíprocas vantagens" para as partes envolvidas.[126] Quando os historiadores utilizamos expressões como "pacto colonial", estamos assumindo acriticamente a ideologia de agentes interessadíssimos na contenda entre narrativas destoantes. Como aceitar passivamente, sem qualquer contestação, a denominação de "pacto" para um processo de ocupação de caráter militar, baseado em fortificações inexpugnáveis, corpos civis e militares armados, sistemas judiciários e punitivos ostensivos, abastecimento de mão de obra por meio de tráfico humano, exploração do trabalho pela via da escravização, exploração predatória da natureza, aniquilamento de centenas de povos e culturas nativas inteiras, relações comerciais controladas a mão de ferro onde a uma parte cabe o papel de fornecedor de matéria-prima e à outra de atravessador e beneficiário da tributação?

Como todos os homens de Estado em atividade durante o reformismo, d. Rodrigo atuou como um súdito fidelíssimo à Coroa portuguesa, ao seu rei e senhor. Grande parte dos projetos, planos, programas, ideias e sistemas que lançou em suas memórias, procurou pôr em prática quando ocupou cargos na máquina de governo, como à frente da pasta da Marinha e Domínios Ultramarinos. Em carta circular para os governadores da América (e para conde de Resende) datada de 24 de julho de 1797, assim se expressava em relação ao comércio exclusivo:

[...] Desejando S. M. ligar com nexos indissolúveis todas as mais separadas partes dos seus vastos domínios e Estados, de maneira que cada uma em particular e todas em geral concorram para a geral felicidade dos povos, *e para a grandeza da monarquia*, é a mesma Senhora [d. Maria I, rainha de Portugal] servida ordenar que V. Exc.ª procure *aumentar nessa capitania, quanto puder, o uso e consumo de todas as produções naturais e manufaturas deste Reino*, e que V. Exc.ª use de todos os meios (exceto os de violência) para conseguir este tão útil como desejado fim, distinguindo e favorecendo mui particularmente os que introduzirem ou consumirem maior quantidade dos nossos vinhos qual o do Porto, Carcavelos, Barra a Barra (sic), Figueira etc., azeite, sal, vinagre, manufaturas de panos e sedas do Reino, trastes de luxo trabalhados em Lisboa e no porto [...]

Igualmente procurará V. Exc.ª promover para o Reino a maior exportação possível de todos os gêneros e produções dessa Capitania, a fim que da mútua troca dos gêneros e produções resulte a maior riqueza e felicidade de todos os ditosos vassalos de S. M. que deseja estender sem diferença alguma as suas benéficas e paternais vistas a todos os seus vassalos, pelos quais tem o mesmo e igual interesse [...].[127] [grifos meus]

Enfim, estamos no contexto da crise do pacto colonial; mas de uma crise que não é crise, e pacto que não é pacto. Um olhar sobre o treinamento desses altos burocratas lusitanos e as ferramentas intelectuais que manuseavam ajudará a lançar alguma luz sobre essas aparentes contradições.

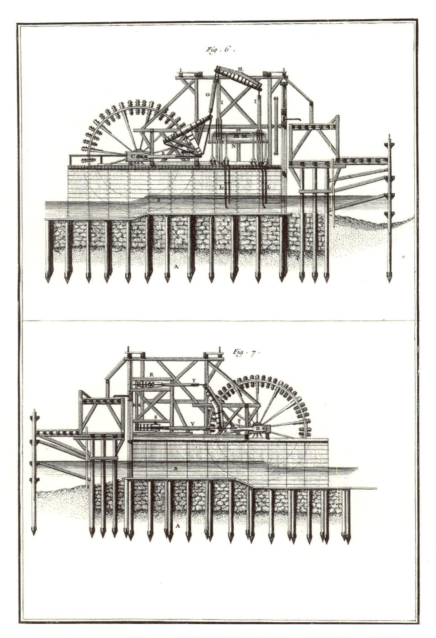

Encyclopédie ou Dictionnaire raisonné des sciences, des arts et des métiers.
V. 3 – 118. Paris, 1751-1772.

CAPÍTULO 5

ALINHAMENTO IDEOLÓGICO, CIÊNCIA E ECONOMIA POLÍTICA

Corridos rios de tinta, a expressão "reformismo ilustrado" ainda se abre a entendimentos nuançados, quando não conflitantes. Um dos grandes especialistas no tema, o professor Francisco Falcon conta entre aqueles para quem o conceito remete ao reinado de d. José I e à governança de Sebastião José de Carvalho e Melo, cujas ações à frente do Estado buscavam retirar Portugal da estagnação e recolocar o reino entre as grandes potências europeias. Objetivo a ser alcançado por meio de mudanças estruturais no comércio e administração coloniais, no sistema educacional e nas práticas culturais, esvaziando-se o poder e a atuação do clero nesses campos e asfixiando-se a aristocracia tradicional, o que foi efetivamente alcançado com uso de toda força e arbítrio à mão do déspota. Portanto, as "reformas esclarecidas" remontariam ao período de 1750 a 1777, coincidente com o consulado pombalino.[128]

Com a morte do rei e a ascensão ao trono de d. Maria I, cai o poderoso primeiro-ministro e o que se segue é um aprimoramento do projeto reformista, por obra dos prosélitos de Pombal que se mantiveram em cargos estratégicos na gestão do Estado, agora, porém, munidos de novas armas ideológicas recolhidas dos arsenais da ciência moderna e da economia política. A fundação da Academia Real das Ciências de Lisboa em dezembro de 1779, com sua intensa atividade de debates e publicações técnicas, e a continuidade da reformação da Universidade de Coimbra marcam esse período de discussões acaloradas sobre a configuração ideal do Império português, o papel a desempenhar cada uma de suas partes, os modos mais eficazes de produção de riqueza.[129] Outros autores situam o "reformismo ilustrado" exclusivamente neste segundo momento, posterior à queda de Pombal, quando ganha projeção a "geração de 1790", responsável pela obra de construção de um suposto "império luso-brasileiro", na clássica designação de Kenneth Maxwell.[130] Neste capítulo observaremos alguns elementos que alinhavam letrados e gestores tão diferentes a ponto de serem identificados como uma "comunidade cultural" ou uma geração. Esses elementos devem ser buscados no ideário da ciência moderna e da economia política.

O grande mentor dessa plêiade, por sua produção científica e ação como homem forte de Estado, é d. Rodrigo de Sousa Coutinho. Nela incluem-se figuras de grande projeção no reino, angariada por suas contribuições com ideias, projetos, planos, programas e sistemas para organização da produção, do comércio, da indústria e mineração, das finanças e do Estado, de acordo com as novas doutrinas econômicas e científicas em circulação nos grandes centros e agora parcialmente acessíveis nos lugares de formação da elite administrativa do reino, com particular destaque à Universidade de Coimbra, por onde praticamente todos passaram. Além do próprio d. Rodrigo, perfilam entre os ilustrados o futuro bispo de Elvas Joaquim José da Cunha de Azeredo Coutinho, José da Silva Lisboa, futuro Cairu, seu irmão Baltazar da Silva Lisboa, Manuel Ferreira da Câmara, José Bonifácio de Andrada e Silva e tantos outros. Por certo a expressão "geração", em Maxwell muito mais uma figura de analogia do que um conceito, pode ter alguma utilidade pedagógica e mesmo certa densidade sintética, ao entender-se que esses agentes compartilhavam um *common ground*, uma base intelectual comum colhida nos bancos da universidade reformada, que envolvia o contato com autores (muitos dos quais proscritos pelas leis do reino) como Raynal, Rousseau, Montesquieu, Voltaire, Quesnay, Say, Bacon, Hume, Adam Smith e outros expoentes da filosofia, das ciências e do pensamento econômico. Não obstante, a ideia de geração ocasionalmente apaga diferenças muitas vezes sensíveis entre eles, no que respeita a diagnósticos e encaminhamento de questões centrais como escravidão, império, índios, mineração, agricultura e assim por diante. Delas vamos tratar na sequência. Por outro lado, soa problemática a diferenciação entre "portugueses" e "brasileiros" proposta por Maxwell em vários escritos, assim como a crença de que, entre os últimos, animava certo espírito nacionalista, supostamente presente nos movimentos insurrecionais como os verificados em Vila Rica, Salvador e Rio de Janeiro nos últimos anos do século XVIII.[131]

Outros autores buscam configurar uma homogeneidade entre esses protagonistas do reformismo ilustrado a partir de parâmetros diversos. Se Maxwell costura afinidades a partir da noção de "geração", Maria Beatriz Nizza da Silva entende que uma "comunidade cultural" formou-se desde a reformação da Universidade de Coimbra, a criação da Academia das Ciências de Lisboa e a política desenvolvimentista de d. Rodrigo de Sousa Coutinho; comunidade resultante não apenas da educação universitária homogênea, mas também da política de distribuição dos cargos públicos encetada pela Coroa portuguesa.[132] A própria formação, em leis e cânones, preferencialmente aos cursos de teologia, filosofia e medicina, já encaminhava os filhos das camadas superiores aos melhores cargos civis e eclesiásticos. Essa "comunidade cultural" de que fala Nizza da Silva se assentava numa identidade cultural compartilhada própria ao "mundo luso-brasileiro", cujos principais marcadores eram a tendência ao enciclopedismo e ao "pragmatismo", dois aspectos próprios à filosofia da ilustração, a qual concebia o conhecimento (precipuamente o científico) como um bem comum, que por isso, por racionalmente organizado, deveria estar ao alcance de todo cidadão.

Instituições importantes como órgãos produtores e difusores de conhecimento prático, aplicado, foram criadas em Portugal na segunda metade do século XVIII, sendo a principal delas a Academia Real das Ciências, que fomentava a discussão de qualquer tema que pudesse resultar no "melhoramento" ou "adiantamento" da agricultura, das artes e manufaturas no império, como consta nas *Memórias econômicas* publicadas a partir de 1789, grande parte delas voltadas a aspectos vários da economia colonial. Fosse qual fosse o tema, todas as memórias e discursos produzidos no âmbito da Academia, publicados ou não, espelhavam o esforço de racionalização da exploração colonial, quer se tratasse de estudos sobre diferentes culturas agrícolas (linho, cânhamo, açúcar, oliveira, algodão, vinha, castanheiras, azinheiras, sobreiros, carvalhos) ou técnicas agrícolas inovadoras, quer referentes à mineração ou a matérias-primas e à indústria ou ainda à saúde e manutenção do plantel de escravos.[133]

Analisando a trajetória de Manuel Ferreira da Câmara Bittencourt Aguiar e Sá, o famoso intendente da real extração de diamantes e fundador da usina de ferro do Serro Frio, Alex Varella situa a educação e especialização do ilustrado no contexto da política de renovação cultural e científica empreendida pelo governo mariano, que almejava formar um corpo de funcionários bem treinados, aptos a compor sua burocracia estatal e, ao mesmo tempo, uma "elite do conhecimento" voltada à exploração das riquezas naturais do reino, principalmente de sua colônia americana. Como a maioria dos letrados contemporâneos, Câmara foi treinado na Universidade de Coimbra, filiando-se em seguida à Academia Real das Ciências de Lisboa. Junto com José Bonifácio, Câmara promoveu uma longa viagem de caráter científico durante a última década do século XVIII, patrocinada pelo governo português, pelos principais centros de mineração da Europa Central e Setentrional.

Como a do famoso Andrada, a família de Câmara tinha posses e posição elevada na hierarquia social, graças às atividades administrativas coloniais a que seus pais se dedicavam. Ambos estudaram na Coimbra restaurada, onde se conheceram. Findos os estudos universitários, foram recrutados pela administração portuguesa, nomeadamente por d. Rodrigo de Sousa Coutinho, que, após os distúrbios ocorridos sobretudo em Minas Gerais (1789), mas também no Rio de Janeiro (1794) e Salvador (1798), adotou a política de cooptação das elites coloniais por meio de prebendas, do oferecimento de lugares nas carreiras públicas, aos indivíduos nascidos na América, como meio de mitigar as tensões na elite colonial. Como vários de seus colegas coimbrãos, Câmara permaneceu algum tempo em Portugal antes de voltar ao Brasil, lá participando de atividades científicas importantes no âmbito da Academia.

Esses jovens naturalistas da "geração de 1790" têm também em comum haverem estudado com o eminente professor Domenico Vandelli (ou Domingos, como não raro se grafa), que sobre eles exerceu decisiva influência.[134] Em seus trabalhos, Vandelli advogava a execução de um vasto inventário da natureza do reino e colônias, a ser produzido pela nata culta, instruída a partir das novas disposições da ciência moderna nos estabelecimentos científicos da sede da monarquia. O paduano Vandelli professava uma ciência aplicada diretamente na natureza, aspecto constatável em seu ambicioso programa de viagens filosóficas e científicas destinadas ao conhecimento das potencialidades econômicas das colônias e do reino de Portugal.[135] Tais viagens compunham no currículo das Faculdades de Filosofia, Matemática e Medicina, que exigiam relatórios descritivos sobre uma região estudada e a remessa de produtos coletados na expedição para o museu da Universidade, como requisito para conclusão dos estudos.[136]

Vale ponderar que sob toda essa fomentação do reino na segunda metade do século XVIII, para além de qualquer alinhamento doutrinário às ideias ilustradas, revela-se uma política deliberada do governo monárquico para tentar compensar o esgotamento da produção aurífera da colônia, fator de agravamento da situação de vulnerabilidade do Império português na nova situação belicosa suscitada pelas revoluções liberais. A única saída vislumbrada pelos gestores portugueses para manter a independência e centralidade da metrópole ante as crescentes ameaças externas foi racionalizar ao máximo o processo de exploração colonial, agricultura e comércio em particular, por meio da adoção das novas técnicas baseadas no modelo cognitivo da ciência moderna. A pródiga natureza da colônia americana deveria ser meticulosa e cientificamente mapeada e logo explorada, para atender às demandas da economia do reino, ora em processo de incipiente industrialização.

De modo que os aspectos constitutivos da ilustração europeia do enciclopedismo e do pragmatismo — ou "utilitarismo", este, como vimos, marca distintiva da identidade portuguesa desde a unificação do Reino — a que alude praticamente a totalidade dos estudiosos do período, reiteram-se como traços marcantes da ilustração portuguesa. São duas marcas definidoras da prática científica dos estudiosos portugueses do reformismo, como a do aludido naturalista Manuel Ferreira da Câmara. É próprio da ciência moderna o entendimento de que o conhecimento científico da natureza deve ter como finalidade o bem-ser e o aprimoramento da sociedade. Na república ideal de Francis Bacon, em que se alcançaria emancipação das lutas e das misérias mundanas, a ciência moralmente superior seria aquela praticada a serviço do bem-estar da humanidade como um todo. Para Bacon, a investigação da história natural não tem outro fim senão sua aplicabilidade para o aperfeiçoamento da humanidade.[137] A modernidade condena o conhecimento diletante, a investigação do mundo em busca do exótico e para deleite do espírito, como praticava a aristocracia do Antigo Regime. Os novos museus, jardins botânicos, academias científicas e coleções de história natural que surgem nessa época expressam a atitude utilitária de uma ilustração que usa a ciência como ferramenta para transformar o mundo.[138] Essa atitude é assimilada pela economia política do reformismo.

Já desde o fim do reinado de d. José I circulavam as "memórias" ditas científicas (mas de *expertise* eminentemente técnica e aplicabilidade prática) incentivadas pelo próprio governo central, de que são vistoso exemplo as *Memórias econômicas* da Academia Real das Ciências das Lisboa, mas fora dela igualmente, desdobramento das iniciativas reformadoras lançadas antes por Pombal que espelham a ética das luzes sintetizada na incensada *Encyclopédie ou Dictionnaire raisonné des sciences, des arts et des métiers* (1751-72), coordenada por Denis Diderot (1713-84) e Jean le Rond d'Alembert (1717-83). Em trecho de uma carta de d. Rodrigo a sua irmã dona Mariana de Sousa Coutinho, o reformador português confirma seu convívio com o famoso enciclopedista francês e a admiração que por ele nutria:

> Eu lhe devi muito [a d'Alembert] nos últimos tempos antes de deixar Paris, e confesso a verdade que nas duas últimas tardes que passei com ele, foi que acabei de ver que ele era verdadeiramente tal como as suas obras o mostram. A profundidade do seu discurso, a sólida razão que sempre o acompanha e a nobre simplicidade do seu modo fazem que este sábio deve viver sempre nos corações daqueles que são capazes de o conhecer e de o estimar.[139]

O pragmatismo, o utilitarismo, a fé na ciência e na razão serão os eixos condutores da avalanche de memórias que circularam em Portugal e no Brasil.[140] Essa religião da ciência posta em prática com vistas ao bem-comum se expressa no veredito do naturalista Alexandre Rodrigues Ferreira, que em 1783 dizia explicitamente: "O grau de aplicação de uma ciência mede-se pela sua utilidade."[141] Mais tarde, outro ilustrado e *protégée* de d. Rodrigo, patrono da imprensa brasileira, Hipólito José da Costa assumiria o enunciado de Alexandre Rodrigues Ferreira como um verdadeiro programa:

> O primeiro dever do homem em sociedade é ser útil aos membros dela; e cada um deve, segundo as suas forças físicas ou morais, administrar, em benefício da mesma, os conhecimentos ou talentos que a natureza, a arte ou a educação lhe prestou. O indivíduo que abrange o bem

geral duma sociedade vem a ser o membro mais distinto dela: as luzes que ela espalha tiram das trevas ou da ilusão aqueles que a ignorância precipitou no labirinto da apatia, da inépcia ou do engano. Ninguém mais útil, pois, do que aquele que se destina a mostrar, com evidência, os acontecimentos do presente e desenvolver as sobras do futuro.[142]

Nascido na colônia de Sacramento e formado em filosofia e leis na Universidade de Coimbra, o mais famoso maçom entre os naturalistas luso-brasileiros, Hipólito foi enviado por d. Rodrigo em missão científica aos Estados Unidos da América e ao México em 1798, para estudar as culturas e técnicas de cultivo de cânhamo, tabaco, algodão, cana-de-açúcar, índigo e cochinilha, além de tecnologia de construção de pontes, moinhos e pesca de baleias, visando importar esses conhecimentos e aplicá-los no Brasil. Em carta endereçada a seu patrono, Hipólito atribuiu o relativo fracasso da viagem à deficiência de aportes pecuniários e contratempos logísticos.[143] Em 1800, retornou a Lisboa para assumir o cargo de diretor literário da tipografia do Arco do Cego, criada por d. Rodrigo e dirigida por frei Veloso.

Numa época em que as jazidas minerais brasileiras apresentavam francos sinais de esgotamento, a *intelligentsia* da época entendeu situar o caminho da "modernização" da economia colonial por meio dos princípios da nova ciência, sobretudo, aplicando-os à maior fonte de riqueza que era a própria terra. Os preceitos da fisiocracia ainda norteavam grande parte desses reformadores. Em 1781, José da Silva Lisboa, o propalado introdutor do liberalismo no Brasil, apóstolo de Adam Smith e dito responsável pela abertura dos portos em 1808, afirmava convicto, no entanto, que "este nosso século [XVIII] é o século da agricultura".[144] Já vimos que Martinho de Melo e Castro, como seu sucessor d. Rodrigo, era contrário ao estabelecimento de indústrias no Brasil.

Nesse aspecto, ganha importância analítica a tensão no reformismo português entre pensamento como doutrina, por um lado, e ação como governo, por outro, observada com muita propriedade por Fernando Novais em um de seus melhores escritos,[145] em que, procurando realçar a peculiaridade lusa em face da ilustração europeia, assinala o descompasso entre "teoria" e "prática", já que Portugal, um dos primeiros países a deflagrar as reformas, a partir de 1750, foi, não obstante, um importador de ideias, de doutrinas filosóficas, econômicas, científicas, que ia colher junto aos grandes centros. As tópicas do atraso econômico e do isolamento cultural perpassavam o debate sobre as estratégias para modernização do país desde o século anterior. Esse conjunto de questões evidencia os problemas conceituais inerentes à expressão "ilustração portuguesa". As contradições aí presentes são da mesma natureza de outros casos de conceitos criados para a aproximação cognitiva a uma realidade histórica, e depois "aplicados" a outros contextos absolutamente diversos e distantes no tempo e/ou no espaço.[146] Nesse sentido, adjetivar o substantivo tentando enfeixá-lo a algo que, efetivamente, lhe é exterior e estranho parece uma atitude pouco produtiva: quando aceitamos que a "nossa" ilustração é singular, porque "mitigada", "aplicada", "pragmática", ou, "ibérica", "despótica", "católica" ou "tardia", perdemos de vista que não se trata mais da ilustração propriamente dita, mas de outro fenômeno.

É por isso que os princípios do ecletismo e do pragmatismo sobressaem naquilo que se denominou "reformismo ilustrado português", entendido como uma política de Estado, conjunto de ações governativas fundamentadas ideologicamente nas doutrinas científicas e filosóficas importadas voltadas à solução do problema do atraso do reino, máxime por meio da racionalização da exploração colonial. Esses princípios estão na base da ideologia da colonização portuguesa do reformismo, feita doutrina pela pena de d. Rodrigo de Sousa Coutinho. A seu pensamento dedicamos toda uma seção à frente. Importa antes estabelecer as conexões entre reformismo e ciência, por um lado e, por outro, entre o reformismo e a economia política.

REFORMISMO ILUSTRADO E CIÊNCIA

A importância da ciência, das técnicas e do conhecimento aplicado no programa de reformas elaborado e posto em ação por d. Rodrigo foi minuciosamente estudada por autores do porte de Andrée Mansuy-Diniz Silva, Nivea Pombo, Lorelai Kury, Ronald Raminelli, Maria Beatriz Nizza da Silva e Luís Miguel Carolino, entre tantos destacados investigadores. Este último autor assinala que as instruções dirigidas por d. Rodrigo aos governadores das capitanias brasileiras buscando a maior eficiência na exploração das riquezas naturais da colônia, ou o seu fomento à realização de expedições que visassem o melhor conhecimento do potencial desses recursos, eram aspectos centrais de suas diretrizes governativas, as quais muito se pautavam pela constante solicitação, aos administradores coloniais, de relatórios, levantamentos e mapas, como instrumentos que lhe permitissem ter uma gestão racional dos meios humanos e materiais disponíveis.[147] No mesmo sentido deve ser compreendido seu patrocínio à política cartográfica e editorial, como atesta a memorável tipografia do Arco do Cego, a que aludiremos a seguir. Em sua pragmática, que fundia centralização política, ciência e pensamento econômico, d. Rodrigo seguia uma tendência da época, em que sobressaía o elemento utilitário, tão próprio ao iluminismo europeu do final do século XVIII e começo do seguinte,[148] como visto. A ideia básica era a de que o conhecimento e controle científicos da natureza e o uso racional dos seus recursos propiciariam um melhor governo dos homens. Martinho de Melo e Castro, antecessor de d. Rodrigo na pasta da Marinha e Negócios Ultramarinos, inaugurou essa articulação entre ciência e Estado centralizado na governação portuguesa.[149] Coutinho apenas radicalizou essa prática.

É possível, contudo, contrapor um argumento à tese de que o programa científico do reformismo, arquitetado por d. Rodrigo, seja "caracteristicamente iluminista", posto que firmado no "entendimento de que ao Estado estava reservado um papel central na criação de infraestruturas que permitissem o desenvolvimento científico da sociedade e a emergência de homens de ciência que protagonizassem esse processo em prol do bem comum".[150] Autores já chamaram a atenção para o modo como os gestores portugueses interpretaram e aplicaram noções como "melhoramentos", "bem comum" e "felicidade pública", conceitos então em voga nas literaturas econômica e política europeias no final do século XVIII. Para José Luís Cardoso e Alexandre M. Cunha, a natureza das reformas empreendidas ou pretendidas pelos ilustrados portugueses com vistas à pública felicidade e ao melhoramento econômico deve ser buscada no estranho acoplamento de dois discursos doutrinários, o regalismo político e a economia política. Assim se entenderá a aplicação da economia política como "ciência do legislador" visando, em suas palavras, a promoção de "um programa coerente de melhoramentos sociais que incluía especial preocupação com as questões coloniais".[151]

Tal entendimento assimila o discurso ideológico da época, ao conceber o "Estado" como agência da "sociedade", entidade unitária, não cindida por clivagens colossais, e que a ação desse Estado buscaria o "bem comum", desconsiderando a estrutura estamental e classista dessa mesma sociedade. Os homens à frente do Estado utilizavam-no como instrumento para alcançar os próprios interesses e bem, como membros de uma elite. Não entrava no cômputo de "bem comum" ou "felicidade geral" o povo pobre, a arraia miúda, a plebe, os oficiais mecânicos, os trabalhadores dos campos e das cidades, para não mencionar imensas massas populacionais de negros escravizados e indígenas das distantes colônias, celeiro da riqueza que subsidiava o fausto e o poder daquela mesma elite. Não se pode perder de vista, ainda, que toda a alteração do quadro institucional, a reforma da universidade em benefício da produção de conhecimentos de caráter prático e imediatamente aplicáveis, traço inegável da vertente utilitarista da ilustração, está diretamente relacionada com a emergência do capitalismo como modo de produção hegemônico na modernidade e ao éthos competitivo que lhe é inerente. "Modernização" é o mote subjacente ao projeto político de d. Rodrigo, nomeadamente quando avocado pela Coroa a assumir a pasta da Marinha em 1796, que sob sua mão passará por ampla reestruturação com vistas a alcançar maior racionalidade na administração dos domínios ultramarinos. Medidas expressivas dessa atitude são a fundação do Observatório Real da Marinha (1798) e a Sociedade Real Marítima e Geográfica.[152] Atitude modernizadora que manterá o mandatário português quando assumir o Real Erário em 1801, após deixar a pasta da Marinha.[153]

No mesmo sentido pode ser compreendida uma das maiores e mais estudadas de suas realizações, a criação da tipografia e calcografia do Arco do Cego, empreendimento editorial arrojado, de qualidade técnica inaudita no reino,[154] cuja meta era promover a tradução e a publicação de obras aplicadas ao campo da economia, particularmente sobre agricultura, botânica, mineralogia, medicina e saúde pública. Sua direção foi delegada por d. Rodrigo ao famoso botânico nascido no Brasil José Mariano da Conceição Veloso (1741-1811), frei franciscano e um dos mais importantes naturalistas da época. O plano de atuação de frei Veloso, aprovado pelo governo português, fazia saber que o diretor da nova casa editorial havia sido incumbido:

> [...] de ajuntar e trasladar em português todas as memórias estrangeiras que fossem convenientes aos Estabelecimentos do Brasil, para melhoramento da sua economia rural e das fábricas que dela dependem, pelas quais ajudadas houvessem de sair do atraso e atonia em que atualmente estão e se pusessem ao nível com os das nações nossas vizinhas e rivais no mesmo continente, assim na quantidade como na qualidade dos seus gêneros e produções.[155]

Diferentemente dos letrados da "geração de 1790", frei Veloso não se formou em Coimbra, e, ao que tudo indica, adquiriu seu vasto conhecimento botânico de maneira autodidata na colônia (era natural de São José do Rio das Mortes, nas Minas Gerais). Sua inserção na sociabilidade letrada deveu-se às redes clientelistas e ocupações de car-

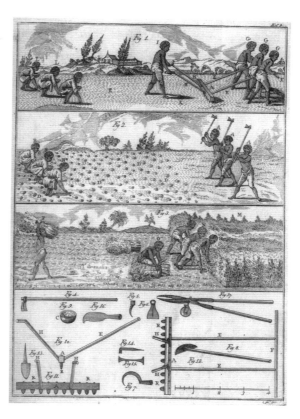

José Mariano da Conceição Velloso, in *O fazendeiro do Brasil*, (Lisboa, 1806), vol. 2, tábua 1, p. 341. "Trabalho do terreno para se plantar hum [um] indigoal, e para o colher". Fig. 1 (topo) descreve o preparo da terra para o plantio, usando um arado; fig. 2 mostra o uso de enxadas para fazer os buracos onde as sementes de índigo são lançadas; fig. 3, descreve a colheita da planta. O painel inferior mostra as ferramentas e instrumentos usados no indigoal.

gos públicos, onde sobressai sua proximidade a d. Rodrigo de Sousa Coutinho.[156] Sob patrocínio do poderoso ministro, d. Veloso trabalhou na produção de livros de caráter científico de autores portugueses e traduções. Na direção da casa literária do Arco do Cego, produziu cerca de 80 obras científicas. Entre esse conjunto impresso sobressaem os dez volumes de *O fazendeiro do Brasil*[157] editados por d. Veloso, obra sobre conhecimentos agrícolas dirigida aos plantadores coloniais cujo propósito esgarça a relação direta entre o empreendimento editorial do naturalista e a política imperial de d. Rodrigo. Nela encontram-se estudos técnicos sobre culturas agrícolas já praticadas (como açúcar, café, cacau, índigo, arroz e linho cânhamo) e outras que se desejava introduzir na colônia (notadamente especiarias como cravo, canela, noz-moscada etc.), portanto, gêneros já explorados que as publicações visavam aprimorar, junto a outros potencialmente viáveis.[158]

Em 1801, a casa editorial do Arco do Cego foi extinta, para dar lugar à impressão régia, que viria para o Brasil em 1808 junto com a família real. Essas ações evidenciam que o programa de d. Rodrigo se guiava por um claro projeto científico, cujas bases assentavam no fomento a instituições de ensino técnico e científico, a formação de professores e experts recrutados em todo império e a difusão de conhecimento por meio da tradução e impressão de livros especializados, atividade em que, como dito, a tipografia do Arco do Cego cumpriu papel notório. Subsidiando essas ações, o Estado patrocinou inúmeras viagens de exploração e estudos a jovens letrados egressos da Universidade de Coimbra. Essas ações eram coordenadas com as instruções aos governadores das capitanias e administradores coloniais, tudo concorrendo para o adiantamento do império e a glória da Coroa portuguesa.[159]

A formação de quadros preparados para a burocracia estatal, assim como o aliciamento deles entre a elite colonial, foi uma ação continuada da monarquia portuguesa ao menos desde d. João V (1689-1750). Também desde o reinado do "magnânimo", iniciado em 1706, já se observa uma política de fomento científico, que se acentuou potencialmente na segunda metade do século XVIII. Com a fundação da tipografia do Arco do Cego, de breve mas intensa duração (1799-1801), e da Sociedade Real Marítima, Militar e Geográfica para o Desenho, Gravura e Impressão das Cartas Hidrográficas, Geográficas e Militares (1798), o ministro da Marinha e Ultramar d. Rodrigo de Sousa Coutinho estabeleceu uma estratégica política oficial de impressão e comercialização de mapas nos domínios portugueses, que espelha bem o caráter do reformismo luso. O objetivo do Estado não era outro senão conhecer o território, mapear suas reservas naturais e suas gentes, extensa e minuciosamente, para mais eficazmente explorá-lo.

Nesse sentido, as viagens científicas eram meios para elaborar diagnósticos mais precisos que subsidiassem as políticas de Estado, especialmente no que concerne à exploração colonial, e a cartografia um expediente fundamental para sua realização. Se a produção de mapas foi incialmente um instrumento central da política e da diplomacia, na demarcação das fronteiras com a América espanhola,[160] o conhecimento cartográfico voltou-se, sob a governança de d. Rodrigo, ao levantamento das riquezas naturais e dos núcleos populacionais da colônia. Era preciso conhecer em detalhe as potencialidades naturais e humanas do território brasileiro. É a época das "viagens filosóficas" detalhadamente propostas por Vandelli, de que é exemplo rutilante a famosa excursão de Alexandre Rodrigues Ferreira pelos sertões da América portuguesa entre 1783 e 1793.[161]

O estímulo à produção de mapas alicerçava a política de fortalecimento da Marinha Real, junto a outras ações como o fomento à construção naval, o estabelecimento de fábricas de cordas e velas para embarcações, o controle rigoroso da exploração das madeiras e salitre, tudo isso em diferentes regiões da colônia. Some-se a essas iniciativas a fundação do hospital da marinha, de um laboratório químico e de um depósito farmacêutico. Como salienta Andrée Mansuy-Diniz Silva, na inauguração da Sociedade Real Marítima, Militar e Geográfica, "[...] aproveita a solenidade para expor as linhas gerais da sua ação, com os resultados conseguidos. No Discurso de Abertura, a 22 de dezembro de 1798, d. Rodrigo enfatiza a importância da produção das cartas geográficas"[162] da América, na verdade, mapas estatísticos detalhados o mais possível, para conhecimento da situação e definição de planos de ação e melhor controle e exploração das potencialidades econômicas do território.

REFORMISMO ILUSTRADO E ECONOMIA POLÍTICA

Se os primeiros estudos dedicados ao entendimento das relações sociais de produção, circulação de bens e apropriação de riqueza que marcam o surgimento da economia política datam do começo do século XVII, a consolidação dessa ciência ocorre no século seguinte, por obra dos economistas ditos "clássicos", entre os quais sobressai o escocês Adam Smith (1723-90). Contra as teorias mercantilistas (baseadas na necessidade do acúmulo de numerário por via de balança comercial superavitária) e fisiocráticas (que entendiam a exploração da terra, a agricultura, como fonte de toda riqueza), então em voga, a nova ciência econômica propunha que o trabalho é a fonte original do valor ("teoria do valor-trabalho") e defendia a separação entre Estado e mercado, contra todo tipo de intervenção estatal nas relações econômicas, como era prática no Antigo Regime (de que são exemplo as companhias monopolistas, os privilégios e exclusivos do "antigo sistema colonial").[163] Esse corpo doutrinário liberal é o fundamento ideológico e o projeto político da burguesia, uma nova classe social que irrompe dramaticamente das estruturas do Antigo Regime.

Como os princípios e descobertas da ciência moderna ou a filosofia da ilustração, essas ideias econômicas circulavam não só pela Europa, mas mundo afora. Em Portugal, tanto quanto aquelas, a recepção da economia política se deu pelas razões práticas de Estado, ou seja, a monarquia portuguesa, absolutista e estamental, como será até pelo menos a Revolução do Porto (1820), se apropriou de um ideário alienígena, que lhe é totalmente estranho, para colocar em prática um conjunto de ações (reformadoras) visando assegurar a continuidade na mudança. Como ensina António Almodóvar, a descoberta da economia política em Portugal não foi por acaso, não decorreu apenas do fato de que as obras de Quesnay e Smith passaram a ser lidas ali. Ela sucede do esforço de recuperação nacional que se inicia com Pombal visando a superação do atraso no país, de modo que a reflexão econômica em Portugal se insere em movimento maior de renovação cultural patrocinado pelo próprio Estado. Mas, diferentemente do que significou em seu lugar de origem, onde a economia política surge como instrumento para superação de velhas práticas e estruturas econômicas e políticas, em Portugal sua apropriação deu-se no sentido oposto, em prol da sobrevivência dessas mesmas velhas práticas e estruturas. Se ela adquiriu um significado revolucionário em outros lugares, de uma ruptura reclamada pela burguesia contra o *status quo* aristocrático, em Portugal ela é assimilada pelo poder instituído para promover uma reforma capaz de impedir a revolução. Nas palavras de Almodóvar, "a sobrevivência das estruturas e dos valores fundamentais do antigo regime (a monarquia, o império) passaria necessariamente por um esforço de atualização de algumas de suas práticas tradicionais, compatibilizando-as com as crescentes exigências que lhes eram colocadas por um contexto mundial em transformação cada vez mais acelerada". Para isso, mais uma vez, cumpriu papel fundamental a Universidade de Coimbra.[164]

Ao cotejar discurso econômico e política colonial no Império português, José Luís Cardoso e Alexandre M. Cunha patenteiam as aporias contidas no conceito de "reformismo ilustrado", justamente por ele contemplar, por um lado, o reformismo, por definição uma ação voltada à manutenção das estruturas do Antigo Regime de modo a garantir a continuidade de sua existência, e, por outro, o iluminismo, filosofia da transformação da realidade por meio da emancipação do homem das peias a que estava submetido no Antigo Regime.[165] Daí que esses autores respondem positivamente à questão de se existiria ou não continuidade entre os programas de Pombal e d. Rodrigo, embora o primeiro se guiasse por princípios mercantilistas e o segundo, ao menos no plano discursivo, pelos da economia política. Ambos os estadistas se apropriaram do pensamento político e econômico mais arrojado disponível em seu tempo para promover o fortalecimento do Estado e da Coroa portuguesa, entes que assentavam na exploração colonial. Aquele por meio da racionalização do fisco, o controle do contrabando e a criação das companhias de comércio; este por meio do relativo afrouxamento dos laços coloniais, garantindo mais liberdade de ação econômica para as classes produtivas portuguesas residentes na América. Mas ambos os estadistas, por meios diferentes, visavam à continuidade e reforço da dominação colonial, sustentáculo maior da monarquia.

Ao assumir a pasta da Marinha e Ultramar em 1796, Rodrigo de Sousa Coutinho lança um projeto de reforma econômica e financeira com impacto direto nas questões coloniais, cujo objetivo primeiro era o de reforçar a condição colonial, como antes fizera Pombal. Eram imperativos de Estado aumentar as receitas, a produção de mercadorias tropicais para reexportação, a expansão do parque manufatureiro da metrópole e o combate ao contrabando colonial, que drenava as finanças do reino. Isso tudo demandava uma reengenharia do aparelho administrativo, como um repensar da própria dinâmica colonial. Entendeu-se então que o Brasil era central não apenas como produtor de matéria-prima, mas também um potencial mercado consumidor da produção industrial de Portugal (sobretudo vinho, azeite e têxteis) e de escravos das colônias portuguesas na África.[166] Por isso o "ciúme" que d. Rodrigo acalentava pelo Brasil, a necessidade que ciosamente defendia da manutenção da unidade do império.

Leitor do abade Raynal[167] e de Adam Smith, d. Rodrigo advogava a necessidade de reformas na relação entre a metrópole e suas possessões. Em sua visão, a concessão de uma maior autonomia aos domínios ultramarinos poderia evitar o perigo de insurreições e rebeliões que levassem ao rompimento do vínculo colonial, como foi o caso das colônias americanas em relação à Inglaterra em 1776 e, mais dramática, a sangrenta revolução de São Domingos (1791-1804), que resultou no extermínio de praticamente toda a população *criolla* branca e a expulsão do governo ligado a Paris.[168] Os acontecimentos conspiratórios, envolvendo a nata da administração e da inteligência local, debelados exemplarmente pela Coroa, sinalizavam a urgência de intervenções. Embora sofrendo forte resistência por parte de membros das elites metropolitanas, d. Rodrigo procurou introduzir algumas reformas de cunho fiscal quando à testa da pasta da Marinha e Ultramar, entre as quais destacam-se a redução pela metade do imposto sobre o ouro e uma drástica diminuição da taxação sobre a importação de mercadorias portuguesas como vinho, azeite, ferro e produtos manufaturados.[169] Tudo isso veremos em detalhe em seguida, ao analisarmos sua *Memória sobre o melhoramento dos domínios de sua majestade na América*.[170] Antes, impõe refletir sobre as ideias de "império" e "império luso-brasileiro", que circulavam à época e foram reiteradas por gerações de historiadores e historiadoras.

CAPÍTULO 6

IMPÉRIO LUSO-BRASILEIRO, DE QUEM?

Entre os estudiosos desse período conhecido como "reformismo ilustrado" reconhece-se a generalizada boa recepção dos conceitos, amplamente disseminados a partir da obra de Kenneth Maxwell, como os de "geração de 1790" e "império luso-brasileiro". Assim também se passa com a identificação "nacional" daqueles ilustrados portugueses como "brasileiros", porque nascidos nos domínios de Portugal na América. A rigor, a rede de colaboradores que criou d. Rodrigo com naturais no Brasil, de que são exemplos vistosos José Bonifácio, Manuel Ferreira da Câmara, Azeredo Coutinho ou Silva Lisboa, era composta por filhos da elite administrativa e econômica colonial enviados a Coimbra para formação no ensino superior,[171] a qual não se identificava a si mesma como "brasileira". Não obstante, a historiografia por vezes insiste na reiteração desse entendimento. A título de exemplo, evocamos o trabalho de alguns importantes estudiosos do período.

Luís Miguel Carolino reconhece José Bonifácio como o "naturalista brasileiro" cujos conhecimentos e contatos europeus foram primordiais no desenho e execução do programa científico de d. Rodrigo. Iris Kantor sustenta, com acerto, que, ao contrário do que se passa nas colônias espanholas na América, quando as reformas bourbônicas acabaram por aprofundar as distâncias entre as elites metropolitanas e as elites coloniais, no caso português, e isso desde Pombal, se assiste à execução de uma política "deliberada de incorporação das elites letradas luso-americanas nas carreiras científicas", que teria resultado num "abrasileiramento" da administração imperial, por meio da ascensão das "elites luso-americanas" às esferas da administração do reino. Estudando a presença editorial da tipografia do Arco do Cego na colônia, Robert Wegner segue os passos de Maxwell ao conceber a Inconfidência Mineira como um movimento de ruptura ensaiado pela "elite brasileira" ante a metrópole, movimento que arrefeceu drasticamente após a revolução de São Domingos, quando as classes superiores mineiras perceberam que o gradiente de raça era um complicador insuperável no debate republicano sobre liberdade, a qual começaram a reivindicar os escravos, e sobre igualdade, que seduzia os libertos. Abria-se assim terreno amplo para um compromisso conciliador entre as elites coloniais e a Coroa portuguesa, em torno da solução monárquica, terreno que bem soube aproveitar d. Rodrigo, na posição de secretário de Estado da Marinha e do Ultramar (1795-1801), quando trabalhou por harmonizar os interesses metropolitanos com os dos extratos superiores coloniais, por meio da incorporação da "elite letrada brasileira" no projeto de fundação de um "império transatlântico luso-brasileiro".[172]

A partir do clássico ensaio "Aspectos da ilustração no Brasil", de Maria Odila da Silva Dias (1968), Lorelai Kury reitera a tese da vinculação dos "ilustrados luso-brasileiros" às correntes utilitaristas do pensamento iluminista.[173] Como todos os membros da elite colonial que almejavam um diploma universitário, conta Alex Varella,[174] o futuro intendente Câmara viajou para Portugal para estudar na Universidade de Coimbra, onde se matriculou no ano de 1783 no curso de direito e no seguinte no de filosofia natural, obtendo o grau em leis e filosofia em 1787 e o segundo diploma em junho de 1788.[175]

Nesse período, juntou-se às elites cultas da metrópole que também ali estudavam; todos leram as mesmas obras e receberam a mesma formação. Ao lado de Kenneth Maxwell, Maria Beatriz Nizza da Silva, Maria de Lourdes Viana Lyra e Lucia Bastos Neves perfilam entre os autores mais importantes a trabalharem com as ideias de "geração de 1790" e de "império luso-brasileiro".[176]

Depois dos estudos minuciosos de João Paulo Pimenta e Iztvan Jancsó,[177] entre tantos, só com muita licença poética pode-se falar assim taxativamente que Arruda Câmara era um brasileiro da Paraíba, Azeredo Coutinho um brasileiro do Rio de Janeiro, José da Silva Lisboa um brasileiro nascido na Bahia ou José Bonifácio um "paulista" ou "brasileiro". Bonifácio só se tornou "brasileiro" depois de morto, após a década de 1840, quando os ideólogos da monarquia o elevaram a "patriarca" do movimento separatista. Até então e desde sempre, como todos os filhos da elite crioula[178] que foram estudar em Coimbra, que se inseriram nas redes clientelistas de d. Rodrigo e ocuparam lugares de destaque na administração colonial, Bonifácio era bem português, um português nascido na cidade portuária de Santos, na colônia americana de Portugal, em 1763. Também não parece tranquilo entender que a incorporação dos letrados luso-americanos teria resultado num "abrasileiramento" da administração imperial, se as próprias elites coloniais não se reconheciam como "brasileiras", elites que eram tão portuguesas e tão ciosas de seus lugares sociais e de seus ganhos como seus pares do reino.

Nesse mesmo sentido, a expressão "império luso-brasileiro", tão ecoada pela historiografia, suscita maior ponderação.[179] Essa locução "império luso-brasileiro" dificilmente se pode tomar para mais do que uma figura de linguagem, um eufemismo, que, ao emparelhar nominalmente duas entidades, eclipsa a assimetria intrínseca contida nessa relação, na qual uma era "metrópole" porque submeteu a outra à condição de "colônia". Se não se considera essa assimetria histórica, fica elidido o aspecto central da exploração — tanto entre essas duas componentes do império como no que se refere aos modos de extração da riqueza internamente à colônia. Quando os governantes portugueses, com d. Rodrigo à testa, se deram conta de que o reino sucumbiria sem a colônia, a qual estiveram na iminência de perder às vésperas de 1808 no contexto da guerra entre França e Inglaterra, criaram essa figura ideológica de um "império luso-brasileiro" e ensejaram políticas no sentido de reaquecer o "pacto colonial" a partir da proposição de um "novo modelo de império".[180] Essa figura ideológica ganhou em sentido e importância após a instalação da Corte portuguesa no Rio de Janeiro. Tal império dual nunca existiu fora dos discursos empolados dos estadistas portugueses; tanto assim que sua criação foi a grande meta malograda dos constituintes das Cortes nacionais extraordinárias em 1821. O que existiu antes da emancipação política brasileira foi apenas o uno e único Império português, constituído pela metrópole e seus domínios, suas possessões coloniais, sendo a América portuguesa a mais prestimosa delas, motivo pelo qual se havia de guardá-la com todo zelo e ciúme, na expressão de d. Rodrigo. Retomaremos a concepção de império quando tratarmos, à frente, dos projetos do estadista português para o Brasil.

Antes de se falar em "império luso-brasileiro", é preciso observar a função que as diversas partes da monarquia cumpriam dentro do chamado sistema colonial. Ao analisar a questão da nacionalização da economia luso-brasileira sob Pombal, quando, no contexto do declínio das nações ibéricas no século XVIII os estadistas ibéricos viram-se obrigados a enfrentar o desafio da modernização, o próprio Maxwell demonstra o papel do Brasil como uma grande feitoria de Portugal, uma verdadeira cornucópia de onde se haveria de extrair, por todos os modos, as riquezas que garantissem a bonança e a glória da Coroa. Isso se deu desde os primeiros anos da invasão portuguesa na América. Como ressalta o historiador britânico, a especialização das diversas partes do Brasil reiterava-se nas frotas. A do Rio transportava ouro, prata e couro; a de Pernambuco, madeira e açúcar. As cargas de cacau vinham do Grão-Pará e do Maranhão. De 30 a 40 navios zarpavam por ano da Bahia repletos de ouro, prata, diamantes, cacau, bálsamo, algodão, tabaco e açúcar. A entrada de navios repletos de carga humana vindos da África é de mais difícil precisão, desde que Rui Barbosa mandou queimar os arquivos públicos da escravidão, na ilusão de que a história desapareceria junto com os papéis.[181]

Conceito forjado pelos ideólogos do colonialismo português da segunda metade do século XVIII, o "reformismo ilustrado" tem um tipo ideal no professor de grego Luís dos Santos Vilhena, português residente em Salvador da Bahia. Visando alertar o governo central para os problemas do Brasil, ele expressou suas reflexões em forma epistolar, nas famosas *Cartas soteropolitanas*,[182] a propósito dedicadas a d. Rodrigo de Sousa Coutinho, então ministro e secretário de Estado dos Negócios da Fazenda e presidente do Real Erário. São ao todo 24 cartas, 16 referidas à Bahia e sua capital e as demais às outras capitanias. Sua proposta de estimular o crescimento da população, agricultura e comércio, "colunas mais sólidas e base mais estável das colônias que

Rodrigo de Sousa Coutinho,
por João Maria Caggiani.
s/d. Biblioteca Nacional de Portugal.

conservamos na América" (primeira linha da 24ª carta), alinhava-se ao espírito do reformismo expresso por tantos outros, como José Elói Ottoni (1764-1851), que afirmava que "os únicos meios mais poderosos de restabelecer e animar a população daquele país [refere-se à capitania de Minas Gerais], e ainda mesmo de fomentar o objeto da mineração, consiste somente em se promoverem a agricultura e o comércio".[183]

De acordo com Vilhena, a colônia americana exigia da metrópole "a maior vigilância e cuidado, não só em atenção aos interesses dos portugueses, como de uma grande parte das nações da Europa que olham para o Brasil como manancial o mais perene, donde emanam as riquezas que abundam, atraídos pelos esforços de sua indústria". Como d. Rodrigo, o propósito de se levar "melhoramentos" à colônia não poderia ser outro senão o benefício maior da metrópole: "De todos os estabelecimentos de Portugal, é o Brasil não só o mais rico como o mais suscetível de melhoramento, o mais atendível e interessante para o comércio, logo que seja povoado e cultivado quanto pode ser, pois que então produzirá infinitas riquezas que as envia para a Europa."[184]

Poucos foram tão claros e diretos como o A. J. R. Russell-Wood na compreensão das relações metrópole-colônia e as políticas e atitudes metropolitanas em relação à colônia desde o "descobrimento" até a emancipação política em 1822, ao definir tais relações a partir do conceito centro-periferia.[185] Para o historiador galês, o termo "metropolitano" deve compreender o rei, ministros, conselhos de Estado e os interesses (inclusive dos particulares) de Lisboa. Um aparelho de Estado altamente centralizado foi desenvolvido para a administração do Império português, no qual a Coroa detinha a autoridade absoluta e as decisões finais sobre todas as nomeações (no âmbito civil, eclesiástico e militar) eram tomadas em Lisboa e submetidas a seu crivo. Assim também os principais casos judiciais acabavam na Casa de Suplicação de Lisboa, já que as cortes e tribunais da relação do Brasil não tinham plena jurisdição. Em Lisboa sediavam-se ainda as secretarias de Estado que se ocupavam com os assuntos de além-mar, como o Conselho Ultramarino, o Desembargo do Paço e a Mesa da Consciência e Ordens. Sobretudo, a Coroa negou ao Brasil uma estrutura administrativa que refletisse prioridades ou interesses coloniais. Isso fica patente quando se observa a administração da extração e regulamentação do ouro. Na capitania das Minas Gerais, os intendentes eram escolhidos pelo rei e só ao rei respondiam. No momento em que a abundância de fornecimento dos diamantes brasileiros ameaçava rebaixar seu valor, comprometendo a arrecadação de impostos pelo real erário, não hesitou a administração colonial em impor restrições a sua exploração. Para isso, em 1734 criou o Distrito Diamantino, sob a responsabilidade de um intendente submetido diretamente ao rei e seus conselhos, tornando-se a extração e comércio de diamantes monopólio régio a ser explorado por contratantes portugueses durante mais de três décadas. Esse sistema só foi extinto em 1771, quando a atividade extrativa de diamantes passou ser feita exclusivamente pela administração régia. Nas palavras de Russell-Wood, a

> [...] administração dos diamantes representou o exemplo mais gritante da intransigência metropolitana, e da Coroa, em relação aos interesses coloniais: o movimento de entrada e saída do distrito era controlado; a reparação legal contra os confiscos ordenados pelo Intendente foram negados; economias locais foram sacrificadas em favor da extração de diamantes; soldados patrulhavam na repressão da extração ilícita e do contrabando; denúncias eram encorajadas; protestos individuais ou de câmaras municipais eram ignorados; e até mesmo o governador de Minas Gerais não tinha jurisdição sobre este distrito no interior da capitania.[186]

Como assevera sem floreios Russell-Wood, no âmago das políticas metropolitanas jazia "a crença inabalável de que a *raison d'être* do Brasil era servir como fonte de matérias-primas e de impostos para a metrópole". Caso clássico de mercantilismo e bulhonismo, significando o acúmulo de riqueza na forma de metais preciosos, a administração portuguesa da colônia seguia uma lógica segundo a qual os interesses e economia metropolitanos deviam ser privilegiados sempre, em face de qualquer benefício ou autonomia de seu domínio: "O Brasil era visto por metropolitanos [...] como uma mina sem fim de recursos financeiros ou de reservas que pudessem ser extraídas em prol das necessidades da Metrópole."[187]

A ocupação de cargos públicos por meio de compra e venda contribuiu para certa autonomização das camadas superiores coloniais. Ao colocar à venda cargos públicos, alguns de grande importância como os de secretário de Estado, provedor da fazenda e até de desembargador da relação, a Coroa cedeu espaço político para a elite colonial. Aquela elite era proprietária de terras e engenhos, de minas, dominava as maiores praças de comércio, os portos, navios e companhias de crédito da colônia. Assenhorando-se da administração, passava a ter cada vez mais claros a natureza e o alcance de seus objetivos econômicos, do enriquecimento de suas famílias, da expansão de seus negócios por meio de laços matrimoniais e controle das administrações locais e regionais. Garantir o abastecimento do tesouro da distante Coroa foi se tornando algo cada vez mais secundário e, por fim, mesmo antagônico a seus interesses. Por outro lado, o sistema de compra de cargos promoveu o surgimento de oligarquias locais, as quais monopolizaram a distribuição de postos, que se tornaram muitos deles hereditários ou oferecidos como dotes nos contratos nupciais, fortalecendo ainda mais as parentelas coloniais.[188]

Desde os primeiros tempos da ocupação, a metrópole adotou uma atitude francamente isolacionista em relação à colônia, coibindo sistematicamente a presença de navios estrangeiros e qualquer comércio que não fosse baseado na triangulação via Lisboa, até o limite de proibir o ingresso de não portugueses no Brasil — para não repetirmos o isolamento cultural, com a proibição da instalação de universidades e circulação de livros. A estratégia era perpetuar a dependência da colônia em relação à metrópole, bem como a exclusividade dos portos de Lisboa e Porto no comércio de exportação da colônia brasileira para a Europa. Mas essa estratégia mostrou-se de quase impossível aplicação, devido a obstáculos de natureza vária, entre os quais se destaca a obstinada resistência das elites coloniais ao controle e regramentos metropolitanos. Tal resistência deu origem a uma "cultura de evasão" que se manifestou de várias formas, desde a sonegação de impostos até a burla do serviço militar ou o contrabando. Ao mesmo tempo que enfraqueciam a autoridade da Coroa e esvaziavam seus cofres, essas estratégias iam produzindo uma crescente identidade de classe nas elites coloniais, na convergência de seus interesses, no reconhecimento de seus inimigos, no estreitamento de seus laços. Note-se bem: uma identidade de classe, e não uma identidade nacional. Na conjuntura de pressão econômica, o denodo dos reformadores ilustrados no sentido de garantir ao centro, à metrópole, maior eficiência na exploração da colônia fica mais que justificado.[189]

A cronologia das sublevações ocorridas na América portuguesa na última década do século XVIII, contemporâneas a movimentos dramáticos externos como a Revolução Francesa e a revolta de escravos em São Domingos, explica a reviravolta nas inclinações da elite residente, simpática à oratória republicana até 1791,[190] e subitamente apoiadora da causa monárquica. Esse teria sido mais um elemento na origem da "geração de 1790" e seu "pragmatismo reformista". Segundo Kenneth Maxwell, depois da Inconfidência Mineira e a revolta de escravos no Haiti, que colocou em pânico a classe senhorial brasileira, a urgente reforma do império foi o cadinho para a formação dessa geração. Ministros como d. Rodrigo, sensíveis ao quadro explosivo, teriam cooptado "brasileiros", potencialmente nacionalistas e republicanos, por meio do oferecimento de cargos na alta administração colonial. A colaboração entre esses "brasileiros" letrados, "ilustrados", treinados em Coimbra, e os mandatários do governo português teria dado ensejo à proposta de uma nova ideia de império, agora na formulação ideológica de um ente "luso-brasileiro", no sentido de refrear o suposto nacionalismo colonial por meio de uma solução de compromisso entre os extratos superiores de metrópole e colônia, evitando assim resultados traumáticos indesejados por ambas.[191]

Jean-Baptiste Debret. *Danse de sauvages de la mission de St. José*. Litografia. Paris. 1834.

CAPÍTULO 7

REFORMADORES

Os capítulos precedentes oferecem o contexto geral da política reformista e o quadro cultural que a ampara, a partir da épica governança de Sebastião José de Carvalho e Melo. Assinalam continuidades e nuanças entre as diretrizes do ministro de d. José I e, após a "viradeira", os rumos dados por seus discípulos políticos à reconfiguração do Estado e da administração colonial.[192] Destacam-se o diagnóstico do atraso do reino; a gana modernizadora alimentada pelos "estrangeirados"; as ações de Pombal no sentido de atribuir as razões da decadência à ordem dos jesuítas e seu monopólio do ensino; a perseguição que culminaria na expulsão dos inacianos do reino e seus domínios; os eixos das reformas pombalinas na administração e, sobretudo, no sistema de ensino português, com especial destaque à renovação universitária; o arcabouço ideológico apropriado do iluminismo europeu, máxime em seu aspecto utilitário; os sentidos e implicações da situação colonial; e as discussões quanto ao caráter do "império luso-brasileiro" e o papel a ser desempenhado por suas partes.

Vimos também, a aceitarmos a noção de "geração de 1790", que os letrados portugueses, metidos ou não diretamente nos quadros do Estado, respiravam nessa mesma atmosfera, compartilhavam de uma formação homogênea e de uma paleta temática comum, embora não fossem raras variações em seus diagnósticos dos problemas e propostas de soluções. A seguir, propomos analisar em maior detalhe as ideias, programas, planos e projetos de alguns dos mais conspícuos reformadores pós-pombalinos, com especial atenção a dois deles: a eminência parda de todos, d. Rodrigo de Sousa Coutinho, e um caso curioso de letrado colonial, de grande projeção no campo da política e do pensamento econômico nesse período entre os últimos anos do século XVIII e a transferência da Corte, como foi o bispo J. J. da Cunha de Azeredo Coutinho.

As discussões calorosas travadas em Portugal sobre as causas do declínio e a necessidade de reformas modernizadoras explicam-se pela visível perda de importância do reino como potência marítima e imperial que fora durante séculos, desde as grandes navegações, a conquista do Novo Mundo, e a chegada ao Extremo Oriente, com o estabelecimento de colônias em vários pontos da costa da África, em Goa (Índia) e Macau (China). Nos primeiros séculos da era moderna, Portugal rivalizava com outras grandes potências navais e imperiais como Inglaterra, França, Espanha e Holanda. Porém, por volta de 1750, o pequeno reino ibérico tinha perdido toda ascendência sobre as conquistas do Oriente para aquelas concorrentes. Não obstante, e talvez como compensação, superando grandes dificuldades, o pequeno reino ibérico procurava expandir seu domínio no continente americano, tanto no plano territorial como no econômico, já que na América se encontravam suas maiores fontes de riqueza. No âmbito econômico, se as conquistas africanas eram feitas simplesmente e cada vez mais de depósitos de mão de obra escrava, a fortuna do reino se assegurava mesmo era com o ouro e diamantes do Serro do Frio das Minas Gerais, do Mato Grosso e Goiás; com café, cacau, açúcar, tabaco, pau-brasil, madeira, drogas e especiarias, óleo de baleia trazidos às toneladas de outras regiões, do Grão-Pará e Maranhão, de Pernambuco e Bahia, do Rio de Janeiro e províncias do Sul. Como visto anteriormente, a maior parte dessa riqueza, passando por Lisboa, era reexportada para os grandes portos da Europa, para ser trocada por produtos manufaturados e grãos que retornavam ao Brasil fazendo o mesmo itinerário, com a triangulação via Lisboa.[193]

A partir de meados do século XVIII, os administradores portugueses não tinham qualquer dificuldade de perceber o papel estratégico que os produtos e o comércio do Brasil desempenhavam na economia geral do reino, e, por conseguinte, principal origem de receitas do governo. Todas as outras fontes do império colonial tinham praticamente secado, com exceção das pródigas conquistas da América. Para maximização dos rendimentos coloniais, o governo central aprimorou um complexo sistema fiscal que taxava desde a produção, o consumo, a circulação interna, as importações e as exportações, além de direitos especiais temporários. A perda de supremacia nos territórios orientais para os impérios rivais[194] impôs aos dirigentes portugueses a premente tarefa de reestruturação dos modos de governar, guiada pelas diretrizes elaboradas nos centros pensantes da cultura letrada lusa, na universidade restaurada, nas academias e nos braços do Estado voltados à administração colonial.[195]

Talvez nenhuma outra personalidade melhor sintetize o espírito desse impulso reformador que d. Rodrigo de Sousa Coutinho. Sem dúvida, a situação geopolítica das duas últimas décadas do século XVIII terá sido combustível para as ações desse estadista, cuja capacidade intelectual e volume de trabalho todos os seus estudiosos são unânimes em reiterar.[196] Naquele quadrante, o panorama contencioso acerca dos territórios de influência dos grandes impérios europeus tornava-se evidente para todos os *players*. A tensão entre França e Inglaterra, cada vez mais explosiva, passava a envolver e ameaçar diretamente a sobrevivência de potências menores, como as ibéricas. A guerra por conquista de território e expansão das zonas de influência desdobra-se em novas formas de concorrência para além da contenda militar, passando a evidenciar agora a competição por novos mercados. A sucessão de tratados que marca a história diplomática do período, desde Utrecht (1713), Madri (1750), El Pardo (1761) até Santo

Idelfonso (1777), Londres (1793) e Badajoz (1801), é expressiva desse período efervescente.[197]

No fogo cruzado entre França e Grã-Bretanha, alinhou-se Portugal primeiro a esta última, por meio do acordo de mútuo auxílio e proteção assinado em Londres em 1793, em que se prestava o reino luso ao papel de potência auxiliar. Como retaliação, a França declarou Portugal seu inimigo, intensificando operações na costa do Brasil. Essa ofensiva levou o diligente ministro da Secretaria de Estado da Marinha e Domínios Ultramarinos Martinho de Melo e Castro a conduzir uma rápida reorganização do arsenal da força naval visando a construção de vasos de guerra, sob coordenação de oficiais britânicos. Melo e Castro compunha entre aqueles estadistas portugueses opositores aos interesses franceses, assim como seu sucessor d. Rodrigo, que procurou manter o Estado português alinhado aos bretões.

No contexto da guerra em que as potências continental e insular eram protagonistas, Portugal, em função da posição geográfica estratégica da metrópole e do vigor econômico de sua colônia americana, foi constantemente ameaçado por ambas, protelando o quanto pôde, por meio de inteligência diplomática e pagamentos nababescos, a invasão que só viria a acontecer nos finais de 1807.[198] O conflito inflamaria após 1795, quando França trouxe definitivamente a Espanha para o seu lado da disputa. No ano seguinte, quando a Inglaterra declara guerra aos castelhanos, Portugal encontra-se diante de um dilema que poderia lhe valer a sobrevivência. Se pendesse para o lado francês, ameaçava-lhe a Inglaterra subtrair seus domínios ultramarinos; aderindo à potência insular, a França lhe acenava com a invasão iminente da metrópole. Avaliou d. Rodrigo que abraçar a paz com a França pudesse resultar na perda do Brasil — o pior de todos os males. Ele acreditava que o fechamento dos portos portugueses aos britânicos sofreria como retaliação a tomada dos domínios coloniais, "procurada pelos ingleses para se indenizarem da falta de comércio com Portugal, e para se apropriarem das produções interessantes dos domínios ultramarinos".[199] Nas palavras de Valentim Alexandre, "toda a política externa portuguesa até 1807 vai ser um exercício de navegação entre estes escolhos, largando-se lastro de um ou outro bordo consoante as circunstâncias".[200] Escolhos de escolhas, poder--se-ia dizer. Esse dilema se estenderá por dez anos, até a retirada da Corte para o Rio de Janeiro em 1808.

No centro da peleja, acertava a diplomacia portuguesa no entendimento de que a política de neutralidade era o mais seguro, senão o único caminho. Diante desse embate imposto desde fora, o aparelho político português estava cindido em duas facções batizadas pela historiografia de "partido inglês" e "partido francês", conforme os altos funcionários da Coroa tendiam a alinhar-se a uma ou outra potência. Entre tantos, "ingleses" eram d. Rodrigo de Sousa Coutinho, ministro da Marinha e Ultramar de 1796-1801, e Luís Pinto de Sousa, ministro dos Negócios Estrangeiros até 1801; "franceses", José de Seabra da Silva, ministro do reino até 1799, e Antônio de Araújo de Azevedo, o afamado conde da Barca, representante de Portugal em Haia e posteriormente ministro e secretário de Estado dos negócios do reino.[201]

Essa divisão em facções cunhada pela historiografia parece definir posições muito rígidas que talvez escapasse aos próprios sujeitos da época.[202] A rigor, diferenças entre eles afluíam em função da autonomia que Portugal pudesse alcançar em relação à Grã-Bretanha, no que concerne a sua política exterior. Somos inclinados a concordar com Valentim Alexandre, quando afirma que "não pode ver-se nessa clivagem o aflorar de um conflito pró-absolutistas e pró-liberais [...]; o que está em causa, entre o 'partido inglês' e o 'partido francês', são diferenças na apreciação do interesse político e econômico que tinha para Portugal a aliança inglesa".[203] Por outro lado, como atenta com alguma perspicácia e muita tendenciosidade o biógrafo do conde de Linhares, "ignora a posteridade que o chamado partido inglês, de que foi chefe Dom Rodrigo, no princípio do século XIX, era representado por pouquíssimos elementos, ao passo que o chamado partido francês era constituído pela maioria, embora fossem muito restritos os seus elementos de valor intelectual e moral".[204] A propósito, poucos quanto o marquês de Funchal definiram tão bem o caráter de d. Rodrigo, como um "homem do meio": "Dom Rodrigo, sem ser rasgadamente liberal, em nada era oposto aos princípios de liberdade, e se monárquico convicto, como não podia deixar de ser, não era partidário dos autores da revolução francesa, tampouco o era das ideias de reação política e religiosa."[205] Parafraseando o velho estudioso marxista da cultura Lucien Goldmann,[206] d. Rodrigo era, por assim dizer, o limite de consciência histórica possível para um reformista ilustrado pós-pombalino.

No contexto do cerco em que se encontrava Portugal, a sensibilidade política e estratégica de d. Rodrigo ajudou a configurar seu projeto de Império português, ao perceber como ninguém a necessidade de salvar as colônias, caso se desejasse manter de pé o reino. Para tanto, propôs-se formular o "sistema político que mais convém que a nossa Coroa abrace para a conservação de seus tão vastos domínios, particularmente os da América, que fazem propriamente a base da grandeza de nosso trono".[207] Tal missão, a criação de um novo império, se lhe mostrou factível quando da transferência da Corte para o Rio de Janeiro em 1808 e a ela se dedicou com insuspeita lealdade d. Rodrigo, imediatamente nomeado pelo príncipe regente Ministro dos Estrangeiros e da Guerra, pasta que irá ocupar até o ano de sua morte, em 1812.

O quadro geopolítico extremamente delicado para o pequeno reino português foi o pano de fundo do "reformismo ilustrado" do reinado mariano,[208] marcado inicialmente pela "viradeira", movimento político, já referido, dos primeiros atos de d. Maria I, que reverteria a política pombalina de isolamento da nobreza tradicional das posições estratégicas de comando do Estado. Mas há que se relativizar a extensão desse giro. Uma nova cepa de fidalgos, egressos sobretudo dos bancos universitários, espécie de nobreza togada forjada por Pombal no Colégio dos Nobres e nos cursos universitários de Coimbra, já estava solidamente instalada no cenário civil e político do reino. A reabilitação da aristocracia tradicional não implicou seu retorno ao centro do poder político. No primeiro ministério mariano encontra--se apenas um nobre dito de linhagem.[209] Todos os demais, incluindo d. Rodrigo de Sousa Coutinho, eram provenientes dessa singular nobreza forense. Tal composição social dos estratos superiores do poder central levou o historiador Nuno Gonçalo Monteiro à constatação de que "foram mais numerosos os ministros que se tornaram Grandes do que os Grandes que se tornaram ministros".[210]

D. RODRIGO

Nessa nova configuração do Estado português, ninguém mais que d. Rodrigo de Sousa Coutinho sintetiza o espírito daquele impulso reformador que marca a segunda metade do século XVIII e os primeiros anos do seguinte. Como lembra o Marquês de Funchal em seu "Elogio histórico do conde de Linhares", Coutinho pertence a uma linhagem aristocrática que remonta a d. Afonso III e a seu filho, Martim Afonso de Sousa. Seu pai d. Francisco Inocêncio de Sousa Coutinho (1726-81) ocupou altas posições no reinado de d. Jose I, inclusive a suprema administração de Angola e Benguela entre 1764 e 1774, sendo nomeado embaixador plenipotenciário junto à Corte de Madri a partir de 1775, vindo a falecer no exercício desse cargo. De seus outros três irmãos, José Antônio de Sousa Coutinho seguiu carreira eclesiástica, chegando ao lugar de principal diácono da Igreja Patriarcal de Lisboa, integrando a Regência do Reino a partir de 1811 até seu falecimento; d. Domingos Antônio de Sousa Coutinho, conde de Funchal (1760-1833), foi diplomata e terminou a carreira como Embaixador na Inglaterra; e d. Francisco Maurício de Sousa Coutinho foi governador do Pará desde 1790 e acompanhou a família real na transferência da Corte para o Rio de Janeiro em 1808, onde integrou o Conselho Supremo Militar.[211]

O próprio Pombal foi padrinho de batismo de d. Rodrigo, que teve educação aristocrática, criado pela avó materna e um dos primeiros estudantes do Colégio Real dos Nobres, fundado em 1766 nas reformas pombalinas do ensino. Depois de frequentar o Colégio dos Nobres e a Universidade reformada (onde não chegou a graduar-se), aos 23 anos dava início a sua carreira diplomática, como enviado extraordinário e ministro plenipotenciário em Turim, na Corte da Sardenha em 1778, que lhe franqueou oportunidade de acesso às ideias arejadas da época.[212]

Antes de tomar posse no cargo, viajou a Madri e Paris. Na capital francesa estabeleceu contato com iluministas famosos como d'Alembert e o abade Raynal, e estrangeirados portugueses, como o médico Antônio Nunes Ribeiro Sanches (1699-1783) e João Carlos de Bragança (1719-1806), 2º duque de Lafões, fundador da Academia Real das Ciências de Lisboa. Entre as principais ascendências intelectuais de d. Rodrigo contam d. Luís da Cunha, o marquês de Pombal e Francisco Ribeiro Santos, médico e humanista português que viveu exilado em Paris. Entre 1779 e 1796, d. Rodrigo viveu e atuou na Sardenha, onde pôde acompanhar *in loco* as reformas empreendidas por Vítor Amadeu III e aquelas realizadas por José II na Lombardia austríaca.[213] Esse era o observatório de onde vislumbrava as transformações pelas quais, entendia, Portugal, Inglaterra e França deveriam passar. Desse reformador dirá anos mais tarde Hipólito da Costa tratar-se de um relógio extraordinariamente adiantado em relação a seu tempo.[214] De todas aquelas, a ascendência de Carvalho e Melo sobre d. Rodrigo é a que lhe inscreveu vinco mais profundo, de que deixou um testemunho documentado em carta dirigida ao abade Raynal, escrita provavelmente em 1778, quando esteve em Paris, em que oferece uma defesa inequívoca das doutrinas e ações políticas do marquês de Pombal.[215]

De seus projetos, que analisaremos a seguir, uns eram continuidade em relação à ação de governantes anteriores (por exemplo, as tentativas de introduzir culturas, como o cânhamo, e aprimorar outras, tais como canela, pimenta, cochonilha etc.); mas outros, por ele propostos, eram totalmente originais. Desejava d. Rodrigo, nesse sentido, fazer um grande cadastro do território brasileiro; obrou por levar inovações tecnológicas à economia do reino e das colônias, como o arado de boi ou máquinas de limpeza e descascadura do algodão e café e para a produção de açúcar; por divulgar a "agricultura científica" para os proprietários brasileiros (para o que criou a tipografia do Arco do Cego, incumbida a d. Veloso). Entendeu mais que qualquer outro a necessidade de proteger as florestas e águas; estimulou a busca de salitre; encetou esforços para maximizar a produtividade das minas de ferro e o melhoramento da nascente indústria siderúrgica nas capitanias de São Paulo, Rio de Janeiro e Minas Gerais. Seus planos e ações visaram ainda a promoção do estabelecimento de bancos, oferta de crédito, seguros e estímulos para a agricultura e o comércio; a liberdade de circulação de mercadorias no interior do Brasil; a regularidade no tráfego de navios entre Portugal e a colônia. Muitas dessas ideias aparecem expostas na célebre memória sobre os "melhoramentos dos domínios da Sua Majestade na América", apresentada ao Conselho de Estado em 1798.[216]

Em todos os seus escritos encontram-se, de forma mais velada ou expressa, mais estruturada ou fragmentar, aspectos do projeto de Estado e de sociedade que perseguia d. Rodrigo. Por exemplo, um peculiar *Discurso sobre a mendicidade*, manuscrito de 1787 ou do ano seguinte, esboçando um quadro geral de caráter socioeconômico e político do reino, delineia um verdadeiro projeto de sociedade. Ao invocar veladamente o princípio smithiano de que "a riqueza de uma nação é proporcional à quantidade ou soma do seu ânuo trabalho", d. Rodrigo aborda o tema da mendicidade a partir de suas causas, segundo resulte da natureza, da religião ou da sociedade. Nesse sentido, se a miséria decorre da natureza, entende que seus "princípios produtivos" são "indispensáveis e de absoluta necessidade"; porém, se a miséria decorre da religião e da sociedade, são "remediáveis em grande parte ou totalmente". A partir desses postulados, elabora sugestões de providências "ativas e luminosas" e princípios legais para saneamento do problema, assim como critica as instituições religiosas e setores da sociedade, nomeadamente a nobreza, contra a qual não poupa ataques contundentes, entendendo-a como uma casualidade fadada a desaparecer por meio da supressão dos "cargos hereditários cujas funções requerem talentos e luzes adquiridos". Para a solução do problema em Portugal, esboça um programa de reestruturação da administração civil e financeira, fiscalidade, sistema judiciário e Igreja, orientado por uma nova divisão do território, uma diversa organização representativa da população com vistas à oferta eficiente de serviços públicos, tudo isso amparado no fomento dos setores produtivos (agricultura, indústria e comércio), das ciências e das artes.[217]

Para nossos propósitos, não caberá aqui oferecer um escrutínio minucioso da vasta produção do reformador português, tarefa já realizada por pessoas com muito maior lastro e competência. Por isso, vamos nos deter na análise de um texto em particular, a famosa *Memória sobre o melhoramento dos domínios de Sua Majestade na América*, que em 1798, já ministro da Marinha e Ultramar, d. Rodrigo apresentou ao conselho de Estado. Trata-se de um dos textos programáticos mais significativos para a compreensão de sua concepção de política colonial, verdadeiro projeto de ação reformativa visando à sobrevivência do império lusitano. Esse plano pode ser descrito como uma teoria política do reino de Portugal naquela conjuntura, mas totalmente voltado à aplicação de medidas práticas com vistas à regeneração do reino, sobretudo a partir de um novo equilíbrio das relações coloniais. Nesse novo balanço, a Portugal caberia o papel de centro político, comercial e financeiro, enquanto os domínios ultramarinos, nomeadamente o Brasil, responsável por mais da metade do volume de negócios do império,[218] deveriam ser compreendidos como "províncias da Monarquia" submetidas a um "mesmo sistema administrativo" e "sujeitas aos mesmos usos e costumes". Num momento de real ameaça de perda de seus domínios, o governante tinha a convicção de que o princípio da unidade deveria ser a prioridade da monarquia, e plena consciência da dependência de Portugal de suas possessões americanas.

De acordo com d. Rodrigo, a proposta de sistema político que convinha à Coroa adotar "para a conservação de seus vastos domínios" pressupunha uma concepção de império fundada em dois princípios fundamentais e interdependentes: a unidade política do reino e a dependência econômica das colônias. O primeiro expressa a ideia de que todos os domínios ultramarinos deveriam ser concebidos como "províncias da monarquia", porções de um todo cujo centro era Lisboa:

> [...] Os domínios de sua Majestade na Europa não formam senão a capital e o centro de suas vastas possessões. Portugal reduzido a si só, seria dentro em breve período uma província de Espanha, enquanto servindo de ponto de reunião e de assento à monarquia que se estende ao que possui nas ilhas de Europa e África, ao Brasil, às costas orientais e ocidentais de África, e ainda ao que nossa Coroa possui na Ásia, é sem contradição uma das potências que tem dentro de si todos os meios de figurar conspícua e brilhantemente entre as primeiras potências da Europa.[219]

Esse "inviolável e sacrossanto princípio da unidade, primeira base da monarquia, que se deve conservar com o maior ciúme", deveria ser perseguido a todo custo, de modo que o português nascido nas quatro partes do mundo se julgasse "somente português". A glória e grandeza da monarquia é o princípio oculto e fim último dessa concepção imperial, pois só mediante a convergência, nela e por ela, de partes tão diferentes, se alcançaria a felicidade geral. Não há outra identidade senão a de português, e o que dá coerência a essa identidade é a centralidade na Coroa! Cabe ressalvar, porém, que se a unidade do todo é o princípio, muito diverso haveria de ser o papel atribuído a cada uma das partes: à metrópole cumpre a função de centro — cultural, político, administrativo, financeiro — e à colônia a de provedora de riqueza, verdadeira cornucópia a sustentar toda arquitetura política. Por isso,

[...] as relações de cada domínio ultramarino devem em recíproca vantagem ser mais ativas e mais animadas com a metrópole, do que entre si, pois que só assim a união e a prosperidade poderão elevar-se ao maior auge. Estes dois princípios devem particularmente ser aplicados *aos mais essenciais dos nossos domínios ultramarinos, que são sem contradição as províncias da América, que se denominam com o genérico nome de Brasil.*[220] [grifo meu]

Nesse aspecto, os pensadores econômicos da época concordavam entre si, de modo que, apesar de nuanças em outras questões, d. Rodrigo ou o professor Luís dos Santos Vilhena afinavam-se com o bispo Azeredo Coutinho, quando este defendia que as colônias portuguesas "só possam comerciar diretamente com a metrópole, excluída toda e qualquer nação, ainda que lhe faça um comércio mais vantajoso".[221]

Como entrevia d. Rodrigo organizar politicamente esse complexo? A constituição de duas grandes unidades administrativas, uma ao Norte e outra ao Sul, pareceu-lhe a forma mais eficiente para "fazer frente aos cobiçosos vizinhos e combater o pernicioso flagelo do contrabando". Esse novo organograma administrativo haveria que se guiar por alguns princípios, que enumera: 1) segurança e defesa das capitanias; 2) administração eficiente que garanta as "culturas" [agrícolas] e o comércio; 3) distribuição imparcial da justiça; 4) *"o aumento e prosperidade das rendas reais, que são evidentemente os primeiros e essenciais meios da prosperidade e segurança das monarquias e dos estados em geral"* (grifo meu); e 5) um sólido sistema militar terrestre e marítimo.

Em seu projeto, d. Rodrigo segue detalhando como implementar cada um daqueles fundamentos, por exemplo, por meio da garantia de bons salários aos governadores, para que eles não necessitem comerciar. Sobre a aplicação da justiça, em particular, estipula preceitos de conduta que bem se aplicariam à realidade brasileira do século XXI:

[...] Não será menos atendível, para segurar uma boa administração da justiça, o cuidado na escolha dos magistrados que se mandam para a América, e o fixar-lhes os limites de sua jurisdição com a dos governadores, de maneira que sujeitos a estes em tudo o que fosse exercício dos seus cargos, sejam totalmente independentes no que toca a seus julgados. Há para esse fim o fazê-los mais independentes por meio de bons salários, reduzindo-os ao mínimo necessário; o dar-lhes uma carreira seguida enquanto não cometessem delito; o sustentá-los contra a opressão dos governadores se estes os quisessem dominar; o castigá-los severamente logo que delinquissem, e o fechar-lhes para sempre a porta da magistratura uma vez que se tivessem mostrado indignos das respeitáveis funções de um administrador da justiça, seriam meios de segurar bons e imparciais julgadores na América.[222]

Se um projeto de império é estabelecido em tese nessa *Memória sobre o melhoramento dos domínios de Sua Majestade na América*, cabe destacar a coerência entre teoria e prática, entre pensamento e ação por parte de seu autor — ainda que não seja esse nosso foco de análise. D. Rodrigo não só desenhou seu império perfeito no plano das ideias, mas atuou efetivamente no sentido de implantá-lo, quando ocupou postos de destaque no governo português. Nesse aspecto, foi mais longe que José Bonifácio, cuja maioria dos planos não saiu do papel. Aquelas mesmas preocupações com a unidade política reiteram-se seguidamente nas instruções que d. Rodrigo dirigia aos governadores das capitanias e ao vice-rei do Brasil,[223] no que tocava à gestão da administração política, econômica e financeira, quando endossava o desejo de "Sua Majestade ligar com nexos indissolúveis todas as mais separadas partes de seus vastos domínios e Estados, de maneira que cada uma em particular e todas em geral concorram para a geral felicidade dos povos, e para a grandeza da monarquia".[224] Seu programa de ação pressupunha, em teoria e prática, o preceito da indissolubilidade do império. O centro não existiria sem as partes. D. Rodrigo via com clareza que a potência do reino estava na América, e não na Europa.

À base de toda essa formulação jaz uma finalidade última, a de racionalizar a exploração da colônia, por meio daqueles expedientes elencados anteriormente e de outros, como a regulação da concessão de sesmarias, o controle de distribuição da terra por meio de livros de registros, o uso e conservação "dos nossos bosques, matas e árvores", que servem para construção naval ou combustível das minas e fundições; o controle sobre o trabalho e exploração das minas; a divisão das águas e assim por diante. Nesse projeto imperial, assentado num modelo bem definido de divisão internacional do trabalho e da produção, expressa-se de maneira indisfarçável o papel que cumpririam centro e periferia, a sede do reino e seus domínios coloniais (nomeadamente o Brasil). As indústrias, finanças e o lucro no centro, a produção agrícola, mineral e o trabalho nos domínios. Não seria o "luminoso" princípio que enforma esse sistema de províncias contrário a nelas se instalarem fábricas, mas "a agricultura deve ainda por muitos séculos ser-lhes mais proveitosa do que as artes, que devem animar-se na metrópole para segurar e estreitar o comum nexo, já que a estreiteza do terreno lhe nega as vantagens de uma extensa agricultura".[225]

Nesses preceitos reitera-se um dos mitos fundadores do modo de conquista e exploração do território brasileiro, que gerações sucessivas das elites dominantes locais repetiram como um mantra, a ponto de se tornar tão naturalizado que até hoje faz-se de política de Estado: o da vocação agrária brasileira.[226] O Brasil não deve se industrializar e deve mesmo se desindustrializar, pois seu destino manifesto, seu papel histórico a cumprir é o de "celeiro do mundo".[227] Exportamos *commodities*, grãos, cortes, minérios; depois importamos mercadorias, máquinas, tecnologia. Ontem enviávamos ferro e recebíamos aço; exportávamos alumínio e importávamos equipamentos, instrumentos, ferramentas; mandávamos algodão e trazíamos têxteis; assim até hoje, com outros itens de maior valor agregado. Custos humanos e ambientais jamais foram devidamente levados em conta. Já para o planificador português do século XVIII, a especialização manufatureira caberia exclusivamente à metrópole e o fornecimento de produtos primários, às colônias, que deveriam servir também como mercado privilegiado de consumo.

Essa deveria ser a maquinaria por meio da qual "útil e sabiamente se combinam os interesses do império", onde à metrópole estava definido o papel dominante, embora, ideologicamente, os termos desse "pacto" fossem apresentados em termos de "recíproca vantagem" ou "justos interesses".[228] A concepção de "agricultura" que têm estadistas como d. Rodrigo é análoga à prática extrativa. Na *Memória sobre o melhoramento dos domínios de Sua Majestade na América* expressa-se sem vieses a argumentação lógica da prioridade da agricultura no Brasil, reiterando-se o mito da vocação agrária brasileira:[229]

> [...] Que artes pode o Brasil desejar por muitos séculos, quando as suas minas de oiro, diamantes etc., as suas matas e arvoredos para madeiras de construção, as culturas já existentes e que muito podem aperfeiçoar-se, quais o açúcar, o cacau, o café, o índigo, o arroz, o linho-cânhamo, as carnes salgadas etc., e as novas culturas de canela, do cravo-da-índia, da noz-moscada, da árvore-do-pão, lhe prometem juntamente com a extensão de sua navegação uma renda muito superior ao que jamais poderiam esperar das manufaturas e artes, que muito mais em conta por uma política bem entendida podem tirar da metrópole?[230]

Encerrando a análise da proposta reformista de d. Rodrigo, cabe destacar um tópico que despertava o interesse de todos os letrados e governantes da época, nem sempre concordantes quanto à melhor política a adotar em relação a ele: a questão do ouro e das minas, que abalava os alicerces mercantilistas daqueles pensadores.

As *Memórias econômicas da Academia Real das Ciências* estão repletas de discursos e estudos dedicados ao tema da exploração mineral, em Portugal e no Brasil.[231] Em 1789, Manuel Ferreira da Câmara apresentou à mesma Academia Real a sua "Memória de observações físico-econômicas acerca da extração do ouro do Brasil".[232] Dentro do debate em torno da recuperação do setor de produção mineral no Brasil, se inserem Azeredo Coutinho, que considerava a mineração a razão da decadência de Portugal; e d. Rodrigo, para quem a mineração, por atividade geradora de riquezas para a nação, deveria ser fomentada. Nessa polêmica, o texto de Câmara se alinha aos defensores da mineração como atividade fundamental para a riqueza da nação portuguesa, ao lado de d. Rodrigo, José Bonifácio e José Vieira Couto.[233]

A disputa era marcada pela discordância entre aqueles que, seguindo as reflexões de Montesquieu, entendiam que a atividade mineradora era nefasta às nações; e seus antagonistas, para quem o ouro e metais extraídos pela atividade mineradora eram benéficos aos Estados. D. Rodrigo conta entre os adversários de Montesquieu. No único discurso que publicou em vida nas *Memórias da Academia Real das Ciências*, o "Discurso sobre a verdadeira influência das minas dos metais preciosos na indústria das nações...", embora admitindo que, num primeiro momento, a descoberta de ricas minas tenha efeitos negativos, especialmente no que tange aos desequilíbrios demográficos que causa, procura demonstrar que resultados econômicos positivos logo sucedem, especialmente no que concerne ao aumento do consumo, repercutindo positivamente na agricultura e na indústria. Graças ao aumento do capital circulante e baixa dos juros e do custo do dinheiro, que alavancarão imediatamente a agricultura, indústria e obras públicas, as minas representariam um grande benefício ao comércio interno e externo e, por conseguinte, à riqueza geral da nação:

> [...] Se é certo que o descobrimento de ricas minas, e a aparência de rápidas, e brilhantes fortunas, deve ao princípio iludindo o povo, animar a despovoação, não é menos certo que as necessidades de primeira, e segunda ordem, seja para o sustento, seja para o vestido de todos esses descobridores, são um novo consumo para os agricultores, manufatureiros, e para todos os ramos da indústria [...] Crescendo o seu produto, e crescendo a povoação, crescem igualmente as necessidades, estas aumentam a indústria da metrópole, e as fortunas dos comerciantes tomando

então um rápido voo, todos os gêneros de comércio de *cabotagem* e de economia, vêm ainda enriquecer a nação.[234]

Tal percepção entusiasta da atividade mineradora, especialmente do ouro, pedras e metais preciosos, de fundo marcadamente mercantilista, é justificada ideologicamente por d. Rodrigo em outras oportunidades. Nas instruções remetidas ao intendente-geral das minas da capitania de Minas Gerais Manuel Ferreira da Câmara, em ofício de 26 de novembro de 1800, recomenda d. Rodrigo que neste particular objeto o intendente não guardasse dúvida alguma sobre as providências que viesse a propor como convenientes a se adotarem, as quais deveriam ter sempre presente o princípio de que minas e bosques precisavam ser regulados por métodos científicos, capazes de calcular a utilidade geral, e não serem abandonados ao interesse privado, que nestes casos, "[...] e só neles, contraria ou ao menos pode contrariar a pública utilidade, formando uma notável exceção aos princípios gerais da economia política".[235]

O mesmo cuidado e zelo no trato dos negócios do ouro e diamantes reitera-se em um alvará de 13 de maio de 1803, relativo à administração das minas do Brasil, em que arrola entre as justificativas de sua proclamação: a perda diária do ouro, desperdiçado na forma de pó e nas lavagens e apurações; os obstáculos para sua extração e a inépcia dos mineradores, falta de conhecimento técnico; tudo isso somado prejudicava a arrecadação da Coroa "[...] por não poderem atualmente suas minas pagar-me o direito real do quinto, que pelas antigas leis deste reino me é devido: E querendo Eu promover por todos os meios possíveis os trabalhos e melhoramento futuro das minas de ouro e diamantes [...] sou servido ordenar o seguinte [...]". E listam-se os artigos do alvará, que previa o estabelecimento de junta de administração e moedagem em Minas Gerais, proibição da circulação do ouro em pó (a reincidência nesse crime deveria resultar em degredo para África!), o valor que devia ter o ouro nas casas de permuta, o estabelecimento de uma casa da moeda em Minas Gerais etc.[236]

À defesa intransigente da atividade mineradora feita por d. Rodrigo contrapõe-se frontalmente o bispo Azeredo Coutinho. Em seu "Discurso sobre o estado atual das minas do Brasil",[237] publicado pela impressão régia em 1806, todo argumento se constrói para provar que as minas são prejudiciais a Portugal, pois o ouro é de todo ruim, já que, quanto mais ouro na praça, menor o seu valor; não incrementa o comércio e a navegação, não gera trabalho: "[...] é evidente que a nação mineira quanto mais aumenta o seu gênero, tanto dá menos valor e menos representação a sua riqueza; e, assim, por esta progressão, quanto mais ouro cava, tanto mais cava a sua ruína, e vai fazendo sempre mais caras todas as coisas de que ela vai necessitando." O objeto de comparação que usa Azeredo em relação ao ouro é o jogo de azar:

> [...] Esta riqueza tão casual, tão variável e tão caprichosa, assim como faz que seja sempre vária e inconstante a riqueza do mineiro do ouro, assim também faz que a riqueza da nação mineira do ouro seja sempre vária e inconstante. [...] Uma nação sensata não deve imitar os desvarios de um jogador; deve estabelecer-se sobre bases mais sólidas e mais permanentes.[238]

Com o tempo, as minas se exaurem, como aconteceu no Brasil; também a tecnologia empregada fica obsoleta, a economia em geral enfraquece. A extração extermina braços, recursos naturais, crédito. O mineiro que extrai o ouro não é dono, mas escravo da lavra. Para Azeredo Coutinho, seria preciso voltar para a agricultura, a atividade que está na base da geração da riqueza real, pois o "ouro por si só não é uma riqueza, é uma representação da riqueza".[239] A rigor, as minas não estariam esgotadas, apenas o ouro aluvial, tirado da superfície da terra; seria preciso tecnologia e conhecimento para continuar a explorá-las nas profundezas, onde ainda estão prenhes de metais — e não só o ouro. Com ciência e tecnologia, outros metais como ferro, cobre, chumbo, estanho, "[...] todos os metais, semimetais e minerais aparecerão em abundância".[240]

A PROPOSTA DE D. RODRIGO contida na *Memória sobre o melhoramento* reproduz os mesmos fundamentos da política colonial que os ideólogos de cariz mercantilista propalavam um século antes. De acordo com o historiador português Valentim Alexandre, trata-se ainda da defesa da mesma situação colonial já existente. O que agora se alterava era a justificação ideológica: "O reformismo de Sousa Coutinho em nada afeta as características de base do antigo regime colonial, conservando Portugal o papel de entreposto necessário dos produtos brasileiros e o Brasil o de mercado reservado para os produtos portugueses, nomeadamente os manufaturados."[241]

Nesse sentido, há que se tratar com precaução o entusiasmo com que letrados da época, biógrafos e estudiosos posteriores ligaram d. Rodrigo às novas doutrinas liberais, como leitor pioneiro e entusiasta de Adam Smith, sinais insofismáveis de seu perfil ilustrado. Reportando às "memórias, reflexões e discursos" que completam as recopilações de 1783 a 1786 dos textos do conde de Linhares, a biógrafa do conde de Linhares Andrée Mansuy-Diniz Silva sustenta que em tais documentos se expressa o "[...] leitor das obras mais significativas da economia política, observador atento das reformas dos governos esclarecidos do século, ao mesmo tempo que vassalo fiel [...]". Nesta perspectiva, se assumia e se apresentava como um homem das "luzes".[242]

Pisando as pegadas de especialistas credenciados, entendemos ser possível perceber certo cuidado de d. Rodrigo em relação aos riscos implicados numa política de tributação excessiva sobre a classe senhorial brasileira (reverberando claramente o susto que as insurreições do final do século XVIII deram à Coroa portuguesa), cuidado que se desdobra no comprometimento com a extração de riqueza colonial para a metrópole. Nesse sentido, "sua posição era no sentido de sustentar o acréscimo de receitas através do aumento dos rendimentos provenientes das atividades produtivas e comerciais".[243] E ele percebeu, nas circunstâncias em que se encontrava o reino, que o aumento de receita desejado só seria alcançado com uma certa liberalização do comércio interno no território colonial, um alívio às classes proprietárias coloniais dos arrochos que impediam a livre circulação de gêneros. Ou seja,

d. Rodrigo ensejava medidas para fomentar o aumento do produto interno bruto, o volume total de riquezas produtivas na colônia — o que geraria maior receita para metrópole. Mas isso não significava mecanicamente a adesão de d. Rodrigo a uma pauta irrestrita dos preceitos do liberalismo smithiano, do livre comércio, do *laissez-faire*, ou da prioridade dos interesses particulares em relação aos interesses da Coroa.

A adoção do vocabulário e mesmo de princípios doutrinais smithianos era então tópica e funcional, manuseava-os com a mesma engenhosidade com que manipulava, quando lhe convinha, os preceitos mercantilistas e fisiocráticos. A adesão de d. Rodrigo aos preceitos liberais, assim como seu denodo na implantação das bases de um "império luso-brasileiro" (estabelecido no papel na *Memória sobre os melhoramentos*, de 1798), são fenômenos posteriores, relativos já ao período de sua atuação como ministro dos Estrangeiros e da Guerra, uma das primeiras nomeações de d. João no Brasil, após a abertura dos portos.[244] A vasta literatura econômica disponível aos letrados portugueses envolvidos na administração sistematizava para eles questões da ordem do dia enfrentadas pelas grandes nações europeias, como as mencionadas unidade do império e o papel das partes componentes; as reformas administrativas, judiciais e fiscais imperiosas nos territórios coloniais; modos de estímulo à economia; a questão do balanço entre controle dos monopólios e liberdade de comércio etc. Essa pauta, vale dizer, define o cerne das reflexões de d. Rodrigo de Sousa Coutinho, como ministro e secretário de Estado da Marinha e dos Domínios Ultramarinos a partir de 1796.[245]

AZEREDO

O elemento cronológico compõe o conceito de geração, embora não seja necessariamente seu maior definidor. A expressão "geração de 1790" remete a uma ambiência intelectual, a um grupo de doutos recrutados nas fileiras da nobreza lusa que compartilha de padrões de sociabilidade, formação universitária e visão de mundo comuns. Mas observar dados etários não deixa de ser curioso. Com exceção do marquês de Pombal (1699-1782), pertencente à prole anterior, os demais letrados que legaram alguma contribuição à atividade reformadora do Estado português na segunda metade do século XVIII e primeiras décadas do seguinte apresentam diferença mínima de idade. O bispo de Elvas e fundador do seminário de Olinda Azeredo Coutinho (1742-1821) e o professor de grego Luís do Santos Vilhena (1744-1814), o primeiro oriundo de Campos, no Rio de Janeiro, e o segundo de Lisboa, nasceram e viveram contemporaneamente. São cerca de uma década mais velhos que d. Rodrigo de Sousa Coutinho (1755-1812), natural de Chaves, Portugal, e José da Silva Lisboa, futuro visconde de Cairu (1756-1835), soteropolitano. Estes, poucos anos apenas mais velhos que outros reformadores de nomeada, como o irmão de Cairu, o magistrado, naturalista e historiador Baltasar da Silva Lisboa (1761-1840); o poeta e professor nascido nas Minas Gerais José Elói Ottoni (1764-1851): e os naturalistas José Bonifácio de Andrada (1763-1838), natural de Santos, e Manuel Ferreira da Câmara (1762-1835), outro oriundo da pátria mineira. [246]

São todos egressos da nova nobreza civil animada por Pombal, filhos de altos estratos da sociedade portuguesa metidos na administração colonial, treinados nas instituições de ensino reformadas, alunos dos mesmos mestres e leitores de autores comuns. Não obstante tamanhas afinidades, nuanças e mesmo diferenças sensíveis podem ser encontradas entre eles, no que concerne a avaliações de problemas e encaminhamento de soluções — como acabamos de ver em relação ao ouro e à mineração. Tendo em conta os projetos, planos e programas para o Brasil defendidos por d. Rodrigo, anteriormente esboçados, será elucidativo continuar com a contraposição de ideias, antepondo-lhe as considerações do famoso ilustrado José Joaquim da Cunha de Azeredo Coutinho, sem nos privarmos de estabelecer paralelos com outros reformistas em assuntos de interesse comum.

No elogio escrito por Januário da Cunha Barbosa em 1839 para a revista do Instituto Histórico e Geográfico Brasileiro consta que Azeredo era formado em Cânones em Coimbra, quando foi apontado no final de 1794 para ocupar o bispado de Pernambuco, tendo sido sagrado a 25 de janeiro seguinte na basílica do convento novo de Jesus, "cujo ato ministrou o rev. bispo titular do Algarve d. José Maria de Mello, inquisidor-geral, com assistência dos RR. Bispos de Angola e S. Thomé, concorrendo a esse ato a Academia Real de Ciências, da qual era membro o novo bispo". Essas informações primeiras evidenciam de maneira inequívoca o modo peculiar como "luzes" e "sombras", ciências e inquisição, conviviam harmonicamente no reformismo ilustrado português. Recolhido ao bispado no natal de 1798, Azeredo devotou-se ao trabalho de educação do clero, logrando fundar em Pernambuco um seminário, de Nossa Senhora da Graça, com vistas à instrução da mocidade, para o que se criaram aulas de gramática latina, grego, francês, geografia, retórica, história universal, filosofia, desenho, história eclesiástica, teologia dogmática, moral e canto gregoriano. Os estatutos do mesmo seminário publicaram-se em 1798. No auge de sua polêmica carreira,[247] o bispo de Elvas, tido e havido como expoente da ilustração portuguesa, chegou a ser "provido no importantíssimo cargo de inquisidor geral do Santo Ofício, e de presidente da junta de melhoramento das ordens regulares, por despacho de 13 de maio de 1818".[248]

Dado interessante de sua biografia, devido a imperativos de saúde, aos 20 anos Azeredo fez uma longa peregrinação por Minas Gerais, onde teve oportunidade de conhecer diretamente a situação da indústria de mineração da capitania.[249] Com a morte do patriarca, em 1768, o primogênito Azeredo Coutinho assumiu com desenvoltura os negócios da família, na agricultura da cana-de-açúcar e engenhos para seu refino. Porém, logo o jovem desiludiu-se com a vida rural, despertando interesse por outras possibilidades, como as carreiras religiosa e acadêmica, embora jamais tenha abandonado suas raízes na terra. Talvez as notícias das reformas pelas quais passava a Universidade de Coimbra tenham tido o efeito do canto de sereia, para que ele finalmente renunciasse à sua herança e rumasse para Portugal, buscando formação universitária.

Iniciou os estudos em leis relativamente velho, aos 33 anos, em 1775,[250] apenas três anos após a reforma da universidade realizada por Pombal. Formando-se cinco anos depois, já em 1784 obteve uma nomeação como deputado do Santo Ofício, o que retardou seu retorno ao Brasil em uma década. Nesse período de residência em Lisboa escreveu dois ensaios econômicos que tiveram grande repercussão, a "Memória sobre o preço do açúcar", publicada pela Academia Real das Ciências de Lisboa em 1791, e o "Ensaio econômico sobre o comércio de Portugal e suas colônias", originalmente publicado em 1794[251] e oferecido a d. Pedro, príncipe da Beira, cuja originalidade assenta em que, subvertendo os preceitos mercantilistas, recomenda à metrópole estimular um comércio deficitário com a colônia, pois disso resultaria uma balança superavitária nas transações com outras nações.[252] Desse prelado a quem, na observação precisa de Guilherme Pereira das Neves, parecia faltar certa interiorização da fé,[253] outros textos não menos polêmicos viriam depois, como a famosa "Análise sobre a justiça do comércio de resgate dos escravos da costa da África", de 1808, em que defende filosoficamente o tráfico intercontinental de escravos e a própria escravidão.[254]

O religioso Azeredo talvez tenha sido o mais civil entre reformadores. Motivavam-lhe os negócios mundanos, em particular a agricultura, a produção de riqueza, a ocupação das gentes, a racionalidade da exploração da natureza e do trabalho, a tal ponto que se sentiu obrigado a dar explicações a seus leitores sobre seus objetos de interesse, se eram próprios de um homem de negócios, de um agricultor, ou de um servo de Deus. No "Discurso sobre o estado atual das Minas do Brasil" (1804) o bispo-plantador revela o que nele é precedência:

> [...] Antes de concluir, eu tenho de satisfazer aos que talvez me acusam
> de me ocupar de um estudo mais próprio de um agricultor e de um

comerciante do que de um bispo; é necessário bem lembrar-lhes que eu, antes de ser bispo, já era, como ainda sou, um cidadão ligado aos interesses do Estado, e que os objetos de que eu trato não ofendem a religião nem ao meu estado: [...] agora, que sou chamado para outros bispados, enquanto não carrega sobre mim um novo peso, é um dever servir ao Estado que me honra, que me sustenta e que me defende, além da obrigação que tem todo cidadão de concorrer com a sua cota para o bem geral da sociedade; o discorrer sobre objetos de minha pátria, ou que com ela tem relação, é um doce pensamento de saudade, desta saudade inseparável da pátria, que por si mesma se apresenta à imaginação.[255]

Se conhecia as novas doutrinas econômicas, utilizava-as de forma pontual, como bom reformador, para assegurar a manutenção da velha ordem a que pertencia, com todos os privilégios, garantias, liberdades, isenções e franquias próprios do *ancien régime* e da condição de senhor na sociedade escravocrata colonial. Nutria franca aversão aos princípios dos contratos sociais defendidos pela "nova filosofia francesa", por entender que "o sistema das convenções sociais é inteiramente contrário à natureza do homem e destruidor da ordem social". Como homem do regime antigo, acreditava sinceramente Azeredo que "toda autoridade, jurisdição, honras e privilégios, de que gozam as câmaras, não são provenientes das eleições populares, nem da soberania do povo [...]; são sim provenientes das Ordenações, Livro I, Título 66".[256] A soberania não estava nos povos, seus desejos e pactos, mas na monarquia, que prescrevia e aplicava as leis.[257]

Entranhado organicamente aos interesses dos grandes proprietários rurais, advogava fervorosamente em prol da eliminação dos monopólios que no Brasil comprometiam o desenvolvimento de todos os potenciais da agricultura e do comércio. Buscava respaldo para suas teses em autores variados que circulavam na época,[258] entre mercantilistas, fisiocratas e economistas liberais, o que pode explicar essa espécie de miscelânea de ideias e a ambiguidade que caracteriza seu modo de pensar. Se, por um lado, subscrevia a prerrogativa do monopólio da metrópole sobre a da colônia e a interdição de fábricas no ultramar, por outro evocava o princípio da liberdade de comércio que gozavam os países de economia capitalista.[259]

Muitos autores assinalaram corretamente que, em sua atividade de publicista, Azeredo militava em benefício dos interesses de seus iguais e reverberava as causas e a ideologia da classe dos plantadores coloniais. Maxwell patenteia com propriedade que, quando os potentados rurais e seus porta-vozes clamavam por "liberdade", evocando mesmo os mais contemporâneos pensadores europeus, o faziam para defender vantagens particulares, as quais não estavam necessariamente em conflito com a condição colonial.[260]

A liberdade que grandes proprietários rurais reclamavam era aquela proposta por Azeredo Coutinho na memória sobre o preço do açúcar, submetido à Academia Real das Ciências de Lisboa em 1792, a autonomia que facultaria a cada indivíduo privadamente obter o maior lucro possível com seu trabalho.[261] Não importava a Azeredo que toda a terra fosse usada para cultivo da monocultura de exportação, gerando fome e miséria no meio da abundância. Esse tipo de uso da terra sempre foi a regra para as elites proprietárias brasileiras em toda a nossa história. Quando o preço das *commodities* se elevava no mercado internacional, usava-se toda área agricultável e todo trabalho disponível para esse fim, visando a maximização do lucro. As elites latifundiárias coloniais consideravam ultrajante a imposição legal de manter lavouras voltadas à subsistência. Essa prática levantou poucas vozes dissonantes entre a elite colonial, como a de Luís dos Santos Vilhena, que em sua *Recopilação de notícias soteropolitanas e brasílicas* criticava os grandes proprietários de engenho, cuja ganância acabaria gerando o flagelo da fome em meio à abastança e ao perigo de sublevações. Para Vilhena, a perda do controle sobre os preços da carne e da mandioca, inspirados por "ideias europeias", estava na origem da carência de alimentos e da carestia. Tais "ideias europeias" seriam as defendidas por Adam Smith e Jean Batist Say, economistas em que se apoiavam muitos reformadores da época para justificar sua desaprovação a qualquer tipo de intervenção estatal nos negócios econômicos. Nisso assenta o paradoxo insuperável da ilustração no Brasil, em que as ideias de liberdade (de comércio) conflitavam tanto com a condição colonial quanto com as formas brutais de exploração do trabalho e da natureza inerentes àquela!

Segundo Vilhena, a razão da miséria no Brasil era a concentração e o mau uso da terra em mãos de poucos, que geraria o desinteresse dos colonos para a lavoura, pois "[...] quem gera o cidadão é a propriedade e o receio de perdê-la é o vínculo forte que o une à pátria. O cidadão jornaleiro não tem vínculo que o une a ela, e por esse motivo aborrece casar, desviando o receio de sustentar família para que lhe faltem os meios [...]".[262] Nisso o professor de grego ecoa Azeredo Coutinho, no entendimento de que a propriedade da terra é fonte de fartura, enquanto sua ausência joga as pessoas na vadiagem e no crime.[263]

Para Vilhena, Azeredo Coutinho e outros seus contemporâneos, a solução dos desequilíbrios sociais passaria pela abundância para toda a população, o que se alcançaria, para Azeredo, atendendo-se à garantia de liberdade de comércio; para Vilhena (como depois para José Bonifácio de Andrada), promovendo-se uma distribuição equilibrada da propriedade da terra de modo a estimular pequenos produtores a dedicarem-se ao cultivo de gêneros alimentícios. Vilhena buscava uma complementaridade entre a função do latifúndio agroexportador e a pequena propriedade, facultando-se a fixação do camponês de modo a suplementar a produção exportadora, o que propiciaria arrefecer as tensões sociais por meio da abundância de alimentos. Nesse quesito, d. Rodrigo de Sousa Coutinho pensava com a cabeça do grande empresário colonial. À metrópole movia o impulso de exportar, e para fazê-lo direcionava todos os recursos técnicos e financeiros às atividades coloniais voltadas ao comércio europeu. Segundo o dirigente metropolitano, importava mostrar aos plantadores brasileiros os conhecimentos técnicos para aprimorar as culturas já praticadas e introduzir outras de boa aceitação no mercado internacional, de que é prova seu patrocínio à Casa Literária do Arco do

Cego. Como d. Rodrigo, Vilhena acalentava a unidade do império, falava em "nossa corte" e "nossa colônia": o Brasil só valia o que valia para benefício da metrópole.

Como sentenciou com costumeira maestria Sérgio Buarque de Holanda, Azeredo Coutinho, embora amiúde manipulando ideias progressistas da época, expressou em seus escritos e em sua vida pública o caráter de um homem política e socialmente conservador:

> [...] A tal ponto se mostrava infenso aos ideais democráticos que, à retirada dos franceses de Elvas, como toda a gente da cidade, aos gritos de "viva o Príncipe Regente", "Viva Portugal", se juntasse na Câmara e o chamasse a presidi-los, não quis de modo algum participar de uma Junta que se dizia autorizada pelo povo. Porque, observava, se reconhecesse esse povo como autoridade para constituí-lo presidente, não poderia impedir que ele se julgasse com direito para o expulsar da mesma Junta quando lhe parecesse, e talvez para fora do Reino.[264]

Nem a tardia vivência universitária, nem a formação religiosa ou a aguçada energia intelectual foram suficientes para suprimir nele as marcas herdadas de senhor rural, da classe dos grandes proprietários rurais a quem intransigentemente defendeu. Nas palavras lapidares de Sérgio Buarque, "Azeredo Coutinho procurou ver assegurados, com o socorro dessas mesmas doutrinas [colhidas na Europa, frutos de uma sociedade capitalista em ascensão], os tradicionais privilégios de uma aristocracia colonial e semifeudal: a aristocracia dos grandes proprietários rurais do Brasil".[265]

Sobre os princípios que deveriam nortear as relações entre a metrópole e a colônia, e essa com outras nações, Azeredo afina-se em alguma medida com d. Rodrigo de Souza Coutinho, ao entender que a política colonial portuguesa deveria pautar-se numa harmonia entre os interesses econômicos da metrópole e de seus domínios. Nesse aspecto comercial, abraça audaciosamente o credo liberal para formular o fundamento de seu conceito acerca da economia colonial, assente no postulado de que quanto mais Portugal devesse às suas possessões, mais se beneficiaria. Esse pensamento está consignado em passagem célebre do "Ensaio econômico sobre o comércio de Portugal e suas colônias", onde sustenta que

> [...] a metrópole, ainda que em tal caso seja devedora às colônias, necessariamente há de ser em dobro credora aos estrangeiros; ela, precisamente, há de fazer para com uns e outros duplicados lucros; ganhará nas vendas, ganhará nos fretes e nos transportes para todas as partes, pela extensão da sua Marinha e do seu comércio. Que importa, pois, que a mãe deva às suas filhas, quando ela é em dobro credora aos estranhos. E, pelo contrário, a Metrópole não pode ser credora às colônias sem ser devedora aos estrangeiros, pois que a ela não sobejam víveres nem manufaturas, e sem supérfluo não há comércio.[266]

Tais princípios são aprofundados na "Memória sobre o preço do açúcar", um verdadeiro libelo pró-livre mercado, publicada pela Academia Real das Ciências em 1791, em que a questão central é se deve ou não Portugal taxar o açúcar. Em sua visão, o preço baixo do gênero é um desastre para Portugal; na verdade, pôs-se ali a defender os interesses privados de produtores e comerciantes, ainda que, em sua mente, o Estado ganhe quando ganham os particulares.[267]

Por retribuição ao zelo maternal da metrópole, a colônia deveria pagar com a manutenção do comércio exclusivo, do monopólio metropolitano, assim como, diretriz que vinha desde Martinho de Melo e Castro, não se lhe permitir a instalação de fábricas. Os cuidados e proteção da metrópole, assevera Azeredo,

> [...] pedem iguais recompensas e, ainda, alguns justos sacrifícios; 1) que só possam comerciar diretamente com a Metrópole, excluída toda e qualquer outra nação, ainda que lhes faça um comércio mais vantajoso; 2) que não possam as colônias ter fábricas, principalmente de algodão, linho, lã e seda, e que sejam obrigadas a vestir-se das manufaturas e da

indústria da Metrópole. Desta sorte, os justos interesses e as relativas dependências mutuamente serão ligados.[268]

Esse pensamento restritivo da instalação de indústrias na colônia soava como um mantra nesses ilustrados, como também se observa em Vilhena. O professor de grego entendia que a ponderada política da Coroa não permitia a instalação de fábricas nas colônias do Brasil, pois o comércio delas seria ruinoso para a metrópole, de quem absorveriam toda renda; "[...] então se veria que a indústria americana, onde abundam as matérias primárias, pouco cedia àquela dos europeus a quem a pagam pelo troco das produções de seus terrenos".[269] Não estranha, portanto, a um grande proprietário de perfil fisiocrata como Azeredo, a reiteração da ladainha de que a indústria seria prejudicial ao Brasil, reafirmando o mito de nossa vocação agrária, a renúncia à instalação de fábricas, à industrialização, para fazer valer seu destino manifesto de abastecedor de matéria-prima ao reino e ao mercado europeu.

Se algo da ilustração brilha nesse eclético pensador econômico é seu pendor utilitarista, na apologia que faz dos conhecimentos úteis e práticos. Isso ele mesmo assume no prefácio do discurso sobre as minas do Brasil, de 1804:

> [...] Os séculos de Augusto, dos Médicis e de Luís XIV foram os séculos das letras e belas-artes; aquele em que nós vivemos será, talvez, o século das artes e ciências úteis; o grande número de academias sem cessar ocupadas na glória do espírito, preparavam talvez, sem o perceber, o reinado dos conhecimentos úteis e os mais desprezados: parece que o espírito humano quer já sair de uma espécie de adolescência.[270]

Essa inclinação utilitarista reitera-se em seguida no corpo do "Discurso sobre o estado atual das minas do Brasil", em que Azeredo Coutinho aponta como meio para se facilitarem as descobertas da história natural a junção do filósofo (ministro da religião) com o homem prático dos campos virgens. Em passagem clássica, pondera:

[...] Quando o habitante dos sertões e das brenhas for filósofo, quando o filósofo for habitante das brenhas e dos sertões, ter-se-á achado o homem próprio para a grande empresa das descobertas da natureza e dos seus tesouros; o ministro da religião, o pároco do sertão e das brenhas, sábio e instruído nas ciências naturais é o homem que se deseja. Eis aqui o objeto que tive em vista quando aos estudos eclesiásticos juntei os estudos das ciências naturais nos estatutos que fiz para o seminário de Pernambuco, por ordem de S.A.R., e que correm impressos.[271]

O pároco deve se apropriar do conhecimento do sertanejo para converter-se em farmacêutico, mineiro, químico, hidráulico e geômetra, físico e geógrafo. Quando fala de religião, é para colocá-la a serviço da exploração do homem e da natureza e para a produção de riqueza. Ao padre caberia ensinar os fiéis a suportarem os trabalhos com constância. A religião deveria ser posta a serviço da exploração do trabalho e da natureza.

Os tópicos que ocupavam as reflexões de Azeredo Coutinho são os mesmos que pautavam outros letrados contemporâneos seus: as bases do comércio colonial, a administração das minas, a civilização dos índios, o trabalho escravo. D. Rodrigo de Sousa Coutinho dedicou rios de tinta a eles, como o fizeram outros ilustrados da envergadura de Vilhena, Manuel Ferreira da Câmara, Ottoni, Cairu, Bonifácio. Com o propósito de perceber alinhamentos e nuanças em suas avaliações e sugestões de encaminhamentos práticos, pontuaremos alguns desses tópicos a seguir, tendo como eixo de análise os escritos de Azeredo Coutinho.

No referido "Ensaio econômico sobre o comércio de Portugal e suas colônias", cuja primeira edição é de 1794 e a segunda, de 1815, dedicada ao "sereníssimo Senhor" príncipe regente, leva a chancela de José Bonifácio de Andrada e Silva, secretário da Academia Real das Ciências,[272] Azeredo inicia destruindo "a nova seita filosófica", sustentada por "bebedores de sangue", "monstros canibais", que há mais de um século começou com a mania de "civilizar a África, reformar a Europa, corrigir a Ásia e regenerar a América", e promoveu revoluções deletérias. Já no capítulo I do "Ensaio", ressalta a grande fertilidade da colônia e vantagens que Portugal poderia extrair do Brasil; numa nota eloquente, expõe com clareza seu sentimento de unidade do império: "A cidade do Rio de Janeiro [...] foi uma das mais regulares e mais formosas cidades, não só do Brasil, mas também de Portugal."[273]

Um dos maiores obstáculos ao pleno desenvolvimento do comércio, na opinião de nove entre dez ilustrados e administradores coloniais, residia no modelo de arrecadação de impostos baseado no sistema de arrematação, onde perdia a Coroa pelo baixo valor que lhe repassava o arrematante, e perdia o produtor, no valor extremo que encarecia itens de primeira necessidade, como o sal. Essa era uma das principais causas da carestia geral, segundo Azeredo: o sal, fundamental para conservar carnes e pescados, custava duas ou três vezes mais que o próprio boi no sertão, devido ao sistema de seu comércio, proibido a todos no Brasil, exceto aos arrematantes que recebiam o privilégio de explorá-lo, de modo que só o atravessador ganhava e todos os demais perdiam. Por isso o bispo economista bradava pelo fim do estanco do sal, que tanto pesava sobre sua classe, a dos produtores.

Esse era um ponto nevrálgico em praticamente todas as memórias produzidas antes da abertura dos portos. Para Azeredo, a exploração de pescados, carnes salgadas, queijos e outros produtos só teria a ganhar se a produção e o comércio do sal se desembaraçassem dos privilégios dos contratantes, que encareciam a cadeia produtiva, fazendo minguar as receitas do real erário. Outros itens, como madeiras e óleo de baleia, padeciam do mesmo mal. Esses estorvos foram diligentemente combatidos por d. Rodrigo de Sousa Coutinho, que sancionou alvará abolindo os contratos da pescaria das baleias e o estanco do sal no Brasil em abril de 1801, documento ambicioso de sua reformação da administração colonial que afetava desde o sistema de contratos e monopólios até a fiscalidade, a exploração e manufatura dos produtos do solo, e o comércio direto entre o Brasil e Angola, de algum modo prenunciando a extinção próxima do chamado "antigo sistema colonial".[274] Mas outro aspecto relativo à atividade pesqueira tinha especial relevância para Azeredo, pois que seria ocupação estratégica a Portugal, que sem ela não teria uma grande marinha, nem de guerra, nem mercante. Em terras extensas como o Brasil, de baixa densidade demográfica, seria imprescindível aproveitar a mão de obra e o conhecimento das "gentes do mar", entre as quais seria possível recrutar marinheiros e pescadores e, assim, o meio mais apropriado para civilizar os índios do Brasil.

Dirigindo ataque contundente aos "filósofos de gabinete", que pretendem dar leis ao mundo sem conhecerem os povos de que falam, seus costumes ou suas paixões, que dizem que os índios não têm ambição, postula o contrário: que sim, os índios, como seres humanos, têm ambição, mas que é preciso conhecer sua natureza, diversa da do europeu. Segundo seu raciocínio, a colonização fracassara por causa da pedagogia equivocada que lhes foi aplicada. A abordagem correta seria "principiar primeiro pela educação dos pais", fazendo descobrir qual a maior paixão de cada indivíduo e fazendo-a desenvolver-se; e, no caso dos índios, essa paixão era a pesca. "O índio selvagem entre a raça dos homens parece anfíbio, parece feito para as águas: é naturalmente inclinado à pesca, por necessidade e por gosto."[275] O melhor aproveitamento de sua força de trabalho seria alcançado pondo-os a trabalhar na pesca, mas aprimorando seus métodos rudimentares, por meio do fornecimento de tecnologia, redes e outros instrumentos: "O sucesso na lida da pesca iria naturalmente civilizando o índio, ao mesmo tempo que o colocaria a servir a Coroa." "Civilizar", para Azeredo, como depois teorizaram outros pensadores, significa internalizar normas e padrões de conduta, de modo a ensinar a obedecer e a mandar: "[...] A experiência lhes fará ver que a mesma conservação do indivíduo e as comodidades da vida são incompatíveis com uma liberdade absoluta [que o índio tem na floresta] e com uma independência sem limites. Eles conhecerão que é necessário perder alguma parte da liberdade absoluta para gozar de outras muitas partes de uma maior liberdade relativa."[276]

Para Azeredo, os índios são avessos à agricultura, não têm a paciência de esperar, "querem logo do trabalho do dia colher o fruto à noite" e, por isso, a pescaria e a marinha lhes seriam labores mais apropriados. Além de exímios marinheiros e pilotos, produziriam bons oficiais mecânicos como carpinteiros, calafates, ferreiros, para o serviço da marinha, de modo que o índio "selvagem e imprestável" de ontem pudesse sair da indigência para se tornar um "cidadão e um membro útil à sociedade".

Nesse sentido, o bispo compartilha, em alguma medida, o entendimento de Vilhena, João Rodrigues Brito e outros. Em suas cartas de Salvador, Vilhena também critica duramente o comportamento dos brancos e a própria administração colonial; sugere que os índios, em vez de caçados e aldeados, deveriam ser atraídos e domesticados. Em 1807, João Rodrigues de Brito condenava "o sistema que adotamos de aldear os índios em povoações separadas, que foi o mesmo que deixá-los entregues à sua natural inércia".[277] Como Vilhena, acreditava que "só a estreita comunicação conosco, à vista dos espetáculos e festins, poderá excitar neles o apetite das comodidades da vida social, o desejo de parecerem bem e distinguir-se, o gosto enfim dos prazeres supérfluos".[278] Concluí assim que: " Uma boa política econômica multiplicaria indefinidamente vassalos tanto mais úteis quanto são dóceis e obedientes."[279] Vilhena propunha como estratégica para a conquista dos gentios que se haveria de "empregar-se mais arte do que força", e dá as dicas de como atrair os índios:

> [...] E para mais os confirmar nessas persuasões, seria útil o ir avançando as fortificações para nos porem sempre em segurança da sua barbaridade e desconfiança, fazendo-lhes ver diferentes trastes, ferramentas e quinquilharias, mostrar-lhes os seus préstimos e uso, liberalizando-lhes alguns que se percebesse estarem mais inclinados; logo, porém, que se conhecesse que eles os tinham por indispensáveis, passar a vender-lhes

em troca de alguma coisa que eles pudessem trazer, ainda que para pouco nos servissem, entrando em conta algum trabalho corporal como cavar, roçar etc.[280]

Como depois postularão Francisco Soares Franco e José Bonifácio (e veremos no último capítulo), para Vilhena haveria primeiro que se cativar os filhinhos dos índios, pois eles atrairiam os pais; inspirar-lhes o amor à agricultura, incutir-lhes necessidades, numa palavra, impor--lhes a civilização, a curiosidade e persistência no trabalho: "de dia em dia iriam necessariamente sentindo novas necessidades e, sem que o pressentissem, se viriam engolfados no luxo e se viriam abrir duas grandes portas, uma para a agricultura, e para o comércio a outra." Mas, enquanto não se trouxesse definitivamente os indígenas para os benefícios da civilização, de modo a contar com seus braços para o trabalho da lavoura, não haveria problema em abastecer a colônia de mão de obra por meio do comércio de escravos trazidos da África, garantindo-se por um fundo do Estado poder mandar vir "[...] de Angola, Benguela e mais portos da costa da África pelo menos dez mil escravos de um e outro sexo e distribuí-los pelos colonos a pagamentos com o seu juro, feitos com as produções das suas lavras".[281]

Além do trabalho na marinha mercante, para Azeredo, os índios poderiam cumprir importante papel na guerra, pois eram cheios de energia e disposição. Nisso, no que tange à questão militar, alinhando-se a d. Rodrigo, entendia o alistamento de indígenas como uma medida fundamental para a conservação de "nossos domínios ultramarinos, [que] sendo províncias da monarquia, devem concorrer todas para o recrutamento do exército da metrópole, pois que o primeiro assento e base da monarquia deve ser igualmente defendendo por todas as partes que compõem o todo".[282]

No alvará de fundação da Sociedade Real Marítima, Militar e Geográfica (1798), d. Rodrigo expressava suas preocupações com a necessidade de civilização dos índios do Brasil, que passava pela disseminação da fé cristã:

[...] As navegações pelo Amazonas, Madeira e Guaporé até Mato Grosso, a do Tocantins até Goiás já abertas, e a do Tapajós preparada, são objetos que por si só fariam a glória de um reinado. O estado civil dado aos índios, que completa a imortal lei do senhor d. José I de saudosa memória, une a glória e nome do augusto neto ao do grande avô. A civilização dos índios ainda fora do recinto da sociedade, procurada por meio da religião, para cujo fim mandou S. A. R. publicar catecismos e dicionários da mesma sua língua para instrução dos que hão de espalhar as luzes evangélicas, é a ação que mais há de imortalizar a regência de um tão grande Príncipe [...].[283]

Tudo isso com a regulação para conservação e cortes das matas, aclimatações de culturas alienígenas, e divulgação de livros da arte da agricultura para ilustrar os "vassalos portugueses que habitam o Brasil".

Contrapondo-se às "teses do clima" seguidas por Montesquieu e outros, que afirmam a fraqueza e pusilanimidade do homem do trópico, e, portanto, sua inaptidão para a marinha, Azeredo Coutinho rebatia tal entendimento, do qual decorreriam consequências absurdas e mesmo injuriosas contra os povos das regiões equatoriais. Cerca-se de argumentos e exemplos para demonstrar que o homem das zonas tórridas também tem fibra, como demonstraram os índios nas lutas coloniais na América, tanto portuguesa como espanhola, para chegar à conclusão de que "o homem é sempre o mesmo, em toda e qualquer parte do mundo; é naturalmente ambicioso, amigo da honra e da glória [...]".[284] No limite, comparando as zonas tórridas e frias, seus animais e vegetais, chega à conclusão oposta a Montesquieu, de que tudo na zona tórrida é mais forte — inclusive o homem! Não seria a fibra nem o clima os determinantes da força e da coragem dos povos: "a educação, os costumes, o comércio, as leis, a disciplina, os vícios mesmos, os erros, as opiniões ainda que falsas, e outras muitas circunstâncias, são as que decidem da sorte dos impérios."[285]

Tudo, ao fim e ao cabo, se resume para Azeredo em como melhor se racionalizar a exploração das riquezas do Brasil em proveito de particulares e da Coroa, já que Portugal possui sua melhor porção na América. A glória do reino depende de saber tirar o melhor proveito da prodigalidade de seu domínio mais rico:

> [...] O Brasil, situado na parte mais oriental da América, quase no meio do mundo, está como olhando para a África, com um pé em terra, outro no mar, com os braços estendidos, uma para a Europa, outro para a Ásia; tem seus portos sempre abertos em todos os tempos do ano, sem gelos, sem furacões de vento, dando uma navegação mais cômoda e mais breve; em uma palavra, a riqueza e a abundância que a Providência espalhou por todas as partes, ali estão todas juntas, como num centro.[286]

Ainda no "Ensaio econômico sobre o comércio de Portugal e suas colônias", Azeredo alinha-se com Vilhena no que concerne particularmente ao problema da falta de braços para a lavoura, que pode e deve ser facilmente suprida com o fácil acesso à África; "por isso, a conservação dos estabelecimentos de Portugal naquela costa é absolutamente necessária para o Brasil [...]". Para garantir supremacia nesse comércio, lembra "a paixão que os negros da costa da África têm pelo tabaco do Brasil, [que] sempre deu aos portugueses uma grande superioridade no comércio daquela costa [...]".[287] A mente de Azeredo opera a partir da lógica dos livros de caixa, sempre em termos de vantagens comerciais. Por isso, consegue enxergar o tráfico humano realizado por portugueses na costa da África quase como uma obra de filantropia, já que os negros percorriam longas distâncias desde o interior do continente e chegavam aos portos muito debilitados, pelo que louvava o costume dos portugueses de tratar as doenças aos escravizados antes de fazê-los embarcar, tomando as devidas precauções para uma sã viagem a bordo, "[...] o que tudo concorre para que morram poucos na travessia da África para o Brasil".[288]

Numa nota pondera que, se de todo o comércio de escravos for gradualmente extinto, prejudicando essa fonte de receita da Coroa, Portugal deveria começar a explorar seus domínios em África para a agricultura e mineração, considerando o baixo custo de mão de obra no continente negro. Além de que os escravos da agricultura, da mineração e metalurgia, mestres que eram nesses empregos, poderiam rumar para o Brasil depois de libertados para trabalhar e alugar seus braços nos mesmos ofícios a que eles já se dedicavam na África, e por um custo mais baixo do que os trabalhadores europeus, que só a troco de grandes salários se sujeitariam a tamanhos incômodos e despesas nos trópicos, onerando a mão de obra da agricultura do Brasil, de modo a inviabilizá-la na competição do mercado internacional. Tudo isso Azeredo via como um favor aos "bárbaros" africanos, por conceder-lhe um princípio de civilização:

> [...] O meio acima proposto de fazer Portugal cultivar e trabalhar as terras das suas possessões da África pelos mesmos escravos habitantes delas, não só servirá para dar àqueles bárbaros um princípio de civilização, mas também para formar na África uma escola de cultivadores, mineiros, ferreiros, e de todos os gêneros de trabalho que pedem braços fortes e robustos, sofredores do sol ardente da Zona Tórrida, quais não são os trabalhadores das terras de climas temperados.[289]

Se menções como essas sobre o tráfico e a escravidão são encontradas nos escritos de Azeredo, toda coerência de sua concepção de economia colonial se revela sem qualquer intento de dissimulação na "Análise sobre a justiça do comércio do resgate dos escravos da Costa da África", de 1808, esse libelo que se constitui, para Sérgio Buarque de Holanda, no "mais completo repositório das ideias políticas de Azeredo Coutinho",[290] um verdadeiro manifesto contra o jusnaturalismo, o contratualismo e as razões iluministas — motivo suficiente para nos perguntarmos: como reconhecer em Azeredo, ou nos outros de sua geração, representantes da "ilustração"?!

Os "insidiosos princípios da seita filosófica" levaram ao terror que destruiu a "rica e florescente ilha de São Domingos, abrasada em chamas, nadando em sangue". O objetivo de sua "Análise" é revelar aqueles princípios e "persuadir os senhores a tratar bem os seus escravos pelo seu mesmo interesse".[291] Começa atacando os "novos filósofos", que questionam a lei em nome da humanidade e se apresentam como contrários ao resgate de escravos a partir de argumentos humanitários. A campanha contra o tráfico negreiro não passaria de mera propaganda ideológica dos revolucionários para aliciar seguidores. A base de seu argumento é que "[...] a justiça das leis humanas não é, não pode ser absoluta, mas sim relativa às circunstâncias, e que só aos soberanos legisladores, que estão autorizados para dar leis às nações, pertence pesar as circunstâncias e aplicar-lhes o direito natural, que lhes manda fazer o maior bem possível das suas nações relativamente ao estado em que cada uma delas se acha".[292]

Tudo a ver com a forma como então se aplicava a lei no Brasil, adaptada a interesses e circunstâncias! A partir desse fundamento, o epíscopo elenca os 13 fundamentos de sua "Análise", que irá desenvolver em seguida. Destacam-se os mais pungentes a seguir, entre os quais o §XI, que assim prescreve:

> [...] Assim como a fome e a sede são a linguagem pela qual a natureza fala ao homem, e o manda, em consequência, trabalhar para sustentar a sua vida e a sua existência, assim também o medo e o horror que ela infundiu no homem para resistir a sua destruição é a linguagem pela qual ele o manda que defenda a sua existência por todos os meios que ela pôs nas suas mãos; logo, tudo quanto for necessário para o homem sustentar e defender a sua vida, ainda que seja cortando um membro seu, por exemplo, um braço ou uma perna gangrenada ou matando a qualquer que o ataca ou atenta contra a sua vida e destruição do seu corpo, foi-lhe concedido por essa mesma natureza que lhe deu a vida com a obrigação de sustentar e defender; logo, é evidente que todos os direitos naturais de cada um dos homens *nascem da necessidade de defender sua existência*.[293]

Sua lógica consiste em que a lei natural da sobrevivência determina que qualquer homem ou sociedade "tem o direito de castigar, matar e destruir seu inimigo, quando assim é necessário para manter sua existência"; por conseguinte, o direito que uma sociedade ou nação tem de impor a escravidão ou de castigar com a pena de morte, a qualquer um dos seus membros ou seus inimigos, deriva da necessidade da existência dessas mesmas sociedades ou nações: "[...] logo, a necessidade da existência é a suprema lei das nações".[294]

A lei natural é a lei da sobrevivência, que se aplica tanto ao homem como à sociedade; é ela que lhe impõe buscar o maior bem ou fazer um grande mal a si mesmo, se for para salvar a própria existência. O complemento lógico de seu argumento vem a ser a resignação que deve ter o escravo, o homem submetido, dependente, a quem só resta conformar-se para não sofrer mal maior. Uma vez obrigado à vontade de outrem, deve renunciar a seu destino para evitar que seu senhor o prive de sua existência, ou seja, para o seu maior bem ou para o seu menor mal. Por dedução: "[...] a lei natural, que regula o maior bem do homem no meio das circunstâncias ou perigos, não é absoluta, mas sim relativa às circunstâncias, em que cada membro da sociedade se acha [...] Logo, a justiça das leis humanas não é absoluta, mas sim relativa às circunstâncias".[295]

O corolário desse raciocínio vem no §XXIX e no seguinte, em que se define que a lei do mais forte é o fundamento da lei de propriedade, e para fazer cessar as guerras é imperioso, primeiro, se reconhecer como justa a lei do vencedor; segundo, se estabelecer como justo, ou ao menos como necessário para a existência da sociedade, o direito da propriedade. Nesse sentido, não haveria razão para não se reconhecer justa ou necessária a lei da escravidão, quando ela for condição para a existência de uma sociedade ou de uma nação. No mesmo sentido, nenhuma nação teria o direito de dizer que essa lei de outra nação seria injusta porque contrária ao "direito natural", pois isso faria retroceder ao primitivo estado da natureza e à destruição da raça humana. E argumenta veementemente contra a igualdade do gênero humano, princípio básico da burguesia e dos quiméricos revolucionários que pretenderam refazer as bases da convivência. Nessa linha de argumentação, os homens foram condenados pela natureza a escravizar outros, pelo bem de suas famílias:

> [...] o chamado *escravo*, quando está doente, tem seu senhor que trata dele, de sua mulher e de seus pequenos filhos, e que o sustenta, quando não por caridade, ao menos pelo seu mesmo interesse; o chamado *livre*, quando está doente ou impossibilitado de trabalhar, se não for a caridade dos homens, ele, sua mulher e seus filhos morrerão de fome e de miséria: qual, pois, desses dois é de melhor condição? Ou qual desses dois poderá dizer com arrogância: Eu sou livre pelo benefício das luzes ou pela civilização dos filósofos?[296]

De modo que toda escravidão seria justa! Os argumentos que replicam àqueles que se insurgem contra a justiça do resgate dos escravos da costa da África têm longínqua tradição no mundo luso-brasileiro, remontando ao padre Antônio Vieira no século XVII, Jorge Benci (1705) e Ribeiro da Rocha (1758), depois criticados por José Bonifácio (1823), ainda que Azeredo e d. Rodrigo de Sousa Coutinho sustentassem posições opostas em relação ao tema.[297] Esses argumentos, de caráter religioso, filosófico ou econômico, foram recorrentemente retomados por escravistas ao longo do século XIX, inclusive ainda durante os debates abolicionistas às vésperas de 1888:[298] que a escravidão é um fenômeno natural (consagrado até na Bíblia!), uma etapa necessária do processo civilizatório; que os africanos passaram a viver melhor na América na condição de escravos do que viviam na África; que eram tratados com crueldade pelos comerciantes e não serão por seus senhores; que a escravidão já existia entre os povos africanos e não fora inventada pelo europeu; que, com a vida que tinham na África, estavam os africanos condenados à morte: "Quem dirá que José, condenado à morte por seus irmãos, posto que injustamente, quando viu trocada a pena da sua morte pela sua escravidão não se deu por muito feliz?"[299] Ao trazê-los da África, dava-se a esses povos a oportunidade de sua civilização. Como veremos no último capítulo, José Bonifácio retoma criticamente esses argumentos em seus escritos sobre a escravidão.

AZEREDO RECLAMAVA QUE os escravos deviam ser sim bem tratados, quando mais não fosse, porque era do interesse dos próprios senhores. Preocupado mais com o lucro dos proprietários do que com o bem-estar dos escravos, o bispo chegou a elaborar o projeto de uma lei "para obrigar o senhor a que não abuse da condição do seu escravo", e por isso houve quem visse nas ideias de Azeredo Coutinho a manifestação de um "fazendeiro íntegro".[300] Seu pensamento complexo mistura todas as matrizes que circulavam na época. Por um lado, defendendo penhoradamente a agricultura, alinha-se aos fisiocratas; ao sentenciar que um país não pode enriquecer senão em detrimento de seus concorrentes, reverbera postulados tipicamente mercantilistas; para subsidiar a tese da prosperidade por meio da liberdade de comerciar que reivindica aos plantadores, lança mão do *stock* de postulados dos economistas liberais. Em contrapartida, não será difícil encontrar em seus mesmos escritos ideias que reneguem princípios tanto de fisiocratas como de economistas liberais ou de mercantilistas.[301] Estamos diante de mais um militante das causas e interesses próprios à nascente classe hegemônica colonial, a mesma que assumirá a bandeira da independência quando o entreposto europeu de Lisboa lhe causar mais aborrecimentos que lucros. Na abalizada sentença de Sérgio Buarque de Holanda, esse notório "relativismo" típico de Azeredo Coutinho situa-o mais apropriadamente entre os céticos e oportunistas, guiado por uma ética "brutalmente pragmática", fundada no princípio da utilidade imediata: "Deus acha-se estranhamente ausente da obra desse eclesiástico […] em realidade, a ordem civil que apregoa independe de qualquer fundamento sobrenatural, como independe de uma ideia moral mais alta."[302]

PARTE II

O Império português no Brasil

❝ Em fim que o fummo Deus, que por fegundas
Causas obra no Mundo, tudo manda.
E tornando a contar-te das profundas
Obras da Mão Divina veneranda,
Debaixo d'efte círculo onde as mundas
Almas divinas gozão, que não anda,
Outro corre, tão leve e tão ligeiro
Que não fe enxerga: é o Móbile primeiro.
[...]
Vêdes a grande yerra, que contina
Corre de Callifto a seu contrário pólo;
Que foberba a fará a luzente Mina
Do metal que a côr tem do louro Apollo.
Caftella, voffa amiga, ferá dina
De lançar-lhe o collar ao rudo collo;
Varias provincias tem de varias gentes
Em ritos e coftumes diferentes. **❞**

— Luís de Camões, *Os lusíadas*, canto X, estrofes 85 e 139

❝ Quanto mais cabeças há a pensar, dos ricos, em darem bom
emprego a seus capitais; e dos pobres, para acharem trabalho
e subsistência, por amor da própria conservação, e incessante
esforço de melhorar de sorte [...], é impossível que não se in-
ventem e descubram as melhores direções da tarefa nacional, e
não resultem daí os mais exuberantes e aperfeiçoados produtos
da natureza e arte. **❞**

— José da Silva Lisboa, *Observação sobre a franqueza da indústria...*

Serviço fúnebre na igreja de Saint-Jacques l'Hôpital em 1789 para cidadãos falecidos no cerco da Bastilha, discurso proferido pelo Abade Fauchet em 5 de agosto de 1789, Berthault d'après Prieur, começo do séc. XIX, gravura.

CAPÍTULO 8
ERA NO TEMPO DA GUERRA

A época do grande reformador d. Rodrigo de Sousa Coutinho parecia ter-se eclipsado quando, no ápice da guerra entre França e Inglaterra e da peleja entre as facções áulicas portuguesas, em novembro de 1803 ele apresentou pedido de demissão do cargo de presidente do real erário e de ministro dos negócios da fazenda, prontamente aceito pelo príncipe regente. Passaria o próximo lustro retirado ora em sua quinta da Lagoalva, ora no seu palácio de Arroios, distante dos afazeres cotidianos da governança do império, embora não alheio à vida política do país. Nos cinco anos que viveu nessa espécie de autoexílio, porém, parece que em nada arrefeceram o afeto e a alta consideração que por ele nutria d. João. Tanto assim que, no episódio dramático da invasão de Lisboa pelas tropas francesas comandadas pelo general Junot e a fuga da Corte para o Brasil, d. Rodrigo contou não apenas no número daqueles que acompanharam a família real, como fora imediatamente reintegrado à cúpula do governo, logo que a Corte e o Estado português desembarcaram no Rio de Janeiro. Ali, novamente, cumpriria papel de destaque na reestruturação da administração e na gestão da política do império em tempos de guerra.

Ciente da alta temperatura entre francófilos, estes majoritários e entre os quais contavam nomes como Antônio de Araújo d'Azevedo, o conde de Vila Verde e Luiz de Vasconcelos e Sousa, e anglófilos, como o próprio d. Rodrigo, d. João teve sensibilidade política para perceber a urgência de dar protagonismo àqueles alinhados aos interesses britânicos, mercê não apenas do papel decisivo desempenhado pelos ingleses no salvo-conduto da família real ao Brasil, mas também reconhecimento do imperativo de que o ministro dos estrangeiros haveria de ser, naquelas circunstâncias, notoriamente perfilhado à Inglaterra. De modo que d. Rodrigo foi logo chamado pelo príncipe regente para substituir Antônio d'Araújo nas secretarias de Estado dos Negócios Estrangeiros e da Guerra. Assim como era urgente que o novo mandatário tivesse influência e respeito dentro da corte inglesa, dele se esperava capacidade de trabalho à altura dos urgentes desafios de instalar a Corte no Rio de Janeiro e organizar prontamente os serviços públicos da capital, que do dia para a noite passava da condição de capital colonial à sede do império. Aos olhos atentos do regente, foi fácil a escolha de d. Rodrigo como esse homem de Estado que, além de já haver provado sua competência como ministro dos Negócios Ultramarinos, conhecia como ninguém o Brasil.

Nesse quadrante efervescente da geopolítica mundial, no auge das revoluções liberais que levaram ao colapso do Antigo Regime e do sistema colonial que lhe era fundamento, a fagulha da criação do Brasil como Estado autônomo foi dada com a guerra pela hegemonia política na Europa em que se defrontavam as potências francesa, sob o impulso expansionista de Napoleão, e a inglesa, que se lhe opunha. Oprimido entre ambas estava Portugal, resistindo como podia com sua política procrastinadora, declarando-se fiel ora a uma, ora a outra nação, conforme o último assédio; executando a única estratégia possível e adotada pelo regente, a da contemporização. É bem sabido o modo como os países mais frágeis militarmente alcançavam a desejada "neutralidade". Em seu clássico livro sobre "el-rei" Junot, o escritor português Raul Brandão reproduz trecho de uma carta do

Aniversário da queda da bastilha, Paris, Julho de 1790. Anônimo, c. 1790.
Metropolitan Museum of Art.

ministro Antônio de Araújo, na qual se escancara o modo como eram travadas as negociações de paz:

> [...] A 25 de junho [de 1797] escreve [António de] Araújo para Lisboa: "Para comprar os membros do *diretório*[303] e outros indivíduos que cercam o governo, a fim de impedir a colisão [com a] Espanha, demorar a ruptura desta potência e adiantar a nossa negociação, fiz despesas de que ainda não posso dar contas, porque, correndo por via de Peppe, este se não achava em Paris no momento da minha partida. Em Paris não se dá passo algum sem dinheiro, e é preciso destinar três ou quatro milhões de libras para comprar os *diretores*, ainda que a saída de [Etienne-François] Letourneur, que era um dos corruptíveis, diminuiu aquela despesa. O secretário do *diretório* e o ministro das relações exteriores são igualmente corruptíveis e [Paul] Barras vende-se a quem mais dá."[304]

Por essas vias, Portugal segurou a "neutralidade" o quanto pôde, por meio de "tratados de paz" firmados tanto com a França quanto com a Inglaterra, para o que esvaziou os cofres do Estado. Mas o desenrolar da guerra atropelou os estadistas lusitanos. A invasão do reino pelas tropas francesas no contexto do bloqueio continental em fins de 1807 gerou um dos eventos mais pitorescos da história moderna, esse da transferência de uma corte europeia para os trópicos.[305]

O príncipe regente de Portugal empreendeu assim uma retirada estratégica rumo a sua pródiga e segura colônia na América, por onde permaneceu com sua Corte por 13 anos — e de onde, ao que parece, jamais teria partido por vontade própria. Mais do que preservar sua coroa, sua família e seu séquito, d. João acabou deflagrando o processo que resultaria na Independência do Brasil. Entre 1808 e 1821, gerenciou a implantação das bases da nação que se fundaria anos mais tarde, por meio de alguns atos decisivos. Destaquem-se a abertura dos portos e a liberação do comércio, logo ao chegar, que, pelo menos juridicamente, rompia com a condição colonial a que o Brasil esteve submetido por três séculos; a implantação de uma maquinaria de governo, baseada na mesma estrutura do Estado português, que foi a base do ordenamento jurídico-político do Brasil recém-independente; a fundação da Casa da Moeda e do Banco do Brasil; a elevação do Brasil ao mesmo status político como Reino Unido a Portugal e Algarves (1815); o estímulo a empreendimentos civilizatórios como a trazida da "missão francesa" e de sábios naturalistas ávidos por desvendar as riquezas da terra ou a criação de inúmeros institutos culturais e científicos, como o Jardim Botânico, a Academia Imperial de Belas Artes, o Real Teatro São João, as faculdades de medicina da Bahia e do Rio de Janeiro, o observatório astronômico, o hospital e a academia militares e a Real Biblioteca.

Paralelamente a isso tudo, a presença da Corte propiciou o contato entre os dois grupos dominantes e dirigentes de Portugal e Brasil: a sociedade de corte migrada e os endinheirados "brasileiros", compostos de certa "aristocracia agrária", a classe dos plantadores coloniais a que pertencia Azeredo Coutinho, e de comerciantes de grosso trato residentes no Rio de Janeiro. Desse encontro, muitas vezes tenso e explosivo, resultou a emergência do que viria a ser a nova classe dirigente da nação nascente após a ruptura em 1822. Disso tudo nos ocuparemos a seguir, com vistas a retratar esse contexto, do Brasil joanino, que setores da historiografia compreendem como o do advento de um "império luso-brasileiro", época fundamental para se entender os meandros da constituição das classes dirigentes que logo em seguida tomariam as rédeas do processo de emancipação política e, moto contínuo, de construção do nascente Estado monárquico brasileiro.

A implantação da Corte e a gana com que os agentes nela envolvidos se lançaram à obra de firmar as bases de uma civilização nos trópicos serão objetos dos capítulos que seguem. Mas que eles não levem à ilusão de que tudo na história do período se limita a isso. Muito ao contrário. Os impactos políticos foram vertiginosos — basta lembrar que nos anos subsequentes à chegada da família real, toda uma reestruturação do Estado português se verificou; em 1815 o Brasil era elevado a Reino Unido a Portugal e Algarves! Portanto, escapam ao plano deste livro aspectos centrais do Brasil joanino, por exemplo, em que se alterou o equilíbrio entre as capitanias do Brasil (que se tornariam províncias a partir das Cortes Gerais e Extraordinárias de 1821), gerando tensões que culminaram em movimentos insurgentes como a revolução pernambucana de 1817 e a Confederação do Equador. Por outro lado, a abertura dos portos alterou a balança comercial e a própria economia como um todo favoravelmente ao Brasil; um sistema financeiro e de crédito começou a operar na praça do Rio de Janeiro (basta lembrar que remonta a essa época a criação do primeiro Banco do Brasil).

Mas há aspectos muito menos lisonjeiros nessa história, que também fogem aos limites deste livro, de que mencionarei apenas dois, dos mais dramáticos. A instituição da escravidão já era profundamente enraizada na sociedade brasileira, depois de três séculos de ocupação portuguesa, alimentada pelo tráfico intercontinental que se intensificou após os tratados firmados entre Portugal e Inglaterra em 1808 e 1810. Muitos pesquisadores já mapearam esses fluxos do comércio humano para o período e constataram que o número de desembarques de negreiros dobrou no século XIX, em relação ao anterior; na década de 1820 tem-se o auge da entrada de escravos no Brasil, com uma média anual de mais de 43 mil indivíduos desembarcados. De todos os portos do país, o Rio de Janeiro foi onde a intensificação do tráfico mais se fez sentir, ainda que não se constate redução nas outras regiões, nem mesmo na Bahia, a despeito da proibição do tráfico desse porto com a Costa da Mina imposta pelo Tratado de 1815. Não são números. A configuração étnica e urbana da cidade do Rio de Janeiro, a vida material e cultural da cidade e das demais regiões do país foram profundamente marcadas pela escravidão negra e pelo tráfico humano, no período em apreço e posteriormente. A história do Brasil traz essa cicatriz na pele.[306]

Outra faceta aviltante do período que aqui não receberá aprofundamento, não raro posta à sombra por aqueles que procuram enaltecer a obra bragantina, é o tratamento dado às populações indígenas por d. João, cuja política indigenista é consensualmente tida como um enorme retrocesso em relação às diretrizes estabelecidas por Pombal, que decretou não apenas o fim do cativeiro e a liberdade absoluta dos índios em lei desde 1755, como seu reconhecimento como vassalos reais. Por suposto, não se pode ignorar a distância entre a letra da lei e as práticas em uso na colônia.[307] Mas o que se verificou sob ordens do príncipe regente, depois de instalado no Rio de Janeiro, foi uma verdadeira abertura da temporada de caça aos índios que viviam no rio Doce, nas capitanias de Minas Gerais e Espírito Santo, majoritariamente de etnia kaingang.[308] A Coroa usou das renhidas contendas entre as diversas etnias para arregimentar povos coropós, coroados e puris, mais propensos ao contato com os brancos, contra os kaingang, chamados genericamente de botocudos, avessos à ocidentalização. Semanas após chegar ao Rio de Janeiro, d. João ordenava medidas contundentes contra os indígenas, primeiro os daquela região, depois contra os "bugres" do Sul, em nome do "justo terror" contra os antropófagos, entendidos pela administração como uma demanda urgente para a civilização e metropolização da colônia, contra todo resquício de "selvageria" ou "barbárie".[309]

Mas o desafio persiste. Se não estabelecemos com firmeza os limites da narrativa, ela tende a se perder. Por isso, porque nosso foco é a articulação entre os "projetos de Brasil" e seus contextos abrangentes nos três momentos do período entre o "reformismo ilustrado" e a independência do Brasil, aqueles tópicos todos não foram iluminados neste livro, que deve seguir seu curso próprio.

NA CONJUNTURA DAS GUERRAS napoleônicas, pressionado por mar pela velha aliada britânica e, por terra, pela Espanha já subjugada ao poder do lendário general da Córsega, como era de seu caráter, d. João adiou o quanto pôde a decisão de refugiar-se no Brasil. Fosse por frouxidão de espírito ou por uma estratégia do soberano que, afinal, se mostrou eficaz para salvaguardar a coroa sobre sua cabeça, o sinal derradeiro para a esquadra com a família real zarpar do Tejo foi o número do *Moniteur* que o embaixador do Reino Unido da Grã-Bretanha em Lisboa à época das invasões napoleônicas, sir Lord Strangford, entregou ao príncipe português, no qual Napoleão assegurava que a família de Bragança não mais reinava na Europa.[310] A memória desses sucessos tem sido desde então construída com ingredientes diferentes, conforme variam as simpatias dos cronistas e historiadores. Na *Histoire de Jean VI*, livro anônimo publicado em Paris após a morte de d. João, narra-se que o embarque no porto de Belém ocorreu em meio a grande confusão, um espetáculo ao mesmo tempo triste e grotesco: misturavam-se os pajens e lacaios junto com as damas da nobreza e soldados, objetos preciosos com peças as mais grosseiras e inúteis. Dom João chegou com seu sobrinho e valido, d. Pedro Carlos de Espanha, sem ter tido quem o anunciasse e recebesse; devido à chuvarada de véspera, o príncipe teve de ser carregado nos ombros por policiais, sobre pranchas estendidas na lama. Uma multidão estarrecida acompanhava o movimento.[311]

De uma maneira ou de outra, com o rei partiam importantes quadros da Corte e da máquina administrativa, e o dinheiro que ainda havia sobrado dos sucessivos acordos de paz, gerando descontentamento em setores da nobreza que não puderam ou não quiseram acompanhar a família real.[312] Para os que se arriscaram com seu príncipe na aventura oceânica, restava cantar a glória da medida providencial de seu guia. Inúmeras odes sáficas e pindáricas, orações gratulatórias e oferendas produziram-se então, nas quais se pinta a atitude de dom João como o ato majestoso que garantiu a salvação do império. Nesses escritos são recorrentes as imagens do príncipe como timoneiro da nau do Estado, das situações adversas como provações, do êxito da empresa que instaurou um novo império nos trópicos.[313]

Deserção ou ato heroico, debandada covarde ou malícia política, o que importa do ato da fuga são seus desdobramentos. Em terras brasileiras, aportou uma imensa comitiva de europeus,[314] e pesou no ânimo do príncipe, já por si tão propenso ao reconhecimento e à gratidão, terem elas se lançado consigo às provações da travessia, seus fiéis companheiros de exílio. Conta-se que a realeza chegou às praias brasileiras, primeiro em Salvador, em estado de quase indigência, "destituídos de tudo, exceto a honra", seus seguidores não se encontrando em condições melhores, "[...] com suas propriedades saqueadas, seus cargos suprimidos, as fontes de suas pensões dessecadas e, muitos deles, literalmente sem teto". Os brasileiros, por sua vez, tinham as moradias e comodidades de que necessitavam os migrados, e por isso foram desde o início bem recebidos no paço. Queria o príncipe conquistar a amizade dos grandes da terra e detinha o poder de retribuir seus benefícios maciços com honrarias ocas, no dizer contundente do comerciante inglês John Luccock, testemunha ocular desses eventos. Não que o assento do príncipe e sua corte tivessem, à época da chegada ao Brasil, alguma pretensão à suntuosidade, muito pelo contrário. Mas ainda assim, por pouco faustoso que fosse, o tesouro dilapidado não lograva cobrir minimamente as despesas. Lembre-se que Portugal havia declarado guerra contra a França, cujas tropas tomaram de assalto o reino; desdobramento dela, uma vez no Brasil, a mesma França constituía uma ameaça real e imediata ao norte, onde sua colônia Guiana nos fazia fronteira — e ao sul, sempre ameaçado pelas colônias platinas de Espanha, que já havia tomado partido do inimigo francês. Despesas vultosas geraram também a instalação e manutenção da imensa corte em solo tropical, assim como seus dispendiosos rituais em torno de natalícios, conquistas militares, falecimentos e casórios — o mais notável deles, o casamento do príncipe herdeiro d. Pedro com a princesa d. Leopoldina, filha dos tradicionais Habsburgos.

Para bancar tamanhas despesas, d. João precisava contar com a generosidade da "boa gente" fluminense. São muitos os testemunhos sobre como se empenharam todos, grandes e pequenos do Rio de Janeiro, para abrigar os nobres trânsfugas. Os nativos efetivamente receberam os estrangeiros com a maior boa vontade, oferecendo espontaneamente seu dinheiro, casas e conforto — e a maneira como foram retribuídos não correspondeu a seu empenho.[315] Muitos, que se desfizeram de propriedades e criados a fim de se apresentar entre a corte, magoaram-se ao ver inferiores favorecidos, acabando por se retirar da cidade. Outros houve que lhes seguiram o exemplo pelo fato de o custo de vida ter disparado, com o afluxo de habitantes novos e a transformação nos costumes.[316]

D. João utilizou-se largamente desse único dispositivo de que dispunha, o poder real de conceder honras e privilégios por meio das graças e mercês as mais variadas, para recompensar aqueles que o assistiram no momento do perigo: uns pelo simples acompanhá-lo; outros, pelos socorros materiais com que o serviram na hora de maior necessidade.

N.º I.

GAZETA DO RIO DE JANEIRO.

SABADO 10 DE SETEMBRO DE 1808.

Doctrina sed vim promovet insitam,
Rectique cultus pectora roborant.

HORAT. Ode III. Lib. IV.

Londres 12 de Junho de 1808.

Noticias vindas por via de França.

Amsterdão 30 de Abril.

OS dois Navios Americanos, que ultimamente arribárão ao Texel, não podem descarregar as suas mercadorias, e devem immediatamente fazer-se á vela sob pena de confiscação. Isto tem influido muito nos preços de varios generos, sobre tudo por se terem hontem recebido cartas de França, que dizem, que em virtude de hum Decreto Imperial todos os Navios Americanos serão detidos logo que chegarem a qualquer porto da França.

Noticias vindas por Gottenburgo.

Chegárão-nos esta manhá folhas de Hamburgo, e de Altona até 17 do corrente. Estas ultimas annuncião que os Janizaros em Constantinopla se declarárão contra a França, e a favor da Inglaterra; porém que o tumulto se tinha apaziguado. —— Hamburgo está tão exhaurido pela passagem de tropas que em muitas casas não se acha já huma côdea de pão, nem huma cama. Quasi todo o Hannover se acha nesta deploravel situação. —— 50000 homens de tropas Francezas, que estão em Italia, tiverão ordem de marchar para Hespanha.

Londres a 16 de Junho.

Extracto de huma Carta escrita a bordo da Statira.

" Segundo o que nos disse o Official Hespanhol, que levámos a Lord Gambier, o Povo Hespanhol faz todo o possivel para sacodir o jugo Francez. As Provincias de Asturias, Leão, e outras adjacentes armárão 80000 homens, em cujo numero se comprehendem varios mil de Tropa regular tanto de pé, como de cavallo. A Corunha declarou-se contra os Francezes, e o Ferrol se teria igualmente sublevado a não ter hum Governador do partido Francez. Os Andaluzos, nas visinhanças de Cadiz, tem pegado em armas, e destes ha já 60000, que são pela maior parte Tropas de Linha, e commandadas por hum habil General. Toda esta tempestade se originou de Bonaparte ter declarado a Murat Regente de Hespanha. O espirito de resistencia chegou a Carthagena, e não duvido que em pouco seja geral por toda a parte. Espero que nos mandem ao Porto de Gijon, que fica poucas leguas distante de Oviedo, com huma sufficiente quantidade de polvora, &c. pois do successo de Hespanha depende a sorte de Portugal. A revolta he tão geral, que os habitantes das Cidades guarnecidas por Tropas Francezas tem pela maior parte ido reunir-se nas montanhas com os seus Concidadãos revoltados. "

Gazeta do Rio de Janeiro, 1808.

CAPÍTULO 9

UMA CORTE NOS TRÓPICOS

"Nunca correio algum trouxe notícias mais tristes, e ao mesmo tempo mais lisonjeiras!" A crônica de Luís Gonçalves dos Santos, o lendário "padre Perereca", expressava com rara felicidade os sentimentos dúbios gerados pelo desembarque da família real a 7 de março de 1808 na cidade do Rio de Janeiro, inusitado tanto para os que chegavam quanto para os que assistiam.[317] Confirmadas as informações sobre a invasão de Lisboa por Junot e a estratégica evasão da família real, os fluminenses trataram de preparar a cidade para a recepção do príncipe regente e sua corte, sob a batuta do vice-rei d. Marcos de Noronha e Brito. Sabia-se que haviam zarpado de Lisboa às pressas, carregando o que puderam embarcar. Os habitantes de Lisboa ficaram a esmo, abandonados à própria sorte; os cofres foram esvaziados, os credores do Estado e os empregados da Coroa não foram pagos, as tropas ficaram sem seus soldos.[318]

Embora importante porto comercial e sede do vice-reino, o Rio de Janeiro era núcleo urbano modesto e teve que se aprontar às pressas para receber subitamente toda uma corte e Estado. As adaptações foram inevitáveis.[319] Habitação para mais de 10 mil pessoas não se encontraria sem sacrifícios numa cidade cuja população se estimava em 60 mil "almas", contando-se nesse número os "pretos", africanos escravizados introduzidos na colônia por meio do tráfico intercontinental, que somavam dois terços da população.[320] Para tentar resolver o problema das acomodações, o príncipe regente instituiu o famigerado sistema das "aposentadorias", que muito contribuiu para dificultar a aproximação entre os dois gêneros de portugueses: os recém-chegados e os residentes. Reza a crônica que os imóveis requisitados pela Coroa tinham suas portas marcadas com as iniciais "P. R.", de príncipe regente, a que logo o vulgo satirizou como um "Ponha-se na Rua". Enquanto vigorou, esse sistema propiciou aos nobres lusos certo conforto no usufruto dos melhores edifícios da cidade, de que estiveram privados seus legítimos donos até 1818, quando foi extinto. Muito depois disso se desdobravam contendas em torno do assunto. Ainda em 1817, o intendente geral de polícia Paulo Fernandes Viana ponderava sobre o ônus gerado à cidade pelo sistema de aposentadorias, que inibiu a iniciativa de proprietários de construir novos edifícios:

> [...] Agora há uma causa poderosa que concorre para o aferro a pequenos edifícios. É o temor das aposentadorias. Com efeito há infinitos proprietários que não lhe levantam casas altas e nobres, porque receiam que lhes tomem por aposentadoria logo estejam prontas, fazendo-as sub-repticiamente avaliar para pagarem um aluguel desproporcionado ao capital empregado, e o que acontece quase sempre, para abusarem deste privilégio, e nada pagarem.[321]

Ao tempo do desembarque, porém, tudo era festa e os conflitos que mais tarde eclodiriam incontrolavelmente não se podia perceber. Tudo se ofuscava ante o inédito da situação, ainda mais aos olhos dos potentados fluminenses, atraídos arrebatadamente pelo brilho da Corte. À exceção de uns poucos filhos de famílias mais abastadas que seguiam para o reino em busca do anel de bacharel, para os fluminenses a presença da família real era novidade. Mesmo para aqueles era novo o conviver com a Corte, tê-la em seu cotidiano.

DO DESEMBARQUE

Desde que se confirmaram os bons augúrios de que a porção da frota onde viajava o príncipe regente havia desembarcado sã e salva na cidade da Bahia, o Rio de Janeiro parece ter entrado num transe, misto de curiosidade, expectativa e correria com os preparativos para a recepção da augusta família. Parte dela (com as princesas, irmãs da rainha demente) já havia atracado desde 17 de janeiro, mas a parte da frota com d. João desviou-se por força de uma tempestade, que levara o príncipe direto a Salvador, onde se demorou por algumas semanas.[322]

Ao romper do dia 7 de março de 1808, a cidade do Rio de Janeiro era frenesi e confusão. Conta-se que toda atividade, pública e particular, fora suspensa, as lojas fechadas e as casas vazias, já que todos os habitantes correram para a praia ou para os outeiros, e até mesmo aos telhados e copas das árvores para assistir ao esquisito espetáculo. A rigor, a cerimônia do desembarque pode ser entendida como uma síntese antecipada dos 13 anos seguintes, período em que a família real residiu na capital do Brasil. Cenário, personagens e ações tomadas já ali se reiteraram ao longo de toda a estada do séquito real naquelas latitudes.

Como palco do espetáculo da Corte no Brasil tomou-se aquela cidade ímpar que era o Rio de Janeiro, capital de uma ex-colônia que acabava de se abrir para o mundo. Tinha ainda as feições rudes de porto colonial, com suas linhas mal traçadas, suas ruas estreitas e fétidas, suas habitações mal arejadas e soturnas, suas ruas povoadas de negros e negras escravizados. Mas a natureza generosa fazia prender o fôlego a todos os viajantes e aventureiros que ali chegavam; e que não cansaram de lisonjear o entorno exuberante, a mata abundante, a baía cercada de montanhas formosas que miravam para o mais azul dos céus, as praias das areias mais brancas bombardeadas pelo sol tropical. Com a chegada dos distintos adventícios, o colorido natural foi amplificado pelas infinitas bandeiras, flâmulas e pavilhões das naus, de guerra e mercantes, que não cessaram mais de chegar e que congestionavam a bela baía; colorido, também, que pendia das varandas dos sobrados, com as colchas de cetim e damasco, muitas vezes mandadas pendurar por decreto; colorido aromatizado das flores, que se mandavam jogar ao passar o séquito real para que se alcatifassem as ruas mal cheirosas da cidade pantanosa onde os dejetos domésticos corriam a céu aberto ou eram atirados às praias em ombro escravo; colorido, por fim, das velas de cera e das luminárias e fogos de artifício que clareavam a noite. A presença real, no dizer do cronista, deleitava não apenas aos olhos, mas também aos ouvidos, com as inúmeras salvas de canhões das naus e fortalezas e os incessantes repiques de sinos, que chamavam a população para os reais festejos.[323]

Além dos protagonistas e da população que fazia papel de plateia, os personagens se apresentaram todos ali, logo ao desembarque, que se deu por volta das 16h do dia 8 de março, uma tarde generosamente aprazível para essa época do ano costumeiramente escaldante. Por um ardil da história, desembarcava nos trapiches fluminenses uma típica sociedade de corte europeia de antigo regime, com seu rei absoluto, corte e Estado. E cada valete desse baralho sabia perfeitamente qual seu lugar e valimento. A luta para alcançar maiores e melhores lugares e benesses era cruenta; os residentes fluminenses, particularmente seus estratos mais abastados, ligados ao comércio internacional, ao tráfico de escravos e ao sistema de crédito, viram-se irresistivelmente atraídos pelo brilho da corte e logo se meteram nessa guerra palaciana. Tinham aquilo de que o rei e seu Estado tanto precisavam naquela circunstância heroica, em que singraram o oceano para salvar o *corpus* místico do soberano: tinham cabedais, tinham muito dinheiro, com o qual socorreram as inúmeras urgências do rei, que em reconhecimento paternal lhes retribuiu com cargos e distinções honoríficas.[324]

O desembarque da real comitiva é descrito por panegiristas como uma quase epifania, catártica, arrebatadora. Mas fato é que a primeira coisa que fez o príncipe regente foi se pôr de joelhos, junto com seu séquito, prostrados, diante de um altar ali improvisado, onde beijaria a cruz e receberia as devidas bênçãos do cabido. Após todas as aspersões e turificações, saiu a procissão rumo à sé improvisada, na ocasião a igreja do Rosário dos pretos. Nada mais eficaz do que uma procissão

Brasão. Em: *Ode Pindarica; ao estabelecimento da Real academia Militar na Cidade do Rio de Janeiro*, de João de Sousa Pacheco Leitão. Impressão Regia, 1811.

para dispor cada um em seu devido lugar. Numa sociedade de corte, quanto mais próximo do rei, mais alto na escala social — e mais facilmente objeto das reais graças e mercês. Por isso, é muito revelador observar quem eram aqueles personagens importantes, que surgem logo nas cenas das primeiras ações do príncipe regente em terra firme; aqueles que, por exemplo, seguravam as varas do pálio de seda sob o qual se recolheram os membros da família real, para, por entre as fileiras de soldados dispostos ao longo da rua Direita, tomarem o rumo da catedral, onde culminaria a cerimônia do desembarque com o *Te Deum laudamus*, orações e beija-mão real. Seguiram-se nove dias de luminárias. Tem-se notícia de que os escolhidos para segurarem as varas do pálio de seda de ouro encarnada sob o qual ficariam as reais pessoas foram o presidente do Senado da Câmara, acompanhado de alguns "homens bons" da cidade, entre os quais Francisco Xavier Pires, Manuel Pinheiro Guimarães e Amaro Velho da Silva.

A imprensa régia publicou em Lisboa uma interessante "relação das festas" realizadas no Rio de Janeiro quando da chegada da família real,[325] na qual se ajuntam algumas "particularidades igualmente curiosas e que dizem respeito ao mesmo objeto", onde se dá conta das "ações" encetadas por alguns desses personagens centrais do teatro da corte joanina no Brasil. Entre essas "ações", ganhará realce essa espécie de simbiose que se estabelecerá entre os dignitários maiores da terra, os grandes argentários da praça mercantil do Rio de Janeiro, e o rei, no cume da sociedade de corte migrada. A primeira "particularidade curiosa" mencionada naquela relação das festas de 1808 refere-se à doação que fez Elias Antônio Lopes, negociante de grosso trato estabelecido na praça do Rio de Janeiro, da quinta da Boa Vista em São Cristóvão, que passou a ser a residência oficial de d. João e seu retiro preferido. Conta-se que, quando nela entrou pela primeira vez, S. A. R. confidenciou ao negociante que o acompanhava: "Eis aqui uma varanda Real, Eu não tinha em Portugal cousa assim." Não se sabe se de fato disse semelhante frase o príncipe regente, nem se, tendo dito, se expressasse sinceramente. Mas consta que o rei recompensou o negociante com inúmeras mercês, nomeando-o de pleno comendador da Ordem de Cristo e administrador da mesma quinta.[326]

Era o conselheiro Elias Antônio Lopes um dos maiores argentários da praça mercantil do Rio de Janeiro. À época de seu falecimento, em 1815, sua fortuna estava aplicada, sobretudo, em negócios mobiliários, que somavam mais de 34 contos de réis, dívidas ativas que giravam em torno de 40 contos de réis e, a maior parte, investimentos em atividades comerciais diversas que ultrapassavam os 100 contos de réis. Seu capital total, computados todos os bens móveis e viventes, trastes, roupas, chegava a quase 236 contos de réis, uma fábula para a época. Possuía ainda 110 escravos, avaliados em quase nove contos de réis. O presente ao príncipe foi um investimento que certamente não abalou o orçamento do potentado. A partir da doação da real quinta da Boa Vista a d. João, os laços de amizade entre ambos se estreitaram, assim como se fortaleceram as influências do comerciante. Falecido em 1815, acumulou Elias Antônio em sete anos de vida ao pé do trono inúmeras funções e patentes, cargos na administração pública e foros de fidalguia, capital simbólico maior numa sociedade de corte.[327]

Tanto Elias Antônio Lopes como Francisco Xavier Pires, Manuel Pinheiro Guimarães e Amaro Velho da Silva figuram entre as maiores fortunas do Rio de Janeiro desde o começo dos anos 1790, todos eles nomes capitais do tráfico negreiro. Como Lopes, os outros três traficantes doaram grandes somas para as causas do rei. Os três primeiros constam na lista de subscrição (espécie de "livro de ouro") aberta logo em 1808 por d. Rodrigo de Sousa Coutinho e Manuel Caetano Pinto para salvar as urgências do Estado. Em menos de 30 dias essa primeira lista amealhou mais de 26 contos de réis. Amaro Velho, junto com os traficantes da família Leão (herdeiros de Brás Carneiro Leão, morto em 1808, pai de Fernando Carneiro Leão, fidalgo e juiz dos contratos reais do dízimo da casa imperial), o mesmo Manuel Caetano Pinto e outros potentados doaram uma pequena fortuna aos cofres públicos em 1808, para se levantar uma fábrica de pólvora. Tais doações não eram exatamente atos patrióticos desinteressados. Cada um desses nomes recebeu inúmeras benesses reais, tais como cargos burocráticos (na diretoria do recém-fundado Banco do Brasil, ou na arrematação de impostos, por exemplo, ambos altamente rentáveis), patentes militares, foros de fidalguia (como os hábitos das diversas ordens militares e religiosas), lugares no conselho de Estado e uma infinidade de liberdades, isenções, privilégios e franquias para tocarem seus negócios sem maiores embaraços.[328] Nessas ações e práticas de sociabilidade cortesã foram-se costurando também vínculos entre o Estado e os grandes escravistas proprietários rurais e traficantes da terra. Essa aproximação será decisiva quando logo à frente, após os debates das cortes gerais em Lisboa alcançarem o pico da intransigência, se desenhar a secessão de Brasil e Portugal.

Eis como um aparentemente singelo acontecimento, por mais excepcional que seja, pode revelar muito das entranhas de uma sociedade, aquilo que lhe explica seu passado e projeta seu futuro. Ali, logo no ato único e memorável do desembarque de um príncipe regente europeu em solo tropical, começava a se desenhar o perfil da classe de homens que estabeleceram uma relação de trocas — muito mais que simbólicas — com o rei durante seus anos no Rio de Janeiro. Essas interações obedeciam à lógica de uma sociedade de corte de antigo regime, enquadramentos mentais de raízes ancestrais (estruturas mentais ou "prisões de longa duração", como as chamou Fernand Braudel).

A cidade nunca mais seria a mesma, nem o país que ali começava a nascer. Quando do regresso do soberano a Portugal em 1821, foram os prepostos desses potentados que, cooptando o príncipe d. Pedro para sua causa, deram curso à independência. E serão esses mesmos poderosos que tomarão em suas mãos o trabalho de construção do Estado e da nação ao longo do século XIX, à sua imagem e semelhança e em seu exclusivo benefício.

O CASÓRIO

Depois da queda do império brasileiro, em 1889, os inimigos do rei deposto trabalharam ostensivamente para construir uma memória negativa da monarquia e dos membros da família dos Bragança. Um dos personagens mais visados foi desde sempre d. João VI, pintado com todos os vícios mais vis: timorato, covarde, glutão, hipocondríaco e até efeminado. Mas a construção dessa memória negativa é apenas uma parte da história. Quando da fuga para o Brasil, em 1808, pressionado por mar e por terra, adiou o príncipe quanto pôde a decisão de refugiar-se no Brasil. Fugiu na hora certa e manteve íntegros a ambos, a coroa sobre a cabeça e a cabeça sobre o pescoço.

Além de não se dobrar a Napoleão, mantendo a unidade de seu império ultramarino, outro de seus grandes feitos políticos foi promover o casamento de seu primogênito com a herdeira da Casa d'Áustria, dona Leopoldina Carolina Josefa Francisca Fernanda de Habsburgo-Lorena. A importância diplomática e estratégica desse enlace muitas vezes não é estimada devidamente. Para se avaliar o peso da Áustria — leia-se: dos Habsburgo — na balança de poder da Europa, lembre-se apenas que, após a queda de Napoleão, a restauração das grandes casas dinásticas europeias deu-se justamente no Congresso de Viena, entre finais de 1814 e meados de 1815. Dois anos depois, após minuciosas e caríssimas negociações, d. Pedro estava casado com a filha do rei da Áustria, Francisco I. Era importante para o rei exilado reconduzir-se ao centro do poder. A estratégia para isso foi justamente o matrimônio de seu filho. Mas o que, quanto custou a d. João a mão da filha do rei da Áustria? Como se casava um príncipe? Quais as imposições contratuais? As respostas a tais questões explicam boa porcentagem das dívidas que o Estado brasileiro nascente teve que herdar.

Por volta de 1817, as maiores ameaças à paz e tranquilidade da Coroa lusitana já se haviam dissipado. Após essa data, restauradas as sacras casas imperiais em Viena, falecida a rainha dona Maria I, elevado o Brasil a Reino Unido a Portugal e Algarves, debelada a revolução em Pernambuco, uma nova era se anunciava à população da pródiga ex-colônia, particularmente ao povo fluminense, que tinha o privilégio e a glória de contar com o rei e toda sua real família no número de seus habitantes. Públicas manifestações da felicidade geral eletrizavam as ruas da cidade do Rio de Janeiro. Júbilo decorrente não apenas da prosperidade econômica, visível no trânsito de um contingente crescente de velas e comerciantes de nacionalidades várias, como na inédita legião de viajantes naturalistas ávidos por desvendar as riquezas do país. O gáudio coletivo fez-se ainda mais forte quando se anunciou em lustroso bando do Senado da Câmara pelas ruas da cidade as solenidades do casamento do príncipe herdeiro d. Pedro de Alcântara com a arquiduquesa d'Áustria, dona Leopoldina.

Os anos de 1817 e 1818 foram os mais faustosos da permanência da Corte no Brasil. Particularmente nos meses que medeiam a chegada de dona Leopoldina, a 5 de novembro, e o aniversário de d. João, a 13 de maio, os habitantes do Rio de Janeiro puderam experimentar os efeitos de um consórcio real e, ainda mais inusitadas, a coroação e aclamação do príncipe regente, feito d. João VI. Registre-se que não se tem notícia de cerimônias similares, de casamento real de consortes provenientes de casas dinásticas europeias ou de coroação e aclamação de rei europeu, feitas fora da Europa.

Vencido o algoz da Córsega e alcançada a tão almejada paz, cabia presentear os fiéis vassalos com a notícia do casamento do príncipe herdeiro, por nascimento duque de Bragança e príncipe do Brasil. As reais núpcias, fiadoras da continuidade da estirpe, asseguravam ainda a reiteração dos laços da casa de Bragança com aquela que se firmava no epicentro do poder na Europa restaurada, a dos Habsburgo, cujo sangue já corria nas veias bragantinas desde o enlace de d. João V com dona Mariana, em 1708. Depois de minuciosas negociações travadas na Áustria entre o *premier* austríaco, o príncipe Klemens Wenzel von Metternich, filho de Francisco I, imperador da Áustria, rei da Hungria e Boêmia, e o conde de Marialva, ministro plenipotenciário português, foi acertado o casamento com dona Leopoldina, que anuiu prontamente à imperial vontade paterna.[329]

A 17 de fevereiro de 1817, Marialva entrava em Viena com um cortejo formado por 41 carruagens puxadas por seis cavalos, acompanhadas por criados de ambos os lados, vestidos com ricas librés. O *entourage* do ministro compunha-se de 77 pessoas, entre pajens, criados e oficiais, a pé e montados. Seguiam-se os coches da casa imperial, escoltados por seus lacaios e homens de serviço. Corpos diplomáticos da Inglaterra, França e Espanha encerravam o cortejo. Depois de dias de pompa e galas na corte austríaca, noticiadas miudamente aos fluminenses pela *Gazeta do Rio de Janeiro*, marcou época a festa dada por Marialva a 1º de junho na capital austríaca, quando mandou levantar portentosos salões nos jardins do palácio de Augarten, onde se realizou um baile para 2 mil pessoas, contando-se a família imperial austríaca, todo o corpo diplomático e nobreza. Tendo iniciado a dança às oito horas, às 11 serviu-se requintada ceia, na qual, relata-se, o imperador e a família foram servidos em mesa de 40 talheres, sendo a baixela de ouro; os demais, em baixelas de prata. Orquestras se dispunham em diversos lugares, de modo a animar o povo, que festejava de fora dos portões do palácio. Essa foi referida por gazetas estrangeiras como uma das mais suntuosas funções de que se teve notícia entre as casas nobres da Europa, e que para realizá-la o marquês de Marialva desembolsou mais de 1 milhão de florins, moeda de ouro corrente no Sacro Império Romano-Germânico.[330]

As prendas enviadas do Brasil para fazer figura na corte austríaca são nababescas. A confiar nas cifras de Tobias Monteiro, as joias e veneras de ordens honoríficas ofertadas aos Habsburgo orçavam-se em 5.800 libras, entre elas não se contando os 167 diamantes, no valor de 6.873 libras esterlinas, e as 17 barrinhas de ouro (1.100 libras esterlinas), tudo para mimosear às augustas majestades de Áustria. Em valores monetários e simbólicos da época, uma libra valia 3,555 mil-réis. Por volta de 1800, com 100 libras compravam-se três escravos do sexo masculino na melhor condição física. Portanto, com 5.800 libras podia-se adquirir um plantel com 174 escravos — plantel que distinguiria um grande senhor.

Informações contidas no livro *Guarda-joias do Brasil*, escrito entre 28 de julho de 1808 e 16 de fevereiro de 1821, revelam, entre as peças do suntuoso dote, 40 grandes brilhantes soltos, de um a sete quilates cada, e orçados em 21:928$274 réis (vinte e um contos e novecentos e vinte e oito mil, duzentos e setenta e quatro réis), com que o conde da Barca iniciou as aproximações diplomáticas para o casamento de d. Pedro e Leopoldina. Além desses, outros 137 brilhantes miúdos, pesando todos 116 quilates e valendo 6:681$600, deveriam ser distribuídos como regalo à nobreza austríaca. Só com essas lembrancinhas, estima-se que a Coroa portuguesa gastou 28:609$874. E isso era apenas o começo. Depois de uma valiosíssima prenda enviada para d. Leopoldina em 9 de dezembro de 1816, seguiu-se uma série de outros mimos: uma medalha com pintura de d. Pedro cercada por 18 brilhantes de seis a 19,5 quilates, com uma coroa tendo quatro grossos brilhantes (de seis a 16 quilates); outros 99 brilhantes miúdos (32 quilates no total; o fio de ouro, do qual pendia a medalha, tinha mais 82 brilhantes pesando 85 quilates; o fecho tinha outros menores). Essa peça sozinha foi avaliada em 68:512$000.[331]

Toda essa fortuna serviu de caução ao rei da Áustria para entrega da mão de sua filha ao duque de Bragança, herdeiro dos reinos de Portugal e Brasil. Irônico para nós, hoje, é que enquanto Marialva distribuía esses pomposos regalos, no Rio de Janeiro corriam "listas de subscrição voluntária" entre os ricos da terra para salvar o tesouro. Mas naquele enlace nupcial havia muita coisa em jogo, muito poder e muitos valores. Cada detalhe foi previsto no contrato de casamento de Suas Majestades Imperiais. No Arquivo Nacional do Rio de Janeiro há uma cópia desse contrato lavrado em Viena, em francês, com 12 cláusulas prevendo todas as situações possíveis a respeito do destino de Leopoldina nesse consórcio. Em nome da muito santa e indivisível Trindade, lavrou-se que Sua Majestade Imperial Francisco I e Sua Majestade d. João VI, desejando mutuamente estreitar cada vez mais, em prol da prosperidade dos seus respectivos Estados, as relações de amizade, confiança e parentesco que os uniam, resolviam para este fim contratar o casamento de dona Leopoldina, princesa imperial e arquiduquesa da Áustria, com d. Pedro de Alcântara, príncipe real do Reino Unido de Portugal, Brasil e Algarves. Entre outros detalhes, as 12 cláusulas do contrato rezavam o seguinte:

1. Francisco I e João VI acordavam o casamento de d. Pedro e d. Leopoldina, segundo a forma e solenidades prescritas pelos Santos Cânones e Constituições da Igreja Católica, Apostólica e Romana. E como certamente obteriam dispensa do Sumo Pontífice para casarem, em virtude de seus laços de parentesco, o casamento seria celebrado em Viena por procuração, e depois ratificado pelo esposo quando Carolina chegasse ao Brasil. Assim se fez.
2. Depois da cerimônia, a arquiduquesa haveria de embarcar, com trem e corte convenientes, para o Brasil, acompanhada do ministro plenipotenciário de Portugal.
3. S. M. Imperial e Real Apostólica constituía em dote à Sereníssima Princesa a soma de 200 mil florins, pagos em dinheiro em Viena durante a celebração do casório; e, quando do embarque, deveria

certificar-se se sua filha levava o *trousseau nécessaire* (enxoval), as joias, vasos de ouro e prata &c, &c, conforme o uso estabelecido na Casa da Áustria.

4. Ficava o príncipe obrigado a dar à consorte uma soma equivalente em contradote, de modo que o total de ambos alçaria 400 mil florins.

5. Além do dote, a princesa renunciava, com a celebração do matrimônio, a todo e cada um dos bens móveis e imóveis, direitos, ações e razões quaisquer, assim como sua descendência ficava privada de toda herança deixada por sua mãe a imperatriz Maria Thereza, de gloriosa memória, em favor dos outros herdeiros... E d. Pedro, consciente disso, deveria ratificar toda essa declinação.

6. D. João ficava obrigado a dar à nora uma pensão anual de 60 mil florins "[...] *á titre d'épingles*" (a título de "alfinetes" — uma espécie de pensão como contradote), que seria paga no montante de 5 mil por mês.

7. S. M. Fidelíssima Francisco I, por sua parte, prometia ao príncipe esposo, em contraparte, a mesma soma de 60 mil florins "[...] *á titre de cadeau de noces*" (a título de "presente de casamento").

8. S. M. Fidelíssima prometia que sua casa haveria de bancar a d. Pedro, em caso de viuvez da arquiduquesa, a soma de 80 mil florins anuais, pagáveis por trimestre sem dedução qualquer, "[...] *á titre de donaire*".

9. Em caso de viuvez sem filhos, d. Leopoldina poderia permanecer ou deixar o reino, dispondo livremente de seu dote, que lhe seria restituído no prazo máximo de um ano.

10. Se, ao contrário, enviuvasse com um ou mais herdeiros, d. Leopoldina deveria permanecer no Brasil, com direito de uso do contradote inteiro; se deixasse o país, perderia o direito a seu *donaire* (seu *status* de princesa real), mais a terceira parte de seu dote e contradote.

11. Se o príncipe enviuvasse primeiro, disporia livremente de seu dote, assim como de tudo que trouxe consigo a princesa quando chegou ao Brasil e que aqui tivesse por qualquer meio adquirido.

12. O presente contrato deveria ser ratificado de uma parte e de outra na forma do uso e as ratificações haveriam de ser trocadas no espaço de seis meses.[332]

Os valores envolvidos e as cláusulas detalhadas do casamento real permitem entrever sua dimensão política e diplomática, que, neste caso ainda, era um acontecimento eminentemente dinástico e muito mais. Duas casas tradicionais europeias reiteravam seus laços de sangue por meio da união matrimonial de seus herdeiros e, com isso, reforçavam seu poder no concerto das nações. Um evento de tamanha importância exigia um contrato minuciosamente detalhado, que atribuísse responsabilidades e papéis. D. João "pagou para ver", e pagou caro! Aliás, no contexto de sua residência no Brasil, quem acabou arcando com a maior parte deste e de outros custos do rei foram os brasileiros endinheirados do Rio de Janeiro. Porém, por meio dessa manobra típica das monarquias de Antigo Regime, d. João restabeleceu para sua Casa algum respeito entre as monarquias restauradas da Europa. O maior preço disso foi o acirramento dos ânimos descontentes, tanto lá como cá, o que, como decorrido dos desdobramentos da revolução do Porto e do assentamento das cortes em Lisboa, desaguaria na separação de Portugal e Brasil.

D. João foi estadista e governante hábil o suficiente para instalar no Rio de Janeiro sua Corte e ali estabelecer a sede de seu império ultramarino. Viveu nos trópicos por 13 anos. Fez-se rei nestas baixas latitudes. Arrebanhou para próximo de si a nata dos homens endinheirados do Rio de Janeiro, que lhe bancaram as realizações dinásticas e de governo. Interpelado em 1820 pelas cortes de Lisboa, que exigiam uma Constituição e sua volta, concedeu. Mas voltou ao velho reino como soberano, conseguindo ainda manter no trono brasileiro seu filho e herdeiro, o príncipe regente d. Pedro. Nesta história, o rei merecerá capítulo à parte. Antes, porém, cumpre iluminar a lógica que regulou a aproximação do rei e sua corte com o exuberante entorno fluminense, lógica de sociedade cortesã europeia transmigrada, matéria tratada a seguir.

CAPÍTULO 10
LÓGICAS DE CORTE

No que respeita à história moderna, o termo "corte" associa-se à expressão consagrada por Norbert Elias para se referir a uma configuração social típica das sociedades e monarquias de Antigo Regime. Na expressão "sociedade de corte" encerra-se um complexo de regras de sociabilidade, normas, valores e moral, constituídos ao longo de séculos, que culminou no surgimento do "indivíduo" e do "Estado" modernos. A teoria formulada por Elias do "processo civilizador" pressupõe um desenvolvimento histórico multissecular no qual infinitas redes de sociabilidade, que ligam os indivíduos em configurações sociais cada vez mais complexas, exigiram de cada indivíduo um crescente autocontrole emocional e, da sociedade, a centralização das agências de regulação social — numa palavra, o Estado moderno, detentor do monopólio da violência legítima, da tributação e da promulgação e execução das leis. Essa configuração social surgiu a partir da dissolução da sociedade feudal e o processo crescente de urbanização e centralização do poder político, que levou os grandes senhores da terra a abandonarem seus lugares de origem para irem viver na corte do rei.[333]

O arquétipo de sociedade de corte foi a de Luís XIV, na França. A vida em corte era regulada por regras minuciosas de etiqueta. O cumprimento estrito dessas regras refletia e, ao mesmo tempo, instituía uma rígida hierarquia social, baseada no prestígio e na ostentação do luxo (Veblen), elemento distintivo da aristocracia ante as demais ordens da sociedade. Pertencer à corte significava manutenção de prestígio e possibilitava ascensão na hierarquia social. Todo um conjunto de normas de conduta regia as ações dos cortesãos. O rei era o vórtice para onde tudo e todos convergiam. O lugar de cada personagem dessa sociedade lúdica, espetacular (Balandier), era marcado pela distância que se guardava em relação ao trono. O clientelismo, o personalismo, o favoritismo, a intriga e a conspiração, a competição e o jogo (Huizinga) cadenciavam a vida em corte.[334] Conforme a disposição do rei, os nobres, membros da corte, galgavam posições, por meio de nobilitações e nomeações lucrativas ou por um lugar de honra em sua cama, ou caíam em desgraça, no esquecimento e no exílio, quando não na forca ou em calabouços.

O apogeu da sociedade de corte francesa se deu com Luís XIV em Versalhes, palco maior de toda uma série de encenações cortesãs, e que representava, mesmo na disposição espacial de sua construção, a rígida estratificação da hierarquia social da época. A francesa se tornou exemplo de requinte e luxo para todas as outras cortes palacianas da Europa dos séculos XVII e XVIII, constituindo-se no grande modelo de civilidade e cultura pelo qual até a burguesia revolucionária se deixou influir. A ascendência política e cultural da corte francesa sobre as demais casas dinásticas europeias, entre as quais as ibéricas, é incontestável.[335] A lógica da vida em corte, com seus rituais codificados, simbologias, hierarquias, fórmulas de sociabilidade, tudo girando em torno da figura do rei, constituiu o ambiente e proveu a sintaxe do encontro na capital fluminense entre a nobreza portuguesa migrada e as classes endinheiradas residentes, que asseguraram os custos de manutenção da casa real e do próprio Estado lusitano no Brasil. Desse encontro, nenhuma das duas configurações sairia a mesma.

Entre os elementos decisivos que permitem compreender melhor as atitudes de d. João após sua instalação na capital do vice-reino, a concepção do rei como patriarca da casa real e o caráter sagrado atribuído à realeza devem ser destacados. Esses elementos permitem configurar conceitualmente a monarquia lusa que desembarcou no Rio de Janeiro como uma monarquia fortemente fundada em esteios ancestrais, entre os quais se destaca o princípio da liberalidade do monarca, seu poder de distribuir graças, mercês, favores — expediente de que se utilizou fartamente d. João como meio de ação política e salvação financeira. A lógica da "liberalidade" do monarca lhe garantiu capital simbólico suficiente para manter-se como pedra angular nas relações de poder da nova corte tropical.

Fica pois pressuposto o entendimento de "corte" de antigo regime como imensa casa do rei, tal como expressa Norbert Elias no primeiro parágrafo de seu livro clássico, referendando a conceituação de Max Weber: "A 'corte' do antigo regime é um derivado altamente especializado de uma forma de governo patriarcal cujo germe 'se situa na autoridade de um senhor no seio de uma comunidade doméstica'."[336]

Para se compreender os "limites de ação" dos agentes sociais no contexto da corte joanina no Rio de Janeiro, é fundamental ter em consideração alguns traços peculiares da monarquia lusa migrada, sua condição de monarquia absoluta anódina, mesmo anacrônica, das últimas que os ventos liberais varreriam tão brevemente. Os próprios contemporâneos do rei concebiam-no como um *pater familias*; o cunho sagrado da monarquia se constituía em um dos alicerces teóricos dessa forma de governo; o caráter absolutista da monarquia lusa era patente, não obstante o discurso liberalizante de muitos de seus ideólogos na época da permanência da corte no Brasil.

A CASA DO REI

A existência patriarcal que levou d. João no Rio de Janeiro, a que tantos observadores de época e historiadores posteriores se reportaram, não se resumia à maneira com que o soberano geria a administração de sua casa e de seu Estado, dadivosamente a fazer mercê aos mais humildes vassalos — que à sua mão recorriam para todos os tipos de auxílio; nem pelo poder a si atribuído de conceder o perdão a réus condenados à morte; enfim, de premiar e punir seus súditos com a incontestável autoridade de um *pater famílias*.[337] A imagem do rei como "pai" conformava-se no imaginário afeito à soberania monárquica. Já desde tenra idade, infante ainda, referiam-se os panegiristas a d. João como "[...] apoio único do trono de Portugal, o Pai, e o mais empenhado, da Pátria".[338]

Durante toda sua residência tropical renovou-se a imagem paternal do rei, não apenas nos libelos laudatórios que ganhavam os auspícios da imprensa régia. Na *Relação dos festejos...* pela aclamação de d. João VI em 1818, feita pelo oficial da Secretaria da Intendência Geral da Polícia Bernardo Avelino de Sousa, informa-se que em muitos pontos da cidade dispuseram-se iluminações e máquinas que utilizavam a mesma imagem como legenda. Via-se, por exemplo, nas janelas de um primeiro andar na rua da Quitanda, n. 64, o busto bem iluminado de Sua Majestade, ao que sobressaía um gênio com uma coroa real e outra de flores, e em baixo o emblema da História em ação de escrever os seguintes versos: "Gloria da Pátria, do Universo assombro, Virtudes Paternais Lhe foram dote". O traficante de escravos Joaquim José da Siqueira, das mais fortes fortunas da praça carioca, levantou uma arquitetura em cujo arco mais alto havia um globo diáfano, sustentado por três Hércules, a simbolizar os reinos unidos, ladeados pela Fama, e no centro a inscrição: "Ao Pai do Povo, o melhor dos Reis".[339]

Mas em nenhum outro momento glorificou-se e chorou-se tanto a figura paterna quanto por ocasião da morte do rei. As convulsões de dor e perda são espetaculares: "Se, extinto o Pai comum, coração triste, desfazer-te não podes todo em pranto [...]", "Ó Rei Pai do teu Povo, ó Glória, ó Nume"; "fecharam-se do Pai em noite eterna/ os olhos! Esse dia pavoroso", "Aqui Jaz o Bom Pai, o Rei Prudente,/ O Rei Pio, Benéfico, Clemente"; "o grande soberano, o Solícito Pai da Pátria". A concepção do rei como pai do povo, no ideário político do

Antigo Regime, acompanha outro não menos central, o do caráter sagrado da realeza.[340]

Ao lado da concepção patriarcal da monarquia, o caráter sagrado da realeza constitui a base do pensamento do absolutismo providencialista, que tem origem remota na Idade Média e vigorou em Portugal até o início século XIX, coexistindo com o absolutismo de raiz contratualista próprio da política pombalina.[341] Desde os primeiros passos em sua educação, d. João foi familiarizado com essas ideias. A origem divina do poder real está representada, por exemplo, no primeiro emblema (E I) do *Príncipe Perfeito*, presenteado ao príncipe em 1790 por Francisco Antônio de Novaes Campos. Só Deus dá, porque só Ele tudo pode. E como são Seus prepostos de Deus na terra, também aos reis é concedido o dom da graça.[342] Daí decorre o preceito da "liberalidade", da capacidade do rei de dar, de fazer mercês, de distinguir.

No curso moral para nobres ofertado a d. José I pelo cavaleiro professo na Ordem de Cristo e familiar do Santo Ofício, o historiador Damião de Lemos Faria e Castro (1715-89), intitulado *Política moral e civil, aula da nobreza lusitana*, fundamenta-se a origem do poder real em sua liberalidade, no mesmo poder de Deus de que os príncipes são a imagem na terra. No livro VI, "Da liberalidade e seus extremos", explica-se a doutrina: "[...] Tão própria é dos príncipes esta virtude, que da sua etimologia tomou o nome o supremo de todos os Reis. Dá-se Deus a conhecer, só porque dá: e assim como é propriedade em Deus o ser liberal, os Príncipes, que são imagens suas, devem retratar-se das mesmas cores [...]."[343] Reiterações desse princípio, de que o príncipe é predileto e executor da vontade de Deus, abundam no Rio joanino, tanto em manifestações públicas, em dispositivos de arquitetura efêmera, quanto em papéis impressos escritos por apologistas da monarquia. A aclamação de d. João, por exemplo, foi momento propício para se reforçarem algumas vigas mestras da arquitetura do poder real, tarefa levada a cabo pelos principais oradores da corte. Frei João Baptista da Purificação exaltou d. João pelo memorável motivo de sua aclamação. Em determinada altura de sua pregação, relacionava a aclamação dos príncipes ao ritual sagrado inicial inscrito no Velho Testamento:

> [...] A respeitável Cerimônia da Aclamação dos Príncipes, fazendo-nos lembrar a devida submissão, nos move a reconhecer o sagrado da Soberania, em que são legitimamente instalados os Augustos Chefes das Nações. Quando o Senhor pela unção de Samuel sagra os Príncipes do seu povo, para os colocar sobre o Trono de Judá, ele quer manifestar a Suprema elevação, que deve caracterizar os Condutores dos seus Eleitos. Esta sublimidade majestosa é o meio mais adequado, de que se recorda a Divindade, para enfistular a harmonia no centro do Mundo Moral.[344]

Tinha o orador bons motivos para glorificar os princípios monárquicos, tão seriamente ameaçados ali mesmo, no Recife, meses antes. Para ele, nada devia contestar esse tipo de governo tão simples, porque natural, "[...] esse domínio do não eletivo, esta soberania hereditária, que dimana desde o tronco até o último de seus ramos".

Nesse elogio de Purificação reitera-se a representação vigente da condição absoluta do poder monárquico, tão próximo de sua superação, mas ainda predominante, embora o não reconhecessem ideólogos da época e mesmo ramos da historiografia posterior. Aliás, entre os que contribuíram na criação do Império nesse momento germinal, ninguém do vulto de José da Silva Lisboa legitimou o caráter absoluto e pessoal do poder que emana do cetro real como o fez ele próprio, o visconde de Cairu, aclamado na memória oficial como mentor da abertura dos portos. Em seu elogio pelos benefícios da presença do rei em uma década no Rio de Janeiro, não obstante o amparar-se frequentemente nos principais epígonos do liberalismo clássico, que cita abundantemente em suas obras de vulgarização da economia política, Silva Lisboa não consegue dissimular em seu discurso um apego ao passado solvente e sua mentalidade própria do Antigo Regime:

[...] A Galomania que tentou nivelar todas as classes e indivíduos, desmentindo a Providência, que variou talentos, estados, e graus de méritos dos homens; dando tortura à natureza, que bradou no ecúleo da selvageria, pondo em moda jacobínica até a imundícia d'alma e corpo, apresentando-se seminus, só distintos pela clava de Hercules, e fúria de Canibais, delirou até o excesso de destruir, a ferro e fogo, as memórias de justa nobreza e distinção, a que, por constantes instintos, aspiram os que têm energia de peito, e emulação de virtude, sabedoria, e excelência no serviço do Estado e do gênero humano. Os renegados da montanha, apóstatas de seu Deus, e Rei, na forjada Constituição de quimeras, [...], estabeleceram a Lei proibitiva do espírito de verdade, honra e genuína coragem, apregoando falsa igualdade e liberdade, para usurparem o governo estabelecido, e desluzirem a justa Autoridade do regime patriarcal, origem das Monarquias, e das diferentes Ordens do Estado, que são as suas colunas. [...] A Lei da humanidade [diz numa nota] não exclui a nobreza hereditária, que é um fato consignado no Evangelho, o qual principia pela genealogia do Fundador da Religião.[345]

Segundo Cairu, os príncipes são espíritos superiores e iluminados, predestinados a conduzir seus Estados à bem-aventurança, preservando os pilares da sociedade que são a religião, a ordem civil, a Coroa; a independência e integridade do império e os sistemas do bem público. O poder de executar tais benefícios seria "[...] emanado do caráter pessoal de Sua Majestade". Sobre tais fundamentos sustenta-se o pensamento de Cairu, um pensamento liberal mitigado, contraditório, que, se por um lado defende o *laissez-faire*, o mercado como arena da competição entre indivíduos iguais, por outro vocifera contra os que admitem o fim da escravidão no Brasil e tão abertamente admite as diferenças "naturais" entre os homens, como quando louva a política generosa de distribuição de mercês que adotou o príncipe:

[...] Também a Liberal Mão Honrou a muitos naturais do país com as Insígnias das mais Ordens estabelecidas, em prêmio de relevantes serviços. A Nação colheu o fruto de tão benéfica Providência, exterminando dos entendimentos as ilusões democráticas, e dirigindo o amor da nobreza para os dignos objetos; mantendo todas as classes na dourada cadeia da subordinação, para sempre ter em vista a Pirâmide Monárquica, contidos os indivíduos em seus competentes ofícios, e na devida distância da Suma Alteza da Soberania.[346]

Voltaremos a Silva Lisboa em seguida, a sondar que planos, programas, sistemas e projetos o economista pensou para o Brasil no contexto da instalação da sede da monarquia portuguesa no Rio de Janeiro. Mas fato é que esse dispositivo, o poder de que eram servidos os reis de fazer mercê aos súditos que a eles recorriam para solicitações as mais diversas, constituía um dos pilares em que se sustentavam as monarquias no Antigo Regime. Preposto de Deus na Terra, o dom paternal do rei de "dar" era condição de Sua Majestade, contando que evitasse desviar-se perigosamente para os extremos, a prodigalidade ou a avareza.

As distinções hierárquicas na sociedade de corte portuguesa constituíam, na segunda metade do século XVIII, o principal capital de que dispunha a monarquia. A concessão de graças honoríficas, como os títulos e os lugares nas ordens militares e religiosas, foi fartamente utilizada pelos monarcas portugueses como um capital simbólico fundamental para retribuir a fidelidade de seus vassalos. Por suposto que ao longo de séculos essa "economia do dom"[347] variou imenso. Para se destacar um exemplo emblemático dos quadros da nobreza, a estrutura e o funcionamento das ordens de cavalaria e sua relação com a Coroa não foi sempre a mesma em Portugal. Da função essencialmente bélica dos primeiros tempos, da reconquista do reino aos mouros pela cristandade até a época da União Ibérica (1580-1640), as ordens não passavam de instituições honoríficas. Incorporadas à coroa em 1551, o processo de laicização das insígnias, e de seu progressivo alheamento relativamente à atividade guerreira, alterou-as essencialmente. O historiador português Fortunato de Almeida (1869-

1933) fala mesmo de uma mudança da missão histórica das ordens que, à época de d. Maria I, só permitiriam alterações limitadas em seus estatutos.[348] Essa transformação de caráter explica-se em grande medida pela situação dos monarcas peninsulares na conjuntura da crise econômica dos Quinhentos, que, assegurando a exclusividade do poder de distribuir hábitos, passaram a utilizá-los como capital para remuneração dos mais variados serviços. Ainda assim, desde o último quartel do século XVI, impedimentos outros colocaram-se para o acesso às ordens, que passaram a exigir qualidades como a limpeza de sangue, o não exercício de ofícios mecânicos e isenção de bastardia.[349]

Mas mesmo esses novos critérios de distinção que acompanharam o processo de migração da nobreza proprietária da terra para a corte — processo que Norbert Elias denominou de "curialização da sociedade guerreira" — não lograram manter "puras" as ordens em Portugal — ordens que caíram em relativo descrédito em função de sua vulgarização distributiva. Não obstante, continuaram mantendo enorme importância social como signos de *status*, que garantiam vantagens sociais mais amplas que os retornos econômicos imediatos.[350]

Olhando na perspectiva de longa duração, pois, podemos dizer que, ao franquear largamente mercês a seus vassalos, d. João não inaugurou no Brasil nenhuma prática que já não fosse conhecida no reino. Pagou com honrarias e distinções a todos que o assistiram. Para reconhecer e remunerar os préstimos daqueles que com ele se arriscaram na travessia atlântica, ressuscitou com um decreto a Ordem da Torre e Espada, instituída por d. João V, com seu grão-mestre — sempre o rei de Portugal —, grã-cruzes, comendadores-mores e menores; honorários e efetivos; tratamentos específicos, necessariamente pessoas de "merecimentos", e empregados no real serviço; logicamente, todos merecedores de suas generosas tenças.[351] O sacrifício dos reinóis, vale lembrar, conferia-lhes, além das honrarias, moradia, comedorias, condução e serviçais para os mais graduados, além de formas de tratamento diferenciadas, capital simbólico realmente de "valor" numa sociedade onde o lugar dos indivíduos era estabelecido por critérios de honra e prestígio. Na expressão da época, assim viviam os "tenceiros" – das tenças do rei.

Registros contemporâneos permitem entender a lógica dessas dádivas reais — ou ao menos o sentido que lhes atribuíam os "ideólogos" da corte —, como nesse *Elogio*, de José Vicente Ferreira Cardoso da Costa (1810):

> [...] Era um costume de longo tempo, religiosamente observado pelos nossos Soberanos, exercitarem, mais particularmente a sua liberalidade, e a sua clemência para com os seus vassalos, quando motivos de geral contentamento desafiavam aquelas suas Reais virtudes. As suas coroações, os nascimentos dos seus augustos filhos, os casamentos da Real Família, e outros igualmente faustos sucessos eram sempre coroados com um grande número de despachos e de mercês, que levavam ao centro das famílias dos vassalos uma parte daquela mesma satisfação que cercava os chefes do Estado. [...] era no meio dos seus maiores transportes de alegria que eles [os monarcas] se lembravam de honrar um, de enriquecer a outro, e de felicitar a todos aqueles a que podiam chegar as suas graças.[352]

As crônicas confirmam a perpetuidade dessas práticas na corte carioca. Basta passar os olhos pela *Gazeta do Rio de Janeiro*, pelas *Memórias* do padre Perereca, os almanaques da cidade do Rio de Janeiro ou qualquer uma das inúmeras relações de despachos que se publicaram na Corte por ocasião de todos os aniversários reais, nascimentos, núpcias ou outro motivo de júbilo que movesse ao rei a generosamente distribuir mercês aos súditos, como foi o caso na vitória sobre os revoltosos pernambucanos de 1817, o casamento do príncipe d. Pedro e a aclamação de d. João VI.[353] Um dos principais cérebros da dúbia política econômica joanina, a qual continha muito das doutrinas protecionistas mercantilistas que ruíam e algo da nova pauta liberal que se impunha desde as potências europeias, o visconde de Cairu expressava em seus escritos e em sua prática essa ambiguidade doutrinal.[354] Nas *Memórias dos benefícios políticos do governo de El Rei Nosso Senhor d. João VI*, que escreveu para celebrar o advento da aclamação do monarca, Silva Lisboa procura explicar a lógica da distribuição de graças honoríficas, que assentaria antes de mais nada no amor à justiça, patenteado na singular bondade com que o soberano as efetuava. Tendo como critério os méritos individuais, muitas vezes haveria ordenado o rei que se desse precedência à capacidade em detrimento da antiguidade, ao mesmo tempo respeitando-se os provectos e envelhecidos no serviço. Os conflitos seriam algo natural na inexistência de empregos para todos: "Estabelecendo a Tarifa para a Remuneração Competente, está convencido, que as Mercês do trono também se regulam por Justiça Comutativa. Reconhece, e experimenta, que os Servidores egrégios são pilares do Estado. Extraordinários exemplos se podiam enumerar de pessoas conspícuas, que foram elevadas às maiores Dignidades, sem outros títulos que virtude, sabedoria, talento, e préstimo."[355]

Motivo de êxtase para uns, de execração para outros, fato incontestável é que d. João derramou fartamente graças aos habitantes do Brasil e particularmente do Rio de Janeiro ao superar seus antecessores na prodigalidade com que geriu a distribuição de mercês, obedecendo ao coração generoso e ao imperativo de suas finanças, segundo a avaliação de Oliveira Lima.[356] Alan Manchester compara duas estimativas, a de Tobias Monteiro e a de *Sérgio Buarque de Holanda*, para chegar a cifras impressionantes: se, de acordo com o primeiro, computava-se para Portugal, desde sua Independência (1640) até o fim do terceiro quartel do século XVIII, 16 marqueses, 26 condes, oito viscondes e quatro barões, em oito anos d. João criou 28 marqueses, oito condes, 16 viscondes e 21 barões. A lista das condecorações de cavaleiros das ordens reforça esses números. Segundo cálculos de Sérgio Buarque de Holanda, no Brasil joanino distribuíram-se 4.048 insígnias de cavaleiros, comendadores e grã-cruzes da Ordem de Cristo, 1.422 comendas da Ordem de São Bento de Avis e 590 comendas da Ordem de São Tiago.[357] Ainda que, com o título de baronesa de São Salvador de Campos dos Goytacazes concedido a Ana Francisca Rosa Maciel da Costa, esposa do comerciante Brás Carneiro Leão,[358] d. João tenha praticamente dado origem à linhagem de uma nobreza genuinamente brasileira, é preciso lembrar que, de fato, a oferta maciça de títulos (barões, viscondes, marqueses, condes e duques) seria um pouco posterior no Brasil. Mas não eram apenas esses últimos que nobilitavam,[359] e a nobreza brasileira foi semeada com fartura por d. João.[360]

Além de esvaziar de valor as distinções, a fartura na distribuição de mercês faria semear vaidades, intrigas e conflitos entre os que se julgavam ou pretendiam "beneméritos" merecedores, fossem nativos ou migrantes. A expectativa a cada aniversário real, festividade pública ou vitória militar fazia os ânimos se exaltarem, na esperança de promoções, como a que por tanto tempo aguardou Joaquim dos Santos Marrocos, reclamando ao pai em suas cartas o ver-se por muito tempo preterido em relação a contendores menos qualificados, contudo mais bem apadrinhados.[361] Na imagem forte de Faoro, o governo acolheu os fugitivos desempregados "colocando-lhes na boca uma teta do Tesouro",[362] mas não deixou de reconhecer as diligências com que os nativos, compulsória ou francamente, desinteressados ou não, mobilizaram-se para amparar a corte fugitiva e dispor ao príncipe seus préstimos. Nesse processo foram se redefinindo novas configurações, tecendo-se novas relações de interdependência entre os indivíduos que se apresentaram e foram recebidos na moldagem do Estado que se reerguia, configurações onde o poder econômico pesava tanto ou mais que a naturalidade ou velhas hierarquias. Afinal, distinguir era um atributo do rei e quem lhe abriu a mão generosa foi retribuído pelo soberano com as formas de reconhecimento de que dispunha. O comerciante inglês João Armitage, residente na capital à época, percebeu este aspecto decisivo na constituição do Estado brasileiro. Quando da chegada da corte, os principais negociantes e proprietários cederam as próprias casas para o alojamento da real comitiva; sacrificaram interesses particulares por um desejo de honrarem os seus distintos hóspedes; e, quanto permitiam seus meios, doaram grandes somas em dinheiro. Em reconhecimento, foram condecorados com as diversas ordens da cavalaria. "Indivíduos que nunca usaram de esporas foram crismados cavaleiros, enquanto outros que ignoravam as doutrinas mais triviais do Evangelho foram transformados em Comendadores da Ordem de Cristo."[363]

Foi nesse quadro institucional que se redefiniram as relações de força nos momentos anteriores ao regresso do rei e da proclamação da Independência. Pode-se dizer que, a essa altura, a constituição dos grupos dirigentes da nação já estava encaminhada e a sorte do Estado nascente lançada.

Nas páginas precedentes, lançamos luz em alguns aspectos constitutivos da arquitetura de poder da monarquia portuguesa migrada para o Rio de Janeiro, decisivos na constituição de uma elite "brasileira" que começava a se definir pelo encontro, muitas vezes conflituoso, entre a corte migrada e as classes endinheiradas residentes no Rio de Janeiro. Foi obedecendo à lógica da corte que se promoveu o congraçamento daquelas elites. A monarquia que chegou ao Brasil pertencendo a um tempo que ruía em seu lugar de origem, transformou-se em algo novo, pelo menos em algo diferente. Contudo, o lastro desse tempo moribundo estava fortemente arraigado nas mentes dos homens de elite e, particularmente, na do herdeiro d. Pedro, a quem coube dirigir o ato derradeiro da emancipação política. Sem a experiência da ruptura radical, o Brasil nasceu um Estado-Nação filho de dois tempos. Essa dubiedade marcou todo o período imperial e alguns de seus traços não se apagaram até hoje.

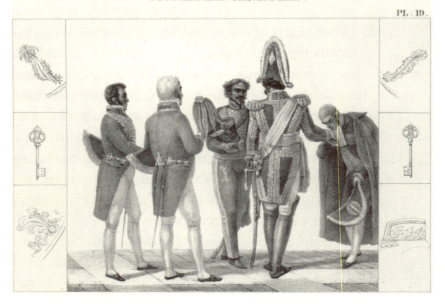

Jean Baptiste Debret. Uniforme de Ministros, O Imperador Acompanhando de um Escudeiro e de um Pajem. 1839.

CAPÍTULO 11
UMA QUESTÃO DE CLASSES

Calcula-se que as riquezas expatriadas com d. João, 80 milhões de cruzados em ouro e diamantes, correspondiam à metade do capital circulante no reino. Esse montante equivaleria ao que já se havia dispendido com a assinatura da neutralidade imposta pela França, de modo que, quando da partida da corte em novembro de 1807, os cofres em Portugal ficaram vazios, com uns 10 milhões de cruzados.[364] Diante da situação quase falimentar da Coroa quando de sua chegada ao Rio de Janeiro, coube à solícita elite econômica fluminense socorrer as urgências públicas com a instalação e manutenção da máquina administrativa e da corte parasitária e faminta de distinção que chegou com o soberano. Muitos relatos atestam a presteza e boa-vontade com que os fluminenses receberam os estrangeiros, emprestando espontaneamente dinheiro, casas, proporcionando conforto; as respostas dos socorridos não foram sempre, porém, a gratidão e o reconhecimento.[365]

Outro aspecto decisivo da vinda da corte que marcou a formação do Estado brasileiro foi o deslocamento no eixo do poder: a Coroa já não era uma entidade abstrata, sua ação já não se fazia sentir como algo que vinha do exterior.[366] A súbita presença da realeza provocou uma inelutável mudança de *status* da colônia, reconhecida formalmente em 1815, quando da elevação do vice-reinado colonial do Brasil a reino autônomo, agora unido em igual *status* a Portugal e Algarves, passando d. João a se autoproclamar "Príncipe Regente de Portugal, Brasil e Algarves, d'aquém e d'além-mar em África, senhor da Guiné, e da Conquista, Navegação e Comércio da Etiópia, Arábia, Pérsia e Índia".[367] Uma "memória" da época atesta a atmosfera de confiança nos desígnios da nação brasileira, realidade cada vez mais concreta ao tempo da aclamação: "[...] O Brasil soberbo por conter hoje em si o Imortal Príncipe, que nele se dignou estabelecer o seu Assento, adquire um tesouro mais precioso, que o áureo metal, que desentranha, e os diamantes e rubis, que o matizam. Ele já não será uma Colônia marítima isenta do comércio das Nações, como até agora, mas sim um poderoso Império, que virá a ser o moderador da Europa, o árbitro da Ásia, e o dominador da África".[368] Esse sentimento de autonomia infundiu-se com a decretação da abertura dos portos, ainda em 1808, data assinalada por setores da historiografia como a do início da nossa emancipação política.[369]

A abertura dos portos e a nova dignidade do Rio de Janeiro como capital de todo o império lusitano atraíram para a cidade legiões de negociantes, aventureiros, artistas; também um sem-número de potentados das diversas regiões do Brasil, latifundiários e comerciantes, afluiu à capital à cata de lugares e favores. Os portugueses que vieram para passar pouco tempo sentiam que, a depender da vontade pessoal do rei e dos negócios em que seus súditos iam se envolvendo por aqui, a estada não seria tão breve. Em função dos boatos da partida da família real em 1812, após a derrota de Napoleão na Campanha da Rússia, escrevia o bibliotecário real Joaquim dos Santos Marrocos ao pai, que ficara na antiga metrópole, do boato que então circulava de que logo a corte regressaria para Lisboa. Mas esse "logo" não tardaria menos de dois anos. Embora houvesse movimentos nos portos, onde algumas embarcações se preparavam, aquele que tinha a última palavra não se pronunciava; o próprio príncipe deixava a todos em desatino: "entretanto posso assegurar a V. M.ᶜᵉ que o barão do Rio Seco está edificando um soberbo palácio no Largo dos Ciganos, onde é o Pelourinho: e outras pessoas mais vão criando raízes muito fortes neste país."[370]

Enquanto essas urgências não se definiam, por causa de imposições conjunturais ou do espírito timorato do príncipe, a gente recém-chegada, composta da fina flor da nobreza de corte, seus lacaios e funcionários públicos de todos os escalões, foi-se acomodando como pôde na nova sede da monarquia, sob generosos auspícios das camadas endinheiradas locais. Por aí foram se travando os primeiros contatos, que não tardariam a gerar conflitos de interesses.

Quem pretenda conhecer quais planos, programas, propostas, sistemas, projetos de Brasil foram elaborados e disputaram espaço político na experiência histórica da época joanina no Rio de Janeiro, entre o desembarque da família real em 1808 e o retorno do rei em 1821, anos decisivos que precederam à emancipação política brasileira, haverá que pôr em perspectiva quem foram efetivamente os sujeitos com lastro financeiro, cabedal intelectual, força política e interesse em submeter à nascente esfera pública algo como um plano ou projeto para o país — sujeitos coletivos, cujas identidades se forjavam por pertencimentos comuns, afetos, parentescos, credos políticos, interesses pecuniários. Estamos falando de um universo político, jurídico, moral, ideológico e cultural da velha ordem, de Antigo Regime, sem embargo do léxico político liberal e das novas ciências como a economia política, que os agentes desbragadamente manuseavam; um Antigo Regime moribundo, mas ainda Antigo Regime.

As pessoas se identificavam como nobres (de variada ordem de nobreza) e plebeus, como ricos e pobres, como livres e escravos, como proprietários e não proprietários, como pretos e brancos. Desse mundo em dissolução emergiria uma nova ordem, dentro da qual os altos estratos da pirâmide social remanesceriam em seus lugares de mando. A classe de homens brancos, ricos, latifundiários e grandes comerciantes que, diante do fracasso da construção da monarquia dual negociada pelos deputados nas cortes portuguesas em 1821-22, como veremos a seguir, assumiram o projeto da independência, essa classe se forjou do encontro prévio de duas configurações sociais distintas, facultado pelo estabelecimento da corte na capital do vice-reinado: a da nobreza lusa migrada para o Brasil com o rei e a dos potentados locais, os argentários residentes na praça mercantil do Rio de Janeiro. Neste capítulo, uma caracterização rápida dessas duas elites será esboçada.[371] De que matéria se constituía a sociedade cortesã portuguesa que chegou com a família real? Quem eram as elites fluminenses? Como seu encontro, às vezes cordial, outras extremamente conflituoso, incidiu sobre o posterior processo de construção do Estado nacional brasileiro?

CLASSES DE LÁ E DE CÁ

A fidalguia que compunha a corte migrada guardava suas especificidades em relação a outras linhagens europeias e à própria nobreza portuguesa de tempos pregressos. Não era aquela do reinado de d. João V (1706-50), período áureo da monarquia lusa, marcado por uma importante redefinição dos quadros aristocráticos, com significativa nobilitação de elementos oriundos da burguesia. Por sua vez, a corte de d. João VI não se caracterizava por qualquer coesão. Mudanças sensíveis vinham operando em seus quadros havia séculos. No reinado de d. José I (1750-77), as diretrizes políticas pombalinas reafirmaram a importância das classes burguesas endinheiradas ligadas ao comércio, estimulando generosamente o ingresso de seus elementos na corte, educados no novo Colégio dos Nobres e acolhidos nos postos da administração. A essa nobreza togada, forjada nos bancos universitários, particularmente no curso de cânones (direito), indispunha-se visceralmente a outra, que se pretendia de "linhagem". Essa nobreza de linhagem foi em parte reabilitada na "viradeira" de d. Maria I, quando, no entanto, já era significativa a presença dos nobres de toga nos circuitos de uma corte fragmentada que acompanhou a família real ao Brasil. Para reforçar ainda mais as cizânias dentro da corte, lembre-se que parte da nobreza lusa optou por não seguir o soberano, muitos de seus quadros aderindo ao invasor francês.

Tanto a sociedade de corte quanto a monarquia portuguesa assentavam-se em normas doutrinais ancestrais, como assinalado anteriormente. À configuração patriarcal da sociedade e do Estado no Portugal de Antigo Regime adere outro princípio das monarquias modernas, de origem medieval: o caráter sagrado da realeza, que fundamenta, mas não se confunde, o poder absoluto do rei. Uma das bases dessa forma de governo, a monarquia absoluta, assentava na "liberalidade" do soberano, na sua capacidade de conceder graças, que constituía seu principal capital simbólico.[372] O desregramento no exercício desse instituto foi a marca distintiva da monarquia lusa no Rio de Janeiro. A configuração patriarcal do Estado e o caráter sagrado da realeza são princípios normativos do ordenamento político português de Antigo Regime, que devem lastrear a discussão sobre o caráter da nobreza lusa.[373] Como dissemos, aquela patenteava sua singularidade ante as demais nobrezas europeias na tolerância antiga da presença de elementos oriundos das classes mercantes em seus quadros.[374]

De outra parte, maravilhadas com a presença exuberante da nobreza de corte recém-chegada, ganham relevo as camadas superiores fluminenses, cujo perfil os historiadores por muito tempo tiveram dificuldades em estabelecer com precisão. Se desde a historiografia do século XIX entendia-se que a classe hegemônica da colônia portuguesa era uma "aristocracia rural", representada pelos plantadores escravistas da grande lavoura,[375] autores como Sérgio Buarque de Holanda, J. F. de Almeida Prado e Maria Odila da Silva Dias primaram por resgatar a ascendência política e econômica dos comerciantes de grosso trato na sociedade brasileira.[376]

Estudos posteriores vieram comprovar a preponderância dos negociantes, do capital mercantil residente no Rio de Janeiro, sobre outros setores como os comerciantes reinóis, a "aristocracia agrária nativa", a nobreza de corte e a burocracia. Esses grandes comerciantes, entre os quais se destacam os traficantes de escravos, em vez de inverterem os lucros de seu capital no(s) próprio(s) negócio(s) (como manda a lógica de acumulação capitalista), canalizavam-no para aquisição de bens de prestígio: roupas, joias, serviçais, mobiliário, carruagens, "chácaras" (casas de campo). Em outras palavras, movia-lhes a empreender não a busca do lucro, mas a de status e prestígio.[377] Esses grandes negociantes reiteravam uma mentalidade própria do Antigo Regime; envolvidos no tráfico negreiro, no comércio de longo termo e no crédito (e seguros), foram o suporte financeiro da Coroa portuguesa no Brasil. Também não ficaram de fora da estruturação do Estado brasileiro, recebendo seu quinhão em títulos e cargos, conforme seu prestígio e seu lugar em relação ao príncipe.

A tese do "enraizamento" dos interesses mercantis portugueses no Centro-Sul, sintetizada em ensaio que marcou época, foi posteriormente aprofundada. No referido ensaio, Maria Odila da Silva Dias superava as interpretações dicotômicas simplistas que opunham comerciantes a plantadores, ou reinóis de um lado e "brasileiros" de outro, sintetizando a complexidade dos mecanismos de defesa e coesão do elitismo na expressão "portugueses do reino e portugueses do Brasil". Ao mesmo tempo, destacava a importância dos comerciantes radicados no Brasil.[378] Mas já pelo menos desde o clássico prefácio ao estudo do barão de Iguape, Sérgio Buarque de Holanda chamava a atenção contra o "mito obstinado da avassaladora preeminência agrária na formação brasileira". Sugeria a existência de um forte comércio na colônia, comércio praticado por "brasileiros": "Para o coronel Prado [Antônio da Silva Prado, barão de Iguape], paulista, filho e neto de paulistas, que então se liga à facção andradina, o trato mercantil não significa desinteresse pela vida política." Nem para os Andradas, eles mesmos comerciantes. Contra o mito da "nobreza da terra", Sérgio Buarque ressaltava ali a importância do comerciante "brasileiro", do português radicado no Brasil havia várias gerações, nos inícios do Brasil independente, ilustrando com o exemplo da baronesa de São Salvador, sogra do intendente Paulo Fernandes Viana, ambos ligados ao corpo de comércio.[379] Grandes comerciantes presentes por todo o território, como na Bahia estudada por Russell-Wood, que se baseou nos livros da Misericórdia de Salvador para mostrar como ali, desde o século XVIII, foi-se substituindo a eminência conferida antes aos elementos da "aristocracia rural" em favor dos magnatas egressos do

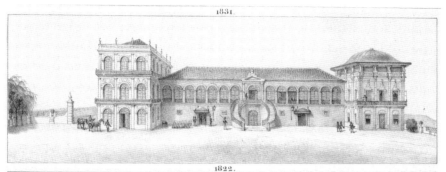

Jean-Baptiste Debret. Melhorias progressivas no Palácio de São Cristóvão, (Quinta de Boa Vista); desde 1808, até 1831, 1839.

comércio urbano.[380] Ou nas Gerais, onde a força do corpo mercantil se indicava já numa passagem do *Triunfo eucarístico*, de 1734.

Os trabalhos de Manolo Florentino e de João Luís Fragoso, ao lado de uma rede de pesquisadores e pesquisadoras com quem trabalharam nas últimas três décadas,[381] vieram confirmar o papel decisivo que a classe dos endinheirados fluminenses exerceu na construção do Estado nacional já nesse momento germinal da nação. O poder de suas fortunas atesta-se, por exemplo, no domínio do crédito da praça, que movia toda a cadeia econômica, da produção ao tráfico, e pelos socorros com que acudiram amiúde o Estado falido. O governo, por sua vez, apesar da nova ordem mais competitiva, reproduziu o sistema de privilégios ainda vigente, mantendo e concedendo monopólios e isenções, beneficiando os grandes da terra, por exemplo, na distribuição das arrematações de impostos. Esse último dado é importante, pois confirma a persistência de práticas protecionistas mercantilistas, dos privilégios e franquias do Antigo Regime, a viger mesmo após a abertura dos portos. O que tenha talvez motivado o viajante Louis de Freycenet a ser categórico quanto ao caráter despótico do governo no Brasil: "[...] *Poder soberano*. O governo do Brasil, assim como o de Portugal, ao qual esteve muito unido, é monárquico; e, no entanto, suas formas às vezes têm a marca do despotismo. Um aviso, isto é, uma simples ordem do rei ou da rainha, pode, sendo transmitida pela boca de um camareiro de serviço ou ministro, ter força de lei [...]."[382]

Esboçados acima em largas pinceladas os traços mais marcantes do perfil das elites que se encontraram na residência tropical de d. João, cumpre, antes do balanço dos planos, ideias e sistemas do visconde de Cairu, "projetista" distinto do império nos anos de d. João no Brasil, nos indagarmos do papel desempenhado por d. João, esse personagem fundamental do Brasil pré-independência, que foi o fiel da balança entre as classes em conflito no Rio de Janeiro às vésperas da Independência; que, num dos quadrantes mais turbulentos da época moderna, logrou preservar sua coroa, seus ricos domínios da América nas mãos de seu herdeiro e conduzir a transição para o liberalismo no regresso ao velho reino.

CAPÍTULO 12

O PERSONAGEM: D. JOÃO

Talvez muito a contragosto, d. João acabou por desempenhar papel decisivo na trajetória do Brasil, pois era, nesse período fundamental da história mundial (e não apenas europeia ou ocidental), o mandatário do Império português, que se estendia pela América, África e Extremo Oriente. Como nos textos políticos e laudatórios de época,[383] d. João vem sendo evocado como o grande protagonista dos feitos da transferência da Corte — muitos, a começar por Oliveira Lima, nem aceitam chamá-la assim de "fuga"! — e dos desdobramentos políticos e civilizacionais de sua permanência por 13 anos no Rio de Janeiro. Contudo, tal juízo exige ponderação. Para ficar na estrita esfera do Estado e das relações diplomáticas, sozinho d. João não teria feito o que fez. Havia um aparato de Estado e uma cultura política dentro da qual ele se movia.[384] Mas não fosse ele, não tivesse morrido seu irmão d. José e ficado incapacitada a rainha d. Maria sua mãe, como agiria d. João ou qualquer outro mandatário? Não se pode desprezar a força das circunstâncias.

O "legado" de d. João remete à questão da "memória". O senso comum, insuflado pela mídia, por seriados televisivos e por certa historiografia leiga,[385] clama por relacionar imediatamente o Brasil presente aos desdobramentos (possíveis) dos eventos passados. Em particular, por se medir a extensão ou os resultados das ações de determinados personagens históricos proeminentes. Nesse sentido, tenta-se aquilatar qual seria o "peso" ou "influência" de d. João e de seu reinado para a posterior história brasileira. Ou seja, clama-se por um julgamento — que será sempre um veredito fundado em valores. Neste caso particular, como de resto será o caso de cada personagem que entrou nesta trama, as respostas oscilam conforme os pontos de vista: há uma forte tradição historiográfica para quem d. João foi um exímio estadista e mesmo um prócer da própria independência, que deflagrou o processo civilizador no Brasil a partir do Rio de Janeiro — ou seja, um herói! Em oposição, há aqueles para quem a presença do soberano teve desdobramentos sinistros para nossa história, como a implantação de um projeto de Estado autoritário e centralizado, cujo combustível político é a corrupção.

Tais visões opostas sobre d. João, ora um bobalhão inseguro, glutão, carola, refém de políticos hábeis e inescrupulosos etc., ora perspicaz governante e estrategista, têm a ver com a construção da memória desse sujeito histórico ao longo de dois séculos. As visões positivas começaram a ser construídas à época de sua vida no Brasil, por áulicos devotados, como o visconde de Cairu, entre tantos — e continuaram depois (Oliveira Lima faz uma exaltação ao soberano em 1908, com seu *d. João VI no Brasil*). As negativas começaram na mesma época, mas pela historiografia liberal e, depois, republicana, em Portugal, com autores como Oliveira Martins e Raul Brandão.[386] No Brasil, o advento da República deu voz àqueles críticos mordazes do Império, para os quais todos os problemas do Brasil proviam do passado monárquico. D. João foi um dos mais atacados por essa historiografia republicana brasileira, entre os quais se destacam figuras de proa como Tobias Monteiro, Otávio Tarquínio de Sousa e José Honório Rodrigues, em três momentos diferentes.[387] Em tais juízos históricos, recomenda-se a prudência; nem tanto ao mar, nem tanto à terra. De fato, d. João não foi talhado para ser rei, mas a responsabilidade caiu-lhe ao colo com a morte do irmão primogênito, preparado desde a infância para receber a coroa. D. João recebeu muito moço a incumbência, devido ao impedimento de sua mãe, d. Maria, que padecia de distúrbios mentais.

No contexto conturbado em que viveu e reinou, até que d. João saiu-se muito bem: manteve-se à frente do Império português e, quando foi instado a retornar a Portugal, deixou seu primogênito à testa do Brasil, numa hábil manobra que manteve dentro de sua casa, ao mesmo tempo, o domínio do velho reino e do mais próspero de seus domínios. Mas há que considerar que, se a última palavra era do rei, como dito, ele estava cercado de uma pletora de grandes estadistas e leais servidores, entre os quais os mencionados Linhares, Barca, Anadia, Palmela, e mais João Paulo Bezerra de Seixas, barão de Itaguaí, Tomás Antônio Vilanova Portugal ou José Joaquim de Azevedo, visconde de Rio Seco. Todos eles com grande descortino político e uma fidelidade sem limites a seu soberano.

Julgarmos hoje o "legado" joanino para o Brasil seria empreendimento ardiloso. Porém, dois elementos são incontestáveis na análise do Brasil de d. João: primeiro que, quando ele veio para o Brasil, talvez mais importante que a corte, trouxe consigo todo um aparato de Estado, do Estado português. Aqui se instalou a máquina administrativa do império, com suas mesas, secretarias e desembargos, com suas forças militares etc.[388] Ora, quando imediatamente após o retorno do rei (1821) fez-se a independência (1822),[389] já havia instalado e em pleno funcionamento no Brasil toda uma máquina de Estado, que sofreu poucos ajustes de imediato. Segundo, e tão importante quanto, como vimos, foi o modo como se deu a aproximação, durante o período joanino, do príncipe regente e sua corte com as elites residentes no Rio de Janeiro, num sistema simbiótico que definiu qual seria o projeto vitorioso após a emancipação política: o das elites do Centro-Sul, que "bancaram" a independência, assumiram as rédeas do Estado nascente e se arrogaram a primazia da construção do Estado monárquico ao longo do século XIX, à sua imagem e semelhança.[390]

Muitos dos vícios de nossa história política até os dias de hoje remontam a esse momento fundador do Estado e da nação brasileiros e a seus desdobramentos ao longo do século XIX.

De acordo com certa tradição historiográfica, a presença da corte foi decisiva para os rumos da emancipação política que se lhe seguiu. É-lhe peculiar comparar nossa independência — que levou à construção de um Estado imperial, centralizado, e à preservação da escravidão, interesse maior das elites que orbitaram aquele Estado — com o processo análogo ocorrido na América espanhola, marcado, ao contrário, pela fragmentação republicana e pela abolição precoce do trabalho escravo na maioria dos novos países.[391] A questão que então se impõe é: em que medida a presença da corte efetivamente contribuiu para moldar o Brasil que se levantou das cinzas da ordem colonial ao longo do século XIX?

Não será impróprio entender que a experiência da transferência para o Brasil não apenas da família real, mas da sede do império ultramarino português, foi decisiva para a solução monárquica, centralizadora e escravocrata adotada pelas elites de mando que tomaram as rédeas da independência e se deram o trabalho da construção do Estado imperial e escravista brasileiro ao longo do XIX. A rigor, tal debate é permanente na historiografia brasileira e remonta aos tempos imediatos à própria independência. Ele guarda um iniludível viés político — e aqui se entrecruzam novamente de maneira mais clara "história" e "memória" —, que matiza tanto as interpretações que atribuem grande importância à presença e atuação do soberano no processo da emancipação política brasileira como aquelas que desdenham dessa importância.[392] A historiografia é construída a partir dessas retificações que acontecem de geração em geração, mas o *leitmotiv* da reconstrução histórica é a luta política travada no presente.

De fato, entre 1808 e 1822 mudanças fundamentais verificaram-se no Brasil, a pavimentar o caminho rumo à independência brasileira da metrópole portuguesa. No contexto da "era de revoluções", que se estende do último quartel do século XVIII até cerca de 1830 (na

América Latina), a independência brasileira representou a única alternativa conservadora bem-sucedida à opção republicana, que caracterizou a emancipação política tanto na América do Norte (que, como o Brasil, manteve a integridade territorial) quanto na América espanhola, pulverizada em várias repúblicas. Os rumos peculiares que tomou o processo de emancipação política na América portuguesa, *vis-à-vis* o processo análogo na América hispânica, foram em grande parte ditados pela transferência da família real para o Brasil.

Mas nem isso é consenso na historiografia. Em biografia de João VI, Jorge Miguel Pedreira e Fernando Torres Costa, privilegiando as questões de Estado, as forças políticas e embates diplomáticos que marcam o período joanino no Brasil, chegam à conclusão de que "d. João e o seu governo não tiveram papel relevante" na construção da independência, mas que teriam sido "as iniciativas dos liberais vintistas que empurraram a elite que havia rodeado no Brasil o príncipe d. Pedro para um rompimento completo com a imagem ainda persistente de uma unidade política de Portugal e do Brasil sob a mesma Autoridade".[393] De fato, a se olhar o processo do ponto de vista estrito da história política, uma tal conclusão é plausível. Mas pode-se sim atribuir-se importância decisiva a d. João no desfecho da independência, ao se observar como o soberano, querendo ou não, com sua política patriarcal e aliciadora, de captação de fundos por meio da retribuição de mercês honoríficas, de cooptação das classes superiores americanas, particularmente as fluminenses, contribuiu decisivamente para definir o perfil da nova elite que se formou no Brasil nos 13 anos em que se deteve no Rio de Janeiro a família real. Os moldes em que se forjaram as novas elites que assumirão a independência e, depois dela, a construção do Estado monárquico ao longo do século XIX, produziram-se em grande medida a partir dessa política distributiva de d. João, obedecendo à lógica de corte.

A rigor, muitos autores não gostam de misturar uma coisa (a vinda da corte) com outra (a independência). Mas não há como negar essa correlação. A presença da corte no Rio de Janeiro imantou as elites locais (nomeadamente as do Centro-Sul) em torno de um projeto de poder que exigia a manutenção da integridade territorial, mas particularmente a manutenção do regime produtivo, baseado na concentração da terra, na produção monocultora voltada ao abastecimento externo, e no trabalho escravo. Esse foi o botim que receberam as elites locais em troca da preservação de um corpo político unitário, monárquico, que manteve à testa um herdeiro da Casa de Bragança.

A presença da família real talvez tenha sido o fator mais importante na preservação da integridade territorial, sob um regime autoritário e centralizador mesmo após a independência; o que, por sua vez, foi um verdadeiro empecilho ao desenvolvimento das potencialidades federalistas. A historiografia peleja também nesse ponto, sobre os meandros da construção do Estado e da formação da nação a partir do processo de independência e ao longo do século XIX.[394] O que não podemos saber é que tipo de "federação" poderia então ter surgido dos escombros do mundo colonial, caso não fosse historicamente vencedor o projeto monarquista e conservador. E, o que interessa, em que medida essa hipotética federação teria logrado maior êxito na construção de um Estado e na formação de uma nação brasileira "melhor para a maioria", ou seja, mais justa, democrática, inclusiva etc.[395] A memória como olvido traz à reflexão a força dos projetos vencidos, esses possíveis não verificados. O viés político é patente: interpretações que lamentam o aborto dos projetos federalistas tendem a atribuir as mazelas sociais do Brasil atual à nossa "revolução conservadora", à "via prussiana" seguida pelas elites brasileiras. Mas em história não temos o dispositivo da "contraprova". Uma experiência federalista já à época da Independência teria levado a um país melhor? Nossa experiência republicana no século XX não autoriza uma resposta tranquila.

Enfim, o que parece decisivo na análise do período joanino, quanto ao que dele sucedeu na história do Brasil ao longo do século XIX (é disso que se trata), foi a aproximação, durante os anos brasileiros de d. João, das elites do centro-sul com a Coroa. Em troca de apoio político,

d. João VI não teve parcimônia na distribuição de títulos de nobreza, cartas de sesmarias, cargos na máquina burocrática e outras mercês para os ricos nativos, principalmente os poderosos comerciantes residentes no Rio de Janeiro, mas também de São Paulo e Minas Gerais, sem prejuízo de muitos grandes produtores rurais. Esse entrelaçamento de interesses das elites nativas com as migradas marcou o compasso do processo de independência, dentro de um ambiente cultural de intensas transformações civilizatórias. Nesse sentido, pode-se anuir ao entendimento de Evaldo Cabral de Mello: esse projeto vencedor, que cooptou o príncipe do Brasil depois do retorno do rei, pugnava pela imposição de interesses tão regionais (ou mesmo provincianos) quanto os do Rio Grande do Sul, do Pará ou de Pernambuco. O que faz pensar em quais seriam as vantagens para o Brasil se qualquer outro desses projetos regionais tivesse se imposto sobre os demais, como logrou o centro-sul. Ou, de outro modo: como teria sido se fôssemos hoje quatro ou cinco países independentes falando português?

Luz da liberal, e nobre arte da cavallaria, offerecida ao Senhor D. João, principe do Brazil, de [ou "por"] Manoel Carlos de Andrade, Gaspar Fróis Machado, Manuel Alegre e Joachim Carneiro da Silva, 1790.

Antes de chegarmos aos meandros e aos projetos de Brasil da época da independência, resta observar as ideias para o Brasil de um intelectual-chave do período joanino, como foi José da Silva Lisboa.

José da Silva Lisboa (Visconde de Cairu) junto a José Bonifácio; óleo de R. Nunes, s/d. Câmara de Vereadores de Salvador-Bahia.

CAPÍTULO 13

JOSÉ DA SILVA LISBOA, REFORMADOR

Evadindo-se às tropas de Napoleão, após a fuga ataba-lhoada da barra do Tejo nos últimos dias de novembro de 1807, a frota que conduzia o príncipe regente, sua família e parte da nobreza e Estado portugueses lançou-se ao desafio da travessia atlântica, sob proteção da armada britânica. À altura da linha do Equador, uma tempestade dispersou a esquadra. As naus que conduziam a rainha mãe d. Maria, d. Carlota e as infantas rumaram direto ao Rio de Janeiro, onde aguardaram a bordo a chegada do regente, que arribou primeiro em Salvador em 22 de janeiro de 1808, após quase dois meses no mar. Se a temporada de d. João no Brasil deu-se nos palcos do Rio de Janeiro, a *avant première* foi na cidade da Bahia. Era governador lá João de Saldanha Guedes Brito, conde da Ponte, responsável pela calorosa recepção da comitiva real, animada com inúmeros festejos, repique de sinos, salva de canhões e bandas.

Pela primeira vez em 300 anos a realeza pisava em seus domínios na América. Testemunhas oculares dão conta da perplexidade dos moradores da antiga sede do vice-reino diante do quadro que contemplaram, marcado pelo estado deplorável dos notáveis que desembarcaram, exaustos e maltrapilhos.[396] A presença inusitada mobilizou as autoridades de toda região. Consta que o governador de Pernambuco, informado da chegada dos ilustres visitantes, enviou um carregamento de frutas tropicais, pitangas e cajus, verduras e legumes frescos, refrigério para quem passara semanas à base de carne salgada e pão velho.[397]

Na curta estada em Salvador, o regente já começou a fazer política. Visitou plantações e recebeu a elite local. Festas, missas e rapapés em homenagem ao príncipe d. João tomaram as ruas e principais sítios de Salvador. Debalde os baianos se empenharam em tentar convencer o príncipe a instalar sua Casa na cidade. Consta que o governador da capitania da Bahia de Todos os Santos propôs a Sua Alteza Real construir um palácio, em troca de sua permanência definitiva na cidade. O príncipe, porém, seguiu o plano original de ir fixar sua residência no Rio de Janeiro, centro econômico e político do vice-reino, militarmente muito bem guardado e a uma distância muito segura da ameaça francesa. Conta o historiador Pedro Calmon que o povo lamentou em rimas a decisão do príncipe:

Meu príncipe regente,
Não saias daqui,
Cá ficamos chorando,
Por Deus, e por ti.[398]

Nesse breve tempo compartilhado com os baianos, porém, d. João deflagrou um conjunto de medidas administrativas que impactariam decisivamente na estrutura do império ultramarino português, entre as quais se destacam a abertura dos portos, que franqueava o comércio brasileiro às nações que estivessem em paz com Portugal, e a Decisão Régia de 18 de fevereiro de 1808, na qual fundava a Escola Médico-Cirúrgica da Bahia.[399]

A célebre carta régia de 28 de janeiro,[400] encetada para garantir a sobrevivência da corte em face da perda dos entrepostos portugueses, resultou de fato na efetiva supressão do monopólio ou exclusivo comercial, que caracterizou as relações entre metrópole e colônia durante três séculos — ou o fim do chamado "antigo sistema colonial".[401]

Essa medida teve desdobramentos incomensuráveis no curso das relações entre Portugal e Brasil nos 13 anos seguintes e nos próprios caminhos da independência. Sua articulação, consta, recebeu contribuição decisiva de um professor baiano que teria ascensão política meteórica e um papel importante na produção doutrinal do império português no Brasil, um certo José da Silva Lisboa, futuro visconde de Cairu. Como outros seus contemporâneos ilustrados, Silva Lisboa pode ser descrito como uma mente complexa, homem situado entre dois tempos em conflito, o Antigo Regime em desintegração, dentro do qual no entanto formou seus valores e princípios morais e políticos, e os novos ares liberais,[402] que iluminaram muito suas ações tanto nos postos da administração, que ocupou, como na vulgarização das doutrinas econômicas e políticas importadas da Europa, trabalho em que também se destacou.

Inúmeros pensadores ganham proeminência nesses 13 anos que marcam a estada de d. João no comando do império sediado no Rio de Janeiro. Não se verá agora tantos projetos, planos, ideias e sistemas de caráter pragmático como os do momento anterior à transferência da Corte, quando os expoentes da elite letrada formada em Coimbra e orbitando as academias, como a Sociedade Literária dos fluminenses insurretos de 1794 ou a Real Academia das Ciências de Lisboa, apontavam problemas e encaminhavam soluções práticas para questões econômicas ligadas ao comércio, às culturas agrícolas, à mineração ou à saúde dos escravos. Talvez pelo abalo sísmico que significou a transferência da sede do império para o Brasil, o debate acalorado que se propagou como rastilho de pólvora na nascente esfera pública fluminense,[403] nesse período, girou em torno da política e dos projetos diferenciados de ordenamento jurídico e político que deveria assumir esse Estado em acelerada transformação. A transferência da cabeça do império para o Brasil — batizada de interiorização da metrópole pela historiografia —, as querelas públicas pela imprensa (que não raro chegaram às vias de fato) entre defensores de projetos políticos antagônicos, absolutistas, constitucionais e mesmo republicanos, encaminhavam as discussões para as formas como se deveria organizar o Estado e sua relação com a sociedade civil.[404] Um arquétipo de protagonista desses embates é Silvestre Pinheiro Ferreira, conselheiro do rei e por ele instado em inúmeras situações na condução de questões de Estado.[405]

Um dos mais prolixos escritores do período, que ainda teve a sorte de ter sob seu comando a gestão da impressão régia para realizar seus projetos editorias, o próprio Silva Lisboa não se deu a abordar aquelas questões de ordem prática, referentes a comércio, indústria, agricultura e escravidão, ou populações indígenas, africanas e afro-descendentes no Brasil. Mesmo os tópicos que lhe foram mais caros, como o comércio e as fábricas, tratou-os, por assim dizer, de uma perspectiva mais doutrinal que pragmática. Fascinado com a leituras dos economistas ingleses, sobretudo Adam Smith, centrou seus esforços na popularização de suas doutrinas, da economia política, e por esse viés ocupou-se de assuntos que julgava urgentes ao governo imperial, particularmente referentes ao comércio franco e à indús-tria — sem prejuízo da panfletagem calorosa em reação à pressão dos revolucionários vintistas de Lisboa.[406] Silva Lisboa foi autor prolixo e escreveu rios, sobre muitos temas, inclusive sobre história pátria.[407] Nossa entrada em seu pensamento, contudo, haverá de se cingir estritamente aos lampejos de projetos, ideias e planos para o Brasil que emergem de sua obra.

Por meio do mais importante documento biográfico do introdutor da nova ciência da economia política no Brasil, a memória escrita e lida por seu filho, o conselheiro Bento da Silva Lisboa, na sessão do Instituto Histórico e Geográfico Brasileiro, em 24 de agosto de 1839,[408] fica-se sabendo que José da Silva Lisboa nasceu na cidade da Bahia em cerca de 1758; como não era incomum aos filhos da elite portuguesa radicada na América, mete-se para Coimbra em 1774, a matricular-se nos cursos jurídico e filosófico, tomando os graus de bacharel nessas matérias em 1779, tendo sido, portanto, testemunha e cobaia da reforma pombalina da universidade. Depois de alguma atividade docente em Salvador, em 1798 publica os *Princípios de direito mercantil e leis da Marinha*, que gerou grande repercussão, várias reedições em Lisboa e uma tradução ao inglês. Encantado com *A riqueza das nações* de Adam Smith, em 1804 publicou *Princípios de economia política*, a divulgar aquela obra para "propagar os princípios sobre a franqueza da indústria, abolição dos monopólios e liberdade de comércio".[409] A partir daí, não cessa de escrever sobre economia, guiado pelas doutrinas de Smith, a quem, no prólogo de suas *Observações sobre o comércio franco no Brasil*, batizou de "[...] Estrela Polar, Sacerdote da Justiça Civil, e homem que faltava à Terra para pôr ordem aos negócios da sociedade, e dar aos impérios sua firmeza, e esplendor".[410]

Não será descabida a hipótese de que a ambiguidade que marca o caráter de Silva Lisboa, intelectual entre duas eras, esteja na base da explicação da fortuna crítica igualmente dúbia de sua obra, laureada por uns, fustigada por outros.[411] Os grandes especialistas não hesitam em reconhecê-lo como genuíno fruto de Pombal, suas diretrizes de bases fisiocráticas e mercantilistas ancoradas na filosofia moral, que só tardiamente transita para a seara econômica, sob influência da ascendência intelectual decisiva que teve sobre sua geração d. Rodrigo de Sousa Coutinho, dos primeiros leitores de Adam Smith, quem iniciou um conjunto de ações no sentido do fortalecimento da sociedade civil, da iniciativa privada, a partir do próprio Estado, tema tratado nos capítulos precedentes.[412] Para Silva Lisboa, a reflexão econômica ancorada na proposta reformadora de Adam Smith, tal como detalhada na *Teoria dos sentimentos morais* e em *A riqueza das nações*,[413] seria o princípio fundamental da arte da civilização. Os pensadores ingleses do período, e os portugueses ainda mais, queriam evitar os traumas das revoluções, o que se lograria por meio de reformas paulatinas conduzidas pelo Estado. Há que se ponderar, seguindo a sugestão de

António Almodóvar, a profundidade do "smithianismo" da obra de Lisboa, antepondo às suas declarações doutrinais expressas as formas mediante as quais, em diversas situações, sugeriu como se deveria proceder à aplicação prática dos princípios que em tese defendia.[414] No mesmo sentido, o pensamento reformista de Cairu lastreou o conjunto das representações políticas da época, como ideologia da contrarrevolução alinhada aos interesses do poder econômico da grande lavoura escravista.[415]

E como Silva Lisboa leu Smith? Qual seu entendimento do que era a economia política? O dito mentor da abertura dos portos define a doutrina de Adam Smith como "a ciência e arte de prover às necessidades e comodidades de uma nação, para o fim da maior opulência dos particulares e do Estado".[416] Portanto, um corpo de conhecimento orientado a promover a riqueza e o progresso das nações, elementos básicos da felicidade geral ou do bem comum, mediante a investigação de leis naturais que regulariam a produção, distribuição e acúmulo dessa riqueza. Nesse sentido, a economia política postulava-se uma ciência regida por *leis naturais*, sintonizada a uma *ordem natural* estabelecida pelo Criador. Quando essa ordem natural era ignorada pelos homens, a economia política seria o instrumento mais bem apropriado a seu restabelecimento. A ordem natural seria a responsável pela instituição da divisão social do trabalho, precondição para a civilização dos povos. Cada indivíduo e nação civilizados deveriam voltar-se à produção e ao comércio do excedente. No estado de barbárie, porém, a produção não excederia a necessidade imediata, vedando comércio entre os homens, motivo pelo qual "os selvagens e os povos *bárbaros* são as crianças da *civilização*".[417] A defesa vigorosa do comércio Silva Lisboa empreendeu num libelo de primeira hora, por ocasião da transferência da corte e da abertura dos portos:

> [...] A franqueza do comércio no Brasil será de progressivo interesse à Coroa, à nação. Aquela terá mais rendas, em proporção à maior quantidade dos valores importados e exportados, que pagarem os direitos

estabelecidos; e esta aumentará continuamente os seus recursos, despertando a letargia, em que jazem as indústrias do país, e introduzindo-se outras por novas direções, que a energia do interesse particular, deixada à sua natural elasticidade, removidos todos os obstáculos, deve achar, até pela constante emulação e conflito dos competidores nacionais e estrangeiros. Onde concorrem mais comerciantes, aí é sempre mais ativo o espírito de especulação, para se descobrirem os melhores meios de emprego dos capitais.[418]

As ideias de ordem natural e de progresso, estruturantes da economia política de Adam Smith, estão na base do programa reformador propugnado por Silva Lisboa, de modo particularmente expressivo após a chegada da família real ao Brasil em 1808. O alvo da reformação são as práticas do Antigo Regime, contra as quais se volta o pensamento ilustrado. É lugar-comum na historiografia distinguir a ilustração, notadamente luso-brasileira, como acentuadamente eclética, ao misturar propostas típicas da fisiocracia e do mercantilismo de Antigo Regime com pressupostos da economia política inglesa.[419] Mas seria inócuo procurar explicar o pensamento de Cairu com base apenas nas doutrinas que professava. Como assinalam Fernando Novais e Jobson Arruda, interesses muito concretos e práticos moviam o economista baiano, interesses de classe que já se manifestaram nitidamente desde seus tempos de secretário da mesa de inspeção em Salvador, como se expressa na célebre carta dirigida ao professor coimbrão Domenico Vandelli ainda em 1781, à frente da qual repartição cabia-lhe

[...] o oneroso exterior expediente da Agricultura, Comércio e Arrecadação dos Reais direitos, que estão a cargo desta Mesa, fiscalizando a arrecadação e remessa dos fardos da Real Derrama do Contrato da Índia, Direitos Reais dos escravos de Angola, Benguela, novo imposto do algodão, tendo além disto feito serviços extraordinários na viagem ao Recôncavo desta Cidade, determinada por Ordem Régia, cujo resultado mereceu a Real aprovação: propondo em Mesa, frequentemente, vários melhoramentos e benefício da lavoura e tráfico do país e, com especialidade, o que pertence ao dito algodão que está em progresso.[420]

Nas *Observações sobre o comércio franco*, de 1808, ao sustentar que Portugal não teria a força de crescimento do Brasil, estando por isso sempre lutando com os limites de seu diminuto território, população escassa e ambição das potências europeias, em alguma medida vocalizava o espírito da emergente classe dominante brasileira: "o Brasil deve ser o paládio da monarquia, e a firme coluna da independência do Estado."[421]

A confrontação desses interesses concretos com o discurso liberalizante de Silva Lisboa fez um sem-número de estudiosos ressaltarem nele o jaez pragmático. Se Cairu manejou intensivamente o vocabulário da economia política, se ele se empenhou como publicista das ideias liberais, foi não obstante um típico letrado do Antigo Regime, súdito leal da monarquia portuguesa, como vimos manifesto em sua *Memória dos benefícios políticos...*, fazendo uso daquele arcabouço conceitual para justificar as ações do príncipe regente no conturbado contexto do assentamento da sede do império português no Brasil. Em vários momentos de seus escritos, manifesta-se o veemente rechaço à revolução e a aderência à ideia de progresso conquistado por meio de reformas legadas pelo Estado monárquico. A reforma da estrutura do Estado era o modo privilegiado para alcançar o progresso.

Essa aparente ambiguidade, essa tensão entre discurso e ação, se evidencia em inúmeras situações. Não obstante ser um defensor da franqueza do comércio e da indústria, Silva Lisboa endossou em sua construção teórica um modulador nem um pouco desprezível, que defendiam os administradores portugueses anteriores, como Martinho de Melo e Castro e o próprio d. Rodrigo: o Brasil não deveria se industrializar. Reverberando Azeredo Coutinho e outros, ampara-se no mitológico argumento da "vocação agrícola" brasileira, ditada pela abundância de terras e a deficitária oferta de mão de obra qualificada para indústria no Brasil. Se fábricas aqui houvesse, que fossem somente aquelas subsidiárias da agricultura, comércio e navegação. Nas *Observações sobre o comércio franco*, de 1808, ajuizava Silva Lisboa que no Brasil apenas as manufaturas mais indispensáveis deveriam ser estimuladas, e as enumerava: "os tecidos grosseiros para o vestuário dos pretos, e gente do povo"; fábricas de vidros e louça grosseira; construção naval e tudo que a cerca (cordoarias, lonas, artes de ferro para âncoras e pregos); tipografia; fábricas de papel, armas e pólvora. Finalmente, a exploração racional das minas de ferro e cobre para o consumo interno e exportação: "[...] A situação atual da potência com quem vamos ter as maiores relações comerciais, faz indispensável, que além de procurarmos animar todas as preciosas culturas, que o Brasil atualmente tem, cuidemos no corte de madeiras de construção, que poderemos vender com muita vantagem à Grã-Bretanha, além das que foram necessárias para as nossas construções navais, em que muito se deve cuidar."[422]

O sucesso na introdução e progresso das artes e manufaturas no país dependeria de se satisfazerem algumas condições. Em primeiro lugar, abundância de matérias-primas apropriadas às obras ou bens equivalentes que se almeja produzir — o que não era problema no Brasil. Em segundo lugar, haver fartura de mantimento, para barateamento do custo de manutenção da mão de obra escrava. Também seria condição primordial fomentar-se a instalação de várias "indústrias e perícias preparatórias e companheiras", subsidiárias do ramo principal; a disponibilidade de capital e braços que possam se aplicar em novas atividades, sem prejuízo daquelas já estabelecidas. Haveria também que se atentar para o local de instalação dos parques fabris, preferencialmente próximos às fontes de matérias-primas e dos consumidores. Caberia ao governo fomentar as empresas por meio de prêmios e honrarias aos industriosos que se distinguissem na qualidade de seus produtos ou na invenção de instrumentos e máquinas úteis, oferecendo-lhes isenções de impostos por períodos determinados. Por fim, caberia ainda ao governo cuidar do estabelecimento de cadeiras de ciências naturais no país.[423]

Dois anos depois, essas ideias são reiteradas no panfleto em prol da franqueza da indústria e estabelecimento das fábricas no Brasil:

> [...] Pretendo mostrar que: 1º) Em matéria de fábricas, é mais razoável seguir o exemplo do governo da América do Norte. 2º) O Brasil pode ainda por longo tempo ter muita indústria e riqueza, sem estabelecer as fábricas refinadas, e de luxo, que distinguem a Europa. 3º) As fábricas que por ora mais convêm no Brasil são as que proximamente se associam à agricultura, comércio, navegação, e artes da geral acomodação do povo.[424]

O Brasil tinha carência de população e não se deveria desviar braços das atividades do campo para as da cidade; "[...] não lhe pode, ainda por séculos, faltar emprego útil aos povos na agricultura, e nos ramos principais de indústria das cidades que a sustentam".[425] Que as indústrias se instalassem na metrópole, que dispunha de excedente de mão de obra.[426] Ainda sobre a questão da franqueza do comércio e da indústria, é autoexplicativo o sétimo requisito que Silva Lisboa entende como essencial para a introdução e prosperidade das fábricas:

> [...] Os estatutos das Mestranças, ou dos Grêmios ou Corporações dos ofícios, e o terrível sistema de monopólios que tem predominado na Europa, tem até o presente obstado a desenvolver-se a indústria com toda a sua natural elasticidade e indefinida força expansiva. Onde ela é menos comprimida e agrilhoada, os efeitos do seu ressalto e voo são proporcionalmente maiores para a generalidade e perfeição das obras. Quanto mais cabeças há a pensar, dos ricos, em darem bom emprego a seus capitais, para não terem dormentes e infrutíferos; e dos pobres, para acharem trabalho e subsistência, por amor da própria conservação, e incessante esforço de melhorar de sorte (ninguém sendo inclinado a favorecer o vadio, onde toda a espécie de indústria somente se regula pela imperiosa e irresistível lei da concorrência), é impossível que não se inventem e descubram as melhores direções da

tarefa nacional, e não resultem daí os mais exuberantes e aperfeiçoados produtos da natureza e arte.[427]

Se Cairu não deixou esboçadas ações concretas em formas de planos, sistemas, ideias e programas, como fizeram outros letrados seus contemporâneos, desenhou em doutrina seu grande projeto para o Brasil: a adoção do liberalismo econômico. Ele mesmo o reconheceu, nas *Observações sobre o comércio franco*: "Não se entenda que me proponho iludir o público, oferecendo projetos visionários, nem paliar-se o triste aspecto dos negócios nestes aflitivos tempos. Sem dúvida as desordens da Europa muito obstam à breve e possível expansão da nossa energia. Mas esse mal não provém da franqueza do comércio; ao contrário, este é o melhor recurso para mitigá-lo."[428] Apenas mediante a adoção dos princípios da liberdade de produção e comércio poderia qualquer nação evitar os infortúnios da revolução e colocar-se nos trilhos do progresso, pois só o liberalismo estaria em harmonia com a natural lei econômica, patente nos universais sentimentos dos homens, que o salvaram do barbarismo. Lei econômica que se define num único preceito: "trabalhar cada indivíduo segundo a sua inclinação e circunstâncias, e trocar com outro em boa-fé o fruto supérfluo de sua indústria".[429] Mas se o comércio deveria ser franco, nada perderia o império português em facilitar o trato com uma nação em especial, e como todas as nações estavam bloqueadas ao tráfego mercantil e à navegação, "[...] o comércio franco e leal com os ingleses é a única sagrada âncora que nos resta para a nossa salvação e esperanças".[430]

A esse propósito, não hesitou Cairu em reconhecer que se a liberdade de comerciar com todas as nações era útil ao Brasil, mais imprescindível era com os britânicos, "[...] por necessidade, interesse, política, e gratidão nacional".[431] Ressoando Smith, afirmava que nenhuma nação superava a inglesa em superioridade e ainda competência, que se fez a mais industriosa e rica da Europa, cuja riqueza provinha de fontes perenes da sabedoria e regularidade do seu trabalho produtivo anual. A defesa inabalável que faz da liberalização do comércio com os ingleses justifica-a na potência marítima daquela nação, que a ela garantiu preponderância global, por isso atacada com epítetos caluniosos por seus rivais, assim como pela "[...] superioridade de sua inteligência em conhecer os elementos sociais, e a incomparável perspicácia e perícia em aproveitar-se, para avançar mais longe, dos crassos erros econômicos, e políticos dos outros Estados". Nessa transação bilateral, o império só teria a se beneficiar da contínua importação de fundos dos ingleses, que tenderia a produzir três grandes consequências: "1º dar saída aos nossos gêneros; 2º estender a nossa indústria; 3º inspirar-nos o estudo da língua, e imitação do seu espírito público."[432]

Os imensos domínios portugueses na América eram providos de riquezas naturais e potencial econômico que a Providência não oferecera igual a qualquer outra nação. Bastaria o governo saber explorar essa abundância, e o único caminho seria por meio da defesa da plena liberdade de concorrência. Cabia ao soberano apenas "deixar fazer, deixar passar, deixar comprar, deixar vender". Os impérios que tentaram se impor por meio de monopólios e do controle absoluto de seu território a ponto de asfixiar o comércio conheceram inevitavelmente a decadência; descobriram pagando alto preço quão "[...] insensato, pobre e miserável, quem tudo quisesse prover e fazer na própria casa, sem nada comprar ou depender do nacional ou estrangeiro",[433] pois o comércio é condição para a civilização.

Um ponderado dimensionamento do pensamento econômico de Silva Lisboa, tido e havido como inaugurador do pensamento liberal no Brasil, há que ser feito em paralelo a suas ideias políticas. Conforme defende Christian Lynch em estudo sobre a recepção da obra de Edmund Burke (1729-97), luminar do pensamento conservador e crítico pertinaz da revolução francesa, a justificação apaixonada que Cairu fez da monarquia e da centralização política não pode ser entendida como mera defesa do *status quo*, já que Silva Lisboa baseava seu argumento na necessidade imperiosa de civilizar o país e abolir a escravidão, "compêndio de todos os males, e o emblema e prova da depravação do homem, que não quer trabalhar, ou se apraz do espetáculo da violência e miséria alheia".[434] Por meio da adaptação ao contexto brasileiro de teorias importadas, como as obras de Adam Smith e Burke, Silva Lisboa se lançava como o mentor intelectual de um projeto político e cultural que enfrentasse o desafio de superar o Antigo Regime, abrindo o Império lusitano à modernidade.[435]

Coube a Silva Lisboa fazer-se o disseminador do liberalismo de Smith e do tradicionalismo antiliberal de Burke no Brasil. Essa conciliação de opostos só faz sentido quando se considera que o elogio da tradição e dos costumes que Burke faz para a Inglaterra, Cairu procura articular à instituição monárquica portuguesa altamente centralizada estabelecida sob Pombal. Como ressalta Lynch, essa tradição configurava um quadro complexo, que mesclava "elementos novos que apontavam em direção a um modelo político voluntarista e os remanescentes da antiga tradição corporativista".[436] Reiterando os traços firmes com que Sérgio Buarque de Holanda desenhou o perfil de Cairu em seu clássico *Raízes do Brasil*, entendemos que não erra quem identifica no velho visconde muito mais um expoente maior do pensamento conservador do que baluarte do liberalismo no Brasil.

O conservadorismo de Silva Lisboa procuraremos argumentar com base em duas questões: primeiro, por meio de seus juízos sobre o tráfico negreiro e a escravidão; em seguida, analisando, como vimos em d. Rodrigo de Sousa Coutinho, sua concepção de império e o papel que nele cabia ao Brasil.

Em 1781, dois anos após ter obtido os graus de bacharel em cânones e filosofia, o jovem José da Silva Lisboa (contava com apenas 23 anos) escrevia a seu dileto professor da universidade de Coimbra Domenico Vandelli, de reconhecida ascendência sobre uma legião de estudantes ibero-americanos dessa geração. A missiva dava notícias da cidade da Bahia — como era conhecida Salvador então —, sua geografia, equipamentos militares, notas sobre o comércio e a agricultura das culturas tropicais, além de menções sobre usos e costumes da população e, mais importante, sobre condições da escravatura e do tráfico para a Costa da Mina.[437] Ali já ventilava entusiasmado a ideia de que se via como um homem que "quer ter ideias de um país novo", como três décadas depois fez coro aos que exultavam o nascimento de um novo império. Após fornecer detalhes técnicos do cultivo da cana, faz as primeiras menções à escravidão. O verniz liberal e ilustrado que adotará 20 anos mais tarde, em que condena a escravidão e prega sua supressão lenta e gradual, ainda não tem vez na carta de 1781. Ao contrário, o "liberal" letrado baiano aplica sua ilustração com vistas a potencializar a produtividade e lucratividade da atividade econômica, não entrando em seu cálculo qualquer parâmetro humanitário. Fazia contas Cairu:

> [...] Um proprietário, que tem 50 escravos de trabalho constante e regular, pode ter sem dificuldade 100 tarefas[438] de cana, que segundo o cálculo feito podem render 5:700$000 rs. Verdade que este rendimento não é líquido e que dele se deveria deduzir o valor da sustentação dos escravos, doenças, mortes, vestidos, restabelecimento da fábrica, salários de feitores, que administram a lavoira; mestres de açúcar, caixeiros de engenho etc. [...] É de advertir que a sustentação dos escravos ordinariamente não está a cargo dos senhores, porque por um costume quase universal, se lhes dá o dia de sábado para nele lavrarem o que lhes for mister, assinando-se-lhes o terreno.[439]

A ascendência de Pombal se fazia sentir muito fortemente no pensamento do jovem e devotado funcionário da administração portuguesa na América. É o que se infere de sua exultação ao efeito positivo da expulsão dos jesuítas — "homens que não podiam lavrar um só palmo de terra" — sobre o valor de mercado dos engenhos. Quando os engenhos e terras foram vendidos pela Fazenda Real, foram-no a bom preço e em condições muito vantajosas: "Lembro-me do Engenho formidável *do Conde*, com mais de 150 escravos e uma imensidade de terras no Recôncavo. Lembro-me dos *Ilhéus* com 270 escravos e um potentado terreno."[440]

O economista que depois se revelaria tão organicamente partidário do comércio franco como principal instrumento de geração de riqueza da nação, no começo da década de 1780 se mostrava ainda altamente influenciado pelas doutrinas fisiocráticas, ao condenar firmemente as vantagens que teriam os comerciantes sobre os agricultores. A agricultura haveria que ser a base da economia colonial: "Este nosso século é o século da agricultura; todo o mundo escreveu sobre isso formando-se planos de gabinete, talvez sem ter uma só vez remexido a terra. A agricultura, porém, é mais fácil, é mais bonita de escrever do que de executar."[441]

Essa atividade basilar da economia haveria que se apoiar ainda durante muito tempo no trabalho escravo, o qual exigia ao fazendeiro a necessidade de sua presença na terra, mesmo que viver entre escravos se igualasse ao inferno:

> [...] Acresce o gravíssimo incômodo da necessidade da presença incessante do proprietário à sua lavoura para esta poder ter o seu devido rendimento, pois que qualquer fazenda de terra vale tanto como a alma do seu dono [...] A necessidade de se viver entre escravos e pôr em fôlegos periveis [sic] a esperança de sua riqueza e a alternativa cruel e sempre perniciosa ao senhor ou de os tratar com dureza ou de ser mal servido, constitui outro terrível detrimento da lavoura do Brasil. Os negros, que apesar de sua estupidez, conhecem contudo o preço da liberdade e que justamente não tomam interesse pela fortuna do senhor para se conservarem na indolência e fugirem do rude trabalho de lavrar a terra, enchem de mil amarguras a vida rusticana [do senhor!]. Todos os dias se recebem más notícias de um preto morto, outro doente, outro fugitivo, outro rebelde, outro que deixou corromper os pés de bichos, por preguiça e ainda para desgostar o seu senhor.[442]

Não obstante, Silva Lisboa atribuía grande parte desses inconvenientes ao uso violento que se fazia contra a liberdade dos escravos, dos quais muitos ainda padeciam das agruras da fome, da miséria, da desesperação e de castigos atrozes. Preconizando ideias que depois defenderia Azeredo Coutinho e Francisco Soares Franco de abrandar--se a aplicação de castigos em benefício do próprio senhor, também Silva Lisboa entendia então que muito mais produtivo e rentável do que a violência contra sua propriedade seria, em sua opinião, a moderação que praticavam alguns senhores, que lhes garantiam negros mais dedicados ao trabalho e de maior longevidade. A facilitação de casamentos de escravos, como concedem alguns senhores, se fazia ótimo expediente para "[...] lhes suavizar o jugo e os ter com resignação sujeitos ao domínio em razão da mulher e dos filhos, seus caros penhores, que os retém e os consolam".[443]

A fonte da geração do trabalho e da riqueza jazia no abastecimento de braços africanos facultado pelo tráfico, de incomensurável importância para a economia da praça de Salvador. Aqui também são as cifras que sustentam sua argumentação:

> [...] Uma boa sumaca de 10 mil cruzados e uma corveta de 20, dão ocasião aos senhorios de achar dinheiro a risco a 18 por cento, para carregarem sua embarcação, risco que se vence em 30 dias depois da chegada da embarcação à cidade, a salvamento. Há embarcação que traz 600 escravos metidos no porão, pelo receio de que se sublevem ou se lancem ao mar, à força da desesperação infinita que os oprime. Se morrer poucos na passagem, o lucro é seguro; se morrem muitos está perdido o armador, que é obrigado a pagar o exorbitante risco que a si tomou.[444]

No ano de 1781, o comércio com a Costa da Mina teria rendido à cultura do Brasil acima de 25 mil escravos, ⅔ para a Bahia e o restante para o Rio de Janeiro. Não obstante o ingresso de escravos, lamentava, nem a agricultura, nem a população aumentaram na mesma proporção. Apreciava que a população da capitania da Bahia, sendo vastíssima, composta de seis comarcas, não ultrapassava 240 mil habitantes. A capital contava com 50 mil, porém somente ¼ destes era composto de brancos. Dado o número reduzido de casamentos, a população branca não aumentava: "[...] A dos escravos é impraticável e contra a decência das famílias: porém os senhores toleram facilmente o comércio ilegítimo pelo fruto do aumento dos escravos, que disso lhe resulta. A maior parte é inútil ao público e só destinada para servir aos caprichos e voluptuosas satisfações de seus senhores. É prova de mendicidade extrema o não ter um escravo a toda lei."[445]

Esses entendimentos parece não terem se alterado muito radicalmente quase três décadas depois, quando Silva Lisboa advogava em favor do livre comércio no Brasil. Em 1808, o futuro visconde de Cairu lembrava, em defesa da abertura a estrangeiros (especialmente aos ingleses) que, naqueles dias, nem mesmo "[...] os mais hórridos potentados da cafraria excluem dos seus portos os estrangeiros, que aí vão comerciar".[446] Sobre o resgate de escravos, refletia, não era o ramo mais vantajoso do comércio; se uma expedição fosse lucrativa, a seguinte poderia não o ser. Porém, tinha convicção de que, a se abjurar de preceitos morais e políticos, se deveria reconhecer que o tráfico de escravos, além de necessário, era útil, e haveria que ser estimulado pelo Estado com maiores investimentos. Se também os estrangeiros aplicassem sua indústria e capitais a essa atividade, disso resultaria um crescimento da indústria e do capital dos comerciantes nacionais e, consequentemente, maior incremento da lavoura e dos demais ramos conexos ao tráfico. Em cadeia, a produção como um todo se expandiria, resultando na intensificação do próprio tráfico, no contingenciamento de seu custo e na expansão das produções do Brasil, que, barateadas pela escala, conquistariam mais mercados estrangeiros:

> [...] Vê-se que assim os particulares teriam mais empregos e réditos, o Estado perceberia mais dízimos [impostos] e direitos das produções aumentadas, a nossa navegação cresceria com as demais indústrias anexas, e os comerciantes nacionais, ainda que tivessem alguns concorrentes, nunca deixariam de ter privativas oportunidades para continuarem nas expedições; pois, além da correspondência mais regular com os lavrado-

res, achariam sempre na circulação exuberância e barateza dos artigos necessários ao seu tráfico. Em questões de economia política, não se deve considerar os objetos só de um lado, mas sim em todas as possíveis faces, e relações, para se conhecer se o Estado ganha, ou perde.[447]

O segundo ponto para pensarmos o "liberalismo conservador" muito idiossincrático de Silva Lisboa converge em aspectos de suas ideias em torno do conceito de império e de como nele se deveria integrar o Brasil. Já no calor dos debates públicos que antecederam à revolução do Porto e à instalação das Cortes de Lisboa, não passava pela mente de Cairu saída outra que a manutenção da integridade do Império português sob a Coroa de Bragança. Nos seus *Estudos do bem comum e economia política*,[448] de 1819, Silva Lisboa clama pela necessidade da livre circulação de conhecimento no Brasil, mas não como um corpo político independente, e sim como um território subordinado ao Reino Unido. O Brasil surge em seus escritos não como unidade independente de Portugal, mas como a nova sede da monarquia portuguesa na conjuntura dramática da tomada do reino pelos franceses. Suas preocupações naquela quadra concentravam-se no desafio de como se construir o novo Império português na América sob a batuta de d. João. Como bem destaca António Almodóvar, o projeto político de Silva Lisboa "continuava a não ser de cariz independentista" e seu horizonte era, ainda, o do império lusitano, ou, após 1815, do Reino Unido de Portugal, Brasil e Algarves.[449] Essa constatação encontra suporte empírico na defesa, feita por Cairu em 1818, portanto muito depois dos tempos de improvisação da abertura dos portos e dos tratados comerciais com os ingleses, de que o maior benefício e grande projeto legado pelo governo de d. João era o Estado monárquico forte — ele tinha em mente o Estado imperial português, unificado sob a égide bragantina: "[...] A experiência mostra que nos Estados Monárquicos, de Leis Fundamentais, e racionável Código civil, há maior segurança das pessoas, e propriedades, e mais constante sossego e duração do governo, do que em todas as outras formas de regime político; e esses são os objetos capitais da sociedade. A fantasia contrária é desmentida pela história do Gênero Humano."[450]

Nunca vislumbrou ou promoveu a autonomia do território brasileiro. O desenho de império de Silva Lisboa em nada destoava da concepção dos reformadores ilustrados da segunda metade do século XVIII, no qual o Brasil era domínio, filial de uma matriz que lhe era externa e para a qual cumpria gerar riqueza, como expresso em suas *Observações sobre a franqueza da indústria e estabelecimento das fábricas*, já aludido. Quando se restaurasse a paz, os gêneros tropicais exportados da colônia encontrariam vasto mercado na Europa. A liberação do comércio seria a garantia da conquista do mercado perante os concorrentes, desde que se suprimissem os antigos privilégios e exclusivos que só prejuízos causavam à economia, assim como não competia ao governo incentivar e manter fábricas rivais das estabelecidas no reino, "[...] devendo as do Brasil serem antes filiais, do que inimigas, postas em desnecessária, e prejudicial competência".[451]

Toda arquitetura de doutrinas que manejou aplicou-a no sentido de assegurar que as reformas ocorressem dentro da ordem. Seu conservadorismo exulta de sua leitura de Burke, que Cairu reconhece como

> o mais valente Antagonista da Seita Revolucionária, e o que, ensinando realidades, e não quimeras, expôs os Verdadeiros Direitos do Homem; lançando exata linha divisória entre as ideias liberais de uma Regência Paternal, e as cruas teorias de especuladores metafísicos, ou maquiavelistas, que têm perturbado, ou pervertido a imutável Ordem Social, estabelecida pelo Eterno Regedor do Universo, e convencendo a impiedade, e inépcia dos Princípios Franceses, que têm causado tão grandes desastres.[452]

Seguindo os passos de Burke, Cairu reitera a inutilidade das revoluções e, ao professar que a diferença é inerente à humanidade, endossa o postulado aristocrático contra a ideia de igualdade. Essa mentalidade de Antigo Regime já havia sido francamente expressa no elogio a d. João, em libreto laudatório aos dez anos do desembarque da Corte no Brasil, onde a pena daquele que é considerado um dos mais ilustrados homens do período pinta a fuga da Corte como o maior benefício do governo de d. João, que salvou a Coroa, a nação e a monarquia das garras de Napoleão e seus apoiadores, "filhos do país desmoralizado, e fértil em Monstros, só distintos em natureza ferina, pela súbita metamorfose da Revolução, que, como a Circe da fábula, transformava em brutos os que tocava".[453]

Em sua glosa de Burke, Silva Lisboa reitera esse entendimento, condenando veementemente as revoluções, que compara às calamidades instauradas por terremotos: "tudo arruínam, e nada reparam. A sociedade civil, depois de convulsões políticas, sempre torna a compor-se de ricos e pobres, nobres e plebeus, bons e maus, quem mande e quem obedeça. A cena será renovada, e unicamente mudaram os atores."[454] É incompreensível que hoje, como se toda uma crítica a seu pensamento já não existisse — pelo menos desde *Raízes do Brasil* —, Cairu ainda seja tido como bastião do pensamento liberal, ele, que tão abertamente admite as diferenças "naturais" entre os homens, como quando louva a política generosa de distribuição de mercês que adotou o príncipe. Cairu exultou como grande serviço prestado à nação a política distributiva de honrarias encetada por d. João que mirava, antes de tudo, cooptar a elite local e angariar fundos para seus cofres vazios. A nação teria sido a grande beneficiária dessa providência, ao eliminar dos entendimentos as "ilusões democráticas" e dirigir o amor da nobreza para objetos dignos; assim fazendo, o ungido príncipe reforçou as vigas da arquitetura social de Antigo Regime, onde o lugar de cada indivíduo era dado por seu nascimento, onde todas as "classes" deveriam se manter na dourada cadeia da subordinação que tinha no cume da pirâmide a monarquia, onde cada um deveria ocupar-se de seus competentes ofícios, mantendo a devida distância da "Suma Alteza da Soberania".[455]

Em seu prefácio à antologia de Burke, Cairu revela sua concepção de poder para melhor organizar o Estado (a monarquia). Revoluções se evitam com reformas de governos esclarecidos. Nas revoluções, as ambições são desordenadas e todos perdem. Para impedi-las, é necessário concentrar a "força pública" nas mãos de poucos, para se fazer frente aos inimigos, tanto internos quanto externos: "Tal é o desfecho das Revoluções antigas e modernas: e em algumas, o Despotismo se firmou para sempre." Para se impedir a anarquia das revoluções, que fazem os homens sonharem com quimeras como liberdade e igualdade, devem-se aplicar as reformas. Nisso, persevera Cairu, os mais distintos escritores da Inglaterra admirariam Burke, pois dele veio a elaboração do padrão maior do espírito público; rebatendo especulações ilusórias de maus políticos, a sabedoria e eloquência de Burke teria legado aos "[...] Regedores das Nações prudentes conselhos para resgatarem a Europa da Barbaridade Francesa, *e prevenirem futuras revoluções com saudáveis reformas dos respectivos Estados*"[456] (grifo meu).

O pendor reformista de Silva Lisboa não lhe é, por suposto, exclusivo. Desde o final do século XVIII todas as monarquias europeias viviam o pânico das revoluções, na acepção moderna do termo, que ali passou a significar mudança abrupta e radical por meio da violência, alterando a anterior semântica astronômica do termo, ligada à re-evolução, no sentido de restabelecimento da ordem original, restauração ou regeneração (termo que o vocabulário político português adotou com extrema eficácia no contexto da "revolução do Porto").[457] Já antes de Silva Lisboa, o jornalista Hipólito da Costa, que veio a se tornar patrono da imprensa brasileira, sintonizado com a tendência conservadora herdada justamente de Edmund Burke, condenava as mudanças de caráter revolucionário, no sentido da transformação repentina e traumática da forma de governo, leis, religião ou costumes, como haviam experenciado os franceses. As mudanças que deveriam almejar os povos deveriam ser aquelas lentas, seguras e graduais, as únicas capazes de garantir os "progressos da civilização e que são ditados pelas circunstâncias dos tempos".[458] Para Cairu, essas conquistas se dariam por meio da liberalização, pelo Estado monárquico, do comércio e das fábricas.

Cairu encantou-se com a leitura de Adam Smith, mas à altura em que leu o escocês os fundamentos de suas ideias já estavam solidamente vincados nas doutrinas de Antigo Regime. Não obstante no velho publicista se chocarem estas e aquelas ideias, pesa-lhe sobremaneira a formação coimbrã e a fidelidade vassálica ao trono bragantino. Tanto é que, apesar de continuar a circular nas antecâmaras do poder, após a independência seu brilho começou a perder força, caindo num relativo ostracismo ao final da vida. Agora, nos poucos meses decisivos da ruptura com Portugal, entre 1821 e 1822, novos personagens ocupariam o proscênio.

PARTE III

De colônia portuguesa a Império do Brasil

❝ Nas reformas deve haver muita prudência: conhecer o verdadeiro estado dos tempos, o que estes sofrem que se reforme e o que deve ficar do antigo. Nada se deve fazer aos saltos, mas tudo por graus, como obra a natureza."

"O Brasil agora é feito para a democracia, ou para o despotismo — errei em querer dar-lhe uma monarquia constitucional. Onde está uma aristocracia rica e instruída? Onde está um corpo de magistratura honrado e independente? E que pode um clero imoral e ignorante, sem crédito e sem riqueza? Que resta pois? Uma democracia sem experiência, desunida, corrompida e egoísta; ou uma realeza, sem confiança e sem prudência; fogosa e despótica sem as artes de Augusto, nem a dissimulação profunda de um Tibério. A catástrofe é inevitável — mas qual será, como e quando? Esperemos pelo tempo que no-lo mostrará. Acontecimentos inesperados vão precipitando esta crise necessária. Mísera liberdade! Sossego doméstico e público, de qualquer modo estais perdidos – os déspotas, e os demagogos não podem medrar convosco; todos querem atacar ou defender-se; o interesse do momento é o seu Deus — os outros que vierem, que cuidem de si, dizem eles; e dizem bem, porque suas paixões não podem obrar de outro modo. ❞

— José Bonifácio de Andrada e Silva

Jean-Baptiste Debret. Cerimônia de coroação de d. Pedro I, Imperador do Brasil, no Rio de Janeiro, 1º de dezembro de 1822. 1839.

CAPÍTULO 14
INDEPENDÊNCIA:
PASSE-PARTOUT

Estes primeiros parágrafos poderiam ter por título algo como "um preâmbulo mais que (des)necessário". Desde as primeiras narrações e interpretações feitas no calor da hora, de que são exemplos as obras de La Beaumelle, Beauchamp, Armitage ou Cairu,[459] passando pelos monumentos historiográficos de Varnhagen,[460] Oliveira Lima, Pedro Calmon ou Tobias Monteiro,[461] o *boom* historiográfico produzido pelas efemérides do "sesquicentenário",[462] até a produção acadêmica dos últimos anos, nesses dois séculos, sobre nenhum outro evento da história brasileira se escreveu, debateu e discordou tanto quanto sobre a independência do Brasil em face de Portugal, evento luminoso e tanto mais complexo na medida em que se tornou marco fundacional da nacionalidade brasileira.

Já se querelou sobre tudo. Se a independência foi "um desquite amigável" ou um processo revolucionário;[463] se houve ou não guerra, mais ou menos cruenta (em comparação com os processos análogos na América Latina); se foi um movimento de elites (típico de transições conservadoras) ou se contou com participação popular, e qual; se foi um levante de brasileiros contra portugueses, ou o quê; se as determinações do evento deveriam ser buscadas na dinâmica interna do Brasil (ou do Reino de Portugal a que pertencia) ou nas condições geopolíticas externas envolventes; ou o papel que coube a cada personagem (fonte para a maior coleção de biografias da historiografia brasileira).[464] Nos últimos anos, ao sabor das novas pautas de interesse, se tem pesquisado a presença de agentes desde sempre ignorados pela historiografia, como é o caso de índios, negros e mulheres.[465]

Similarmente, investigou-se à exaustão eventos e processos correlatos à emancipação política brasileira, desde os quadros mentais do reformismo ilustrado, a situação de Portugal e Brasil no contexto da guerra europeia; o treinamento universitário das elites; a abertura dos portos e os determinismos econômicos; a formação da "esfera pública", a "cultura política" e o "léxico político" no contexto da independência; o papel das sociedades secretas; a revolução liberal e o assentamento das cortes gerais em Lisboa (se tinham ou não propósitos recolonizadores), o caráter do constitucionalismo, da cultura jurídica, a administração e instituições; as dissensões regionais no Brasil; o curso dos eventos; e assim por diante — tudo com apaixonadas disputas de interpretação. O esforço de gerações de historiadores para tentar mapear toda essa produção tem sido hercúleo.[466]

Tudo isso para dizer que pretender contemplar o labirinto de nuanças historiográficas desse evento fundamental da história brasileira, como é o caso de sua emancipação política, nos levaria a lugar nenhum. Assim e por isso, e prezando o caráter deste livro, à maneira de um preâmbulo contextual aos projetos para o Brasil formulados por José Bonifácio de Andrada e Silva, agente decisivo nos desígnios da independência e dos primeiros passos do novo país, vai a seguinte narração. Como tal, nada de inocente e singela, ela ilumina personagens e acontecimentos e deixa outros à sombra, analisa-os e, enquanto formula uma síntese, busca oferecer a própria interpretação, mímese de dois séculos de pesquisas, escrituras e disputas.

EMBORA OS MESES MAIS DRAMÁTICOS situem-se entre 1820 e 1822, uma série de mudanças e acontecimentos importantes levou à emancipação política do Brasil em face de Portugal entre 1808 e 1825. No contexto da chamada "era das revoluções atlânticas", a independência do Brasil representou uma alternativa conservadora aos desafios republicanos levantados às monarquias europeias que definiram o caráter das independências dos EUA e dos domínios espanhóis na América, nos momentos derradeiros do Antigo Regime.[467]

O sistema colonial da época moderna, como vimos, assentava-se nos privilégios ou "exclusivos" que tinham os comerciantes metropolitanos de intermediar os negócios coloniais. Em outras palavras, praticamente toda a riqueza — fruto da exploração extensiva da natureza por meio do trabalho escravo — produzida no território americano durante três séculos foi drenada para a Europa. Além disso, as colônias não podiam exportar diretamente para outros países. Apenas a mercadoria provinda da metrópole ou comercializada por seu intermédio era permitida.

A lógica de um empreendimento mercantil cujo fim era o saldo comercial positivo à Coroa instituiu modos altamente extensivos e predatórios de ocupação e de organização produtiva durante os três séculos de jugo colonial.[468] A fronteira aberta em direção aos sertões e a política de terras baseada na doação real constituíram um regime agrário de concentração da propriedade fundiária, orientado para a exportação e baseado no trabalho escravo. Junto com o poder econômico, os grandes plantadores angariavam prestígio e poder político, constituindo uma espécie de "aristocracia" colonial muito singular, essa que prima pelo acúmulo de riqueza material mais do que de honra.[469] A África foi fonte de abastecimento de força de trabalho para as plantações brasileiras e o comércio de humanos que a alimentava, um investimento altamente lucrativo para os traficantes estabelecidos em Lisboa ou no Rio de Janeiro.[470]

A economia bipolar gerada em três séculos de colonização, composta das zonas de produção escravista no Brasil e de reprodução de plantéis na África, demandou grande centralização política, que garantisse meios diplomáticos e políticos de suportar a pressão inglesa, quando desenhada

Campo das Princesas, (Largo do Palácio),
Recife (Pe). Luis Schlappriz. [1863-68].

a ruptura com a metrópole. Assim se manteria, enquanto possível, o abastecimento regular de africanos escravizados ao Brasil. A esse propósito, a inteligência do processo de independência do Brasil ante Portugal tem no binômio escravidão/tráfico um de seus elementos centrais.[471]

Por uma série de razões conexas que vão desde a emergência do ideário liberal, as transformações na ordem econômica mundial causadas pela revolução industrial, até mudanças dramáticas na geopolítica europeia, o sistema colonial da época moderna começou a desmoronar no final do século XVIII.[472] Em face da decadência das potências ibéricas, suas monarquias encetaram reformas no aparelho de Estado com vistas ao aprimoramento dos mecanismos de extração de lucros de seus respectivos domínios americanos, por meios administrativos, tributários e fiscais. O reformismo ilustrado da segunda metade do século foi uma política de Estado empreendida por várias das monarquias europeias no sentido de fazer frente à crescente competição e às ameaças beligerantes de potências concorrentes, particularmente urgente para as metrópoles ibéricas e denodadamente perseguida, em especial, pela Coroa portuguesa.[473]

Com o passar dos séculos o elemento português, que veio para o Novo Mundo como colonizador em nome da Coroa, começou a enxergar-se como colono, com interesses próprios e distintos dos reinóis, embora, pela língua, religião cristã e fidelidade vassálica à monarquia, se identificasse não como "brasileiro", mas como súdito português residente nas diversas "pátrias" da América, termo designativo das capitanias como elemento identitário local.[474] Os negócios em que se envolveu, os laços matrimoniais e a constituição de famílias, o antagonismo em relação a outros grupos (como o especulador português, os trabalhadores escravizados e a massa dos "desclassificados"), o pertencimento às capas ligadas à administração colonial e, não menos importante, o treinamento comum de seus filhos em Coimbra aproximaram os segmentos dominantes locais, que manifestaram em várias oportunidades seu descontentamento em relação aos rigores da administração imperial.[475]

Internamente, no Brasil, os ecos da revolução francesa e da independência dos Estados Unidos reverberaram em movimentos sediciosos, especialmente ruidosos nas revoltas de Minas Gerais (1788-89), Rio de Janeiro (1794) e Bahia (1798). Muito diversos entre si quanto a suas motivações, atores e resultados, esses movimentos revestiram-se de vivas cores anticoloniais.

Na arena internacional, a Inglaterra, em que a revolução burguesa antecedeu à França em quase dois séculos, entrava acelerada na revolução industrial. O progresso tecnológico e a transformação violenta das relações de trabalho, que tem na máquina a vapor e no contrato salarial seus maiores ícones, ditaram o ritmo do expansionismo imperial britânico, alterando a divisão social do trabalho em escala global. No cenário político, Napoleão impôs o próprio sistema colonial à Europa, levando a ferro e fogo os princípios da Revolução Francesa e prostrando de joelhos grande monarcas do velho continente. A maior resistência veio exatamente da Inglaterra. Essa guerra tomou proporções atlânticas e o pequeno reino português estava desconfortavelmente posicionado entre os dois poderios bélicos europeus. Pressionada pela ameaça da invasão de Napoleão em 1807, a Coroa portuguesa finalmente decidiu se alinhar com a potência insular. Para defender sua coroa e títulos, d. João cedeu à tutela britânica, aceitando a proteção da armada inglesa na travessia rumo ao Rio de Janeiro. Disso os ingleses colheriam gordos benefícios durante todo o século XIX.[476]

O regente de Portugal chegou ao Brasil em janeiro de 1808, para muitos o marco inicial da emancipação política do Brasil. Oliveira Lima foi um dos que entendeu que, ao colocar um oceano entre si e o corsário conquistador, desprovido que estava de meios para se opor à invasão, mais do que com prudência d. João obrou ouvindo os conselhos de uma política atilada, única cabeça coroada da Europa que escapou ao tratamento humilhante imposto por Napoleão às velhas dinastias conquistadas. Além do mais, conseguiu com sua decisão preservar para si a "grande joia do escrínio" do império português que era o Brasil, razão de ser de sua realeza.[477]

A transferência da família real portuguesa fez com que a cidade do Rio de Janeiro subitamente se tornasse a sede do vasto e combalido império português, numa inusitada inversão da relação colonial que ora situava os habitantes do velho reino na condição de inferioridade e dependência das decisões de um rei distante.[478] E os portos brasileiros se abriam às nações amigas por meio de dois contratos comerciais (1808 e 1810), ambos desbragadamente favoráveis à Grã-Bretanha.

A abertura dos portos libertou o Brasil do isolamento imposto na anterior situação colonial ao extinguir o exclusivismo português e liberar o comércio brasileiro ao circuito internacional. A carta régia de 24 de janeiro de 1808 estabelecia que o imposto de importação sobre todas as mercadorias estrangeiras seria de 24% *ad valorem*. Para proteger os interesses portugueses, porém, o governo decretou um imposto especial de 16% para os navios que chegavam de Lisboa. Ressentindo o impacto desses impostos alfandegários sobre suas mercadorias, os negociantes britânicos pressionaram d. João a assinar os dois tratados, de "Amizade e Aliança" e "Comércio e Navegação", por meio dos quais Portugal perdeu seu monopólio em favor da Grã-Bretanha, que foi privilegiada por um imposto de 15% para suas mercadorias comercializadas no Brasil.[479] Ali efetivamente se extinguia a antiga condição colonial do Brasil frente a Portugal.

A prosperidade vivida pelos habitantes da nova sede tropical do império português era inversamente proporcional ao que experimentavam os súditos que ficaram no velho reino, em situação de orfandade com a partida da família real. Setores da burguesia comercial e da nobreza lusas que não a acompanharam em sua travessia atlântica acreditaram, num primeiro momento, que a ausência de seu soberano era provisória. Após a queda de Napoleão e o Congresso de Viena, no entanto, o regente deixava-se ficar nos trópicos, desiludindo os reinóis que tinham convicção de seu retorno. As medidas que tomava no além-mar, a par da residência tropical que se prolongava indefinidamente, foram a pouco e pouco desagradando os que tinham permanecido na velha metrópole. Ainda que garantindo algumas vantagens aos mercadores portugueses — depois totalmente anuladas pelos tratados de 1810 em favor dos ingleses —, a abertura dos portos foi um golpe letal à situação colonial, tirando os privilégios dela desfrutados durante três séculos pelos lusitanos. Sua indústria medíocre não tinha condições de competir com os produtos ingleses. Sem as tarifas aduaneiras do comércio espoliativo, Portugal foi abandonado à própria sorte. O descontentamento alcançou contornos dramáticos na sublevação que irradiou da cidade do Porto para Lisboa em 1820.

Nenhuma região no Brasil viveu tão dramaticamente o impacto da chegada da família real portuguesa quanto o Rio de Janeiro. Capital do vice-reino desde 1763, a cidade tornou-se a capital provisória de todo o Império português. A população do Rio quase dobrou entre 1808 e 1821, ano em que a família real retornou a Portugal. Principal centro de exportação da região centro-sul do Brasil já desde a época da corrida do ouro no século XVIII, as funções administrativas, políticas e comerciais do Rio de Janeiro expandiram-se sensivelmente com o novo *status* de cidade capital.[480] Logo do desembarque da família real, dezenas de prédios foram requisitados pela Coroa para que a multidão de novos cortesãos e burocratas pudesse ser abrigada e, ao mesmo tempo, a máquina administrativa colonial fosse ali instalada, ainda que muito improvisadamente.[481]

Importantes melhorias urbanas ocorreram no Rio de Janeiro, elevada a sede do império ultramarino português. Alterara-se vertiginosamente o cotidiano da cidade, resultado da presença do contato diário com estrangeiros de toda cepa (comerciantes, exploradores, cientistas, diplomatas, artistas, aventureiros) que chegaram aos milhares. A vida cultural tornou-se intensa. Nesse aspecto, a família real tinha demandas próprias. A biblioteca real e a imprensa régia instalavam-se já em 1811. Os primeiros jornais começam então a circular, lampejos de uma esfera pública que logo teria papel fundamental nos desígnios da emancipação política.[482] No mesmo ano desembarcava no Rio o compositor Marcos Antônio Portugal, escoltado por vários cantores e instrumentistas, para servir ao deleite do rei nas funções de mestre da capela real e da real câmara; para o mesmo fim veio Sigismund Neukomm, discípulo de Haydn, também nomeado por d. João mestre de capela. Inaugurado em 1813 sob auspícios dos homens bons fluminenses, com seus 112 camarotes e acomodações para 1.020 pessoas, o Real Teatro de São João tornou-se o epicentro da vida social e política do Rio joanino. Os esforços envidados pelo conde da Barca trouxeram ainda a missão artística francesa em 1816 — composta de mestres como o pintor Jean-Baptiste Debret, o arquiteto Grandjean de Montigny, Joachim Lebreton (chefe da delegação) e os irmãos Taunay (Nicolas Antoine, pintor; Auguste Marie, escultor) e os Ferrez (Marc e Zepherin, escultores) —, cujos resultados foram menos louváveis que as intenções.[483]

A presença dos soberanos, família real, corte e camadas superiores da administração portuguesa produziu fatos e sentimentos inusitados nos habitantes do Rio de Janeiro. Várias festividades fascinantes alteraram com grande pompa a vida modorrenta da capital. Por exemplo, a primeira e única coroação de um rei europeu fora da Europa foi a de d. João, que se tornou VI do nome em 6 de fevereiro de 1818.[484] De mesmas proporções foi o consórcio do príncipe herdeiro e duque de Bragança d. Pedro, que esposou d. Leopoldina d'Áustria no mesmo ano.

Uma certa intimidade entre a Coroa e as elites da região centro-sul foi-se construindo, conforme se percebiam comuns muitos interesses. Como tratado anteriormente, em troca de seu apoio, d. João VI foi prodigioso na concessão de distinções nobiliárquicas, graças honoríficas, postos na máquina de Estado e propriedade de terra para ricos brasileiros nativos, especialmente para os grandes comerciantes envolvidos no tráfico de escravos, no comércio de longo termo e na emissão de crédito. Essa classe socorreu à Coroa em seus apuros financeiros, inúmeros, por meio de doação de gordas quantias em dinheiro e mimos ao rei e sua família. A inter-relação entre a corte e as classes superiores fluminenses ocorreu por meio da estrita observância da etiqueta cortesã, conforme a lógica ditada pela sociedade de corte portuguesa, prescrita em cerimoniais seculares, como tratado no capítulo 10. D. João desempenhou um papel decisivo como pivô do encontro entre a corte portuguesa e a elite brasileira. Essa confluência entre as elites reinóis e residentes no Rio de Janeiro marcou definitivamente a natureza conservadora da emancipação brasileira.

Se os brasileiros ficaram encantados com a presença do monarca, os portugueses do reino, especialmente as classes altas, acumularam cada vez mais ressentimentos e prejuízos pecuniários com sua ausência. Na medida em que o rei protelava seu regresso a Lisboa, as elites residentes em Portugal passaram a expressar descontentamento, principalmente depois da queda de Napoleão e da supremacia da Santa Aliança a partir de 1814. As queixas avolumavam-se.

A assunção do Brasil à condição de Reino Unido de Portugal e Algarves em 1815 deve ter soado a muitos do reino como um sinal de que a perda da ex-colônia era inevitável e o retorno do rei português cada vez mais difícil. Nos dois lados do Atlântico, abundavam panfletos a favor e contrários à crescente autonomia dos brasileiros. "Papelinhos"[485] publicados no Brasil proclamavam que a antiga situação colonial era nefasta e o livre comércio, garantia da emancipação do Brasil perante a metrópole. Outros, publicados em Portugal e no Brasil defendiam o contrário: que a ausência do rei era prejudicial aos portugueses do reino e só uma Constituição resolveria as diferenças. As dúbias ações de d. João, anulando antigos monopólios e privilégios, ao mesmo tempo que criava outros beneficiando para os súditos portugueses que o cercavam, não contribuíam para pacificar os ânimos de agentes investidos de interesses tão diversos, por vezes opostos.

Jean Baptiste Debret. Aceitação provisória da constituição de Lisboa, no Rio de Janeiro, em 1821, 1839.

CAPÍTULO 15

CORTES, CONCHAVOS E CIZÂNIAS

Instigado pela revolução liberal na Espanha, um movimento revolucionário irrompeu na cidade portuguesa do Porto em 20 de agosto de 1820. As "Cortes Gerais e Extraordinárias da nação portuguesa", instituição típica do Antigo Regime que não era acionada desde 1698, foram assentadas depois em Lisboa, com o objetivo manifesto de dotar Portugal de uma Constituição, meio com que os liberais de então acreditavam romper com o antigo regime das monarquias de direito divino; entre suas deliberações iniciais estavam, além do juramento de uma Constituição, o retorno imediato do rei. O "vintismo", como ficou conhecido o movimento, mirava metas messiânicas como a "regeneração" do reino, noção dúbia que misturava um desejo de retorno ao passado de glória da nação com o projeto de centralização política novamente na capital do reino.[486]

O conflito de interesses foi deflagrado em Lisboa em setembro de 1821, quando da emissão de decretos, recebidos no Brasil apenas na virada do ano, que alteravam a organização do Reino do Brasil. A criação de províncias vinculadas diretamente a Lisboa, tal como rezavam os tais decretos, esvaziava o poder do Rio de Janeiro como sede do Reino do Brasil. Além disso, determinavam o regresso imediato de d. Pedro à Europa. Essas ordens foram acatadas pela maioria das províncias brasileiras, mas provocaram reações mais fortes nos potentados do centro-sul do Brasil, que passaram a se mobilizar em torno do regente, elevado subitamente a protagonista do drama político.[487] Mas no primeiro momento após a revolução do Porto, a população brasileira — particularmente os habitantes da capital — manifestou simpatia pela ideia do constitucionalismo. D. João inicialmente resistiu às exigências dos vintistas; no entanto, ele foi persuadido a jurar a Constituição que ainda estava por ser escrita em Portugal.

Esse conflito girou em torno do controle político do Império, especialmente no que tange à organização administrativa do Reino do Brasil e da sede decisória da monarquia portuguesa. A independência do Brasil relacionou-se, assim, com a "disputa, entre portugueses e brasileiros, pela hegemonia no interior do vasto império luso-brasileiro".[488] Por não existir à época o corpo político autônomo "Brasil", nem identidade nacional entre "brasileiros", faz pleno sentido o entendimento de Sérgio Buarque de Holanda, de que o "[...] 7 de setembro vai constituir simples episódio de uma guerra civil portuguesa, e onde se veem envolvidos os brasileiros apenas em sua condição de portugueses do aquém-mar. O adversário comum está, agora, claramente nas cortes de Lisboa".[489]

D. João VI vinha esgrimindo politicamente com as cortes, no sentido de adaptar suas demandas à realidade brasileira, como no caso do decreto de 23 de fevereiro de 1821, que ditava a ida do príncipe real para Lisboa. O texto cogitava a convocação de "outras Cortes no Rio de Janeiro", o que, de acordo com Varnhagen, implicava a instituição de "duas constituições e duas capitais, habitadas estas alternativamente pelo soberano [d. João VI] e pelo herdeiro da Coroa [d. Pedro]".[490] O conselheiro do rei Silvestre Pinheiro menciona mesmo que outros conselheiros recomendavam o estabelecimento de duas constituintes, uma em cada margem do Atlântico.[491] Após iniciados os trabalhos, até certa altura dos debates perseguiu-se empenhadamente a construção de um ordenamento político para o reino unido que respeitasse a unidade e a simetria entre as partes, preservando-se a manutenção do projeto unitário — mas a tarefa se mostrou inglória.

A dificuldade maior jazia em distribuir o mando do governo entre territórios distantes. Nos primeiros meses de debate da constituinte,[492] percebeu-se ao menos um ensaio de convergência entre portugueses dos dois lados do Atlântico, no sentido da organização de um Estado dual, que pudesse responder aos anseios de duas configurações sociais cujos propósitos não convergiam necessariamente, mesmo que adornados de luminosos preceitos liberais. A rigor, a dificuldade estava em como distribuir o poder entre essas configurações ou grupos, e não em como desenhar a máquina de governo.

Até então as discussões caminhavam lá, bem ou mal, no sentido da construção de um novo império liberal transoceânico, na forma de uma nunca definida "monarquia dual", mas, como lembra Oliveira Lima, "[...] o ambiente era abertamente hostil, para que eles próprios [os deputados brasileiros] pudessem convencer os adversários de suas sem-razões. Não colheram como fruto de esforços senão dichotes e apupos. Tiveram que abandonar a partida, refugiando-se na Inglaterra ou regressando para o Brasil".[493] A pressão dos grupos de interesse para a permanência do príncipe e a ferrenha oposição à mesma por parte das cortes de Lisboa podem ser tomadas como o *turning point* da separação. Doravante as possibilidades de entendimento tornavam-se cada vez mais distantes. A partir daí, também, a capacidade de arregimentação e liderança de José Bonifácio foi decisiva para a unificação dos discursos dos diversos grupos de interesses localizados no centro-sul do Brasil, revestindo-se o príncipe de papel político que até então lhe era totalmente estranho. A simbologia construída em torno ao "fico" disso é testemunho. Por seu turno, as vagas ideias de monarquia dual nunca prosperaram.

O *timing* das cortes contribuiu para que as diferenças demorassem um pouco a se manifestar da forma explosiva e irreconciliável como logo se manifestariam, já que inúmeras deputações vindas da América tardaram a se apresentar. Não houve algo como uma "delegação brasileira", mas representantes de interesses provinciais, muitos dos quais, sobretudo do Norte (Pará, Maranhão) e Nordeste (Bahia, Piauí), se alinhavam às propostas dos deputados portugueses. As que primeiro chegaram foram justamente as do Norte-Nordeste, que não tiveram maiores problemas para se ajustar aos debates em andamento, já que compartilhavam com os colegas europeus os mesmos senões ao Rio de Janeiro, o qual, ao abrigar o príncipe herdeiro, representava o antigo regime contra o qual se levantava o constitucionalismo; além disso, a administração sediada no Rio seguia política comercial contrária aos interesses de lisboetas e nortistas, em especial devido às consequências da abertura dos portos e o protagonismo assumido pelos comerciantes ingleses.

As delegações do centro-sul (São Paulo e Rio de Janeiro) chegaram depois de já iniciados os trabalhos. Durante meses se buscou uma saída política que preservasse a unidade do império, mas a diversidade de interesses expunha-se cada vez mais veementemente a cada sessão. As disputas nas cortes ecoaram negativamente no Brasil. Os paulistas, em especial, começaram a cogitar da separação.

Obstáculos técnicos, tanto quanto os de caráter político, travaram o diálogo nas cortes. O modo de se organizar as eleições e a administração cotidiana do reino, por exemplo, testavam os limites da "unidade" possível do Estado projetado. No debate constituinte tentaram-se soluções; havia ao menos a clara consciência da dualidade e de que era preciso se lidar com ela. Textos ponderados, como um projeto regulador das relações comerciais entre os reinos, foram apresentados e discutidos. Os entraves, porém, não eram somente de ordem jurídica ou econômica, mas também de natureza política.[494]

Se as Juntas mais ativas vindas do Brasil, como as de São Paulo e Pernambuco, concordavam com as de Portugal quanto à questão da integridade e indivisibilidade do Reino Unido (mote antigo, já entusiasticamente defendido por d. Rodrigo de Sousa Coutinho), divergiam irreconciliavelmente quanto à centralidade decisória de cada uma das partes — e quanto à cidade-sede da monarquia. A adesão de todos ao sistema liberal, que significaria a extirpação da ameaça da independência do Brasil, esbarrava nas diferentes posturas quanto ao poder de mando na nova configuração política que se buscava. No início de 1822, deputados brasileiros, como o pernambucano Muniz Tavares, já respondiam abertamente com a separação total às posturas autoritárias das Cortes, manifestadas, por exemplo, na ameaça de envio de tropas militares portuguesas para o Brasil.[495] A partir daí, os grupos de interesse capitaneados pelos paulistas elevaram o príncipe herdeiro a pivô do drama histórico, sendo a radicalização o caminho seguido.[496]

O vintismo traz a marca profunda, mais uma vez, de um evento sitiado entre duas eras, num quadrante de acelerada transformação. Seus propósitos de construir um ordenamento jurídico pautado nos novos princípios liberais enfrentaram limites e contradições, como já expresso no próprio termo "Cortes". Por mais que se as adjetivasse de "novas" ou "diferentes", tratava-se de um instituto típico do *Antigo Regime*. Como reconheceu Arno Wehling, expressavam-se contradições próprias a um período de transição, mas cientes do *quantum* de ruptura o constitucionalismo implicava. E essa passagem do antigo ao moderno acarretou que "em muitas situações prevalecessem soluções arcaizantes, em outras, tipicamente modernas e também de compromisso".[497]

Antes de tratar dos ecos do movimento vintista no Brasil e suas implicações para a independência, cabe registrar o ambiente de vivos debates de projetos com um exemplo: logo depois dos estampidos da revolução, uns poucos súditos portugueses do reino, mais perspicazes nas manhas da política, começaram a esboçar estudos sobre a melhor forma de organização do reino unido, questão que estaria no epicentro dos debates das cortes gerais logo em seguida. Causa espécie, nesse gênero, o libelo produzido por Antonio d'Oliva Siqueira em que defende seu plano para o reino unido.[498] Logo na introdução, ao constatar que "depois da gloriosa revolução de 1820, ninguém se preocupou em fazer um projeto prático para consolidar a união do Reino", ele achou proveitoso lançar o seu, cuja tese central é a de que a sustentação do reino dependia da manutenção dos laços com o Brasil, fonte de toda riqueza e base de toda prosperidade. Para demonstrar sua tese, ele constrói seu argumento levantando uma sequência de questões, cujas respostas serviriam de base a suas ideias. A primeira é de se seria ou não interessante a Portugal a união com o Brasil e, por suposto, a resposta é taxativa: "Digo que interessantíssima: demonstra-se." Portugal era pequeno e falto, mas tinha no Brasil a solução de seus problemas:

> [...] Portugal, para ser independente em sua liberdade, procurará sempre outra Potência, que o ajude a defender-se: mas se o Brasil, povoado que seja, toma o eminente lugar das primeiras nações do mundo, se ele, pelas suas imensas riquezas, pode ter uma grossa marinha, com que nos ponha a salvo de todas as ambições ou políticas, se nele enfim achamos todos os recursos da nossa independência, que tanto vai, como achá-las em nós mesmos, por ser habitado por nossos irmãos, por portugueses; temos portanto ali tudo o que precisamos; e provado que a união de Portugal com o Brasil não é interessante, mas interessantíssima.[499]

Siqueira tentava fazer ver aos patrícios que, a rigor, a preservação da união interessava muito mais a Portugal que ao Brasil! A este último, "digo que lhe interessa presentemente, mas que para o futuro lhe é indiferente, e pode existir independentemente de alguma colaboração". E argumenta, primeiro, que só naquele presente interessava ao Brasil ligar-se com Portugal, enquanto o "reino" americano se povoava, estabelecia suas comunicações e se firmava, ali ainda precisava de Portugal, de seus adiantamentos, manufaturas, portos. Mas não tardaria que conseguiria o Brasil manter-se por si.

O terceiro ponto, muito revelador, inquere: qual deveria ser a política "dos Portugueses da Europa" para conservarem suas vastas possessões sob a bandeira do Reino Unido de Portugal, Brasil e Algarves? Numa proposição de estratégia política inusitada, argumenta a favor da permanência do rei no Brasil, já que à parte maior não caberia ceder à menor. Ao retornar a Lisboa, pondera quase profeticamente, o rei "prepararia a desunião do Brasil com Portugal". Seu projeto propunha que todos os portugueses aceitassem a Constituição. Os portugueses do Brasil seriam compensados pelos de Portugal com a "cessão" do rei por parte dos últimos aos primeiros. Nas palavras de Siqueira,

> [...] Não é provável que os portugueses do Brasil deixem de aceitar o Código Constitucional, e eles serão tanto mais prontos, quando souberem que nós lhe desejamos a mesma liberdade, que possuímos, e que jamais consentiremos, que sejam menos livres: que nós temos deliberado ceder-lhe a posse d'El Rei, e a política de preparar o engrandecimento do Brasil, e do vasto Império Português.[500]

Avança então Siqueira seu argumento dando dicas de como se alcançar o objetivo da união: 1) um código geral para todos; 2) que houvesse uma representação na Corte do rei (no Brasil, que cobre possessões de África e Ásia) e outra na capital dos reinos de Portugal e Algarves (que incorporaria as ilhas da África); 3) que o rei nomeasse um vice-rei para Portugal, com todos os poderes para sancionar leis, distribuir mercês, dispor do exército, eleger bispos e generais, tudo em nome d'el rei; 4) o vice-rei nomeado deveria ser irmão ou filho do rei; 5) que se evitasse a vinda do rei ou do príncipe de Bragança (d. Pedro) a Portugal, mas que se enviasse d. Miguel, depois de jurada a Constituição, para o lugar de vice-rei; 6) que os portugueses do Brasil não pudessem ter propriedades em Portugal e vice-versa; 7) que se firmassem leis de comércio livre entre os dois países. "Desta sorte terão grande extração os nossos vinhos e manufaturas, e tornará Lisboa a ser o armazém dos gêneros do Brasil para toda a Europa." Essas questões estariam no cerne das contendas dentro das cortes gerais logo em seguida. O fato de Antônio d'Oliva ter publicado no mesmo ano uma *Adição ao projeto para o estabelecimento político do Reino Unido de Portugal, Brasil e Algarve*, refutando inúmeras objeções opostas ao *Projeto para o estabelecimento político do Reino Unido* indica que a pauta interessava a todos e fervia no espaço público, como aconteceria em seguida dentro das cortes.[501]

Como argumentava anteriormente ao comentário ao panfleto de d'Oliva, o eco do movimento vintista ressoou fortemente no Brasil. Setores aderentes e refratários manifestaram-se dos dois lados do Atlântico. Os debates e procedimentos encaminhados pelas cortes gerais de Lisboa foram aos poucos revelando seus propósitos recônditos: reduzir a autonomia administrativa e comercial brasileira e restabelecer prerrogativas que tinham durante a época colonial. Antes mesmo da chegada dos deputados das províncias americanas a Lisboa, já se haviam delegado os principais órgãos governamentais aos portugueses e decretada a volta do rei. Para isso, nomeou-se um governador de armas para cada província brasileira, com funções executivas, independentes do Rio de Janeiro e das juntas governativas recém-criadas, enquanto novas tropas portuguesas deveriam rumar para o Rio e Pernambuco.

A falta de unidade do que depois veio a se tornar o Brasil é um ponto central para o entendimento da dinâmica das cortes gerais e seus desdobramentos.[502] Imperava um isolamento acentuado entre as províncias da América portuguesa.[503] Essa tese foi consagrada em ensaio clássico de Sérgio Buarque de Holanda, onde indicava que, "no Brasil, as duas aspirações — a da Independência e a da unidade — não nascem juntas e, por longo tempo ainda, não caminham de mãos dadas":

> [...] no tempo do rei velho o país parecia organizado como uma "espécie de federação, embora a unidade nacional devesse, ao contrário, ser mais favorável aos progressos de toda ordem". Essa unidade, que a vinda da corte e a elevação do Brasil a reino deixara de cimentar em bases mais sólidas, estará a ponto de esfacelar-se nos dias que imediatamente antecedem e sucedem à proclamação da Independência. Daí por diante irá fazer-se a passo lento, de sorte que só em meados do século pode dizer-se consumada.[504]

A unidade, nas colônias, era assegurada não em qualquer suposta identidade nacional, mas na eficácia da burocracia de Estado metropolitana.[505]

Se aceitarmos que d. João foi desafiado pelos vintistas quanto às dimensões de seu poder, podemos entender a independência do Brasil como um momento dessa queda de braço. Os liberais de 1820 deflagraram um verdadeiro golpe de Estado contra o rei, ao imporem-lhe a aceitação de uma Constituição ainda por ser feita e seu retorno incondicional ao reino, assim como a retomada da pauta de discussões no tocante às relações bilaterais entre Brasil e Portugal. Por seu turno, o movimento do rei foi um verdadeiro xeque-mate às cortes vintistas, um "contragolpe" de Estado, ao aceitar a Constituição e o retorno de si, mas mantendo o príncipe herdeiro no Brasil. Esse ato sinalizava claramente que o custo do acinte dos revolucionários vintistas seria a perda definitiva da colônia, um preço caríssimo aos portugueses. Por outro lado, d. Pedro era herdeiro de d. João e, morrendo o pai, ironicamente corria Portugal o risco de ser recolonizado pelo filho. O velho rei sabia muito bem o que estava fazendo. Dias antes de embarcar de volta a Portugal, deixava esse conselho sagaz ao filho: "Pedro, se o Brasil se separar, antes seja para ti, que me hás de respeitar, do que para algum desses aventureiros."[506]

Em abril de 1821, cedendo às pressões das Cortes, d. João partiu para Lisboa, deixando d. Pedro como príncipe regente do Reino do Brasil. O rei velho esvaziou o tesouro público em seu retorno a Portugal, deixando o Brasil em situação calamitosa. A política de d. Pedro como regente não era clara, apesar de ele ter iniciado um governo liberal. Não obstante as dificuldades financeiras, d. Pedro aboliu impostos, cortou despesas do governo, equiparou oficiais portugueses e brasileiros, conduziu a desapropriação de bens particulares resguardando o direito de propriedade e decretou garantias de liberdade individual. Seu pulso firme manifestou-se em várias ocasiões, como a 5 de junho de 1821, quando neutralizou pessoalmente um pronunciamento da tropa portuguesa no Rio de Janeiro. Foi extremamente simpático para com as diretrizes da Constituição: soberania popular, parlamento, inviolabilidade das garantias reais, individuais e de propriedade, liberdade de imprensa e direito de petição.[507]

Pelas atas das Cortes gerais pode se perceber que, se no princípio dos trabalhos os debates seguiram uma linha mais técnica, como é exemplo a longa discussão sobre as "revisões" processuais, a questão central da viabilidade de se estabelecer mais de um tribunal superior no império se arrastou por meses, sem chegar a bom termo. A matéria dos recursos se impôs urgente desde o alarido em torno da proposta de fechamento dos tribunais do Rio de Janeiro, argumento central dos representantes do centro-sul na disseminação da ameaça de "recolonização", que, se de fato existiu, foi como arma ideológica no movimento dos representantes das elites do Sul.[508]

As primeiras manifestações mais contundentes de agravamento surgem na virada para 1822, porém nada sinalizava ainda qualquer possibilidade de rompimento. Os conflitos passaram a ficar mais sonoros por volta do meio do ano, e não se tratava mais de diferença de entendimento doutrinário sobre o texto constitucional. A notícia da convocação da Assembleia Geral e Constituinte no Rio de Janeiro[509] ressoou como uma bomba nas Cortes em agosto de 1822, a ponto de a presença dos deputados das províncias do centro-sul ter sido posta em discussão no plenário das Cortes.

Ainda na virada para o ano de 1822, decretos vindos de Lisboa ordenavam a imediata retirada do príncipe regente e a extinção dos tribunais superiores do Rio de Janeiro, gerando grande comoção popular. Sob uma bandeira liberal, grupos politicamente distintos se uniram contra os ultimatos das Cortes. Todos tinham a convicção acertada de que a adesão do príncipe era fundamental para a resistência contra Portugal, cuja presença ostensiva se fazia representar nas tropas da Divisão Auxiliadora, em prontidão no Rio de Janeiro. A ideia de secessão foi ganhando apoio por meio do grande número de panfletos políticos que circulavam na Corte e outras capitais de província. Movimentações nas sociedades secretas, nomeadamente as lojas maçônicas abertas nesses anos, aliciaram o príncipe regente para a causa, ao ver nele um centro aglutinador vital para evitar a fragmentação e garantir a unidade do país, interesse maior de grandes comerciantes, proprietários rurais e senhores de escravos.[510]

Nas maquinações subterrâneas que grassavam profusamente, as lojas maçônicas fechadas em 1818 foram reabertas. Importantes líderes liberais do vulto de José Clemente, Gonçalves Ledo, Januário da Cunha Barbosa, Alves Branco, José Bonifácio e seus irmãos e o próprio príncipe d. Pedro participaram dessas sociedades secretas (que pululavam em todo o país desde o século anterior, como a "Keropática", a "Jardineira", o "Apostolado", o "Areópago de Itambé").[511]

Talvez d. Pedro tenha sido seduzido pelas campanhas populares no Rio de Janeiro, São Paulo e Minas Gerais que pediram sua permanência no Brasil. Em 9 de janeiro de 1822 ele se decidiu por permanecer — o célebre dia do "fico". No entanto, a sucessão de eventos foi além de sua vontade pessoal. Embora faltasse a adesão das províncias do Norte, d. Pedro comprometia-se com a "causa brasileira". É possível que o jovem regente, assim como a maioria dos representantes do Brasil nas cortes gerais e extraordinárias da nação portuguesa, nunca tenha desejado o desfecho da secessão. Não obstante, ele defendeu a independência cujos ideais empreendeu em nome de instituições liberais e da tradição monárquica.

As cortes gerais e extraordinárias concluíram seus trabalhos a 4 de novembro de 1822, estabelecendo o texto da primeira Constituição liberal de Portugal, na qual o Reino do Brasil ainda constava. Além de não reconhecer a legitimidade do governo de d. Pedro,[512] como referido, as cortes gerais contavam com o apoio de importantes grupos das províncias do Norte e do Nordeste. Dos 141 deputados que assinaram a Constituição portuguesa em novembro de 1822, apenas 36 representavam províncias brasileiras.[513] Alguns ainda permaneceram no exercício de seu mandato após a Constituinte, já nas cortes ordinárias do reino, mas a maioria teve que sair fugida de Lisboa, muitos fazendo escala em Londres, a evitar a prisão quando a radicalização do debate mostrou aos agentes que os interesses ali eram irreconciliáveis.

Assim distinguia-se o processo emancipatório na América portuguesa do que sucedia na América espanhola, fragmentada em inúmeros países independentes que adotaram o regime republicano — e, mais eloquente, onde se aboliu o trabalho escravo (exceção de Cuba e Antilhas). A permanência do herdeiro da casa de Bragança significou um importante vetor da construção da unidade do país, que a rigor só se consolidaria em meados do século, após as turbulências do período regencial, de que a Revolução Praieira de 1848 representa um dos últimos grandes movimentos de resistência ao projeto centralizador das províncias do centro-sul.

Mas não se pode esquecer que d. Pedro era herdeiro do trono português. Daí sua hesitação natural. Ainda em dezembro de 1821, José Bonifácio de Andrada havia redigido uma representação em nome da Junta de São Paulo, que mandou espalhar pela cidade com autorização do príncipe. Esse documento bomba seria a primeira afronta declarada do Brasil às Cortes de Lisboa. Ao nomear, depois do "fico", o iminente mineralogista para seu ministério, o príncipe regente dava sinais de sua opção pelo Brasil.

Aliás, os últimos dias de 1821 devem ter sido de muito pensar a d. Pedro. Deveria partir, obedecendo às sanhas dos vintistas, ou ficar e resistir, para no Brasil fundar um novo império? Após o recebimento do ultimato para o retorno a Lisboa, José Bonifácio lhe conclamava, em carta no estilo grandiloquente que era próprio dos letrados da época, a assumir o papel que a história lhe reservava. Vaticinava o velho Andrada:

> [...] apenas fixamos nossa atenção sobre o primeiro decreto das Cortes acerca da organização dos governos das províncias do Brasil, logo ferveu em nossos corações uma nobre indignação, porque vimos nele exarado o sistema da anarquia e da escravidão [...] o segundo nada menos pretende do que desunir-nos, enfraquecer-nos e até deixar-nos em mísera orfandade [...] como agora esses deputados de Portugal, sem esperarem pelos do Brasil, ousam já legislar sobre os interesses mais

sagrados de cada província e de um reino inteiro? [...] como ousam desmembrá-lo em porções desatadas e isoladas, sem lhe deixarem um centro comum de força e união? [...] Como querem despojar o Brasil do Desembargo do Paço, e Mesa da Consciência de Ordens, Conselhos de Fazenda, Junta de Comércio, Casa da Suplicação e de tantos outros estabelecimentos [...] Para onde recorrerão os povos desgraçados a bem de seus interesses econômicos e judiciais? Irão agora, depois de acostumados por 12 anos a recursos prontos, a sofrer outra vez, como vis colonos, as delongas e trapaças dos tribunais de Lisboa, através de 2 mil léguas de oceano? [...] é impossível que os habitantes do Brasil que forem honrados e se prezarem de ser homens, e mormente os paulistas, possam jamais consentir em tais absurdos e despotismos [...] V. A. Real deve ficar no Brasil quaisquer que sejam os projetos das Cortes Constituintes não só para nosso bem geral, mas até para a independência e prosperidade futura do mesmo Portugal. Se V. A. Real estiver (o que não é crível) pelo deslumbrado e indecoroso decreto de 29 de setembro, além de perder para o Mundo a dignidade de homem e de príncipe, tornando-se escravo de um pequeno número de desorganizadores, terá também que responder, perante o Céu, do rio de sangue que decerto vai correr pelo Brasil [...].[514]

A missiva do famoso cientista, que era um chamado e ao mesmo tempo uma ameaça, mostrava ao príncipe que o apoio a si engrossava. A carta deve ter pesado em sua decisão de permanecer no Brasil; afinal, era da lavra do José Bonifácio de Andrada, o grande sábio de quem todos falavam. Daí por diante, até o desfecho da separação, d. Pedro sabia que poderia contar com o apoio incondicional de Bonifácio, que seria nomeado ministro do Reino e dos Negócios Estrangeiros, logo a 12 de janeiro. Para não pairar dúvida sobre o papel que jogou Bonifácio no processo derradeiro de ruptura com Portugal e na estruturação do Estado nascente e seu primeiro governo, vale ouvir Varnhagen, cujas palavras soam tanto mais insuspeitas quando se lembra do ódio nutrido contra o Andrada pelo historiador diplomata, mercê do destrato com que o paulista teria lidado com seu pai engenheiro nas minas de Sorocaba.[515]

Sob a orientação do Andrada, d. Pedro começou a agir. Usou habilmente de sua condição de herdeiro da Coroa portuguesa, do apoio popular e da adesão das tropas brasileiras para expulsar do Rio de Janeiro as tropas portuguesas da Divisão Auxiliadora e impedir o desembarque de outra que ali aportava. Promoveu a transferência de praças portugueses que quisessem aderir às forças imperiais brasileiras, tendo tomado uma fragata para a futura marinha nacional. Em nome da Constituição e do liberalismo, e tendo plena consciência de seu papel, d. Pedro dirigiu-se a Minas Gerais, e depois a São Paulo, aliciando simpatizantes e neutralizando opositores.[516]

Em um momento extremamente turbulento, d. Pedro tomou medidas que pavimentaram o caminho da independência. Convocou eleições para o Conselho de Estado. Gonçalves Ledo e seu grupo consideraram insuficiente o caráter consultivo de que se investiu o órgão, defendendo que fosse deliberativo e legislativo. Nasceu dessa facção o germe da ideia de se convocar uma Assembleia Constituinte, o que sofreu franca oposição de setores conservadores, encabeçados pelos irmãos Andrada. Com a máquina governamental nas mãos, o grupo liderado pelos paulistas usou de repressão e violência para conter qualquer avanço dos opositores. As maiores vitórias dos liberais foram a concessão do título de Perpétuo Defensor do Brasil a d. Pedro, a convocação de uma Assembleia Constituinte e a aclamação do príncipe em 12 de outubro de 1822.[517]

Importante é sublinhar que a esperança de se manterem unidas as duas coroas perdurou até às vésperas da proclamação formal da Independência. Mas não havia meios de isso se concretizar. Três facções buscavam no Brasil a hegemonia na condução dos acontecimentos e a simpatia do príncipe. A primeira seria o "partido português", representado por comerciantes lusos que desejavam o restabelecimento dos velhos privilégios coloniais, ao qual se somavam militares e funcionários da Coroa. Um segundo grupo, formado pelas elites dominantes locais (altos funcionários, fazendeiros, comerciantes ligados aos ingleses), desejava a autonomia, ainda que fossem simpáticos à monarquia dual. Diante da impossibilidade dessa hipótese, acabaram aceitando a ruptura e aderindo ao separatismo ao lado do príncipe. O terceiro "partido", de tendências republicanas, era composto por elementos mais radicais e democratas, ligados principalmente às atividades urbanas: médicos, farmacêuticos, professores, pequenos comerciantes, padres. Mesmo esses curvaram-se à solução monárquico-constitucional que sobressairia vitoriosa.

Sob o carisma de d. Pedro reuniram-se esses grupos mais diversos, e mesmo a convocação da Assembleia Constituinte, em junho de 1822, não pode ser tida ainda como uma declaração de independência. José Bonifácio foi de início refratário à Constituinte, pois defendia um governo aristocrático de nobres e sábios. Suas fricções com o grupo do jornalista Gonçalves Ledo tornaram-se cada vez mais incisivas. Apesar de convocadas eleições gerais, logo se mostraria o caráter elitista que as inspirava, com o impedimento do voto à maioria esmagadora da população. Em meio à confusão de informações que chegavam a Portugal, as Cortes reagiram com medidas extremadas. Reduziram a autoridade do príncipe e mandaram processar quem se colocasse contra a política de Lisboa. Tal reação acabou gerando o rompimento unilateral por parte de d. Pedro e seus apoiadores.

A proclamação formal da Independência a 7 de setembro de 1822[518] não encerrou o processo da emancipação política brasileira. Em breve se levantaria com grande força o partido português, mostrando suas posições conservadoras. Opostos à separação, foram momentaneamente imobilizados, mas voltaram com força total a lutar pelo espaço perdido. Em minoria, aderiram ao absolutismo, elegendo o agora imperador d. Pedro I como instrumento de suas reivindicações.

No entanto, vozes dissonantes foram ouvidas de dentro do Brasil. Nenhuma outra região ofereceu mais resistência ao colonialismo do centro-sul do que o Nordeste, especialmente Pernambuco. Esta tradição surgiu no século XVIII sob a influência das ideias francesas. Junto com os três irmãos Cavalcanti de Albuquerque e um grupo de letrados pernambucanos, Manuel Arruda Câmara fundou a primeira loja maçônica do Brasil, o Areópago de Itambé, em 1796, diretamente vinculada a lojas maçônicas francesas. A herança do Areópago e os princípios liberais nunca foram silenciados. A chegada da família real acabou superonerando as províncias nordestinas, fazendo com que as elites pernambucanas se ressentissem profundamente. Isso resultou em dois grandes movimentos contra o governo central no Rio de Janeiro, um em 1817 e outro em 1824. No primeiro, um governo republicano provisório foi formado com cinco membros e auxiliado por um Conselho de Estado. Uma nova lei orgânica foi estabelecida, garantindo direitos individuais baseados na Declaração de Direitos do Homem e do Cidadão (da Assembleia Nacional, ainda na primeira fase da Revolução Francesa), liberdade de opinião, religião e imprensa.[519]

A revolta teve sérias repercussões em várias províncias do Nordeste brasileiro. O Rio de Janeiro respondeu de volta por meio de uma contrarrevolução. Recife foi bloqueado e os líderes presos. A repressão foi violenta e centenas de execuções se seguiram. Muitos condenados foram colocados em liberdade condicional por ocasião da coroação de d. João VI, em fevereiro de 1818. Os poucos sobreviventes foram finalmente libertados dois anos depois, durante a Revolução do Porto de 1820. Já a Confederação do Equador (1824) foi uma resposta direta à dissolução da assembleia constituinte por d. Pedro. Como em Pernambuco, muitas outras revoltas posteriores à abdicação de d. Pedro em 1831, importantes e sangrentas como a "Cabanagem" no Pará, os "Farroupilhas" no Rio Grande do Sul, a "Sabinada" da Bahia, a "Balaiada" no Maranhão, e a "Revolução Praieira", reverberaram a força revolucionária dos insurgentes de 1817, fazendo refletir que o processo de independência de uma nação unitária controlada a partir do Rio de Janeiro longe esteve de consolidado até meados do século XIX, quando as rebeliões regionais cessaram e a elites regionais foram cooptadas pelo projeto nacional saquarema, das elites de Minas, Rio e São Paulo.[520]

No calor dos acontecimentos de 1822, no entanto, d. Pedro reconheceu o sinal que lhe enviaram as elites locais, principalmente as do centro-sul, que o convocaram para *condottiere* do movimento. Porém, o príncipe impetuoso logo daria sinais de suas verdadeiras propensões. Havia encabeçado o movimento à frente dos brasileiros mais por ódio à insolência das Cortes gerais e extraordinárias de Portugal do que por convicção. Mas era um português e solidário a seus conterrâneos. Para mais, a ele seduzia o poder absoluto com que lhe acenavam os conservadores.

As lutas internas dentro do "partido brasileiro" refletiam interesses antagônicos das diferentes camadas sociais que uniram forças em favor da independência. Para cada grupo, a emancipação tinha um significado diferente. À população livre e pobre, assim como aos negros, escravizados ou libertos, foi interditado qualquer protagonismo nas instâncias decisórias da independência. A história do primeiro reinado é marcada pelas constantes tensões entre os arroubos absolutistas do imperador e as dispersas forças nativistas.

Instalada em junho de 1823, a Assembleia Constituinte brasileira iniciou seus trabalhos a 17 de abril do ano seguinte. Irmão mais moço, cunhado e confidente de José Bonifácio, Antônio Carlos Ribeiro de Andrada, um dos protagonistas das jornadas de 1817 no Recife, foi designado para presidir a comissão encarregada de elaborar o projeto de Constituição. Logo destacou-se a facção liberal dita "radical", ligada às camadas urbanas sob o comando de Gonçalves Ledo e Januário da Cunha Barbosa. Defendiam limites ao poder do imperador, maior descentralização administrativa em favor das províncias e maior participação popular na política.

A reação era encabeçada por Bonifácio e seus seguidores, e defendiam os interesses das elites proprietárias: maior centralização do poder e restrição ao direito de voto. As facções organizavam-se e agiam em torno de sociedades secretas, já referidas, como a loja maçônica

Grande Oriente, de Ledo, Barbosa e Alves Branco, que assumiram o controle da situação num primeiro momento, fazendo de d. Pedro seu grão-mestre. Usando das prerrogativas de ministro, José Bonifácio criou o "Apostolado", importante instrumento de pressão aos liberais, que foram presos e exilados do país. A repressão abusiva dos conservadores provocou a ira do imperador, que demitiu Bonifácio do ministério. No fim, d. Pedro acabou indispondo-se com todas as facções.

Já no famoso discurso de maio de 1823, o imperador deixava transparecer toda sua vaidade e pendores autoritários, ao afirmar que da Assembleia Constituinte esperava uma Carta digna do Brasil e de si próprio. Não tardaria a que d. Pedro e a assembleia se chocassem frontalmente. Embora conflitante com suas expectativas, um projeto elaborado por deputados "exaltados" — aqueles imbuídos de uma mentalidade mais sintonizada com as ideias liberais que nutriram a derrubada do Antigo Regime na Europa — foi submetido ao imperador. A liberdade de se promulgarem leis sem sanção imperial, a extinção do Conselho dos Procuradores Gerais das províncias, o veto a empregos públicos para deputados e a liberdade às sociedades secretas contavam entre os inúmeros pontos polêmicos discutidos pelos deputados constituintes.

Esse projeto concluído em setembro de 1823, da lavra de Antônio Carlos, era liberal demais para o jovem imperador. Inspirava-se na tripartição de poderes em Executivo, Legislativo e Judiciário, de Montesquieu, negando ao monarca o direito de veto às ações do Executivo. Descontente e irritado com as manifestações lusófobas que pipocavam na capital, em 12 novembro d. Pedro mandou dissolver a Assembleia Constituinte, cercando seu prédio com tropas imperiais, episódio que ficou inscrito na memória nacional como a "noite da agonia". No mesmo dia, criou o Conselho de Estado e o incumbiu de elaborar novo texto constitucional, que ficou pronto em março de 1824.[521]

Sem passar pela avaliação de qualquer colégio representativo da sociedade, a Carta foi outorgada à nação. Criava o "Poder Moderador", "a chave de toda a organização política delegada privativamente ao imperador, como Chefe Supremo da Nação e seu Primeiro Representante, para que incessantemente vele sobre a manutenção da independência, equilíbrio e harmonia dos mais Poderes políticos", conforme rezava o artigo 98 da Carta Magna, de que era depositário o imperador.[522] Em seu exercício, o soberano tinha a regalia de nomear senadores, convocar extraordinariamente a assembleia constituinte e legislativa, prorrogar ou adiar a Assembleia Geral e promulgar seus decretos e resoluções, aprovar e suspender interinamente as decisões de conselhos provinciais, dissolver a câmara dos deputados e chamar novas eleições parlamentares a qualquer momento, desde que fosse para garantir a "salvação da nação", nomear e demitir livremente os ministros de Estado, suspender magistrados, perdoar e moderar penas e conceder anistia a condenados. Ao delegar ao soberano ainda tantas e tamanhas prerrogativas, a arquitetura da Constituição de 1824 garantia ao monarca uma centralidade política e prerrogativas decisórias praticamente absolutistas, porque superior aos demais poderes. Efetivava também o Conselho de Estado, órgão reacionário e comprometido formado por membros vitalícios escolhidos pelo soberano para assessorá-lo.

No que concerne ao sistema eleitoral, o texto constitucional deixava claro o caráter restritivo e elitista que o guiava. Escusado é dizer que, numa sociedade patriarcal como aquela, a faculdade do voto era exclusivamente reservada a pessoas do sexo masculino, maiores de 25 anos (exceção aos casados), sendo vedado a religiosos e militares. Além desses quesitos, o sistema eleitoral da nossa primeira Carta impôs o voto censitário, onde só estaria habilitado a votar e ser votado aquele que, cumprindo as exigências mencionadas, ainda comprovasse renda mínima anual proveniente de empregos, comércio, indústria e propriedade de terras. No Brasil dos escravocratas, a "cidadania" haveria de ser privilégio de setores abastados, dos donos do poder, resguardando-se o espaço da política exclusivamente às classes proprietárias/escravistas. As classes dirigentes delimitaram desde a largada da construção do Estado brasileiro a quem caberia o gozo do exercício da cidadania. Com o esmagamento dos confederados de 1824 em Pernambuco, selava-se o absolutismo do monarca.[523]

Apesar de toda a resistência, Portugal finalmente reconheceu a autonomia política do Brasil em 1825, precedido apenas pela Argentina (1823) e Estados Unidos da América (1824) e sucedido pela Grã-Bretanha (1827). A tutela diplomática britânica foi decisiva nas negociações. Pelos acordos firmados nas negociações, o Brasil concordou em pagar a Portugal uma compensação de 2 milhões de libras esterlinas. Tratados comerciais lavrados com o Brasil garantiram altos lucros para a Inglaterra; o compromisso do novo país de abolir a escravidão, contudo, foi sucessivamente protelado pelas elites brasileiras até o final da década de 1880.[524]

Agora o Brasil já existia como corpo político autônomo. A trajetória do primeiro reinado, com d. Pedro I à frente, porém, seria melancólica. Entre 1826, quando se iniciou a primeira legislatura da Câmara dos deputados, que rapidamente revelou-se hostil aos impulsos autoritários de d. Pedro, até 1831, ano de sua abdicação, deflagraram-se a queda vertiginosa da popularidade do imperador e a ascensão do prestígio da câmara baixa. Em contraposição, o monarca escolheu a dedo os componentes do senado e seus ministros conservadores. Vários episódios marcariam depreciativamente a atuação desses conservadores e tais ministros chegaram a ser processados, por várias acusações, desde malversação de verbas até a instalação inconstitucional de comissões militares.

Contribuiu para esquentar os ânimos exaltados o envolvimento de d. Pedro na crise de sucessão do trono português, que eclodiu com a morte de d. João VI em 1826 em Portugal.[525] Também o excessivo número de cargos ocupados por portugueses causava grande mal-estar na oposição e na opinião pública brasileira. Os setores agrários dominantes representados no parlamento, porém, não desejavam uma solução radical e a deposição do rei Carlos X por Luís Felipe, na França, forneceu o modelo: derrubou-se o rei sem modificar-se o sistema monárquico. A oposição chegou a todas as províncias sob a bandeira nativista contra o rei português. Para combatê-las, d. Pedro resolveu visitá-las, começando por Minas Gerais, onde havia se consagrado em outros tempos. Agora seria hostilizado. Voltando ao Rio, foi recebido festivamente pelo partido português, sua única base de sustentação. A recepção soou aos brasileiros como uma provocação. Houve um violento confronto físico, que ficou conhecido como "noite das garrafadas" (13 de março de 1831).[526] Nem a nomeação, uma semana depois, de um gabinete composto exclusivamente por brasileiros pôde acalmar os ânimos oposicionistas. A 4 de abril nomeou-se outro, com nomes da confiança do imperador, o que levou milhares de pessoas ao Campo de Santana, no dia seguinte, conclamando por sua queda. O apoio das tropas não deixou alternativas. D. Pedro abdicou de seu título a 7 de abril de 1831, em favor de seu filho menor, dirigindo-se a Portugal para lutar pelo trono contra seu irmão usurpador em favor de sua filha d. Maria da Glória. Morreria tísico três anos depois, desgastado pela guerra contra o irmão.

CAPÍTULO 16

PERFIL DE UM HOMEM ENTRE DOIS TEMPOS

Não incorrerá em grave erro quem, visando iluminar acontecimentos e agentes decisivos da ruptura política entre Portugal e Brasil, neles incluir a participação dos deputados paulistas nas cortes gerais e a pena afiada de José Bonifácio de Andrada e Silva, reconhecido autor das *Lembranças e apontamentos do governo provisório da província de São Paulo para seus deputados*,[527] documento cujas diretrizes levaram a embates calorosos na assembleia, culminando na fuga de Lisboa dos representantes do centro-sul.

Desde seu retorno ao Brasil em 1819, depois de 36 anos vivendo na Europa, ladeado por seus fiéis irmãos Antônio Carlos e Martim Francisco, José Bonifácio engajou-se visceralmente nos negócios políticos do reino do Brasil. Com o estalar da revolução do Porto e o aumento da temperatura política, moveu suas peças na direção da promoção de reformas políticas e sociais que acreditava urgentes para o Reino Unido de Portugal, Brasil e Algarves. Atendendo às orientações das Cortes, ouvidas antes as Câmaras Municipais, cada província do reino apontou seus representantes. Mais que um conjunto de orientações, as *Lembranças e apontamentos* traçados por Bonifácio em 1821 conformam um verdadeiro programa, plano, projeto para a nação. Sua importância já foi ressaltada pelas mais respeitadas figuras da inteligência brasileira. Escusado é dizer que os "paulistas" defendiam inconfessáveis interesses particulares, de natureza econômica;[528] esses interesses deixam-se revelar no tratamento dado a questões fundamentais da reorganização do reino unido, como a defesa de sua integridade e indissolubilidade, a igualdade de direitos políticos e civis conforme a diversidade de suas partes e a melhor forma de organização da monarquia.[529]

O documento reclamava a preservação da unidade do reino por meio do estabelecimento de um governo geral, a que se subordinassem as entidades provinciais, que, tendo demarcados precisamente seus territórios, deveriam subsistir preservando suas riquezas naturais e culturais. Além da organização política, nesse documento precioso Bonifácio trazia urgentes questões sociais, como a civilização dos índios e a abolição gradual da escravidão, sem as quais qualquer projeto de nação estaria comprometido. Essas questões ele as retomará em seguida, consolidada a ruptura, no encaminhamento de representações sobre esses assuntos à Assembleia Constituinte do Brasil, em 1823, de que trataremos no capítulo seguinte.

As *Lembranças e apontamentos*, podemos afirmar sem hesitação, consistem no mais ousado programa de reformas do período, desde o reformismo ilustrado. Documento denso e conciso, essas ideias, planos e projetos abarcam desde questões políticas, como a organização da monarquia, até outras estratégicas para a soberania nacional, como a "maior instrução e moralidade do povo" por meio de escolas primárias "pelo método de Lancaster", preocupação permanente do filósofo e professor, e a criação imediata de pelo menos uma universidade no Brasil. Essa sua verdadeira obsessão ele já havia expresso em carta ao ministro Tomás Antônio Vilanova Portugal em maio de 1820:

[…] Não vejo embaraço que obste a que V. Exc. possa realizar a sua belíssima ideia de uma universidade parcial de ciências naturais, já que o mau fado que persegue o Brasil não consente por ora cuidar em universidade geral. […] Apesar de estar doente, velho e já cansado de lutar com tolos e malvados, eu estava pronto de votar ainda oito anos de vida para a criação da nova universidade de São Paulo, para cuja dotação ofereceria a minha livraria e coleções, porque assentava ser esta empresa digna do ótimo rei que nos governa, digna de V. Exc. e digna do meu nome e reputação europeia; para menos não sacrifico a minha vida e o meu descanso. Estou pronto, contudo, de trabalhar na minha banca de jaleco e calças nos estatutos da sua universidade parcial e até de dizer o meu parecer na escolha dos novos professores.[530]

O sonho de uma universidade no sentido pleno da palavra só seria alcançado mais de um século depois. Outra proposta visionária contida nas *Lembranças* diz respeito à fundação de uma cidade-capital no centro equidistante do Brasil;[531] também se incluía no texto a preocupação com a regulamentação do regime de propriedade fundiária, que revertesse a formação de latifúndios estimulada pelas antigas sesmarias, forma economicamente contraproducente e socialmente geradora de desigualdade. Apesar do grande alcance que prometiam essas reformas, e talvez por causa disso, não é de estranhar que absolutamente nada do que propunham as *Lembranças e apontamentos* foi considerado nos debates das cortes gerais em Lisboa — o que é muito compreensível, pois se tratava antes do esboço de uma nova nação do que de lenitivo para um reino velho. Com esse documento, Bonifácio inaugurava sua sina de idealizador de projetos, planos, ideias e sistemas irrealizáveis, pelo menos no tempo de sua vida.

Conforme percebeu seu maior biógrafo, as ideias de Bonifácio, sem descurarem das questões de organização política, atacavam principalmente problemas sociais e econômicos.[532] O princípio da indissolubilidade do todo, da nação, do reino, do Império português (pois é dele que se tratava) enuncia-se já na apresentação do modo de exposição do texto das *Lembranças e apontamentos*:

> [...] Começaremos pelos que dizem respeito à *organização de todo o Império Lusitano*; depois passaremos aos que o dizem ao Reino do Brasil, e acabaremos pelos que tocam a esta Província em particular. Assim dividiremos este papel em três Capítulos. = Negócios da União. = Negócios do Reino do Brasil. = E Negócios da Província de São Paulo. Esta nos parece ser a marcha que deve seguir o Soberano Congresso para completar o Augusto *projeto da nossa Regeneração Política e recíproca união*; objeto capital, que requer de todo o bom Patriota imparcialidade e boa-fé, madureza e crítica apurada, *para que os laços indissolúveis, que hão de prender as diferentes partes da Monarquia em ambos os Hemisférios sejam eternos*: como esperamos [...].[533] [grifos meus]

Fica patente que essas diretrizes para os deputados paulistas, por mais radicalidade que nelas enxergaram os delegados do reino, na verdade situavam-se dentro do marco de um único e indiviso Império português, centralizado em sua monarquia doravante constitucional, formado por províncias ultramarinas ligadas por "laços indissolúveis", como prescrevera antes de Bonifácio seu mentor, d. Rodrigo de Sousa Coutinho. Não obstante, o texto resvala em questões sensíveis, que açodariam os ânimos nas cortes logo em seguida, em particular, a reclamação de se resolver onde ficaria a sede da monarquia:

> [...] 3º Determinar-se onde deve ser a Sede da Monarquia; *se no Reino do Brasil*, tendo-se em vista as ponderosas considerações apontadas na Memória do Senhor Oliva impressa em Coimbra;[534] ou *alternativamente pelas séries dos Reinados em Portugal e no Brasil*; ou *finalmente no mesmo Reinado por certo tempo que se determinar*; para que assim possa o Rei mais depressa e por turno satisfazer reciprocamente as saudades de seus povos, que desejarão conhecê-lo, e acatar a sua Augusta Pessoa como *filhos amantes de seu Pai comum*. [grifos meus]

Bonifácio começa ali a esboçar seu plano mais audacioso de reforma do velho reino. Propõe que se criassem leis orgânicas da união, da nação, que se regulassem assuntos como negócios de paz e guerra; comércio externo e interno (desde que "sem tolher a liberdade de ambos os Reinos, possa conciliar, quanto possível for seus recíprocos interesses"); a criação de um tesouro geral da união; o estabelecimento de regras para eventual reforma futura da Constituição; o estabelecimento dos ditames constitucionais para o desenho da forma de governo, baseados nos preceitos de Montesquieu da separação dos poderes em Legislativo, Executivo e Judiciário; a "paridade" (proporcionalidade) da representação nas novas assembleias legislativas do reino.

O capítulo segundo, "Negócios do Reino do Brasil", além das providências de organização política, como elaboração de códigos civil e criminal considerando-se a diversidade da população de cada lugar, onde houvesse ou não pretos e escravizados, toca em assuntos sensíveis de natureza social, que distinguem Bonifácio no conjunto dos reformadores, em especial a civilização e catequização dos índios e a emancipação dos escravos, desde que se fizesse de forma lenta, segura e gradual, mote adotado pelos abolicionistas ao longo de todo o século XIX:

> [...] Que se cuide em Legislar e dar as providências mais sábias e enérgicas sobre dois objetos da maior importância para a prosperidade e conservação do Reino do Brasil: o 1º sobre a catequização e civilização geral e progressiva dos índios bravos, que vagueiam pelas matas e brenhas; sobre cujo objeto um dos Membros deste governo dirige uma pequena memória às Cortes gerais por mão de seus deputados; o 2º requer imperiosamente iguais cuidados da Legislatura sobre como melhorar a sorte dos escravos, favorecendo a sua emancipação gradual e conversão de homens imorais e brutos em Cidadãos ativos e virtuosos; vigiando sobre os Senhores dos mesmos escravos para que estes os tratem como homens e Cristãos, e não como brutos animais como se ordenara nas Cartas Régias de 23 de março de 1688, e de 27 de fevereiro de 1798, mas tudo isto com

tal circunspecção que os miseráveis escravos não reclamem estes direitos com tumultos e insurreições, que podem trazer cenas de sangue e de horrores. Sobre este assunto o mesmo membro deste governo oferece alguns apontamentos e ideias ao Soberano Congresso.[535]

Segue o texto encaminhando procedimento sobre questões prementes, como instrução pública, de modo a se criar ao menos um colégio em cada província em que, no melhor figurino iluminista, se ensinem "ciências úteis" (nomeadamente medicina teórica e prática, cirurgia e arte obstetrícia, veterinária — principalmente para a província de São Paulo; matemática, física, química, botânica e horticultura, e zoologia e mineralogia), para que nunca faltem "entre as classes mais abastadas" homens capacitados e capazes de produzirem aumento de riqueza e prosperidade da nação. No mesmo sentido, além dos colégios, é de "absoluta necessidade para o Reino do Brasil" a criação de pelo menos uma universidade, composta das faculdades de filosofia (com cursos de ciências naturais, matemática e filosofia especulativa, medicina, jurisprudência); e "Economia, Fazenda e Governo" — certamente com vistas à qualificação de quadros para a administração pública.

Tais seriam as matérias, "os votos e apontamentos mais urgentes", que a comissão instituída pelo governo da província de São Paulo dirigia aos deputados seus representantes, para sua discussão e aprovação. Assinavam o documento João Carlos Augusto Oeynhausen, presidente; José Bonifácio de Andrada e Silva, vice-presidente; Manoel Rodrigues Jordão. Com esses, pessoas de proa da pátria paulista, que se distinguiriam mais tarde na construção do império brasileiro ao longo da primeira metade do século XIX, subscrevem o "aprovado" no palácio do governo de São Paulo a 10 de outubro de 1821.

Com as *Lembranças e apontamentos* José Bonifácio dispunha na esfera pública, pela primeira vez e de forma sistemática, os esboços de nação que amadurecera em sua já longa vida de serviços prestados à monarquia portuguesa. Desde que rumara ao reino em 1783 para estudar na Faculdade de Filosofia da Universidade reformada de Coimbra, construiu longa carreira junto à pública administração; recém-graduado, foi recrutado pela Coroa para efetuar, junto com Manuel Ferreira da Câmara Bethencourt e Sá e Joaquim Pedro Fragoso, a famosa viagem científica pelos principais centros de mineração da Europa Central e do Norte, entre 1790 e 1800. Ao termo dessa longa excursão de estudos, aos 37 anos o mais famoso dos Andradas já era cientista de nomeada na Europa. Além de sócio da Academia Real das Ciências de Lisboa, que cedo o acolhera e onde pronunciou sentido discurso de despedida, tornou-se membro das sociedades Filomática e de História Natural de Paris, dos Investigadores da Natureza de Berlim, Mineralógica de Iena, da Academia de Ciências de Estocolmo e das Sociedades Geológicas de Londres e Werneriana de Edimburgo, entre tantas distinções e títulos acadêmicos.

Ao cabo dessa longa viagem de aprendizados e aventuras (conheceu pessoas do porte de Alexander von Humboldt e estava em Paris em 1789!), tanto Câmara quanto Bonifácio foram arregimentados por d. Rodrigo para assumir cargos na administração do Império português, encarregados de conduzir as reformas que projetara. Câmara foi enviado para a América, a assumir a intendência-geral das minas na capitania de Minas Gerais e Serro Frio, região de exploração de diamantes e extremamente melindrosa para a administração.[536] Já Bonifácio foi nomeado para o cargo de intendente-geral das Minas e Metais do Reino e, a partir de então, acumulou funções na máquina do Estado.[537] Otávio Tarquínio de Sousa enumera as ocupações do "patriarca" no governo luso. Desde 1801 foi nomeado intendente-geral das Minas e Metais do Reino e membro do Tribunal de Minas, a quem incumbia dirigir as Casas da Moeda, Minas e Bosques de todos os domínios portugueses; por outro decreto do mesmo ano, foi-lhe atribuída a direção das minas de carvão de Buarcos e das fundições de ferro de Figueiró dos Vinhos e Avelar; por outro, tornou-se diretor do Real Laboratório da Casa da Moeda de Lisboa; em 1802 foi apontado como superintendente das sementeiras de pinhais nos areais das costas marítimas; cinco anos depois, era indicado provedor-mor do rio Mondego e Obras Públicas de Coimbra, diretor das obras de encanamento e dos serviços hidráulicos e provedor da Finta de Magalhães. Isso tudo se acumulava com suas atribuições de lente na Universidade de Coimbra. Tantos empregos não se converteram, afinal, nem em realizações concretas, travado que era pelos constrangimentos da burocracia ou pela inveja dos pares, nem em possibilidade de acúmulo de benesses.[538] Mas, por tudo isso, não se pode entender, como fizeram muitos, que o cientista Bonifácio entrou para a vida política apenas em 1820, depois de regressado ao Brasil. Não se ganhavam tantos benefícios nem se ocupavam tantos cargos sem ser bom animal político, e isso desde o Antigo Regime. E bem-nascido, desnecessário dizer.

A propósito, um dos maiores entusiastas e fomentadores da obra de José Bonifácio foi ninguém menos que o próprio Rodrigo de Sousa Coutinho, seu amigo e protetor. Como vimos nos capítulos precedentes, d. Rodrigo era grande conhecedor dos meandros e potenciais dos domínios portugueses na América e foi o formulador do ambicioso plano para sua melhor exploração, descrito em sua *Memória sobre o melhoramento dos domínios de sua majestade na América,* a ser conduzido por e em benefício da Coroa portuguesa. Ironia da história, ao pensar um plano grandioso para desenvolver os potenciais da colônia em benefício da metrópole, d. Rodrigo acabou obrando no sentido de "aparelhar" o Brasil para livrar-se da tutela colonial. Jamais poderia então o mentor antecipar que caberia a seu mais dileto pupilo acabar como eminência parda da separação do Brasil de sua antiga metrópole. Mas desde cedo d. Rodrigo se tornou admirador do jovem paulista, reconhecendo nele o predestinado a executar seus planos. Logo se fariam grandes amigos e partilhariam em extensa correspondência suas angústias e anseios.[539]

Nas estripulias da fuga da Corte no final de 1807, d. Rodrigo, então fora dos postos de mando do governo, juntou-se à comitiva e embarcou rumo ao Rio de Janeiro, onde rapidamente foi convocado pelo príncipe regente a assumir papel central na administração, à frente da Secretaria de Estado dos Negócios Estrangeiros e da Guerra.[540] Nos sucessos dramáticos da invasão francesa, José Bonifácio trocou a beca de professor universitário pela farda de soldado e pegou em armas para defender seu país do invasor.[541] Conhecedor das lógicas de corte, onde as benesses são proporcionais à proximidade com a realeza, e saudoso de seu torrão natal, desde 1809 Bonifácio inicia sua saga de tentativas frustradas de retorno ao Brasil, demandas negadas sucessivas vezes pela administração em 1811 e 1816, só conseguindo alcançar seu intuito dez anos depois.

Quem era o homem, com fama estabelecida de sábio no velho mundo, que desembarcava no Brasil em fins de 1819, aos 56 anos, para assumir protagonismo nos acontecimentos que se sucederam até o rompimento de Portugal?[542] Dois aspectos de seu caráter merecem ser iluminados. De uma parte, por mais que a memória nacional (e nacionalista) o tenha alçado ao panteão dos heróis pátrios como homem liberal (devido a seus planos de emancipação dos escravos e civilização dos índios), e embora situado nessa esquina dos tempos entre o desmanche da velha ordem e a emergência do liberalismo, em Bonifácio acentuava-se dominante o traço de homem de Antigo Regime. Por outro lado, pelo mesmo motivo eleito herói brasileiro, Bonifácio era bom português e assim se via.

Em sua conduta, mas também em seus escritos, o Andrada mais de uma vez manifestou a que tempo pertencia: o tempo de sua formação, da segunda metade do século XVIII, do Antigo Regime português. No *Elogio* que foi conclamado a recitar em memória da rainha d. Maria I, falecida em 1816, Bonifácio condenava com veemência as atrocidades da "hidra fatal da revolução francesa", que ameaçava engolir a Europa. Esse veneno teria agravado a melancolia já profunda, que achacava a rainha e que a privou da alma e juízo. No mesmo elogio póstumo, deixa patente sua percepção do papel central das graças e mercês como alicerces da soberania da majestade e do próprio Estado, e o modo justo e sábio com que a rainha morta delas fez uso:

[...] Com que prontidão e boa vontade não premiava os homens bene-méritos. Sabia muito bem que as honras e mercês, quando cessam de ser o prêmio da virtude e dos talentos, de certo são vitupério do trono e perdição das nações. Eu na realidade, Srs., me condoo dos homens de merecimento que morrem à míngua, e sem os devidos galardões; porém muito mais me condoo das terras e dos tempos, em que isto se pratica; e creio que mais perdem os Príncipes em não premiar os beneméritos, do que estes em não serem premiados.[543]

Esse pensamento, esses valores, longe de residuais, grassavam pe-los homens dessa estirpe à época. Vimos já Cairu a reiterá-los, quando fez o balanço dos benefícios políticos do governo de d. João em 1818. Outro reformador, de quem falaremos a seguir, natural de Loures e professor da Faculdade de Medicina da Universidade de Coimbra, Francisco Soares Franco (1771-1844), em seu *Ensaio sobre os melhoramentos de Portugal e do Brasil*, de 1821, se pronunciava de modo análogo sobre essa instituição tão típica do Antigo Regime como é a nobreza hereditária.[544]

Quanto a sua identidade nacional, Bonifácio nunca teve dúvidas sobre o ser bom português. Em sessão de despedida da Academia das Ciências de Lisboa, instituição que tanto prezava, a 24 de junho de 1819, pronunciou célebre discurso em que, em tom intimista, rememorou sua trajetória e externou suas acalentadas esperanças, nesses termos: "É esta a derradeira vez, sim, a derradeira vez (com bem pe-sar o digo) que tenho a honra de ser o historiador de vossas tarefas literárias e patrióticas, *pois é forçoso deixar o antigo, que me adotou por filho, para ir habitar o novo Portugal, onde nasci* [...]" (grifo meu).[545]

Em carta ao conde de Funchal, irmão de d. Rodrigo, expressava em tom de desabafo seu propalado desprezo por honrarias (ainda que não consiga conter a vaidade, ao se dizer delas merecedor, mais que outros); honras e mercês que não requeria nem esperava, ain-da que suas obras literárias e científicas, e os serviços prestados à Co-roa, o fizessem digno ao menos da garantia de subsistência e público reconhecimento. Dizia-se já muito velho para fazer papel de capacho e mocinho de recados nas antessalas do poder. Porém, "[...] se me quisessem dar algum governilho subalterno, folgarei muito ir morrer na pátria e viver o resto dos meus dias debaixo do meu natural Senhor, *pois sou português castiço*" (grifo meu) — ou seja, de boa casta, puro, sem mistura, não degenerado. E arrematava manifestando seu interesse por uma pequena benesse, uma mercê por parte do soberano, que poderia ser uma porção da região do Brasil:

> [...] Poderia nele, se me dessem e me deixassem as mãos livres, ir plantar as artes e agricultura europeia; pôr em administração regular os bosques; criar pescarias e salgações e experimentar o meu projeto de civilizar a cristãos os índios. Peço um governilho, porque detesto o ser desembargador de presente e futuro. Um pequeno país que me convinha, era Santa Catarina, ajustando-se-lhe os campos vizinhos de Curitiba, para nossos estabelecimentos de manteigas e queijos, trigos e farinhas. Se V. Exa. aprovar esta minha lembrança e lá me quiserem, estou prontíssimo.[546]

Português e ponto. Não português "de eleição",[547] senão simplesmente português. Nem tão pouco um "personagem ambíguo", contraditório ou incoerente.[548] Sua conversão de paladino do reformismo absolutista português para pivô do constitucionalismo e, moto contínuo, defensor obstinado da independência, é sintomática dos imponderáveis próprios às conjunturas de acelerada transição. Não subjaz qualquer ambiguidade, contradição ou incoerência entre o Bonifácio zeloso cientista, professor e burocrata, que trabalhou incansavelmente com d. Rodrigo de Sousa Coutinho em sua gana de modernização do império português, e o voluntarioso político que capitaneou d. Pedro na campanha para a secessão com Portugal e a ereção de um novo império constitucional. Quando José Bonifácio elaborou as *Lembranças e apontamentos* para os deputados de São Paulo se guiarem nas cortes de Lisboa, seu escopo era a manutenção, a preservação da unidade das partes que integravam o Império português no globo. Movia-se sob influxo das mutantes circunstâncias, guiado por sua vasta experiência de décadas no aparelho de Estado e plenamente consciente da irreversibilidade da marcha dos acontecimentos e das oportunidades que se abriam.[549]

Português ele era. Se conservador ou progressista, soa questão anacrônica. Monarquista, até a medula. Comprometido sempre com a monarquia como instituição e como forma de governo, a José Bonifácio não satisfazia o mero plágio de instituições alienígenas, embora essas pudessem servir de modelo. Nos momentos conturbados inaugurados com a revolução liberal do Porto, aderiu à monarquia constitucional, por entendê-la centro vital de força e convergência.[550] Isso deixou expresso em suas notas *pro domo* com a franqueza de quem fala consigo próprio: "Os homens por cujas veias corre sangue ibérico não são feitos para república, mormente se no sangue têm alguma mescla africana; e se a sua religião é a católica. Daqui concluo que o melhor sistema de governo que o Brasil pode ter é a monarquia temperada, com instituições análogas às da Grã-Bretanha."[551]

Português e monarquista, Bonifácio foi antes de tudo um representante das elites. Primeiro porque, como bem define Eugênio Francisco dos Santos, "a cepa a que pertencia pelo nascimento pairava muito acima da média colonial".[552] Afora o berço, formação e atuação, seus planos, projetos e ideias, detalhados a seguir, reverberam o etos de elite. Isso fica patente em sua preocupação com indígenas e negros. Nas estratégias de Bonifácio para construir uma nação civilizada, aquelas populações não eram fim, mas meio. Não o movia qualquer sentimento filantrópico. Civilizar indígenas, amalgamá-los com europeus, era meio para aumentar a população e a força de trabalho em benefício dos grandes proprietários. A tal extremo de se poder prescindir da mão de obra de africanos e afrodescendentes em futuro próximo. À elite beneficiaria o fim da escravidão de vários modos: econômico, ao liberar cabedais mortos para a cadeia produtiva; mas, sobretudo, benefício social, ao livrar as famílias de bem

"[...] de exemplos domésticos de corrupção e tirania, de inimigos seus e do Estado", daqueles verdadeiros inimigos domésticos, como sentenciava na representação sobre a escravatura, dirigida à Assembleia constituinte.[553]

Este homem de Antigo Regime, português castiço, monarquista convicto, idolatrado por uns e odiado por outros desde os tempos agitados da independência, não foi o único, mas com justiça tornou-se o mais célebre formulador de planos, projetos, sistemas e ideias para o Brasil. Deles se tratará a seguir.

Sessão do Conselho de Estado, Georgina Albuquerque, 1922.

CAPÍTULO 17

JOSÉ BONIFÁCIO, ARQUITETO DE QUIMERAS

> Os déspotas querem representar comédias ou tragédias, e não veem que os que pagam os bilhetes têm direito de julgar o drama.
>
> José Bonifácio

Longe vai o tempo em que José Honório Rodrigues reclamava do olvido a que a história havia relegado a obra do "patriarca" da independência.[554] A maior parte de seus escritos políticos — projetos de lei, correspondência, simples anotações — foi publicada e analisada por avalizados investigadores nas últimas décadas. Indicações bibliográficas salpicam no nosso rodapé. Como bem pintou Oliveira Lima, José Bonifácio foi um homem de sentimentos muito vivos: "seus entusiasmos eram fortes como seus ódios." Queria extinguir a escravidão; se não conseguiu, foi porque forças maiores obstaram, não porque "lhe faltassem coragem e vontade".[555]

O Andrada espargiu ideias havidas por inovadoras, até subversivas, acusaram alguns críticos contemporâneos, o que impeliu a muitos a tentação de defini-lo como um homem "à frente de seu tempo". "Ele estava à frente de todos, eram um vanguardeiro de sua época, no meio daqueles fantasmas e fósseis que o cercavam", "um velho fogoso, 25 anos à frente de sua época", sentenciou o próprio José Honório.[556] Ideias avançadas, nutridas na atmosfera da ilustração, de uma fé cega na potência da razão e da ciência como fundamentos da civilização, no rescaldo do iluminismo e da Revolução Francesa, prenhes de confiança na capacidade de realização humana. Ideias avançadas que, todavia, malograram, o que levou estudiosos a se indagarem: se Bonifácio possuía a fórmula na cabeça e o poder nas mãos, o que teria dado errado?[557] A questão, assim posta, oculta um vício de formulação, ao não considerar a compleição moral e política de José Bonifácio, forjada nos valores do Antigo Regime; ele que, embora manejasse discursos e perspectivas ilustradas, o fazia para engrandecimento da monarquia e perpetuação do *status quo*, antes do que para subvertê-lo.

Fato é que, depois de mais de três décadas estudando e perambulando pelo velho mundo, o celebrado mineralogista voltava ao Brasil em 1819, já um idoso para os padrões da época, aos 56 anos, embora impetuoso e varonil, como descrevem vários testemunhos. Chegou e foi imediatamente recrutado pelo príncipe regente d. Pedro a assumir papel de destaque à frente do Estado. E o fez sem hesitar, dando-se de corpo e alma ao trabalho prático de gerir o governo e, ao mesmo tempo, pensar um projeto global de reformulação do reino. José Bonifácio tinha claro para si que uma nação não se forjaria apenas com uma reforma política, uma nova forma de organização do Estado. Mudanças estruturais importantes, complexas e de difícil realização urgiam no próprio corpo da sociedade. E ele maturou sobre tudo: da abolição do tráfico à extinção da escravidão; da incorporação dos silvícolas no corpo social à composição de uma população homogênea por meio da miscigenação, orientada para evitar conflitos raciais e de classe; da urgente mudança do sistema fundiário, por meio da adoção do regime de pequenas propriedades com vistas a "favorecer a colonização de europeus pobres, índios, mulatos e negros forros", o cuidado com a preservação e renovação das matas, o planejamento da ocupação dos sertões, o melhor aproveitamento e distribuição das águas e das minas, a fundação de uma universidade, entre tantas matérias que ocuparam seus pensamentos. Justamente aqui o Andrada começou a recrutar desafetos. A extinção do tráfico de escravos e a abolição gradual da escravidão, dois pilares da reformação do reino que Bonifácio tinha em mente, chocavam frontalmente com poderosos interesses. Em breve lapso de tempo, desde sua chegada, levantou-se contra ele a frontal oposição das elites dominantes radicadas no Brasil, que logo o levariam ao ostracismo. Os escravocratas venceriam essa guerra.[558]

O entendimento de que a nação reclamava mudanças sociais estruturais não o fez descurar de rabiscar um desenho de Estado fundado na carta constitucional, onde o rei teria um papel, por assim dizer, decorativo, e no qual o poder estaria alocado em quatro assembleias: a Geral dos Deputados, Senado, Arcontado (com funções executivas) e Sindicado (com atribuições consultivas, à maneira do que viria a ser depois o Conselho de Estado, conforme prescrito na Constituição de 1824). Nessa arquitetura, só os deputados seriam apontados por meio de sufrágio. Os membros das demais assembleias se escolheriam entre si, a partir de listas tríplices sancionadas em cada órgão. O processo haveria que se iniciar a partir da eleição, pelos cidadãos, de senadores e deputados para a primeira legislatura.[559] Nessa forma de governo parlamentar não há traço de democracia, pois o objetivo de Bonifácio era facultar à elite dirigente controlar o processo eleitoral e reter a si o poder. Não a elite dirigente como um todo; o protagonismo no tabuleiro político ficava reservado a um segmento específico da elite econômica, nomeadamente seu círculo ilustrado, letrado, instruído.[560] Mas todo esse exercício de engenharia política foi em vão, pois o projeto de Bonifácio foi preterido em favor do texto que d. Pedro encomendou a seu conselho de Estado, ganhando forma definitiva na Constituição outorgada de 1824.

O que esse projeto de Estado de José Bonifácio denota é o apego a uma concepção aristocrática de governo, "governo dos melhores" nos termos de Norberto Bobbio, onde tem proeminência uma casta de iluminados que dirigirá o país com sabedoria, evitando a tirania do governo de um rei ou a bandalheira democrática do governo popular.[561] No fundo, uma concepção própria de um homem de Antigo Regime, lapidada sutilmente por interesses de classe, tingida por indisfarçáveis preconceitos de raça. Ainda que um desenho excludente e elitista, era demasiado "democrático" para as elites escravocratas, que não tinham qualquer intensão de inserir índios e negros no conjunto dos cidadãos do novo país. D. Pedro percebeu como poucos para onde sopravam os ventos. No momento derradeiro, afastou-se do Andrada e somou no concerto das elites escravocratas.

José Bonifácio não se contentou em dar forma no papel a um Estado constitucional, laborou muito também, e principalmente, no que seriam as condições necessárias para se erguer uma nação. E aqui começa a esboçar seus planos mais ousados, que resvalavam a justiça social, razão suficiente para atrair contra si contendores poderosos. Deixou testemunho escrito de que, para se poder ajuizar sobre a organização política de uma nação, seguindo a cartilha que Rousseau esboçou em carta a Matteo Buttafuoco, era imprescindível ter-se: um bom mapa, onde estariam assinalados todos os distritos, "distintos por seus nomes, e ainda por cores"; uma descrição exata do país, sua história natural, produções, lavouras, sua divisão por comarcas; um recenseamento preciso das cidades, vilas e freguesias, sua população e estado das fortalezas, portos, indústrias, artes, marinha, assim como um levantamento do comércio — "do que se faz e o que se poderia fazer".[562]

Organizar a nação exigiria ainda o conhecimento da situação, primeiro, do clero, sua dimensão e expectativas a respeito da pátria; segundo, das condições da nobreza e corpos privilegiados. Fundar a nação demandaria ainda saber dos costumes do povo, seus gostos, ocupações, divertimentos, assim como da ordem, divisões militares, disciplina, modos de fazer a guerra etc. Fundamental também haveria de ser conhecer-se a história da nação, suas leis, tudo o que diz respeito à administração atual, obstáculos enfrentados para o exercício da justiça e das rendas públicas, a ordem econômica, a tributação, atendendo para o que paga e pode pagar anualmente o povo. Enfim, "[...] tudo o que diz respeito, e faz conhecer o gênio nacional; muitas vezes um feito, um dito diz mais que um livro inteiro".[563] Tudo no melhor estilo ilustrado que aprendeu em Coimbra, de se fazerem levantamentos circunstanciados, mapas detalhados, estudos diagnósticos como base de qualquer intervenção.

Apesar da longevidade, o que excedia em Bonifácio em ousadia parecia faltar-lhe em traquejo político — ou ao menos em sensibilidade para perceber os limites do seu círculo social. Miriam Dolhnikoff atribui esse traço do "patriarca" a certa "volúpia voluntarista" herdada da Revolução Francesa, na crença de que uma nação pode ser construída a partir da vontade humana, seguindo um projeto preconcebido.[564] Bonifácio projetara uma nação para o Brasil que exigia subverter as estruturas herdadas da situação colonial que findava. Isso significava pensar a integração de índios e negros na sociedade, a partir de um massivo investimento em educação, a alteração radical das relações de trabalho, com o fim da escravidão e da propriedade e uso da terra — desafios que não se resolveram em 200 anos, desde suas postulações! O projeto de Brasil de Bonifácio colidiu com os planos das classes dominantes, tanto a portuguesa, num primeiro momento, quanto a nova elite emergente do processo de independência. O conjunto de traficantes de escravos e grandes senhores rurais que afiançou a ruptura com Portugal não tinha o menor interesse na civilização dos índios, no fim do lucrativo comércio humano, na partilha da terra ou na integração dos negros à cidadania.[565] Esses propósitos, todavia, Bonifácio já os havia estampado nas *Lembranças e apontamentos* aos deputados paulistas às cortes gerais e, depois, em duas representações submetidas à Assembleia Constituinte em 1823. Nas palavras de seu biógrafo, "escandalosamente, temerariamente, José Bonifácio se colocava em nome da 'justiça social' — palavras suas — contra a classe em cujo maior benefício se faria a emancipação do Brasil".[566]

Eis aqui um ponto crucial para o entendimento dos projetos de Bonifácio. Algumas análises insistem em atrelar suas ideias reformadoras em prol da justiça social, como o fim do tráfico e a abolição gradual da escravidão ou a civilização dos índios, ao processo de independência e a construção de uma nação brasileira. Afirma corretamente Miriam Dolhnikoff que a emancipação política do Brasil exigia que a construção do novo país se desse não obstante a flagrante cisão social em grupos antagônicos; de modo que a unificação desses grupos a partir da criação de uma identidade nacional e a preservação da unidade territorial se faziam as tarefas mais urgentes dos estadistas do novo país.[567] Um ponto, que me parece central, é o de que soa inapropriado atrelar-se o projeto reformador de Bonifácio à "Independência", pois que o Andrada era um reformador já muito antes de o leite desandar nas Cortes Gerais. Não foi a independência que insuflou no estadista o ânimo reformador. Lembre-se dos *Apontamentos* que redigiu para os deputados paulistas, cuja essência era a reforma social, com a incorporação de negros e índios na civilização curada pelo Estado Nacional — o Estado nacional português, bem dito, ou do Reino Unido de Portugal, Brasil e Algarves, caso se prefira. As ideias de reforma a partir do fim do tráfico e da escravidão, da civilização dos índios e de medidas para tornar homogênea a população — ideias de "justiça social" — já povoavam a mente de Bonifácio quando ainda leal súdito português. Aliás, desde muito antes da revolução do Porto e dos conflitos nas Cortes Gerais, quando o Brasil sequer havia conquistado a dignidade de Reino Unido, quando Bonifácio ainda vivia no Reino e atuava como dedicado funcionário da Coroa, em carta endereçada ao conde de Funchal em 1813, ele já usava da metáfora de metalúrgico que retomaria outra vez na Representação à Assembleia Constituinte sobre a escravatura, de como constituir um corpo de nação a partir de elementos tão díspares:

[...] amalgamação muito difícil será a liga de tanto metal heterogêneo, como brancos, mulatos, pretos livres e escravos, índios etc. etc. em um corpo sólido e político. Se agora já pudesse tomar a liberdade de lhe enviar por escrito as ideias que me têm ocorrido sobre novas leis regulativas da escravatura, inimiga política e amoral mais cruel que tem essa nova China, se com tempo e jeito não se procurar curar esse cancro, adeus um dia do Brasil. O outro objeto que me tem merecido muita meditação e desvelo são os pobres índios, assim gentios como domésticos. Para que a raça desgraçada desta mísera gente não desapareça de todo, é mais que tempo que o governo pense seriamente nisto: a povoação do país, a religião e a humanidade bradam há muito tempo por um sistema sábio, ligado e duradouro.[568]

Se algo da ilustração reponta no velho Andrada, sem dúvida é seu pendor pragmático de homem de ciência treinado nas arcadas da universidade reformada de Coimbra, cuja geração foi imbuída pelo Estado português da missão de regenerar o reino.[569] Mas Bonifácio era um homem do meio-termo, uma mente entre duas eras. Se em seus planos reflui o caráter utilitário do cientista moderno, nele, mesmo no cientista e no estadista, sobressaíam traços do ideário antigo.

Antes de proceder à análise da engenharia social proposta por José Bonifácio, enformada pelo melhor pensamento iluminista, não será extemporâneo lembrar que sua concepção de economia fincava pé nas doutrinas fisiocráticas, que atribuíam a geração de riqueza à força da terra — e não à força de trabalho, como postulava a nova ciência da economia política dos escoceses; de modo que, entre todas as atividades econômicas, haveria, para ele, de se priorizar a agricultura. Alma da produção, a que devia se devotar com atenção a pública administração, a agricultura "[...] é para o físico como os costumes para a moral, isto é, o mais vasto e útil ramo da administração. Feliz o governo que olhar para estes dois objetos com cuidado!".[570] Bonifácio ecoa pensadores seus contemporâneos como Azeredo Coutinho e d. Rodrigo de Souza Coutinho, ao reiterar a importância, para o Estado, de tratar de aperfeiçoar as manufaturas, mas nunca priorizando-as, já que a produção fabril seria um ente subsidiário da economia, assim como o comércio, que tem sua utilidade na venda do supérfluo e na importação do necessário. Porém, o circuito das trocas "[...] é subordinado à produção, donde as matérias de permutação; é um ente secundário, ainda fisicamente; infeliz da nação que o fizer predominar".[571]

Produção fabril e troca, indústria e comércio são atividades importantes, mas satélites da agricultura, pois só esta sustenta o aumento da população das cidades, e não o contrário. O administrador deve estar atento aos mil inconvenientes a que está exposta a atividade do campo, base da riqueza da nação: "Agricultura, e mais agricultura, e todos os meios de estendê-la e aperfeiçoá-la — depois minas e bosques."[572]

Ao lado das *Lembranças e apontamentos*, os documentos que melhor exprimem a engenharia social proposta por José Bonifácio para a construção da nação são as duas representações que submeteu à Assembleia Constituinte em 1823, uma sobre a escravidão e outra sobre os índios, que serão apresentadas a seguir. Esses textos foram longa e profundamente analisados pelos estudiosos nas últimas décadas. Mais do que análise, o que segue é uma exposição sistemática dos argumentos de José Bonifácio, para fazê-los conhecer ao grande público, para quem esse personagem, célebre na literatura especializada, é pouco menos que um nome próprio já ouvido. A necessidade de reformas era sentida e compartilhada pelos membros das elites dos dois lados do Atlântico. O *Ensaio sobre os melhoramentos de Portugal e do Brasil* (1821), de Francisco Soares Franco, será usado como contraponto às ideias de Bonifácio.[573]

Logo que se instalou a 3 de maio de 1823 a Assembleia Geral Constituinte e Legislativa do Império do Brasil, José Bonifácio a ela submeteu uma representação com análises e propostas sobre a questão da escravatura. Estribou-se em argumentos de ordem racial, religiosa, econômica, moral e jurídica, para então encaminhar as ações que entendia caber ao Estado com vistas à solução da "questão escrava".

O primeiro ponto a atacar haveria de ser o tráfico, que despejava nos portos todos os anos dezenas de milhares de africanos, amontoados nos porões dos navios. Era preciso acabar com a mortandade e o martírio daqueles desgraçados, com o tráfico tão bárbaro e carniceiro; mas, importante detalhe, haveria que se ir acabando "gradualmente" até os últimos vestígios da escravidão. Bonifácio sabia que não podia alentar a interrupção imediata do comércio humano e o fim da escravidão, sob risco de estrangulamento de todo o sistema produtivo; e encontraria nas classes escravistas, fiadoras da independência, um obstáculo instransponível. Seu propósito último, com o estancamento da chegada regular de africanos, era "formar em poucas gerações uma nação homogênea", acabar com a heterogeneidade física e civil; ali ele retomava a metáfora metalúrgica usada em carta ao conde de Funchal dez anos antes:

> [...] cuidemos pois desde já em combinar sabiamente tantos elementos discordes e contrários, e em *amalgamar* tantos metais diversos, para que saia um *todo* homogêneo e compacto, que se não esfarele ao pequeno toque de qualquer nova convulsão política. Mas que ciência química, e que desteridade não são precisas aos operadores de tão grande e difícil manipulação? Sejamos pois sábios e prudentes, porém constantes sempre.[574]

Bonifácio tinha plena consciência do marcador social de preconceito que pesava sobre os africanos, a cor de pele, fator que concorria para agravar a situação dos escravos; fazendo comparação com a escravidão antiga, onde o escravo romano, uma vez liberto, passava despercebido e podia mesmo misturar seu sangue ao de seus antigos senhores, apontava na *Representação* para o ônus que recaía sobre o africano, que carregava a marca indelével de segregação e desprezo. "Não só o escravo aqui é inferior ao amo, mas o negro o é também ao branco."[575] O Andrada atentava para um desafio que poderia inviabilizar a construção da nação. A escravidão tinha uma cor, um marcador produtor de desprezo e preconceito. Só amalgamando tão diferentes metais, homogeneizando a população, se superaria a mácula da escravidão.

Aqui pode ser iluminador o contraponto com outro reformador contemporâneo, o professor de medicina na Universidade de Coimbra Francisco Soares Franco, que escrevia por essa mesma época. Ele antecipava von Martius[576] ao conceber a população do Brasil como derivada do encontro das três raças: o europeu, que ao chegar ao território americano encontra os silvícolas, descritos como "selvagens indolentes, vingativos, cruéis, e antropofágicos". Como os europeus eram poucos e os habitantes do país completamente selvagens e inaptos para o trabalho, "[…] excogitou o interesse o desumano comércio dos pretos da Costa d'África".[577] E segue:

> […] Os primeiros europeus, que passaram ao Novo Mundo, eram pela maior parte aventureiros, embrutecidos na guerra, e quase sem educação científica; reputaram em consequência, que os americanos eram de natureza inferior à nossa, estúpidos, indolentes, incapazes de todo o esforço de corpo, e de espírito, e confundiram desse modo os resultados da falta de civilização com a própria natureza humana. Por esse motivo recorreram à compra dos pretos para ter quem trabalhasse nas Minas, e cultivasse a açúcar.[578]

A terceira raça, "primitiva", segundo Soares Franco, era a dos pretos comprados na Costa da África, transportados em condições precárias ao Brasil, onde se vendiam, assim como seus filhos aqui nascidos, "crioulos" que, obedecendo à barbaridade da lei vigente, carregam a mesma condição de escravos de seus pais. De algum modo, a análise seca de Soares Franco acaba se alinhando à de Bonifácio, quando este afirma que para se construir uma nação seria imperioso, primeiro, fundir os diferentes metais para se alcançar uma população homogênea; e, segundo, acabar com a escravidão. Para Franco, um povo composto de diversas castas não configura uma nação; é, quando muito, um misto incoerente e fraco; os diversos usos e costumes e as diversas cores produziriam um orgulho exclusivo e um conflito insuperável entre as raças, de que resultaria a desconfiança mútua, os roubos, assassinatos e toda sorte de crimes; numa tal configuração seria impraticável se conservar a boa ordem e civilidade entre elementos tão díspares. Além do mais, quando uns são livres e outros são privados de liberdade, agrava-se o potencial explosivo, pois às causas do ódio juntava-se mais essa. Quase ouvimos Bonifácio falando dos escravos como "inimigos domésticos", mas é Soares Franco quem adverte: "[…] O senhor teme os seus escravos e por isso mesmo os castiga severamente, para salvar a sua conservação no meio dos temores: o escravo aborrece o seu senhor, só porque é, e porque o castiga. Que estado violento para ambos! Que impossibilidade de poderem os ministros de Estado dar força, e consistência a semelhante corpo político!"[579]

Para Franco, urgia buscar meios para diminuir a "casta preta"; a escravidão lhe afeiçoava prejudicial ao país ao introduzir duas hierarquias opostas, de livres e escravos, "cuja antipatia será eterna enquanto houver mundo". Por isso, a redução dessa casta seria de absoluta necessidade; mas era imperativo que tal se fizesse sem ônus aos senhores e sem danos à agricultura. O "modelo dos ingleses" (que suprimiram o tráfico em todo o império em 1807, embora a escravidão tenha sido abolida apenas em 1833) era então contraindicado e Franco expõe as "bases gerais" em que se deveria assentar a redução da "casta preta": "[…] 1.º proibir-se-á desde já toda a nova importação de pretos da África; 2.º excetuar desta regra um único porto, que melhor parecer, para tirar escravos para o trabalho das Minas; 3.º os pretos que atualmente forem escravos no Brasil, continuarem a sê-lo, e só poderem forrar-se, segundo os antigos usos do país; 4.º todo o preto, ou mestiço, que nascer no território livre da América, deve ficar livre."[580]

O segundo argumento em prol da abolição da escravatura apresentado por Bonifácio à Assembleia Constituinte tem fundamento religioso. Pergunta-se: "Se os negros são homens como nós e não formam uma espécie de brutos animais; se sentem e pensam como nós, que quadro de dor e de miséria não apresentam eles à imaginação de qualquer homem sensível e cristão?"[581] O reformador vai fundo no questionamento da religiosidade de quem tolera a escravidão: que religião é essa que se arroga assentir aquele que admite a escravização de seu semelhante? A religião que se pratica no país seria um "sistema de superstições e de abusos antissociais" em que o próprio clero corrompido se serve de escravos, engrossa os plantéis para se enriquecer, quando não para formar "das desgraças escravas um harém turco".[582]

Antecipando a defesa que fariam da escravidão seus opositores, o sagaz Andrada adianta argumentos que serão usados em favor da manutenção da "nefanda instituição"[583] ao longo de todo século XIX, até às vésperas da abolição em 1888. Afirma que os adeptos do sistema escravista, visando esgueirar-se das fundadas acusações que se lhes podem dirigir, lançam mão de razões capciosas, ao afirmar que trazer escravos da África é um ato de caridade, porque assim escapam de tratos ainda piores dos despóticos reis africanos; afirmavam ainda os defensores da escravidão que, se não viessem para o Brasil como escravos os africanos, ficariam privados da luz do evangelho, que é obrigação de todo bom cristão promover e espalhar; que a condição de vida daqueles infelizes mudava para melhor, quando deixavam um clima de país ardente e horrível para outro, doce, fértil e ameno; por fim, sustentavam que, se imperava na África o bárbaro costume de que criminosos e prisioneiros de guerra eram mortos imediatamente, comprá-los como escravos seria um favor que se lhes fazia, para lhes conservar a vida, ainda que fosse em cativeiro.[584]

Esse último argumento lembra muito o bispo Azeredo Coutinho, de quem Bonifácio se aproxima em pelo menos um ponto, que remete a seu segundo argumento em favor do fim da escravidão, agora de ordem econômica. Esse ponto diz respeito aos maus-tratos empregados na lida com os escravos. Já vimos Azeredo Coutinho usar a mesma linha de raciocínio, de que se deveria moderar nos castigos aos escravos, antes de mais nada, em favor dos interesses dos próprios senhores. Soares Franco a repete, ao condenar a violência do cativeiro moderno e propõe mais "doçura" no trato da escravaria, o que permitiria o crescimento vegetativo da população, diminuindo a necessidade do tráfico e barateando seu custo![585] A eles se alinha Bonifácio, quando exulta os senhores a tratarem os "miseráveis" com mais humanidade; porém, "o habitante livre do Brasil, e mormente o europeu, é não só, pela maior parte, surdo às vozes da justiça, e aos sentimentos do evangelho, mas até é cego aos próprios interesses pecuniários, e à felicidade doméstica da família".[586]

O terceiro argumento da *Representação* é de ordem moral e diz respeito à ameaça de corrupção da vida doméstica que a presença dos negros suscitava. Gilberto Freyre buscou o texto de Bonifácio para citá-lo textualmente no capítulo IV, "O escravo negro na vida sexual e de família do brasileiro", em seu clássico *Casa-grande & senzala*: "[...] na verdade, senhores, se a moralidade e a justiça social de qualquer povo se fundam, parte nas suas instituições religiosas e políticas, e parte na filosofia, para dizer assim, doméstica de cada família, que quadro pode apresentar o Brasil, quando o consideramos debaixo destes dois pontos de vista?"[587] Outra faceta de cunho moral dizia respeito ao luxo e à corrupção, anteriores entre os brasileiros à civilização e à indústria. E sua causa: "A escravidão, senhores, a escravidão, porque o homem, que conta com os jornais de seus escravos, vive na indolência, e a indolência traz todos os vícios após si."[588]

Aos argumentos anteriores Bonifácio soma aqueles de natureza econômica. O trabalho escravo inibiria a introdução dos melhoramentos da cultura europeia como o arado e outros instrumentos, mantendo a agricultura do país no atraso. Promovendo-se a erradicação do trabalho servil, a agricultura se desenvolveria exponencialmente, aumentando a produtividade: "A natureza próvida, e sábia em toda e qualquer parte do globo, dá os meios precisos aos fins da sociedade civil, e nenhum país necessita de braços estranhos e forçados para ser rico e cultivado." Amparando esse raciocínio, de que a escravatura é um obstáculo à indústria, lembra o reformador que os senhores proprietários de escravos vivem na inércia, pois não se sentem constrangidos a aperfeiçoar sua indústria ou melhorar sua lavoura: "Causa raiva, ou riso, ver 20 escravos ocupados em transportar 20 sacos de açúcar, que podiam conduzir uma ou duas carretas bem construídas com dois bois ou duas bestas muares."[589]

Em seguida, Bonifácio acresce argumento de cunho demográfico, que, de algum modo, se articula com o racial, ao afirmar que a introdução massiva de africanos no Brasil, além de obstar o desenvolvimento da indústria, não contribui para o aumento da população. Para prová-lo, remete ao censo populacional, no qual percebe que, apesar de entrarem cerca de 40 mil africanos anualmente no Brasil, essa população não sofreu qualquer aumento, pois os índices de mortalidade eram elevados: "quase tudo morre ou de miséria, ou de desesperação, e todavia custaram imensos cabedais, que se perderam para sempre, e que nem sequer pagaram o juro do dinheiro empregado."

Por fim, fia o raciocínio de ordem jurídica, ao apontar a justiça como base primeira da sociedade civil e fonte da felicidade geral; mas, pergunta-se, como pode haver justiça quando a um homem é facultado roubar a liberdade de outro, e dos filhos deste, e dos filhos destes filhos? Contrariando frontalmente o bispo Azeredo Coutinho, para quem a busca da felicidade é meio completo de justificação da privação de liberdade de outrem, Bonifácio condena a escravidão e antecipa-se à crítica daqueles que afirmam que favorecer a liberdade dos escravos significa atacar a propriedade privada. Ora, pondera com um silogismo, se a propriedade existe para o bem de todos, que bem tira o escravo de perder todos os seus direitos, para "se tornar de pessoa a coisa", como dizem os jurisconsultos? E excogita: "Não é pois o direito de propriedade, que querem defender, é o direito da força, pois que o homem, não podendo ser coisa, não pode ser objeto de propriedade."[590]

Em dado momento, os argumentos religioso, social, econômico e jurídico se mesclam:

[...] Acaba-se pois de uma vez o infame tráfico da escravatura africana; mas com isto não está tudo feito; é também preciso cuidar seriamente em melhorar a sorte dos escravos existentes, e tais cuidados são já um passo dado para a sua futura emancipação. As leis devem prescrever esses meios, se é que elas reconhecessem que os escravos são homens feitos à imagem de Deus. E se a as leis os consideram como objetos de legislação penal, por que o não serão também da proteção civil?[591]

Por tudo isso, reclama e justifica aos legisladores a necessidade da supressão do instituto da escravidão. Porém, consciente do vespeiro onde mexia, Bonifácio lança o proverbial mote que será reiterado por todos aqueles que se diziam favoráveis à abolição da escravatura até 1888: que ela se fizesse de forma lenta, segura e gradual, deste modo postergando-a para um futuro incerto. É enfático ao dizer que "não desejo ver abolida de repente a escravidão; tal acontecimento traria consigo grandes males". Para emancipar escravos sem prejuízo da sociedade, um eufemismo para "proprietários de escravos", seria necessário antes fazê-los dignos da liberdade; por isso cumpria aos governantes, "forçados pela razão e pela lei", ir gradualmente convertendo-os de vis escravos em homens livres e ativos. Só então os cidadãos se tornariam de cruéis em cristãos e justos, colhendo os benefícios de seu gesto com o tempo, ao colocar em circulação cabedais antes engessados na escravatura; e, não menos importante, "livrando as suas famílias de exemplos domésticos de corrupção e tirania; de inimigos seus e do Estado; que hoje não têm pátria, e que podem vir a ser nossos irmãos, e nossos compatriotas".[592]

Depois de fazer a defesa doutrinal das razões para a supressão da escravidão no Brasil, Bonifácio endereça à legislatura uma orientação de viés prático na forma de minuta de projeto de lei sobre a matéria. Em seus 32 artigos, a proposta de lei sobre a escravidão oferecida por Bonifácio à Assembleia Constituinte atacava pontos nevrálgicos da questão. Começava decretando o fim do tráfico de escravos em curto prazo, quatro a cinco anos, assim como facilitar a entrada de mulheres, para favorecer casamentos; propunha a criação de um registro público civil que identificasse os detalhes da compra; procurava facilitar, por diversos expedientes, a aquisição da alforria pelo escravo, tais como benesses aos senhores benevolentes; forrar e cuidar dos escravos velhos, assim como aos bastardos e amantes;[593] não desmembrar famílias (escravas); prover terras aos forros; dar legalidade ao pecúlio dos escravos e suas formas de transmissão; regular severamente a questão da aplicação de castigos; facilitar o casamento entre escravos, proibir o trabalho infantil (antes dos 12 anos) e cuidar da gravidez e maternidade; prover ensino religioso e evitar as condições da mendicidade; estimular as manumissões, por exemplo, com retribuições honoríficas aos beneméritos; criar fundos públicos, caixas de piedade e de propriedade, e outras formas de poupança, para financiar manumissões e cuidados aos escravos. No artigo 32, Bonifácio oferece o quadro maior de seu projeto de sociedade, forjado nos moldes da ilustração portuguesa:

[...] O vastíssimo Brasil, situado no clima o mais ameno e temperado do Universo, dotado da maior fertilidade natural, rico de numerosas produções, próprias suas, e capaz de mil outras que facilmente se podem nele climatizar, sem os gelos da Europa, e sem os ardores da África e da Índia, pode e deve ser civilizado e cultivado sem as fadigas demasiadas de uma vida inquieta e trabalhada, e sem os esforços alambicados das artes e comércios exclusivos da velha Europa. Dai-lhe que goze da liberdade civil, que já tem adquirido; dai-lhe maior instrução e moralidade; desvelai-vos em aperfeiçoar sua agricultura, em desenvolver e fomentar sua indústria artística, em aumentar e melhorar suas estradas e a navegação de seus rios; empenhai-vos em acrescentar a sua povoação livre, destruindo de um golpe o peçonhento cancro que o corrói, e que enfraquece sua força militar, força tão necessária nas atuais circunstâncias, que não pode tirar de um milhão de escravos, e mais, que desgraçadamente fazem hoje em dia um terço pelo menos da sua mesclada população; então ele será feliz e poderoso.[594]

A bem da verdade, não se pode contestar que abordagem tão ousada da questão escrava jamais existira na história do Império português. Esse mérito ninguém lhe pode tirar. Há, no entanto, que se relativizar a extensão de suas luzes e verve humanitária. Aqui e acolá lampejam traços do caráter de homem branco, europeu, membro da elite dirigente, proprietário, formado no Antigo Regime. Não apenas ao tratar dos africanos como "desgraçados", "miseráveis", "vis" ou ao visar livrar as famílias brancas de "exemplos domésticos de corrupção"; no limite do raciocínio de Bonifácio, a emancipação dos escravos era condição *sine qua non* para se erigir uma nação civilizada. Era preciso eliminar a classe de homens que ele entendia como "nossos inimigos internos" — o que reverteria "a favor de nossos próprios interesses".[595] Não se expressa qualquer laivo de humanidade, por exemplo, em alguns dos parágrafos dos "Regulamentos" que rascunhou para a escravatura, como o 12º, onde propunha que na "repartição do tempo que pertence a cada preto e preta de trabalho se descontará a metade do seu quinhão pelo tempo que estiverem na enfermaria"; ou no 19º, onde predica que o escravo que tiver trabalhado "depois de homem feito 20 anos a um ou mais senhores será forro com sua mulher se tiver 15 anos de serviço; e o Estado lhe dará terras para cultivar".[596] Resta saber qual era a expectativa de vida para uma pessoa que houvesse trabalhado na condição de escravo durante 20 anos "depois de homem feito". E lembrar que essas sugestões colocadas por Bonifácio no papel nunca daí saíram.

O segundo documento que José Bonifácio apresentou à Assembleia Constituinte em 1823 sob o título de "Apontamentos para a civilização dos índios bravos do Império do Brasil"[597] converge, junto com as postulações sobre a escravidão, para o propósito de produzir uma sociedade jurídica e racialmente homogênea. Ali irá se tratar do modo como catequizar e aldear os índios do Brasil, questão importante e de difícil execução por duas causas, segundo o raciocínio dos apontamentos. Por um lado, devido à natureza e condições em que se encontravam os índios e, por outro, por causa do modo como os portugueses os tratavam. Ao discorrer sobre essas causas, não consegue dissimular um enorme preconceito contra as populações que diz querer "civilizar". Sobre a as primeiras causas, da natureza e condição dos índios, elas decorreriam:

> [...] "1º) de serem os índios povos vagabundos, e dados a contínuas guerras, e roubos; 2º) de não terem freio algum religioso, e civil, que coíba, e dirija suas paixões: donde nasce ser-lhes insuportável sujeitaram-se a leis, e costumes regulares; 3º) entregues naturalmente à preguiça, fogem dos trabalhos aturados e diários de cavar, plantar e montar as sementeiras, que pelo nímio viço da terra se cobrem logo de mato, e de ervas ruins; 4º) porque temem, largando sua vida conhecida e habitual de caçadores, sofrer fomes, faltando-lhes alimento à sua gula desregrada; [...] 7º) finalmente porque conhecem que se entrarem no seio da Igreja, serão forçados a deixar suas contínuas bebedices, a poligamia em que vivem, e os divórcios voluntários; e daqui vem que as raparigas casadas são as que melhor e mais facilmente abraçam a nossa santa religião; porque assim seguram os maridos, e se livram de rivais.[598]

Não obstante, Bonifácio reconhece a opressão e abusos com que os brancos vinham tratando dos índios até então, roubando-lhes as melhores terras, sujeitando-os a trabalhos forçados, pagando-lhes pouco e alimentando-os mal, enganando-os nos contratos; "por fim enxertando-lhes todos os nossos vícios, e moléstias, sem lhes comunicarmos nossas virtudes, e talentos": "E havemos de desculpá-los; porque com o pretexto de fazê-los cristãos, lhes temos feito e fazemos muitas injustiças, e crueldades. Faz horror refletir na rápida despovoação destes miseráveis depois que chegamos ao Brasil. [...] Calcula o padre Vieira que em 30 anos [em 1652], pelas guerras, cativeiros, e moléstias, que lhes trouxeram os portugueses, eram mortos mais de dois milhões de índios".[599] Para alterar esse quadro, os brancos haveriam de mudar o tratamento dispensado aos índios.

Em oposição radical ao pensamento de Azeredo Coutinho, Bonifácio inspira-se nos arautos da ilustração europeia, como Montesquieu, para justificar que o índio é indolente porque o trópico é ameno e abundante. Sendo a caça e a pesca e os frutos silvestres abundantes e o clima aprazível a maior parte do tempo, o índio pode passar o tempo ao "Deus dará", pois não precisaria de casas ou roupas, nem os seduziriam os artigos de luxo, já que não possuíam ideia de prosperidade, nem desejos de distinções ou vaidades sociais, "que são as molas poderosas que põem em atividade o homem civilizado".[600] Tudo isso haveria que incutir aos indígenas: a noção de propriedade, de riqueza, o desejo do luxo, enfim, tudo o que distinguiria um ser civilizado.

Mas um aspecto positivo ao menos o estado primitivo trazia. Novamente, respaldado pelas doutrinas iluministas,[601] Bonifácio percebe os silvícolas como não sendo naturalmente bons ou maus, mas uma espécie de tábula rasa onde tudo se pode inscrever por meio do exemplo e da educação. Aos índios bravos "não falta o lume natural da razão". Providos de razão, não obstante a preguiça e a ingratidão aos brancos, "que reputam seus inimigos", são, todavia, suscetíveis de civilização, desde que se usassem os meios apropriados, com constância e zelo em sua execução.

Bonifácio estabelece e enumera então 44 meios ou estratégias para alcançar a civilização dos índios,[602] entre os quais sobressaem a observância da justiça, para não esbulhar os silvícolas das terras que lhes restam, "e de que são legítimos senhores, pois Deus lhas deu"; brandura; abertura ao comércio, recebendo gêneros do mato em troca de "quinquilharia de ferro e latão, espelhos, miçangas, facas, machados, tesouras, pregos, anzóis, galões falsos" etc.; incutir neles a ideia de propriedade; favorecer o matrimônio entre brancos e índias; criar colégios de missionários para cuidar da evangelização, assim como presídios militares, para introjetar nos índios respeito aos brancos; continuar a preação de índios nos sertões por meio de bandeiras; domesticar a mocidade "com bom modo e tratamento, instruindo-a na moral de Jesus Cristo, na língua portuguesa, em ler, escrever, e contar, vestindo-os e sustentando-os, quando seus pais forem negligentes, ou mesquinhos"; recebê-los "com aparato e festas, para que formem logo grande ideia do nosso poder, riqueza, e amizade"; levantar escolas de artes e ofícios, introduzir o uso o arado; evitar a circulação da cachaça; além de cuidar da educação e prevenir doenças, enfim, incutir neles sobretudo os anseios de civilização, "excitar-lhes desejos fortes de novos gozos e comodidade, da vida social". O 43º item revela o princípio que zela Bonifácio de formar uma raça homogênea, pelo amálgama de metais tão díspares: "Procurará com o andar do tempo, e nas aldeias já civilizadas, introduzir brancos e mulatos morigerados para misturar as raças, ligar os interesses recíprocos dos índios com nossa gente, e fazer deles todos um só corpo de nação...".

Compartilha nesse quesito o entendimento de Francisco Soares Franco, ao endossar o cruzamento do europeu com o ameríndio para aumentar a raça branca; também entende que a forma empregada pelos brancos de lidar com os índios até então, por meio da violência, tem sido equivocada; critica acidamente aos intendentes dos diretórios dos índios, homens interesseiros e sanguinários escolhidos para aldear e conservar os índios recém-tirados das matas, quando se deveria escolher missionários pacíficos para esse fim:

> O primeiro, e mais poderoso de todos [meios de aumentar a casta branca], é civilizar os índios do Brasil, fazendo-lhes preferir as doçuras da sociedade aos trabalhos, e riscos da vida selvagem. [...] E com efeito as grandes molas, e maravilhas da religião são os meios mais ativos de ligar nos vínculos sociais os homens errantes; dela, se serviram igualmente os primeiros legisladores do antigo Mundo.[603]

Para tanto, seria preciso mostrar aos índios as vantagens do casamento, pois "a boa população nunca foi filha do crime, mas do himeneu"; a ideia do gentio como tábula rasa reitera-se em Franco: "estas tenras plantas recebem toda educação que se lhes quer dar." Educados na religião e dentro do casamento, quando chegam à idade adulta os jovens indígenas apreendem facilmente os diversos ofícios e se dedicam com afinco ao trabalho, honrando assim a pátria comum. Outra medida que prescreve Franco para engrossar a população branca é o incentivo à imigração europeia, por meio de uma política de propaganda maciça no velho continente, divulgando que o Estado fornecerá aos migrantes terras e ferramentas, empregos na cidade aos artesãos, algum alimento em caso de necessidade; também, que no Brasil se cuidará da segurança pessoal e se respeitará a liberdade civil e religiosa e o direito de propriedade. Essas medidas atrairiam os europeus para virem se estabelecer no Brasil, que deveriam ser orientados a unirem-se com mulheres índias. Por todos os meios, a condução do Brasil rumo a uma nação civilizada exigiria que se obrasse para diminuir a "casta preta".[604]

Nesse quesito, não obstante as nuanças, afinidades afloram na comparação dos planos de Soares Franco e José Bonifácio. Ecoando a política de Estado que vinha do marquês de Pombal, o paulista também incentivava procurar a mistura por casamentos entre brancos e índios, índios e mulatos, "mas não negros, para cruzar as raças; e acabar com a isolação das aldeias".[605] Usando do ardil de atrair as crianças indígenas por meio de festas, já tantas vezes sugerido por outros reformadores anteriores, Bonifácio vê na cristianização o meio precípuo de civilizar os selvagens. As festas, procissões, foguetes, repiques de sino etc. "[…] é para os índios um manancial fecundo de divertimento e alegria. Folgam com a música e dança".[606] Mas o plano subliminar, ao fim e ao cabo, em Bonifácio como em Soares Franco, é assimilar o índio para descartar o elemento negro. Isso o Andrada deixou registrado com todas as letras:

> […] Logo que se introduzir o uso do arado, e a cultivação inglesa, não serão precisos tantos escravos de enxada e machado — bois, e pastos artificiais e naturais para isto. Querer que os índios trabalhem com a enxada, e querer que sejam iguais aos brancos, quando só os negros trabalham com ela, é querer impossíveis — comecemos por acostumar

os portugueses aos trabalhos rurais da própria lavoura, com prêmios e instrução; *então os índios os imitarão, e os negros da África não serão precisos — as raças se misturarão e se melhorarão* [grifo meu].[607]

Não é justo julgar uma figura proeminente, como foi José Bonifácio, a dois séculos de distância. Quem quiser encontrar nele o herói brasileiro que induziu o parto da nação, o encontrará; a quem quiser buscar os traços de conservador, racista, oportunista, português da velha ordem, vaidoso e autoritário, não faltarão igualmente elementos em sua biografia. O que nenhum investigador que preze pela imparcialidade e boa-fé pode contestar é sua entrega ao estudo dos problemas do Brasil, todos os diagnósticos meticulosos e as propostas de solução das questões do Estado e da sociedade brasileiras que zelosamente elaborou. Seguindo o exemplo de seu preceptor d. Rodrigo de Sousa Coutinho, o velho Andrada era uma usina de pensamentos e infatigável na dedicação ao trabalho. Suas ideias, por mais que nos soem hoje conservadoras, eram radicais demais para os poderosos da época da independência. Mesmo depois de apeado do poder, no exílio, remoendo seus rancores contra o novo imperador d. Pedro I e seus antigos desafetos, continuou a pensar o Brasil. Atestam-no suas prolíficas anotações em papéis avulsos que nos chegaram:

> [...] É preciso dissimular as desordens dos partidos, porém fez olho sobre eles para os oprimir uns pelos outros; rejeitar o mar sobre os áulicos e corcundas etc. que iludiram a boa-fé. Buscar homens de probidade e de talentos, animá-los e empregá-los, qualquer partido que tenham seguido; *não tocar nem por sombra nas duas âncoras sagradas do sossego e estabilidade do Império, independência e Constituição.* Empregar, em vez de apagar, utilmente a energia revolucionária em objetivos novos e brilhantes, como descobrimentos interiores, colonização de índios, indústria, universidades, criação de vilas etc. etc. [grifos meus].[608]

Criticava com ardor os rumos do império nascente. O Brasil independente penderia para a democracia (que abominava) ou para o despotismo — "errei em querer dar-lhe uma monarquia constitucional". Perguntava-se onde estava uma aristocracia rica e instruída, um corpo de magistratura honrado e independente; questionava o papel do clero, imoral e ignorante, sem crédito e sem riqueza. Para sua angústia, passado o torvelinho do rompimento com Portugal, da dissolução da Assembleia Constituinte na qual ele apostara todos os seus cacifes, de sua queda e de seus irmãos do círculo do poder, que restaria ao jovem país? "Uma democracia sem experiência, desunida, corrompida e egoísta; ou uma realeza, sem confiança e sem prudência; fogosa e despótica sem as artes de Augusto, nem a dissimulação profunda de um Tibério." De qualquer modo, a catástrofe lhe parecia inevitável. Mas qual será, como e quando? "Esperemos pelo tempo que no-lo mostrará."[609]

CONCLUSÃO

UM PAÍS PARA POUCOS

Este livro procurou narrar a história de grandes projetos, sistemas, planos e programas de e para o Brasil, elaborados por estadistas e homens de ciência "ilustrados", articulando-os aos acontecimentos decisivos da história ocidental, ibérica e brasileira de meados do século XVIII até as primeiras décadas do século seguinte. Fez-se imperioso situar o Brasil nos quadros do Império português, remontando às reformações deflagradas pelo marquês de Pombal, pois elas estabeleceram o ambiente intelectual que produziu os homens e ideias da ilustração portuguesa. A expulsão dos jesuítas e a reforma da Universidade, expurgando o legado inaciano para deixar entrarem no reino as "luzes" da ciência experimental, da filosofia iluminista, da economia política liberal; a inauguração de novos lugares de sociabilidade e de ventilação de projetos para melhoramentos do império, como o Colégio dos Nobres, as sociedades literárias e academias científicas; as políticas do Estado português levadas a efeito por gerações de governantes, de Pombal a d. Rodrigo de Sousa Coutinho: tudo isso compunha uma atmosfera de fermentação política e ideológica em que, pela primeira vez de forma tão central e estratégica, os domínios portugueses na América foram assumidos como vitais à saúde do império.

No contexto de franca decadência do reino, economicamente constrangido e militarmente ameaçado pelas grandes potências capitalistas emergentes, Inglaterra e França, então em guerra, Portugal viu-se compelido a buscar, na reforma da governação, os meios de mais racionalmente extrair riqueza da pródiga colônia americana com vistas à salvação do Estado e glória da Coroa. A Espanha compartilhou experiência semelhante. A ilustração, no caso de Portugal, serviu de lastro ideológico para pôr em prática as reformas que urgiam. Alguns conceitos, por isso, reclamaram maior reflexão.

A "ilustração", movimento cultural que lastreia a emergência turbulenta da burguesia no campo de forças que levou à implosão do Antigo Regime nos países de proa da modernidade capitalista, tingiu-se de cores muito próprias quando grassou em solo ibérico. Aqui deu suporte para se envidarem ações no sentido de, por meio da reforma, da mudança controlada e paulatina, barrar a revolução, sempre tida por catastrófica aos olhos de governantes e sábios portugueses, por conduzir ao regicídio, como na França, ao rompimento dos laços coloniais (como no caso dos Estados Unidos da América), ou à barbárie, como ocorreu na revolução dos escravos em São Domingos.

Reclamaram reflexão igualmente as relações entre metrópole e colônia, a condição colonial em que viviam os portugueses da América, as lógicas de exploração do trabalho e expropriação da riqueza, enfim, aquilo que durante muitos anos foi entendido pela literatura especializada como o funcionamento de um "sistema colonial", onde cada uma das partes, metrópole e colônia, cumpria papéis estabelecidos num "pacto colonial". Procurou-se problematizar esses conceitos, assim como a ideia de um alegado "império luso-brasileiro", que, se existiu, teve vida muito breve, entre 1815, quando o Brasil ganhou status de Reino Unido a Portugal, e 1822, ano da ruptura política.

A propósito, a noção de império de d. Rodrigo, que pressupunha que os súditos nascidos nas suas quatro partes do globo deviam se sentir simplesmente portugueses, foi também problematizada. Sob a batuta de d. Rodrigo, o "reformismo ilustrado" estabelecia como devia se dar a máxima exploração da colônia, de seus recursos naturais e humanos, em benefício de Portugal. Procuramos mostrar como, ao reiterar a noção de um "império luso-brasileiro" para esse período (anterior à mudança de *status* do Brasil para reino unido), assimila-se acriticamente o discurso do colonizador. O que escapou então ao controle da administração central do império, sediada em Lisboa, foi que do processo colonizador resultou a formação de uma elite crioula a qual, embora portuguesa, na distância e no cotidiano da produção da própria riqueza, foi ao longo do tempo tornando-se cada vez mais autônoma e vendo seus interesses de classe mais e mais conflitarem com imposições e taxações de uma Coroa cada vez mais etérea. Levas de filhos das elites coloniais, portugueses de primeira ou segunda geração encarregados dos postos da administração, mas metidos na lida dos próprios negócios na agricultura e no comércio (que envolvia o tráfico negreiro), foram buscar formação superior na Universidade de Coimbra, que lhes garantiria a perpetuação de sua condição econômica e social.

O relato da situação do Brasil no Império português (aqui formalmente definida entre 1750 e 1808, entre a instalação do governo pombalino e a transferência da Corte para o Brasil) culmina com a revisão dos principais projetos desenhados para aplicação na América portuguesa, onde ganham destaque as visões de império de d. Rodrigo de Sousa Coutinho, confrontadas com as proposições controversas do bispo Azeredo Coutinho, sem prejuízo do cotejamento com outros pensadores da época que se dedicaram aos mesmos elevados assuntos, como Luís dos Santos Vilhena, João Rodrigues de Brito ou José Elói Ottoni. Paralelo ainda mais interessante, pois permitiu perceber entre esses (e outros) reformadores nuanças tão extremas a ponto de nos fazerem pensar na propriedade de se incluir todos sob um mesmo rótulo, seja de "geração" ou de "comunidade cultural".

A rigor, aquela elite colonial soube priorizar os próprios interesses, não hesitando em romper com a metrópole quando esse vínculo deixou de ser uma vantagem para se tornar um estorvo a seus ricos negócios. Mais crucial e subterrâneo do que os conceitos de "geração", ou de "comunidade cultural", o que se constrói e se define pela ação da elite letrada de origem colonial é uma identidade de classe em formação, marcada a cada momento em oposição a interesses antagônicos aos seus, seja por parte da Coroa portuguesa ou da elite econômica do reino, seja pela oposição aos "inimigos domésticos" constituídos pelos escravos e as classes livres pobres.

A narração continua com a transferência da cabeça do império português para o Rio de Janeiro. Um breve relato do concerto da guerra entre França e Inglaterra fez-se inevitável para situar ato tão ousado e inusitado de toda uma corte e família real, cercada de altos e baixos funcionários de Estado, se meterem ao mar e aos perigos da travessia atlântica nas semanas derradeiras de 1807. Apesar dos conflitos inevitáveis que marcaram a aproximação dos estratos superiores tanto coloniais como reinóis, ou seja, tanto das elites residentes na capital do então vice-reino quanto da sociedade de corte migrada, a presença do rei como mediador entre ambas as classes se mostrou decisiva na configuração posterior da classe dirigente que fiou a emancipação política do Brasil.

As adequações da instalação da corte no Rio de Janeiro, as medidas "civilizacionais" empreendidas, a sintaxe de corte que pautou a aproximação do regente com as elites migrada e residente, baseada no cumprimento dos rigores da etiqueta palaciana (algo improvisada nas condições urbanas do Rio de Janeiro), o escrutínio daquelas classes sociais e, por fim, o papel jogado por d. João nesse contexto pré-independência foram explorados nessa segunda seção. No contexto do Brasil joanino, as ideias, planos e projetos de José da Silva Lisboa, visconde de Cairu, ganharam destaque.

A terceira e última parte abrange os momentos derradeiros do vínculo colonial que ligou Portugal e Brasil durante mais de três séculos. Começa por uma temerária sinopse factual do processo de independência, sempre contestável por seus critérios de inclusão, dando-se especial relevo ao movimento vintista e à instalação das

Cortes gerais em Lisboa, que se constituiu em importante instrumento de pressão sobre o rei e administração imperial, ao reclamar, sob a bandeira constitucional, a reforma da monarquia e o regresso do rei. Os debates acirrados nas Cortes demonstram a incapacidade das elites de ambos os lados do Atlântico de preservarem a unidade do reino tão ciosamente acalentada por d. Rodrigo e tantos outros reformadores. No movimento político da secessão ganhava projeção um português "castiço", não apenas pelos quatro costados, mas pela vida adulta passada quase toda no reino e a serviço dele: José Bonifácio de Andrada. Seus ousados planos para o Brasil, muito poucos dos quais efetivamente implantados, são aqueles mais representativos dessa fase decisiva do parto do Brasil.

Inúmeros projetos foram passados em revista, tratando de diversas questões que clamavam por diagnósticos precisos e soluções duradouras. Muita vez, vimos esses projetos conflitarem em variados pontos, por exemplo, sobre se fomentar ou não a indústria das minas, sobre se liberar ou não a instalação de fábricas, sobre interromper-se ou não o tráfico de escravos, sobre incorporarem-se ou não os índios na civilização, sobre manter-se receitas superavitárias ou deficitárias entre metrópole e colônia, e assim sucessivamente. O que parece fundamental nisso tudo é que esses sujeitos — portugueses d'além-mar, no trato dos interesses do Estado, um Estado longínquo, espectral por assim se dizer — foram plantando e colhendo os próprios interesses, como proprietários rurais, como exportadores de *commodities*, traficantes de escravos; foram ganhando *status* social e projeção política nos circuitos coloniais; casaram suas filhas e filhos com filhos e filhas de outros potentados, expandindo suas redes de sustentação e poderio político contra "inimigos internos", como escravos e pobres, e contra inimigos externos, como depois se tornaram os próprios portugueses do reino.

Nesse longo quadrante se assiste ao fazer-se de uma classe social, nascida crioula, mas que se diferencia a partir de interesses econômicos de classe proprietária de terras, de escravos e beneficiária maior da condição colonial. A essa classe tornavam-se fluidos quaisquer traços identitários e credos políticos muito rígidos. Era monarquista convicta quando esperava de Lisboa as nomeações e distinções honoríficas, assim como fiadora da unidade do império. Foi republicana quando vislumbrou no republicanismo potência para enfrentar a pressão tributária da Coroa que ameaçava seus negócios (como na Inconfidência Mineira) — depois da revolução haitiana de 1794, percebeu que uma república não seria solução, mas ameaça à sua condição, e reconciliou-se com a Coroa; nos anos da independência, aderiu ao compromisso monárquico quando percebeu que a monarquia seria salvaguarda para seus negócios comerciais na Europa e aliada fundamental contra os inimigos domésticos; abraçou a independência, pela via conservadora, quando a metrópole, em vez de alavanca, mostrou-se obstáculo a seus interesses, que iam se tornando mais e mais claros.

Essa classe dominante larvalmente portuguesa, feita uma aristocracia rural forjada no tráfico humano e na escravidão, de certo modo foi tomando consciência de si enquanto formulava aqueles planos, sistemas e projetos de Brasil. Formulava-os em seu benefício exclusivo. Sabia que os esteios de seu poder e fausto estavam na terra e na escravidão; foi o projeto dessa classe — e não o de Bonifácio, ainda aristocrático, mas insolente, ao vislumbrar devaneios como a abolição gradual da escravatura —, que se sagrou vitorioso no contexto da saída do Brasil da condição colonial. O preço pago pelos brasileiros para o Brasil deixar de ser colônia foi submeter-se a essa classe latifundiária e escravista, que se daria à empresa da construção de um Estado à sua imagem e semelhança. Um Estado monárquico, consolidado ao longo do século XIX, que tinha algo do que desejava Bonifácio: ser conduzido por um grupo seleto de "ilustrados". Não muitas vezes ilustrados, mas com certeza um grupo seleto, que jamais hesitou usar de todos os ardis, inclusive da força bruta, para garantir seus privilégios de classe e manter as camadas populares controladas, a seu serviço. Em 1888, quando finalmente a escravidão foi legalmente abolida no Brasil, o Estado monárquico já não se prestava aos interesses dessa classe, que interrompeu o império com um golpe de Estado, batizado como "Proclamação da República". Mas a república do Brasil, controlada pelos herdeiros dos senhores escravocratas de antes, remanesceu elitista, voltada à garantia da concentração da terra, da renda e do poder nas mãos e em benefício dos mesmos estratos superiores, com a interdição da maioria da população de acesso à cidadania. Só no século XXI as classes subalternas lograram alcançar o poder de Estado pela via democrática e instituir um governo que as representasse, de feitio legitimamente popular. Mas isso não seria tolerado pelas capas que realmente dominam o país, ciosas de suas prerrogativas ancestrais de classe senhorial.

Ao longo do século passado muitos projetos de nação foram elaborados, alguns deles impostos à força, para fazer frente aos grandes problemas brasileiros, reais ou imaginários. No início do século XX, entendeu-se que era preciso "branquear" o Brasil, importando europeus e, se necessário, "devolvendo" os afrodescendentes a seu continente de origem; também, que se devia abrir temporada de caça contra os índios refratários à civilização; ou que se deveria tratar a pobreza como problema de polícia; ou se dar um golpe militar de Estado para barrar uma suposta ameaça comunista. Essas questões infelizmente guardam uma imensa atualidade.

Chega a ser surreal assistir, nos dias correntes, a imposição de um projeto de Brasil que se fundamenta na evangelização dos índios, militarização das escolas, em armar a população, na exploração predatória dos recurso naturais, na busca de controle praticamente inquisitorial dos corpos e da sexualidade das pessoas ou no ataque quixotesco a um insidioso "marxismo cultural". Mas nada disso é novo na história. Este livro pretendeu repassar ideias de Brasil daquele momento germinal. Fazer diagnóstico de nossas mazelas e pensar soluções talvez nunca tenha sido tão urgente.

AGRADECIMENTOS

A escrita deste livro contou com a generosa colaboração de colegas e amigos queridos, cujo suporte veio de várias maneiras. Marieta de Moraes Ferreira, parceira de longa data, confiou-me a responsabilidade desta escritura e amparou-me imenso ao longo do percurso. Sou devedor e agradecido a Helen Osório, Maria Manuel Marques Rodrigues (Miúcha), Nívea Pombo, Luiz Carlos Villalta, Andrea Lisly e Temístocles Cezar. Clara Falcão e Wendel Fey, estudantes pesquisadores, deram suporte precioso.

As leituras dos amigos Mauro Bertoni, Ronald Raminelli, Lorelai Cury, João Fragoso, João Paulo Pimenta, Luiz Geraldo Silva, Flávio Aguiar e António Hespanha (*in memorian*) apontaram incoerências, iluminaram pontos cegos e livraram o leitor de uma série de equívocos; mas que a eles não se atribua qualquer responsabilidade pelas inconsistências que remanescem, culpa integral do autor.

A competente revisão de Ronald Polito livrou o texto de inúmeras quinas e gralhas, deixando-o mais leve, elegante e preciso.

Que minhas filhas amadas Dora e Giulia me perdoem pela ausência. Minha esposa Tatiana tem sido a base que me ampara. A vocês eu dedico este livro, com amor!

NOTAS

INTRODUÇÃO: UMA PONTE PARA O PASSADO

1. Aspectos biográficos, do pensamento e ação política tanto de d. Rodrigo de Sousa Coutinho como de José Bonifácio de Andrada e Silva serão tratados em detalhe ao longo do livro.
2. Silva (1809).
3. Lisboa (1818).
4. A constituição do que veio a ser batizado de "pensamento social brasileiro" — intelectuais que realizaram diagnósticos sobre e propuseram soluções para os impasses do país sob diversas óticas — é um repositório riquíssimo de "projetos para o Brasil". Botelho (2010); Ianni (2000); Villas Bôas (2006); Bastos (2011).
5. A referências de Benjamin são colhidas de suas célebres teses "Sobre o conceito de história", em particular as de número 2, 6 e 7. Benjamin (1986:223-225).
6. Caneca (1972:177-221); Frei Joaquim do Amor Divino Caneca (2001).
7. Barata (2009); Leite (2000); Morel (2001).
8. Depois de perseguido e exilado (em Buenos Aires), regressando ao Brasil, Soares Lisboa foi anistiado de seus supostos crimes, sob a condição de deixar o Brasil. Em vez disso, dirigiu-se a Pernambuco, para lutar pela república da Confederação do Equador, vindo a falecer em combate em 1824. O *Correio do Rio de Janeiro* está disponibilizado na BNdigital: <http://bndigital.bn.gov.br/artigos/correio-do-rio-de-janeiro/>. Acesso em: 21 mai. 2019. Sobre Soares Lisboa, ver o belo trabalho de Ferreira (2017); Lustosa (2000).
9. Para alguns desses personagens, ver: Lopes (2004); Amado (1995); Farias (2010); Valim (2013); Ribeiro (1984); Tavares

(2001, 2005); Marques (1921); Reis e Silva (1989); Assunção (2015); Ricci (2010: v. 2, p. 185-231); Spencer (1985); Silva, J. (2011).

10. Para uma achega à hermenêutica diltheyana, ver Dilthey (1944); Reis (2003, 2013); Croce (1962).

11. Nisso convergimos com o historiador Otávio Tarquínio de Sousa, que em sua magistral biografia de José Bonifácio ponderou da ascendência das ideias do tempo sobre a ação dos homens, mesmo dos grandes: "Se os grandes homens, os guias, os heróis, muitas vezes, parecendo comandar e influir, não fazem mais do que obedecer ao espírito de sua época, forçoso é convir que na direção do mundo exercem ação eficaz as ideias, os planos, a vontade de certos formadores da política ou da religião, da ciência ou da arte." Sousa (2015:22).

12. A chamada *Lebensphilosophie* é um movimento do pensamento filosófico ocidental da virada do século XIX e ao longo do XX que enfatiza as questões do sentido, do valor e do propósito da vida como o grande objeto de reflexão do pensamento filosófico. Esse movimento também espraiou-se por vários campos do saber, como a psicanálise e a pedagogia. Dilthey, Simmel e Ortega Y Gasset são referências fundamentais.

13. Dray (1995); Mink (1969). E no agudo capítulo de Mink (1987). Malerba (2016:412); Boeira (2016).

14. Adelman (2006); Paquette (2008, 2013, 2009); Alexandre (1993; As afinidades eletivas); Calderón e Thibaud (2006); Halperin-Donghi (1985); Langley (1996); Pietschmann (1996); Hamnett (2017).

15. Novais (1995); Alexandre (1993); Falcon (1982); Alden (2004); Jancsó (2003, 2005). E toda vasta biblioteca de obras de síntese, das quais destaco a mais recente: Schwarcz e Starling (2015).

CAPÍTULO 1. A ERA DAS REFORMAS

16. Saint-Hilaire (1833: t. 2, p. 380): *"Il y avait un pays qu'on appelait le Brésil; mais il n'existait point de Brésiliens."* Disponível em: <https://catalog.hathitrust.org/Record/008649533>. Acesso em: 1º mar. 2019.

17. A bibliografia sobre o tema é inesgotável. Ver os clássicos: Dobb (1946). Disponível em: <https://archive.org/details/in.ernet.dli.2015.1144>. Acesso em: 6 jun. 2018; Sweezy et al. (1954); VVAA (1977); Braudel (1995).

18. Outro tópico inesgotável. Ver os clássicos: Burke (1982); Furet (1989); Lefebvre (1989, 1966); Michelet (1989); Soboul (1986); Starobinski (1988); Tocqueville (2009); Vovelle (2012).

19. Vieira (1970: t. 3, p. 177); Dias (1953:304).

20. Não será o caso de resgatar aqui toda a longa historicidade do conceito difundido por autores como António Sérgio, Vitorino Magalhães Godinho, Jaime Cortesão e António Coimbra Martins, bastando-nos saber que ele foi prevalente na historiografia portuguesa desde o século XIX, até a crítica demolidora formulada por Jorge Borges de Macedo em estudo clássico de 1974. Macedo (1974). Nos dias correntes, essa mesma crítica desabonadora do conceito tem sido revista por importantes autores. Por exemplo, ao comentar a "historiografia da decadência" setecentista patente na obra de Alexandre Gusmão e d. Luís da Cunha, embora registrando em nota a variedade inscrita no conceito de "estrangeirado", enfaticamente criticado por Borges de Macedo, Nuno Gonçalo Monteiro maneja sem maiores embaraços o conceito, dando a entender que, ao menos do ponto de vista conceitual, ele continua plenamente operacional. Monteiro (2017: particularmente, p. 185 e ss.). Por seu turno, Onésimo de Almeida faz uma revisão do conceito de "estrangeirados", a espelhar um conflito de valores entre a visão do mundo da Contrarreforma e a modernidade emergente no Norte da Europa, justamente a partir do artigo clássico de Borges de Macedo. Segundo Almeida, embora atualmente prevaleça na historiografia o entendimento de que Borges de Macedo tenha supostamente destruído a utilidade analítica do conceito, sua proposta no ensaio é justamente desconstruir a proposta de Macedo, resgatando a pertinência do conceito. Almeida (2017). Para uma análise dos *insights* metodológicos persistentes na obra de Borges de Macedo, ver Cardoso (2013).

21. Dias (1953:322).

22. Cunha (3027). Disponível em: <www.arqnet.pt/portal/portugal/documentos/dlc_testamento1.html>. Acesso em: 20 fev. 2017.

23. Verney (1746).

24. Dias (1953:396).

25. Assim dizem José Eduardo Franco e Sara Marques Pereira em sua introdução a uma nova edição do *Compêndio Histórico da Universidade de Coimbra*: "Ora o ensino a cargo dos Jesuítas representava uma fatia vastíssima do ensino português da época, segundo alguns estudiosos cerca de 85% do total. O ataque de Verney e a subsequente expulsão dos Jesuítas por Pombal liquidaram na época, no seu conjunto, o que hoje designaríamos por sistema português de ensino. O Estado revelou-se posteriormente incapaz de colmatar uma tal brecha, que viria a cifrar-se em 75% de analfabetos à data da implantação da República [1910]. O problema ainda hoje não

está completamente resolvido. António Coimbra Martins valoriza a parte crítica da obra de Verney, que pôs o dedo na chaga do que é qualificado de 'desfasamento cultural entre Portugal e a Europa', mas reconhece que 'a parte construtiva da sua obra está longe de ter o mérito da parte crítica', evidenciando os principais contrastes." Marquês de Pombal; Junta de Providência Literária (2008). ["Compendio / Historico / do Estado / da Universidade / de / Coimbra / No Tempo / da Invasão / dos Denominados Jesuitas / e / Dos Estragos / Feitos nas Siencias / E Nos Professores, e Directores / Que a Regiam / Pelas Maquinações, e Publicações / Dos Novos Estatutos / Por Eles Fabricados." Coimbra: Junta de Providência Literária, 1771]. p. 7. Edição original digitalizada disponível em: <https://catalog.hathitrust.org/Record/003077067>. Acesso em: 6 jun. 2018.

26. Dias (1953:406). Para um aprofundamento ao estudo de Verney, Schwengber (2016); Andrade (1980); Andrade (1966); Moncada (1941).

27. Assim acertadamente sentenciou o historiador inglês Charles Boxer (1981), particularmente cap. VIII, "A ditadura pombalina e suas consequências", p. 179-200.

28. Ver o clássico estudo de Falcon (1982); também Domingues (1963).

29. Conhecia profundamente e na mesma medida, talvez, admirava e ressentia-se da Inglaterra, tendo ali iniciado sua carreira política em 1738, aos 39 anos, como enviado extraordinário à corte de Jorge II, onde viveu por sete anos, até ser transferido para a corte da Áustria. Carvalho e Melo (1986); Maxwell (1999:99 e ss.; 1996); Falcon (1982); Serrão (1989:11-21).

30. Carta secretíssima de S. J. de Carvalho e Melo para Gomes Freire de Andrade, para servir de suplemento às instruções que lhe foram enviadas sobre a forma da execução do Tratado Preliminar de Limites, assinado em Madri a 13 de janeiro de 1750, Lisboa, 21 de setembro de 1751. In: Mendonça (1960:188). É curioso, ao menos, que o vocábulo "tape", indígena, não conste nem no *Dicionário da língua portuguesa* do padre Rafael Bluteau, reformado e acrescentado por Antônio de Morais e Silva (1799), nem no de Antônio de Morais e Silva (1813: t. 2).

31. Conforme magistralmente sintetizou Kenneth Maxwell (1999:103).

32. Maxwell (1999:115).

33. Soriano (1866:10).

34. Boxer (1981:186).

35. O complô contra a vida do rei d. José I em 1758 gerou um trágico processo judicial que resultou numa execução pública de pessoas ligadas à

alta aristocracia portuguesa. Dom Francisco de Távora e seus filhos José Maria e Luís Bernardo foram espancados e, em seguida, queimados em Belém, junto com Brás Romeiro, amigo de Luís Bernardo. Em seguida foram presos o duque de Aveiro e a marquesa de Távora, d. Leonor, que seria decapitada. Os demais membros das famílias Távora, Aveiro, Alorna e Atouguia foram presos, mas libertados no governo de d. Maria I, no âmbito da "viradeira". Leonor de Távora e seu marido Francisco de Assis, conde de Alvor (e antigo vice-rei da Índia) encimavam uma das mais antigas, tradicionais e poderosas famílias de Portugal, mas inimigos declarados de Sebastião de Melo, que usou o episódio da trama do atentado contra o rei para eliminar seus inimigos. Franco (2009); Torgal (1984: v. I, p. 131 e ss.); Borges de Macedo (1975: v. V, p. 113-114).

36. Azevedo (1922:160). Kenneth Maxwell endossa a tese de Azevedo, de que o movimento político de ataque aos jesuítas tinha um fundamento de ordem econômica, ao reiterar que a Companhia de Jesus fora extinta porque era basicamente uma potência econômica concorrente com a Coroa: "Os missionários não apenas pregavam aos indígenas, mas também, contando com fazendas com 170 mil cabeças de gado, propriedades rurais produtoras de açúcar, e os frutos das expedições indígenas ao coração da floresta amazônica em busca de drogas nativas, cravo e cacau, administravam uma vasta operação mercantil, resultante de anos de acumulação de capital, de reinvestimentos cuidadosos e de desenvolvimento." Maxwell (1999:97 e ss.).

37. Relação abreviada… (1757). Disponível em: <www.literaturabrasileira. ufsc.br/documentos/?id=144398>. Acesso em: 8 jun. 2018. A respeito da autoria desta obra, ver Gama (1999).

38. Azevedo (1922:162).

39. Azevedo (1922:284 e ss.).

40. Silva (1830). Disponível em: <www.governodosoutros.ics.ul.pt/?menu=arquivo>. Acesso em: 11 jun. 2018.

41. Silva (1767-1768). Disponível em: <http://purl.pt/12183>. Acesso em: 10 jun. 2018. Parte segunda em: <https://archive.org/details/deducochrono-03pomb>. Acesso em: 10 jun. 2018.

42. De acordo com o julgamento nada isento de João Lúcio de Azevedo (1922:289).

43. Leite (2015:56).

CAPÍTULO 2. UMA NOVA PEDAGOGIA

44. Cruzeiro (1988).

45. Ribeiro (1871-1914: t. I, p. 267). Disponível em: <http://purl.pt/173>. Acesso em: 10 jun. 2018.

46. Em que pese as aulas só terem começado efetivamente em 1766, pela dificuldade mesma de se recrutar professores para as novas matérias. Ver o clássico de Carvalho (1959).

47. Desde 1764, João Pereira Ramos de Azevedo, irmão mais velho de Francisco de Lemos, havia sido incumbido de começar a preparar a reforma. Gomes (1982); Calmon (1982: v. II, p. 95).

48. João Cosme da Cunha (1715-83), arcebispo de Évora e protegido de Pombal. A produção do *Compêndio* contou com a colaboração de Frei Manuel do Cenáculo (1724-1814), de José de Seabra da Silva, do gramático e tradutor padre António Pereira de Figueiredo (1725-97), de Francisco de Lemos, primeiro reformador reitor, e outros súditos do círculo de confiança do conde de Oeiras.

49. Cruzeiro (1988:180 e ss.).

50. Patrício (2008:7 e ss.).

51. Silva (1767-1768).

52. Gomes (1987:34). "Mafoma" refere-se a Maomé, numa variante de grafia do português antigo, também como Mafamede, Mafomede, Mafomade, Mahamed, Mahoma.

53. Junto a *O verdadeiro método*, a *Dedução cronológica* e o *Compêndio histórico*, poderíamos acrescentar pelo menos mais um libelo, diretriz das reformas pedagógicas: as *Cartas sobre a educação da mocidade*, de Ribeiro Sanches, de 1760. Ver Ribeiro Nunes (1922). Disponível em: <https://archive.org/details/cartassbreeducoosanc>. Acesso em: 10 jun. 2018.

54. Estatutos da Universidade de Coimbra (1972). Ribeiro (1871: v. I, p. 248). Disponível em: <https://archive.org/details/historiadosestabo1ribeuoft?-q=Estatutos+da+Universidade+de+Coimbra>. Acesso em: 26 mai. 2018.

55. Gomes (1987:128).

56. Pereira (2008:11 e ss.).

57. Pita (2014:141-178).

58. Queirós (1993); Martins (2014:193-262).

59. Pombo (2015a:1-20).

60. Pereira (2008:11 e ss.).

61. Franco (2008:25 e ss.); Cruzeiro (1988:173).

62. Como retrata João Lúcio de Azevedo (1922:338), a disputa veio desenrolar-se em torno da sintaxe latina: "de um lado a nova gramática de António Pereira de Figueiredo, oratoriano, do outro a velha Arte do padre Manuel Alvares. Daqui se partiu para generalizar que os jesuítas tinham derruído a mentalidade portuguesa, como se outras causas evidentes não houvesse, para explicar a decadência material e intelectual da nação."

63. Franco (2008:30 e ss.).

64. Pombo (2015a:1-20).

65. Gramsci (1982, especialmente parte II, "Organização da cultura", p. 117-160).

66. De acordo com Nuno Monteiro, já desde a Restauração portuguesa, mas sobretudo no século XVIII, a Coroa empenhou-se em esvaziar o poderio da alta nobreza, por meio da prebenda de mercês ao círculo da baixa nobreza. Embora expandindo esse grupo, sua ascensão aos altos escalões da sociedade lhe era vedada, de modo a assegurar o *status* e os privilégios dos grandes títulos do reino, a doutrina jurídica lusa. A invenção dessa nobreza civil ou política (também chamada de "estado do meio" por seu lugar intermediário entre a aristocracia de linhagem e o povo comum) foi expediente usado pela monarquia para a manutenção da sociedade de ordens. Como na Inglaterra e na França, a nobreza de sangue era fechada, enquanto a baixa nobreza era porosa, crescendo na medida das necessidades do Estado, que promovia as nobilitações no piso em troca de socorros financeiros. Monteiro (1995); Hespanha (1986:418-419); Raminelli (2013); Cruzeiro (1988:191).

67. Apud Azevedo (1922:339).

68. Azevedo (1922:340).

69. Franco (2008:32).

70. Patrício (2008:7).

CAPÍTULO 3. O ESPECTRO VISÍVEL DAS LUZES

71. Nesse momento do pensamento científico conhecido como ilustração tardia, dois traços são patentes: primeiro, a disparidade na constituição epistemológica de cada ciência; segundo, o que era aceito como verdadeiro ou falso com relação à natureza e ao conhecimento passou a ser cada vez mais restrito a grupos de especialistas laicos, reunidos em instituições — públicas ou privadas — que apoiavam decisões e políticas

dos Estados. Schaffer (2018). Devo a Lorelai Cury a consideração de tais singularidades.

72. Hazard (1974:); Le Goff (1984); Anderson (1985); Santos (2010); Bonney (1989); Chaunu (1985); Rudé (1988); Skinner (1996); Fumaroli (2001); Koselleck (1993); DeJean (2005), Rodrigues e Martins (2000:241-285).

73. Ivan Teixeira (1999:25) afirma com correção que "[…] não existiu apenas uma Ilustração, mas diversos matizes de um impulso comum rumo à superação do estado de coisas do século XVII. Talvez se pudesse identificar esse impulso, que produz uma tênue unidade entre os diversos movimentos ilustrados da Europa, com a ideia de progresso, de eficiência da estrutura administrativa, de observação científica da natureza e da valorização do saber aplicado à busca da felicidade terrena e do bem-estar social".

74. Chartier (2003); Chartier e Cavallo (1998-1999); Darnton e Roche (1996).

75. Miranda (1990/1991); Lourenço (1988); Falcon (1982:319-323, 483-490).

76. Martins (1977-1978:454); também Biron (2014:18 e ss.).

77. Bradford Burns compartilha desse entendimento, ao considerar que a língua portuguesa não possui uma palavra específica para designar o *Enlightenment* do século XVIII. Usa-se indiscriminadamente expressões como *luzes*, *ideias francesas*, *esclarecimento*, *ilustração* e *iluminismo*, fragilidade conceitual que expressaria falta de interesse e mesmo incompreensão do fenômeno, que, não obstante, não só existiu como deitou profunda influência no Império português: "Ao contrário, este esteve presente tanto na metrópole como em sua principal colônia." Burns (1970:123).

78. Referências importantes nesse sentido são Dias (1968); Novais (1984); e Maxwell (1999:157-207).

79. Vale o registro de que o etos pragmático não era propriamente novidade em Portugal. Atestam-no as aventuras da expansão colonial e a empresa colonial. Digamos que a ilustração vestiu o ancestral pragmatismo português de uma roupagem mais "técnica". Agradeço a Ronald Polito pela lembrança.

80. Silva (2014).

81. AHU — Mato Grosso, maço 24. Apud Marcílio (1977).

82. AHU — Mato Grosso, maço 24. Apud Marcílio (1977).

83. Silva (2014:51).

84. A assimilação pela historiografia da ideia de "reformismo ilustrado" ou de uma "ilustração" portuguesa *sui generis*, alicerçada sobretudo em fundamentos pragmáticos e utilitários, tornou-se praticamente um lugar comum: "Especificamente no universo intelectual português, as principais

bases do *Reformismo Ilustrado* tiveram como vertente a supremacia do caráter pragmático e experimental do conhecimento." Meirelles (2013:176); Silva, A. (2006); Villalta (1999); Silva (1999).

85. Nizza da Silva mesmo o reconhece...: "A ilustração luso-brasileira desenvolveu-se no fim do Antigo Regime e não o contestou, apesar dos acontecimentos na França e da morte de Luís XVI na guilhotina." Silva (2013:326). Desnecessário sublinhar que conceitos diversos de "iluminismo" conflitam na historiografia. Uma versão talvez menos "maniqueísta", que deliberadamente apresento aqui, é a de Roger Chartier (2009), que entende o iluminismo como um modo de gestão de espaços e fluxos de pessoas e mercadorias.

86. Como faz com propriedade José Eduardo Franco em sua introdução ao *Compêndio histórico*. Franco (2008:19 e ss.).

87. Araújo (2003); Prata (2014:319-346); Villalta (2016b:125-170).

88. Uma das facetas mais importantes do iluminismo como filosofia moral, não meramente formal e especulativa, mas eminentemente prática, pragmática, útil para a reforma da sociedade, corrigindo seus problemas no sentido do aprimoramento das relações sociais, é essa do "utilitarismo", presente nesses e em outros filósofos e economistas. Foucault (1977); Norman (1992); Rosen (2003); Arnaud (2012), Disponível em: <www.cairn. info/revue-revue-de-philosophie-economique-2012-2-page-93.htm>; Paim (2001); Braga (2016).

89. Kant (2018).

90. Como assinalou Foucault em um de seus textos mais agudos, essa é a questão de Kant em: "O que é o iluminismo?": qual é esta minha atualidade? Qual é o sentido desta atualidade? E o que faço quando falo desta atualidade? Essa é a nova interrogação sobre a modernidade. A modernidade como questão surge, em Kant, junto com a própria modernidade: ela é chave para o entendimento do século XVIII em geral e do *Aufklärung* em particular; o *Aufklärung* reconhecesse como e denomina-se por *Aufklärung*; ele é um processo cultural singular que, sendo consciente de si mesmo, nomeando-se, se situa em relação ao seu passado e seu futuro e aponta para as operações que devia efetuar no interior do próprio presente. Foucault (1994:679-688).

91. Cardoso (1990-1991).

92. Como assinala Ana Cristina Araújo, o valor atribuído à formação acadêmica não só não contrariava a lógica estamental do Antigo Regime, mas mesmo a reforçava, a partir do momento em que o próprio grau de bacharel

passou a representar mais um distintivo de honra e privilégio e de ascensão social. Por outro lado, as redes de clientela foram de fato a base do recrutamento de funcionários capacitados levado a cabo por d. Rodrigo de Sousa Coutinho, que preencheu cargos públicos estratégicos para execução de uma administração moderna, racional e eficaz, paradoxalmente, usando-se de artifícios e práticas de sociabilidade clientelísticas, baseadas em relações pessoais e cadeias de fidelidade e subordinação típicas de Antigo Regime, que se construíam desde os alojamentos, bares e bancos da Universidade de Coimbra. Araújo (2000:9-40); Hespanha e Silva (1998:19-37).

93. Pereira (2008:11 e ss.). Também Villalta (2016a, 2016b:171-222). A censura e a repressão não eram, por certo, exclusivas dos Estados ibéricos. Sofreram-nas os próprios *philosophes*, como demonstram os estudos de Robert Darnton (2016:17-98) entre outros.

94. Azevedo (1922:341 e ss.).

95. Heynemann (2010:236); Pombo (2015b:98).

CAPÍTULO 4. A CONDIÇÃO COLONIAL

96. Ver o famoso capítulo XXIV, livro, v. II de *O capital*, de Marx (2013:833-885); Braudel (1995). Uma boa síntese do debate da transição do feudalismo ao capitalismo se encontra em Mariutti (2004).

97. Russell-Wood (1990). Disponível em JSTOR: <www.jstor.org/stable/40106233>. Acesso em: 18 jul. 2018. Devo a lembrança desse texto de Russell-Wood ao professor António Hespanha (*in memoriam*).

98. Dean (1996); Machado (1980); Monteiro (1994); Cunha (1992).

99. Sobre o processo colonizador no Brasil, por todos os clássicos, ver: Prado Jr. (1983). Sínteses excelentes em Linhares (1990); Fausto (1996); Schwarcz e Starling (2015).

100. Linhares e Silva (1971, 1999); Motta (2005).

101. Em passagem clássica, Gilberto Freyre (1952:142 e ss.) usa a metáfora de que os portugueses desciam dos navios e atolavam os pés em carne. Há que se ressalvar, contudo, que esse encontro carnal se dava na maior parte das vezes à revelia das mulheres indígenas, diferentemente do que defende o sociólogo pernambucano.

102. Novais (1995); Alencastro (2000); Schwartz (1985); Florentino (1997).

103. Não compete destrinchar aqui todo o extenso debate historiográfico sobre a preeminência seja da inserção da América portuguesa colonial na

economia do mundo capitalista, seja da importância do mercado interno, para a compreensão da dinâmica de funcionamento da sociedade colonial. Desdobrando-se para além dessa falsa oposição dependência externa/dinâmica interna, as investigações mais recentes têm direcionado esforços no sentido de se repensar a natureza da sociedade colonial brasileira, entendida não mais nem como um apêndice da metrópole, nem como uma realidade dotada de determinações internas autossuficientes, mas, sim, numa perspectiva que se poderia chamar "global", como uma região integrada ao vasto Império português, cujos domínios se estendiam desde a Índia e partes da China e Japão, passando pelo norte da África muçulmana e pelas costas ocidental e oriental africanas, até o território do Brasil. Entender a lógica de funcionamento da sociedade colonial brasileira no contexto desse Império tem sido o mote dessa linha interpretativa que se estruturou a partir da década de 1990, ganhando força a ideia de uma América Portuguesa regida pela dinâmica de Antigo Regime ou de um "Antigo Regime nos Trópicos". Um balanço daquele debate historiográfico em Almeida e Malerba (2015).

104. Raminelli (2013, 2005); Monteiro (2005, 2010); Hespanha (1986:418-419).

105. Silva (1987).

106. Boxer (1981); Chaves (2001); Maxwell (1999:89-124); Russell-Wood (1998). Disponível em: <www.scielo.br/scielo.php?script=sci_arttext&pid=S0102-01881998000200010&lng=en&nrm=iso>. Acesso em: 18 jun. 2018; Russell-Wood (2011:9-40); Silva (1987:245).

107. Uma excelente análise dos limites da "viradeira" atribuída ao reinado mariano, com resgate crítico de sua historiografia, em Alves (2011).

108. Alexandre (1993); Falcon (1982); Amado (1985); Valadares (1998); Marcos (1997); Menz (2013); Alden (2004); Macedo (1989).

109. Novais (1995); Arruda (1980); Falcon (1982).

110. Novais (2000). Disponível em: <hwww.revistas.usp.br/revhistoria/article/view/18900>. Acesso em: 19 jun. 2018. Macedo (1989, 1982).

111. ANRJ. Junta do Comércio. Portarias e circulares recebidas, Alvará de 01/04/1808, caixa 419, pct. 01.

112. Documentos oficiais inéditos relativos ao Alvará de 5 de janeiro de 1785... (1870:218).

113. Os primeiros três volumes das famosas *Memórias econômicas da Academia Real das Ciências de Lisboa para o adiantamento da agricultura das artes e da indústria em Portugal e suas conquistas* foram publicados como uma série de artigos entre 1789 e 1791. Incluíam vários estudos relativos ao Brasil que

ilustram a persistência do mercantilismo colonial, combinado com um desejo de melhoria. Cardoso (1990-1991). Sobre a Academia de Ciências do Rio de Janeiro, ver Cardoso, Novais e D'Ambrósio (1985); Carvalho (1939: t. 2); Vainfas (2000); Marques (1999).

114. Munteal Filho (1998); Cardoso (1990-1991: t. I, p. XVII-XXXIV).

115. Mendonça (1958: cap. VII). Disponível em: <www.brasiliana.com.br/obras/o-intendente-camara-manuel-ferreira-da-camara-bittencourt-e-sa-intendente-geral-das-minas-e-dos-diamantes-1764-1835>. Acesso em: 18 jun. 2018. Também Maxwell (1999:157-208); Kury (2004); Raminelli (2008); Silva (1997); Varella (2007).

116. Andrée Mansuy-Diniz Silva compilou toda a vasta documentação produzida por Linhares em trabalho de vida inteira. Ver Silva, Andrée (1993, 2006). Trabalho iniciado por Funchal (1908).

117. Ver a obra fundamental de Novais (1995:72). Para uma revisão do debate historiográfico sobre dinâmica interna e dependência sistêmica na relação colonial, ver Almeida e Malerba (2015).

118. Novais e Mota (1996:22-23).

119. Alexandre (1993:78).

120. "Quanto ao algodão, ela é-nos sugerida pelo aumento das quantidades reexportadas pela metrópole — de uma média anual de 26.456 arrobas em 1776-77 para cerca de 300 mil arrobas em 1796-97; no açúcar, a expansão das reexportações no mesmo período, sendo proporcionalmente menor, é importante em termos absolutos, passando-se de 695.254 para mais de 1.600 mil arrobas anuais. Globalmente, as trocas entre Portugal e o Brasil conheceram um grande impulso nesta época, multiplicando-se por quatro as importações metropolitanas e por três e meio as exportações, de 1778 a 1796, segundo Vitorino Magalhães Godinho." Alexandre (1993:26).

121. Pedreira (1994; Pedreira (2006:55-98).

122. D. Rodrigo de S. Coutinho. *"Memória sobre o melhoramento dos domínios de sua majestade na América"*: In: Silva, Andrée (1993: t. II, p. 47-66).

123. Cardoso e Cunha (2011); Alexandre (1993:84); Cardoso (2001:63-110).

124. Alexandre (1993:89).

125. Bluteau (1712, 1728). Já "colônia" aparece em Morais: "COLÔNIA, f. f. povoação nova feita por gente enviada d'outra parte. § A gente que se manda povoar algum lugar *v. g. os Romanos descarregavão a Repub. enviando colônias aos paizes quie conquiftavão.*" Silva (1799:287). O verbete "pacto" aparece nas emendas de Antônio de Morais e Silva ao dicionário de Bluteau: "PACTO, s. m. Ajuste, convenção entre duas, ou mais pessoas,

para darem, ou fazerem alguma coisa; *V. g.* para fazerem pazes, ou alguma transacção, &c. §. *Pacto nu:* feito de palavra, sem escritura. § *Seguir o pacto:* guardar, observar. *M. Lus.* A edição de Antônio de Morais e Silva, porém, já é de 1813. Silva (1813:380).

126. No *Dicionário de sinônimos e antônimos da língua portuguesa*, de Francisco Fernandes (1955:663), define-se pacto: "*sin:* Ajuste, acordo, convenção, contrato, combinação, Constituição." Todos os léxicos e dicionários atuais reiteram essa tese. No *Novo Michaelis* on-line, o substantivo masculino "pacto" define-se como: "1 Ajuste, contrato, convenção entre duas ou mais pessoas; 2 JUR Cláusula especial de um contrato; 3 Constituição política à qual se subordinam províncias ou estados confederados, como os da Suíça, por exemplo. INFORMAÇÕES COMPLEMENTARES: *sin*: acordo, ajuste, aliança, coalizão, combinação, conciliação, concordância, contrato, convenção, convênio, tratado, trato, união." Disponível em: <https://michaelis.uol.com.br/moderno-portugues/busca/portugues-brasileiro/pacto/>. Acesso em: 20 jul. 2018. O *Caldas Aulete* digital assim define o substantivo masculino: "1. Acordo, compromisso entre pessoas, grupos ou países, de agir de determinado modo, ou de colaborar: pacto de não agressão/de ajuda mútua. 2. Qualquer acordo, ajuste ou contrato, ou o documento que o registra; 3. Constituição política pela qual se regem certos Estados confederados, esp. os da Suíça. [F.: Do lat. *pactum, i.* Sin.: acordo, ajuste, aliagem, aliança, arranjo, avença, cartel, coalização, coalizão, combinação, conciliação, concordância, contrato, convenção, convênio, liga, preitesia, preito, tratado, trato, união. Hom./Par.: *pacto* (sm.), pato (sm. s2g.a2g.). Ideia de: pact-.]" Disponível em: <www.aulete.com.br/pacto>. Acesso em: 20 jul. 2018.

127. Reproduzido em Silva, Andrée (2006: v. II:320).

CAPÍTULO 5. ALINHAMENTO IDEOLÓGICO, CIÊNCIA E ECONOMIA POLÍTICA

128. Falcon (1982).

129. Falcon (2009). O mesmo entendimento de reformismo ilustrado compreendido desde Pombal até o governo de Linhares em Cardoso e Cunha (2011).

130. Maxwell (1999:157 e ss.).

131. Sobre o levante de Vila Rica de 1720, Mawxell reconhece-o como muito mais dramático e mais sangrento do que a Inconfidência Mineira de 1788-89.

Porém, "nenhuma das conspirações anteriores tivera motivações tão fundamentalmente anticolonialistas e tão conscientemente nacionalistas". Maxwell (1999:164).

132. Silva (1997:193).

133. Cardoso (1990-1991: v. I, p. XVII-XXXIV); Novais (1984).

134. Kantor (2004:248); Munteal Filho (1998, 1993); Novais (1984).

135. O *modus operandi* das excursões científicas foi detalhadamente estatuído por Vandelli (2008:93-158).

136. Heynemann (2010); Raminelli (2008); Pombo (2015a:1-20).

137. Rossi (2001:13).

138. Kury (2004, 2001:142-143); Raminelli (1998, 2001); Domingues (1991).

139. Funchal (1908:194).

140. Dias (1968).

141. Apud Corrêa Filho (1939:22).

142. Abertura do número inaugural do *Correio Braziliense ou Armazém Literário*, Londres, 1º jun. 1808, apud. Paula (2001:25). Há uma excelente edição crítica em Costa (2002). O *Correio Braziliense* também está integralmente digitalizado na Biblioteca Brasiliana, da USP: <www.brasiliana.usp.br>.

143. Carta de Hipólito da Costa a d. Rodrigo de Sousa Coutinha. Filadélfia, 15 de fev. de 1800. In: Costa(2001:266)

144. Carta de José da Silva Lisboa a Domingos Vandelli (1910:501).

145. Novais (1984).

146. Penso aqui, como exemplos, por um lado, os debates sobre "modos de produção" na América Latina (ou portuguesa) colonial — se escravista, feudal ou capitalista —, que pautavam a discussão sobre os caminhos que deveriam tomar nossas vanguardas revolucionárias, seguindo as "etapas históricas" do caso europeu ou "queimando etapas". Fragoso (2012). Por outro, um exemplo que me ocorre é o do ambicioso livro de Daniel Woolf de uma história global da historiografia. Em determinado momento da análise, o autor usa um expediente curioso, de encontrar equivalentes orientais, chineses, para os grandes pensadores europeus: "La Popelinière, Bodin e Bayle têm contrapartidas durante o [período] Ming, embora seja improvável que os autores chineses, apesar do contato ocidental, soubessem de suas contrapartidas francesas e vice-versa." Na mesma linha, ele afirma que "se a Grã-Bretanha tinha seu triunvirato de Hume, Robertson e Gibbon, a China do século XVIII poderia responder com seu distinto trio", composto por Wang Mingsheng, Qian Daxin e Zhao Yi. Para questionar a "singularidade europeia", Woolf chama o período de "Iluminis-

mo eurasiano". Ou seja, os grandes movimentos culturais ocidentais são usados como parâmetros para análise de outros processos autônomos, singulares, não ocidentais. Seria interessante ver como os historiadores europeus reagiriam se lhes dissessem para não falar mais do "iluminismo francês", mas da "cultura francesa do início da Dinastia Qing". Woolf (2011:210, 323, 399). A mesma analogia cabe quando se busca singularizar uma "ilustração" ibérica, ou portuguesa.

147. Carolino (2014). Também Silva (1999:183-191); Cardoso (2001:87-88).

148. Hazard (1974: v. 1, p. 175-194); Clark, Golinsky e Schaffer (1999); Porter (2003).

149. Raminelli (2008); Domingues (1991); Pataca (2006).

150. Carolino (2014:198).

151. Cardoso e Cunha (2011).

152. A utilização do Observatório no projeto de produção de um mapa geral do reino aparece no quinto discurso de d. Rodrigo proferido na Sociedade Real Marítima e Geográfica. Coutinho (1993: t. 2, p. 208).

153. Silva, André (1993: t. I, p. XLV); Silva (1987:274).

154. Faria (1999:107-137).

155. Apud Moraes (1979). Sobre o papel de d. Veloso à frente da Casa do Cego, ver Meneses (2015). Também Leme (1999:77-90).

156. Curto (1999:15-49); Wegner (2004).

157. No final do século XVIII, o governo metropolitano entendeu que seus colonos americanos poderiam investir em novos empreendimentos. Cabia, segundo os planejadores do governo, facultar aos lavradores do Brasil o *know-how* para aprimorar as culturas existentes e explorar novas que tivessem demanda no mercado internacional. A série de cinco tomos em dez volumes, em formato 12 × 18 cm, iniciou-se em 1798 e foi interrompida em 1806, compondo uma coleção sob o título de *O fazendeiro do Brasil, melhorado na economia rural dos gêneros já cultivados e de outros que se podem introduzir e nas fábricas que lhe são próprias, segundo o melhor que se tem escrito a este assunto*. Os primeiros volumes publicaram-se em Lisboa, na oficina de Simão Thadeo Ferreira, em 1798. Os exemplares deveriam ser vendidos a baixo custo ou ofertados gratuitamente aos agricultores, mas a série não "pegou", interrompendo-se no décimo volume. Disponíveis na Biblioteca Digital da Câmara dos Deputados: <http://bd.camara.gov.br/bd/handle/bdcamara/18440>. Acesso em: 18 mai. 2018. Segundo Rubens Borba de Moraes (1969:395), os livros ficaram "encalhados nas secretarias do governo e os bichos acabaram devorando tudo. Mais tarde,

já depois da independência, o que sobrou foi vendido como papel velho para fogueterios".

158. Wegner (2004:136 e ss.); Santos, C. (2008).

159. Kantor (2011:57-66); Carolino (2014:207).

160. Prioridade que ainda se mostra patente nos relatórios dos vice-reis. Em ofício em 20 de agosto de 1789, Luís de Vasconcelos escrevia uma relação circunstanciada ao sucessor, onde o assunto prioritário é a *demarcação das fronteiras meridionais*, em virtude do Tratado de 1777 celebrado entre Portugal e Espanha. Officio do Vice-Rei Luiz de Vasconcelos e Souza... (1842).

161. Raminelli (1998); Silva (2014:47 e ss.); Vanzolini (1996). A Biblioteca Nacional do Rio de Janeiro guarda preciosa Coleção referente ao naturalista. Disponível em: <http://bndigital.bn.gov.br/projetos/alexandre/Index.html>. Acesso em: 30 out. 2018.

162. Coutinho (1993: t. I, p. 179).

163. Smith (1979). Nívea Pombo entende d. Rodrigo como "leitor precoce de Adam Smith". Sem dúvida, a publicação de *A riqueza das nações* em 1776, ano da independência dos Estados Unidos, é um claro indicativo do debate sobre o sistema mercantil. Para Pombo, as ideias expressas na *Memória sobre os melhoramentos*, especialmente no que se refere à liberdade de comércio, que trazia implícito a quebra do pacto colonial, à liberdade política das colônias, à política fiscal e à difusão do ideal de império, seriam derivadas do pensamento smithiano. Essas coincidências cronológicas podem levar à falsas impressões. É preciso estar atento à leitura tópica e funcional que Coutinho faz dos economistas clássicos, com o fim de preservar as benesses metropolitanas do estatuto colonial. Pombo (2011).

164. Almodovar (2001:111-148).

165. Cardoso e Cunha (2011).

166. Novais (1995); Arruda (1980); Alexandre (1993); Pedreira (1994); Cardoso e Cunha (2011).

167. Guillaume Thomas François Raynal (1713-96) foi um publicista francês. A sua *Histoire philosophique des établissements et du commerce des Européens dans les deux Indes*, uma abordagem enciclopédica da colonização europeia na América de grande repercussão no final do século XVIII, foi tomada pela historiografia posterior como suposto suporte ideológico contra o colonialismo europeu na América. Junia Furtado e Nuno Monteiro relativizaram com grande erudição essa tese, demonstrando como o discurso de Raynal, embora critique a dominação inglesa sobre Portugal e defenda o livre comércio, contemporiza com a condição colonial do Brasil. Na ver-

dade, Raynal, que muitos têm como inspirador de movimentos sediciosos e libertários, forneceu sugestões reformistas para a colônia portuguesa na América que foram encampadas por pessoas como Azeredo Coutinho e d. Rodrigo de Sousa Coutinho. Furtado e Monteiro (2016); também Pimenta (2010); Cardoso (2001:69).

168. Sobre a revolução de São Domingos, ver: Dubois (2004); Nesbitt (2008); Rogers (2009:65-78); Garrigus (2014).

169. Cardoso e Cunha (2011).

170. D. Rodrigo de S. Coutinho. Memória sobre o melhoramento dos domínios de sua majestade na América. In: Silva, Andrée (1993: t. II, p. 47-66).

CAPÍTULO 6. IMPÉRIO LUSO-BRASILEIRO, DE QUEM?

171. No que concerne à América espanhola, em 1538 foi fundada uma instituição universitária de caráter conventual em Santo Domingo, e em 1551 criaram-se universidades formais como a de São Marcos, em Lima, e a do México. No total, 32 universidades foram estabelecidas só no período colonial. Até a criação das escolas de direito do Recife e de São Paulo, nos anos 1820, já depois da independência, a elite colonial da América portuguesa tinha que atravessar o Atlântico em busca dos estudos superiores. Campos (1954:20, 25); Tunnermann (1996).

172. Carolino (2014:196); Kantor (2011:62 e ss.); Wegner (2004:132 e ss.).

173. Kury (2004:110).

174. Varella (2007).

175. Nos 50 anos que precedem a Independência do Brasil, contabilizam-se 866 brasileiros graduados em Coimbra, a metade em leis e matemática ou ciências naturais, quando não acumulando as duas ou três especialidades. Ver: Morais (1940:141). Também Boschi (1991).

176. Neves e Machado (1999); Maxwell (1999:157-191); Silva (1999). Entre os autores portugueses, o conceito de "império luso-brasileiro" foi praticamente naturalizado e não causa qualquer estranheza. Além de outros citados a seguir, também Santos (1991).

177. Pimenta (2006); Jancsó e Pimenta (2000); Jancsó (2005).

178. Uso o termo no mesmo sentido da expressão *criollos*, descendentes de europeus nascidos na América.

179. Cardoso (2001); Cardoso e Cunha (2011); Silva (1986); Neves, G. (1995); Villalta (2000); Maxwell (1999:157-208).

180. Adelman (2006:32); Hamnett (2017). Também os estudos de Paquette (2008, 2009).

181. Maxwell (1999:92). Outros estudos meticulosos que permitem uma boa aproximação ao assunto: Alencastro (2000); Florentino (1997).

182. Vilhena (1921).

183. Ottoni (1908:307).

184. Vilhena (1987:74).

185. Russell-Wood (1998). Disponível em: <www.scielo.br/scielo.php?script=sci_arttext&pid=S0102018819980002000I>. Acesso em: 21 fev. 2017.

186. Russell-Wood (1998). Disponível em: <www.scielo.br/scielo.php?script=sci_arttext&pid=S0102018819980002000I>. Acesso em: 21 fev. 2017.

187. Russell-Wood (1998). Disponível em: <www.scielo.br/scielo.php?script=sci_arttext&pid=S0102018819980002000I>. Acesso em: 21 fev. 2017.

188. Russell-Wood (1998:9). Disponível em: <www.scielo.br/scielo.php?script=sci_arttext&pid=S0102018819980002000I>. Acesso em: 21 fev. 2017; também Mattos (2004).

189. É importante ressaltar, com Russell-Wood, que a historiografia tradicional dos impérios ultramarinos europeus privilegia o estudo das conquistas, do povoamento e colonização, o comércio, a evangelização e a governança. Suas narrativas têm uma perspectiva metropolitana, segundo a qual a razão de ser das colônias era fornecer matéria-prima e riqueza para sua metrópole. A partir dos anos 1970, essas perspectivas passaram a ser superadas, no sentido de se valorizar perspectivas não europeias e multiculturais, incluindo os estudos sobre as mulheres, tentando-se fugir do molde imperial ou nacionalista para se considerar o movimento de pessoas, animais, plantas e mercadorias em escala global. Russell-Wood (2011:9-40).

190. Como evidencia a documentação produzida pela inconfidência mineira de 1788-89, magistralmente explorada no clássico livro de Maxwell (1985). Também Villalta (2016a:84 e ss.); Starling (2018:122 e ss.).

191. Maxwell (1999:190).

CAPÍTULO 7. REFORMADORES

192. O tema da administração colonial gerou farta bibliografia e acalentou calorosos debates nas últimas duas décadas. Fragoso, Bicalho e Gouvêa (2001); Bicalho e Ferlini (2005); Boxer (2002); Monteiro, Cardim e Cunha (2005); Faoro (1987); Garcia (1956); Gouvêa (2002); Hespanha (1988); Lira (1941); Schwarz (1979); Souza (2006); Neves (1997).

193. Silva (1987); Boxer (1981); Tengarrinha (2001); Serrão (1980: v. 5).

194. Cabe lembrar aqui o emblemático caso de d. Catarina de Bragança (1638-1705), infanta de Portugal que, como dote por ocasião do casamento com o rei da Inglaterra Carlos II, fez a Coroa portuguesa ofertar dote irrecusável de 2 milhões de cruzados, a praça de Tânger na África e a pequena feitoria na ilha de Bombaim, na Índia. D. Catarina é famosa também por ter introduzido o hábito do consumo de chá entre os ingleses. Troni (2008); Magalhães (1990); Prestage (1928); Santos (1994).

195. Não será o caso de mapear posições desse oceânico debate, mas destacar como seus marcos importantes, entre outros, as seguintes referências: Bicalho, Gouvêa e Fragoso (2001); Mello (2002); Bicalho e Ferlini (2005); Souza (2006); Hespanha (2007); Schiavinatto (2009).

196. Funchal (1908); Silva, Andrée (2006: v. 2); Coutinho (1993: t. II); Pombo (2015b).

197. Macedo (s.d.:303); Pombo (2015b:58 e ss.).

198. A sucessão de movimentos nessa guerra de posições foi minuciosamente tratada em Pedreira e Costa (2008:52-149); Alexandre (1993:93-166); Lima (1996).

199. ANRJ. Carta dirigida por d. Rodrigo de Sousa Coutinho ao príncipe d. João, de 5 jan. 1798. *Coleção Negócios de Portugal*, Caixa 716, pacote 02. Apud Pombo (2015b:74).

200. Alexandre (1993:102).

201. Araújo (1940); Capela (1991/1992); Silva (1908: t. XIX).

202. Na definição anglófila militante do jornalista Hipólito da Costa, redator do implacável *Correio Braziliense* a partir de Londres: "Chamamos partido francês àquelas pessoas em cujos princípios políticos, e sistema de obrar, ou raciocinar na causa pública, entre a esperança, real, ou fingida, de que os franceses, como nação, podem reformar os abusos, que se tem introduzido no Governo de Portugal, e que o Governo francês pode ser um utilíssimo aliado dos Portugueses; principalmente quando se compara com a aliança com a Inglaterra [...] Daqui se vê que dos partidistas franceses uns são homens iludidos, e esses julgamos ser a maior parte, outros são homens corrompidos e corruptores." Costa (2002: v. IV, p. 119). Neves (2003).

203. Alexandre (1993:102).

204. Funchal (1908:30).

205. "Dom Rodrigo era amante da liberdade, não como os jacobinos, é claro, porque estes também não a amaram, mas com a convicção de grande estadista, que foi; nem mais além ele poderia ir, não se é discípulo de Pombal

impunemente, e, se o discípulo herdou do grande mestre as qualidades, alguns defeitos também lhe ficaram como herança, corrigindo alguns com vantagem, e adquirindo um justo amor pela liberdade numa época em que, para as monarquias a chamada liberdade, proclamada pela revolução francesa, representava o terror e o assassínio de reis e nobres." Funchal (1908:26, 27).

206. Goldmann (1979).

207. Coutinho (1993: t. II, p. 48).

208. Tendo assumido o trono quando da morte do pai, d. José I, em 1777, seu reinado se estende até o ano de sua morte em 1816, embora a regência dos assuntos de Estado tenha sido delegada a seu filho, o príncipe d. João, devido ao crônico quadro de instabilidade mental de que padecia d. Maria I. Pedreira e Costa (2008); Lima (1996).

209. O visconde de Vila Nova da Cerveira, por acaso o único francamente antipombalino. Pombo (2015b:81).

210. Monteiro (1998:299).

211. Funchal (1908); Paim (1982).

212. Ver a Introdução de Silva, Andrée (1993).; também Pombo (2015b:36 e ss.); Funchal (1908:23 e ss.).

213. Costa (2007:14).

214. Lima (2000:141). Silva, Andrée (1993: v. 1). Os parágrafos seguintes também tomam por base essas referências.

215. BNRJ. Coutinho, dom Rodrigo de Souza. Notas sobre o marquês de Pombal (em francês). Coleção Linhares. BNRJ, I 29.13.4. Pombo (2015b:31).

216. Silva (1987); Boxer (1981:274 e ss.). Praticamente todos os escritos de d. Rodrigo foram generosamente compilados por Andrée Mansuy em duas obras de referência, que contêm minuciosos detalhes biográficos e análise de seu pensamento. Esses escritos estão organizados em Silva, Andrée (1993). A biografia de d. Rodrigo por Andrée Mansuy intitula-se *Portrait d'un homme d'État*: d. Rodrigo de Souza Coutinho, Comte de Linhares, 1755-1812. Silva, Andrée (2006).

217. Coutinho, Rodrigo de Sousa. Discurso sobre a mendicidade. In: Silva, Andrée (1993:204-232).

218. De acordo com Jobson Arruda, só em relação à renda gerada pelas importações recebidas do Brasil e reexportadas, os índices chegam a 60,6% na totalidade das exportações portuguesas, traduzindo-se em recursos monetários, créditos, letras de câmbio e pagamento de importações. Arruda (2000); Lains e Silva (2005); também Fragoso (2002).

219. Coutinho (1993: t. II, p. 48).

220. Coutinho (1993: t. II, p. 49).

221. Azeredo Coutinho (1966:155). Vilhena (1987:29).

222. Coutinho (1993: t. II, p. 51).

223. Esse cargo foi ocupado pelo conde de Resende, d. José Luís de Castro, entre 1790 e 1800.

224. ANRJ. d. Rodrigo de Sousa Coutinho, *Ofícios e correspondências dos vice-reis e governadores das Capitanias do Brasil* (1796-1803). Vice-Reinado, Cx 744, pacote 1, 24 de junho de 1797.

225. Coutinho (1993: t. II, p. 53-54); Funchal (1908:50).

226. Está em vigência há alguns anos uma forte campanha publicitária, que reitera o mito da vocação agrária brasileira, veiculada pela grande mídia, segundo a qual "Agro é tech, agro é pop". A voz oficial em: <www.startagro.agr.br/por-que-o-agronegocio-precisa-de-uma-comunicacao-moderna/>; vozes críticas em: <http://obha.fiocruz.br/index.php/2017/02/22/as-verdades-inconvenientes-que-campanha-agro-pop-tenta-esconder/>; <https://gz.diarioliberdade.org/brasil/item/190460-agro-e-pop-cultivando-desinformacao-e-elogiando-a-escravidao.html>. Acessos em: 22 jul. 2018.

227. Essa ideologia ganhou projeção com a obra do professor do Colégio Pedro II Waldemrio Potsch nos anos 1920. Seu livro *O Brasil e suas riquezas* expressa a clássica visão ufanista das elites brasileiras que idealizaram o país como "Celeiro do Mundo". Para vislumbrar um futuro promissor, Potsch exalta as potencialidades naturais de um Brasil deitado em berço esplêndido. Potsch (1934). Chefe do distrito médico pedagógico na Secretaria Geral de Educação e Cultura do Estado Novo, Azevedo Lima publicou um artigo que buscava esclarecer questões sobre o saneamento do Amazonas. O discurso, recorrente na era Vargas, de que a Amazônia poderia ser o celeiro do mundo, "um dos campos mais ricos de possibilidades para o futuro brasileiro", é presente nesse texto: Lima (1941:101). Carola e Cabral (2013). Para a reiteração dessa ideologia nos dias correntes, Buainain et al. (2014).

228. Coutinho (1993: t. II, p. 54); Azeredo Coutinho (1966:155).

229. Bresser-Pereira (1997:17-69); Ianni (2000).

230. Coutinho (1993: t. II, p. 54).

231. João Botelho de Lucena Almeida Beltrão tem uma "Memória sobre a Mina de chumbo do rio Pisco" (t. I, p. 289); o barão de Eschwege, uma "Memória sobre as dificuldades das fundições, e refinações nas fábricas de ferro, para ganhar esse metal na maior quantidade, e da melhor qualidade para os diferentes fins" (t. IV, p. 97); José Martins Pessoa deixou uma

"Memória sobre o nitro, e utilidades, que dele se pode tirar" (t. IV, p. 159) e outra sobre as fábricas de ferro de Figueiró (t. II, p. 273); Manuel Ferreira da Câmara deixou suas "Observações feitas por ordem da Real Academia de Lisboa acerca do carvão de pedra" (t. II, p.; 205); Vandelli pesquisou o "modo de aproveitar o carvão de pedra, e os paus betuminosos deste reino". Todos em Cardoso (1990-1991).

232. Mendonça (1958); Munteal Filho (1998); Varela (2008).

233. Sobre o debate entre aqueles que se colocavam a favor ou contra a recuperação da mineração para o desenvolvimento econômico da nação portuguesa, ver a tese de doutorado de: Silva (2004). Também Varella (2007).

234. Coutinho, Rodrigo de Souza. Discurso sobre a verdadeira influência das minas dos metais preciosos na indústria das nações que as possuem, e especialmente da portuguesa. In: Cardoso (1990-1991: v. I, p. 179-184).

235. Coutinho (1993: t. II, p. 72-73).

236. Coutinho (1993: t. II, p. 278).

237. Azeredo Coutinho (1966:195 ss.).

238. Azeredo Coutinho (1966:197).

239. Azeredo Coutinho (1966:204).

240. Azeredo Coutinho (1966:208).

241. Alexandre (1993:85).

242. Como afirma expressamente Diniz Silva: "É inegável que a leitura das obras dos economistas da época, com especial relevo para Adam Smith, assim como da religião mais 'esclarecida' dos países como a Prússia, a Lombardia austríaca ou o próprio Piemonte, e do governo e administração de grandes potências como Inglaterra e França, lhe permitiram adquirir os conhecimentos, e sobretudo os fundamentos teóricos característicos do iluminismo europeu, os quais utilizou ao longo de sua carreira política." Coutinho (1993: t. I, p. XXIII e XXXVII). Em clássica síntese do pensamento de d. Rodrigo, assevera Andrée Mansuy-Diniz Silva que, sob influência do pensamento de Adam Smith, o governante português concebia que a riqueza das nações dependia "dos produtos da terra, dos salários dos trabalhadores agrícolas e dos artesãos, e da renda do capital acumulado", e que essas "verdades indiscutíveis" haviam sido ocultadas pela "seita dos economistas", os fisiocratas. Silva (1987:274 e ss.). Para Iris Kantor, "Leitor atento de Adam Smith, d. Rodrigo de Sousa Coutinho pretendia reformar as finanças públicas e considerava urgente a estatização de alguns serviços públicos — como era o caso dos Correios". Kantor (2011:61). Segundo Nívea Pombo, "a aproximação estabelecida entres as leituras realizadas

por d. Rodrigo da obra de Adam Smith com suas atividades reformistas, reforçam sua argumentação de que o ministro desenvolve 'um espírito mais liberal' para a defesa dos laços de união entre Portugal e o Brasil". Pombo (2015b:42).

243. Cardoso (2001:92).

244. Cardoso (2001:93).

245. Cardoso (2001:72)

246. No período de 1772-1822, 866 brasileiros se formaram em Coimbra, cerca da metade deles em leis e matemática ou ciências naturais, acumulando as duas ou três especialidades. Ver: Morais (1940:141). Também Boschi (1991); e Pombo (2015a:1-20).

247. Ilustrativas a esse respeito são as peleias em que se meteu contra Ribeiro Santos e a Mesa de Consciência e Ordens, em que Azeredo procura demonstrar que o padroado sobre as terras de ultramar são prerrogativa da Coroa e não da Mesa de Consciência e Ordens. Segundo Guilherme P. das Neves, "[...] Dessa forma, o bispo, sem reduzir a latitude de atuação dos prelados, como preconizara Trento, mostrava-se partidário de um exacerbado regalismo, que traduzia sua concepção do clero como um instrumento — talvez o instrumento por excelência — da Coroa, mas sob um ângulo pragmático, que faria da fé uma espécie de religião civil". Neves (2001:32).

248. Dados biográficos de Azeredo Coutinho em Barbosa (1908:272 e ss.), de onde foram extraídas as citações. Também Cardozo (1970). E a magnífica apresentação do pensamento econômico de Azeredo escrita por Sérgio Buarque de Holanda em Azeredo Coutinho (1966). Morais (1949); Neves (1998).

249. Burns (1964:145).

250. D. Rodrigo de Sousa Coutinho, por exemplo, matriculou-se no curso jurídico da Universidade de Coimbra em 1773, aos 18 anos.

251. O ensaio teve várias traduções e reedições, duas edições portuguesas em 1816 e 1828, três traduções para o inglês em 1801, 1807 e 1808. Duas edições em alemão em 1801 e 1808, duas em francês em 1803 e 1808, todas com grande repercussão crítica positiva, o que angariou ao religioso uma posição de destaque no debate econômico europeu da época. Burns (1964:149).

252. A teoria de um comércio deficitário de Portugal com o conjunto de suas colônias, especialmente o Brasil, sustentada por Azeredo Coutinho, foi realizada na prática entre 1796 e 1807. Alexandre (1993:62); Novais, Fernando (1995:293, 1984:112).

253. Neves (2001:32).

254. Todos reproduzidos em Azeredo Coutinho (1966).

255. Azeredo Coutinho (1966:193).

256. Azeredo Coutinho, Carta de 26 fev. 1802 à Câmara de Iguaçu, Pernambuco. Rio de Janeiro: FBNRJ, Divisão de Manuscritos, 7, 4, 57, n. 2 apud Neves (2001:42).

257. Os princípios da ordem monárquica de antigo regime, como a origem divina do poder real e o caráter patriarcal da configuração do Estado, estão discutidos em Malerba (2018a: cap. 4. "O cetro e a bolsa", p. 197-237).

258. Quando simplesmente não os plagiava sem qualquer pudor, conforme demonstrou com provas Sérgio Buarque de Holanda, do uso que fez Azeredo da obra do barão de Bielfeld. Holanda, Sérgio Buarque de. Apresentação. In: Azeredo Coutinho (1966:45 e ss.).

259. Azeredo Coutinho (1966:55-172).

260. "Os plantadores que desejavam emancipar-se da interferência do governo não desejavam, necessariamente, emancipar-se da relação com Portugal [...]. Os interesses açucareiros não levavam à reivindicação do livre comércio no nível internacional por uma simples razão: o açúcar brasileiro era vendido no mercado europeu, para o qual Lisboa era um entreposto lógico e necessário. O casamento, nos escritos de Azeredo Coutinho, entre seu ataque à interferência do Estado e sua reafirmação dos postulados básicos da política colonial mercantilistas era uma racionalização perfeita da situação." Maxwell (1999:174).

261. Azeredo Coutinho (1966:175-185). Ver Maxwell (1999:170 e ss.).

262. Vilhena (1987:54).

263. Aqui ecoando de novo Azeredo Coutinho, p. 156: "O homem que vive no meio da pobreza, da opressão e da miséria, amaldiçoa ainda aqueles que o geraram, aborrece a vida, revolta-se contra todos, contra si mesmo, mata-se e se despedaça: o homem enfim, que não tem nada a perder, é o mais atrevido e o mais insolente, a tudo se atreve, nada lhe resiste."

264. Holanda, Sérgio Buarque. Apresentação. In: Azeredo Coutinho (1966:26).

265. Holanda, Sérgio Buarque. Apresentação. In: Azeredo Coutinho (1966:30).

266. Azeredo Coutinho (1966:154).

267. "Eis aqui a razão por que os gêneros alfandegados não podem ser reduzidos a uma taxa certa. Eu passo a mostrar o quanto será útil a Portugal que o açúcar suba ao mais alto preço possível." Azeredo Coutinho (1966:180 e ss.).

268. Azeredo Coutinho (1966: cap. III: As colônias de Portugal quanto lhe forem mais credoras, tanto lhe serão mais ligadas e mais dependentes, p. 155).

269. Vilhena (1987:75).

270. Azeredo Coutinho (1966:193).

271. Azeredo Coutinho (1966:212).

272. Azeredo Coutinho (1966:56 e ss.).

273. Azeredo Coutinho (1966:69).

274. Nos termos do alvará: "Ordeno e decreto, que do dia primeiro de abril do corrente ano, em que acabaram estes dois contratos, fica extinto o privilégio exclusivo, que a minha Real Fazenda tinha determinado naqueles gêneros; e que o seu comércio fica livre a todos, e quaisquer dos meus vassalos em toda a parte dos meus domínios ultramarinos, pagando os direitos que se acham estabelecidos [...]." Coutinho (1993: t. II, p. 247); Azeredo Coutinho (1966:150); Alexandre (1993:86); Raminelli (2008:266).

275. Azeredo Coutinho (1966:95).

276. Azeredo Coutinho (1966:97). Sobre o conceito de civilização, ver Elias (1994:23-51); Dépelteau e Landini (2013, 2017).

277. Brito (1821:62).

278. Brito (1821:62-63).

279. Brito (1821:63). Assim também Azeredo Coutinho sobre os índios, p. 95 ss.

280. Vilhena (1987:69).

281. Vilhena (1987:71).

282. Coutinho (1993: t. II, p. 53).

283. Coutinho (1993: t. II, p. 186).

284. Azeredo Coutinho (1966:104).

285. Azeredo Coutinho (1966:114).

286. Azeredo Coutinho (1966:141).

287. Azeredo Coutinho (1966:142). Ver a metáfora muito apropriada de Luiz Felipe de Alencastro de que os pulmões do Brasil estavam na África. Alencastro (2000).

288. Azeredo Coutinho (1966:144).

289. Azeredo Coutinho (1966:150).

290. Holanda, S. B. Apresentação. In: Azeredo Coutinho (1966:49).

291. Azeredo Coutinho (1966:233).

292. Azeredo Coutinho (1966:238). O argumento do prelado baseia-se igualmente na relatividade da justiça. Neves (2001:48).

293. Azeredo Coutinho (1966:245).

294. Azeredo Coutinho (1966:248).

295. Azeredo Coutinho (1966:249).

296. Azeredo Coutinho (1966:256).

297. A posição de Jorge Benci pode ser encontrada em *Economia cristã dos senhores no governo dos escravos* (Benci, 1977); a de Manuel Ribeiro da Rocha, em *O etíope resgatado, empenhado, sustentado, corrigido, instruído e libertado* (Rocha, 1992); a de José Bonifácio de Andrada e Silva, na *Representação à Assembleia Geral Constituinte e Legislativa do Império do Brasil sobre a escravatura*, de 1825, a ser analisada à frente.

298. De que são exemplos patentes as famosas cartas políticas ao imperador, escritas por José de Alencar sob o pseudônimo de Erasmo. Alencar (2009:257 e ss.). Disponível em: <www.academia.org.br/sites/default/files/publicacoes/arquivos/cartas_de_erasmo_ao_imperador_-_jose_de_alencar.pdf>. Acesso em: 8 ago. 2018. Alonso (2015).

299. Azeredo Coutinho (1966:264 e ss.).

300. Cardozo (1970:109).

301. Sobre a dubiedade do pensamento de Azeredo Coutinho, entre ilustrado e conservador de Antigo Regime, vaticina Bradford Burns (1970:129): "Este homem complexo deve zombar de todos os que o estudam a sério. [...] Alguém terá de colocar o prezado ancião no divã de um psiquiatra para ver se descobre alguma unidade em sua diversidade." Mas esse importante estudo continua por fazer.

302. Holanda, Sérgio Buarque. Apresentação. In: Azeredo Coutinho (1966:53).

CAPÍTULO 8. ERA NO TEMPO DA GUERRA

303. O Diretório foi a forma de governo adotada pela república francesa entre 26 de outubro de 1795 (4 de brumário do ano IV, no calendário revolucionário) e 31 de novembro de 1799 (18 brumário do ano VIII), quando o regime foi derrubado por um golpe de Estado. Essa denominação deriva do fato de o poder executivo ser então por cinco "diretores". Vovelle (1986:39-44); Soboul (1986:90-108).

304. Brandão (1919:42).

305. Este capítulo se apoia fartamente em nosso livro *A corte no exílio. Civilização e poder no Brasil às vésperas da independência* (Malerba, 2018a). É muito ampla a bibliografia do "bloqueio continental". Armitage fala da

vinda da família real como um "efeito" da Revolução francesa. A historiografia romântica portuguesa exaltou os jacobinos e Napoleão contra as nobrezas europeias. Garret (s.d.:46-56). Duas das melhores obras de síntese sobre o período napoleônico ainda são as de Godechot (1969) e Hobsbawm (1982). Ver Armitage (1972:7-8); Lima (1945: v. I, p. 17-52); Monteiro (1981: t. I, p. 15-32); Sousa (1988:27-53); Norton (1979:1-18).

306. Os números do tráfico para o período são de Herbert Klein (1999: tab. A-I); ver também os importantes estudos de Eltis (1987); Alencastro (2000); Florentino (1997); Karasch (2000); Verger (1987).

307. Maria Leônia Resende e Hal Langfur levantaram cerca de "cem expedições militares e paramilitares que marcharam para dentro da floresta da Minas Gerais colonial, movidas por vários objetivos relacionados à conquista e à incorporação territoriais — sendo pelo menos 79 expedições ou bandeiras entre 1755 e 1804". Resende e Langfur (2007:20).

308. Cunha (1992: doc. 3). No prólogo dessa obra, a autora afirma que a conquista pela "guerra justa" naquela quadra representou um "arcaísmo" em relação à política indigenista desde Pombal. Cunha (1992:16). Ali se encontram diversos outros documentos sobre os massacres aos indígenas perpretados pela administração joanina, por exemplo, doc. 1 — "13/5/1808: Carta Régia ao Governador e Capitão General da capitania de Minas Gerais sobre a guerra aos Índios Botecudos" (p. 57-60); doc. 2 — "2/12/1808: Carta Régia sobre a civilização dos Índios, a sua educação religiosa, navegação dos rios e cultura dos terrenos" (p. 66-68).

309. Sobre esses tópicos, Domingues (2000); Almeida (2008). Testemunhos de época importantes: Saint-Hilaire (1974); Oliveira, J. (1975); Pontes (1979); Schultz (2008).

310. Bethelll (2002:28).

311. Histoire de Jean VI... (1827).

312. Soriano calcula que para cá migrou metade do capital português, junto com cerca de 15 mil pessoas. Schultz pondera com fineza a virada magistral de d. João, que foi capaz de fazer de uma situação altamente adversa, mesmo trágica, como ele pintou a da fuga, um elemento para vangloriar ainda mais o próprio triunfo. Soriano (1866); Schultz (1998:140-204); Lindley (1969); Schwarcz (2002).

313. Por exemplo, na pena de Vaz (s.d.): "Eu canto a gloriosa,/ Retirada feliz, que triunfara/ Mais victoriosa,/ Desses indignos planos, que tramara/ O Tyranno do mundo, exterminado./ O cavallo de Troia simulado./ [...]/ Alta idéa inspirada// Do Pai das Luzes foi, Principe Augusto,/ A vossa retirada.//

346

BRASIL EM PROJETOS

Por ella, conservais o Sceptro justo,/ E vindes a fundar neste Hemisferio/ A' Vossa Prole, o promettido Império." Ainda Barbosa (1818); São Carlos (1809); Cardoso (1818).

314. A estimativa do número dos trânsfugas varia muito. Alguns autores falam de 8 mil, 12 mil, 15 ou mesmo 20 mil. Outro já falou em pouco mais que 400 pessoas. Uma ponderação sobre essas cifras em Malerba (2017:153-178). Também em Light (2008).

315. Na realidade, não sobrou opção para os moradores fluminenses, que ficaram impedidos, por uma das primeiras leis baixadas pelo príncipe, de possuir duas casas, ordem extensiva a armazéns e lojas, determinando que elas tinham de ser entregues não só aos migrantes necessitados da mãe-pátria, como também a comerciantes de toda parte. Brasil (1836-44: v. 1, passim). Também Luccock (1975:68).

316. Luccock (1975:68); Denis (1844:181); Prado (1955).

CAPÍTULO 9. UMA CORTE NOS TRÓPICOS

317. Santos (1981: v. 1).

318. Castello Branco (1914); Enders (2000:99 e ss.).

319. As transformações urbanas da capital fluminense foram minuciosamente detalhadas por Noronha Santos em suas anotações à introdução das *Memórias*, do padre Perereca. Santos (1981: v. 1, p. 66-194).

320. Karasch (2000); Florentino (1995).

321. BNRJ. Mss, 22, 1, 10. Antônio Alves Araújo, "Reflexões sobre a edificação de novas casas na cidade do Rio de Janeiro". 9/9/1817.

322. Malerba (2008).

323. Lima (1996:593 e ss.); Malerba (2018a: cap. 3).

324. Alguns escritores leigos viram nessas práticas atos de "corrupção" e o período joanino, por conseguinte, como momento inaugural da corrupção do Estado brasileiro. Trata-se de equívoco, fundado em anacronismo. A prática do dom, da retribuição de benesses, era pública e estruturante das sociedades de antigo regime. Gomes (2007).

325. Relação das festas que se fizerão no Rio de Janeiro... (1810); ANRJ — II-35, 4, 1 n.2. Duas atas das Seções do Senado da Câmara, respectivamente de 16 de Janeiro e 23 de Março, contínuas, em que descrevem os trabalhos da dita Câmara para a recepção da Família Real... Santos (1981).

326. Relação das festas que se fizerão no Rio de Janeiro... (1810:13).

327. ANRJ — Cod. 789; ANRJ — Ordens Honoríficas.

328. Referências de fontes em Malerba (2018a: cap. V. O novo nobre).

329. Norton (1979:59); Ramirez (1968:1-29). Cópia do contrato de casamento se acha no ANRJ — C.R.I., Cx. 2, pac. 1, doc 30A, de 29/11/1816. Foi lavrado em Viena, em francês, com 12 cláusulas prevendo todas as situações possíveis a respeito do destino de Leopoldina nesse consórcio, com os lugares para assinatura de Frederico, Metternich e Marialva. É análogo em sua forma e conteúdo a outros contratos matrimoniais dinásticos, como o de d. João e dona Carlota, negociado na Corte espanhola por d. Henrique de Meneses, marquês de Louriçal, e d. José Monino, conde de Florida Branca. Ajuda — Mss. — *Contrato de casamento do Infante d. João com a Princesa d. Carlota Joaquina*. Madri, 25/3/1785 (44-xiii-32).

330. *Gazeta do Rio de Janeiro* (4/6/1817); Santos (1981: t. 2, p. 104-111).

331. O *Guarda-joias do Brasil* foi escrito quando cumpria essa função Francisco José Rufino de Sousa Lobato, visconde de Vila Nova da Rainha. Solla e Barreto (1981).

332. ANRJ — Cod. 263. *Livro de casamentos e batizados de membros da família Real e Imperial (1810-45)*.

CAPÍTULO 10. LÓGICAS DE CORTE

333. Elias (1987, 1994: 2 v.); Dépelteau e Landini (2013).

334. Veblen (1951); Balandier (1982); Huizinga (1990).

335. Apostolidès (1993); Burke (1994); Doyle (1992); Lynch (1989); Bluche (1993).

336. Elias (1987:19). Para Portugal, o tema é exemplarmente tratado em Xavier e Hespanha (1993:121-154, particularmente p. 133). Uma leitura de Elias encontra-se em Malerba (1996:73-92, 2017:125-160). O magnífico estudo de Rita Costa Gomes sobre a Corte de Portugal no final da Idade Média contribui imensamente para a compreensão da corte dos Bragança que se instalou no Rio de Janeiro em 1808, além da refinada discussão teórico-metodológica que oferece. Gomes (1995).

337. As marcas do patriarcalismo na sociedade e na política brasileira são incontestáveis. Uma análise sobre o *topus* do patriarcalismo na história intelectual brasileira, articulando-o com o golpe de 2016, em Malerba, (2017:299-333).

338. Aboim (1789: passim).

339. Sousa (1818:8 e 14, respectivamente). Disponível em: <http://objdigital. bn.br/objdigital2/acervo_digital/div_obrasgerais/drg1423562/drg1423562. pdf>. Acesso em: 19 jan. 2019.

340. Respectivamente: Gouvêa (1826:6); Passos (1826:12); Brandão (1828: passim).

341. Os principais autores a arquitetar a concepção divina do rei nos séculos XVII e XVIII — como Manuel Fernandes Vila Real, Francisco Manuel de Melo, Sebastião Pacheco Varela e Júlio de Melo de Castro —, são discutidos em Xavier e Hespanha (1993:121-154, particularmente p. 135 e ss.). Lembra João Adolfo Hansen que a doutrina do poder do rei à época de d. João V era a do *pactum subjectionis*, que se ensinava nos cânones em Coimbra. Nela define-se a noção contrarreformista do "corpo místico" do reino como vontade coletiva que se aliena em favor da "pessoa mística" do rei, feito "cabeça" do corpo político do Estado. "No contrato, a soberania real é sagrada porque figura a vontade coletiva que se aliena nela, segundo o modelo jurídico da escravidão, recebendo em troca os privilégios que a hierarquizam em ordens e estamentos." Hansen (1995).

342. O *Príncipe Perfeito* consiste num manual pedagógico destinado à educação do príncipe, composto pelos 100 emblemas do espanhol don Juan de Solórzano Pereira, aos quais Francisco António de Novaes Campos fez acompanhar de um soneto instrutivo relativo ao emblema correspondente. É análogo a inúmeros outros que existiram do gênero desde a *Ciropedia* de Xenofonte, a mais conhecida entre as antigas; o *De regimine principum*, de Santo Tomás de Aquino; *O príncipe*, que Maquiavel ofertou a Lorenzo de Medice, e o *Breviário dos políticos*, com que o cardeal Mazzarino inculcou no delfim, próximo Luís XIV, seus princípios de educação política. Mazarino (s.d.); Maquiavel (1994). Ver o estudo exemplar de Maria Helena de Teves C. U. Prieto, que acompanha a edição fac-similar do *Príncipe Perfeito*. Campos (1985); também Lopes (1997).

343. Castro (1749: v. I, p. 289).

344. Purificação (1818:9).

345. Lisboa (1818:84).

346. Respectivamente, Lisboa (1818:7 e 87). Cairu pode ter fundamentado seu argumento em Luís da Silva Pereira Oliveira, no primeiro capítulo de *Privilégios da nobreza*, "Da origem, etimologia, definição, e antiguidade da nobreza", onde busca justificar as diferenças entre os homens, nobres e plebeus, como um dado natural, criado por Deus, que não se deve ques-

tionar mas simplesmente aceitar: "O Autor da Natureza, quando criou o mesmo Mundo não o pôs a todos igual; numas partes situou os vales, em outras colocou os montes, já grandes, já pequenos; um maiores, outros mais elevados, e com esta desproporção fez habitar a Terra; da mesma sorte os homens juntos em sociedade estabeleceram hierarquias de grandes, e de pequenos, de ricos, e de pobres, de nobres, e de plebeus: huns para mandarem, outros para obedecerem…". Oliveira (1806:3).

347. Hespanha (1993); Marques (2009). Para o clássico conceito cunhado por Marcel Mauss, ver Mauss (1993); Bourdieu (1988).

348. Almeida (1928: t. 5, p. 74).

349. Monteiro (1987, 1992); Dutra (1995a; 1995b, 1994); Donovan (1995); Olival (1988).

350. Olival (1988:83). Sobre a vulgarização distributiva das ordens em Portugal, ver também Serrão (1980: v. 5, p. 343). Jorge Miguel Pedreira, estudando a banalização dos hábitos na segunda metade do século XVIII em Portugal, a que concorreram avidamente os negociantes da praça de Lisboa, lembra que os distintivos se resumiam a uma notoriedade simbólica, dado o valor irrisórios das tenças. Pedreira (1992).

351. Moraes (1872:211).

352. Costa (1823).

353. Ver os números da *Gazeta* posteriores aos dias dos natalícios e dos nomes das pessoas reais, como 4 de novembro (dia do nome de d. Carlota), 25 de janeiro (aniversário da rainha), 24 de junho (o dia do nome de d. João), 13 de maio (natalício do rei), 4 de julho (natalício da princesa d. Isabel Maria), 29 de setembro (dia do nome de d. Miguel), 26 de outubro (aniversário desse príncipe) etc. Ver também as listas de despachos publicadas pela Secretaria de Estado dos Negócios do Reino, como: Relação das pessoas que o Príncipe Regente N. S. houve por bem despachar… (s.d.); Relação dos despachos publicados na corte… (1809). E ainda os almanaques da Cidade do Rio de Janeiro para os anos de 1811, 1816 e 1817. Almanaque da Cidade do Rio de Janeiro para o ano de 1811 (1969); Almanaque da Cidade do Rio de Janeiro para o ano de 1816 (1965); Almanaque da Cidade do Rio de Janeiro para o ano de 1817 (1966).

354. Pelo menos desde *Raízes do Brasil*, onde Sérgio Buarque expõe as contradições na aversão de Cairu ao trabalho mecânico e sua opção pela "inteligência", não obstante a publicidade que conferiu às novas ideias econômicas inspiradas em Adam Smith. Holanda (1984, especialmente p. 51 e ss.). Nesse clássico, Sérgio Buarque de Holanda demonstrava os limites do liberalismo de Silva Lisboa.

355. Lisboa (1818:11).

356. Segundo Oliveira Lima, foi esse um motivo de graves conflitos entre enciumados cortesãos migrados e a gente da terra, todos buscando as sinecuras do Estado. Lima (1945: v. 1, p. 82).

357. Holanda (1982: t. 2, v. 1, p. 32); Manchester (1970:203).

358. Entre sua prole, destacam-se Ana Vidal Carneiro da Costa, casada com Luís José de Carvalho e Melo, primeiro visconde da Cachoeira; José Fernando Carneiro Leão, barão de Vila Nova de São José; José Alexandre Carneiro Leão, primeiro visconde de São Salvador de Campos; Francisca Mônica Carneiro da Costa, casada com Manuel Jacinto Nogueira da Gama, marquês de Baependi; e Luísa Rosa Carneiro da Costa, casada com o fidalgo conselheiro dr. Paulo Fernandes Vianna. Foi avó da duquesa de Caxias, da marquesa de Jacarepaguá, do conde de São Simão, do conde de Baependi, do barão de Santa Mônica, entre outros titulares do Império. Um estudo crítico em D'Elboux (2006); Fridman (1999); Motta Sobrinho (1967).

359. Oliveira (1806:15 a 119). As diferentes proveniências da nobreza constituem nove capítulos de sua obra (seguem as páginas): Cap. IV. Da nobreza civil proveniente das dignidades ecclesiasticas, 33; Cap. V. Da nobreza civil proveniente dos postos de milícias, 41; Cap. VI. Da nobreza civil proveniente dos empregos na Casa Real, 51; Cap. VII. Da nobreza civil proveniente dos ofícios da República, 57; Cap. VIII. Da nobreza civil proveniente das ciências, e graus acadêmicos, 67; Cap. IX. Da nobreza civil proveniente da agricultura, e sua honrosa profissão, 82; Cap. X. Da nobreza civil proveniente do Comércio, e sua útil profissão, 92; Cap. XI. Da nobreza civil proveniente da navegação, 107; Cap. XII. Da nobreza civil proveniente da riqueza, 113.

360. "[...] com papel, fita e metal, conquistava lealdades, emparelhando na mesma dignidade brasileiros e portugueses, os latifundiários e os transmigrados." Faoro (1987: v. 2, p. 259-62). Nesses balanços não se computam os números relativos às Ordens da Torre e Espada, de Nossa Senhora da Conceição e os títulos do Conselho. Manchester (1970:203). Segundo Raimundo Faoro, o número de cavaleiros, grã-cruzes e comendadores de Cristo foi de 2.630; os outros são idênticos aos que apresenta Manchester.

361. Armitage (1972). Marrocos (1939); Lisboa (1818:13).

362. Faoro (1987: v. 2, p. 250).

363. Armitage (1972:9).

CAPÍTULO 11. UMA QUESTÃO DE CLASSES

364. Monteiro (1981: v. I, p. 64 a 65); Histoire de Jean VI roi de Portugal…
(1827:48).

365. Branco (1914).

366. Faoro (1987:249).

367. Araújo (1992).

368. Vasconcelos (1931:7).

369. Varnhagen (1917:31). Também Lima (1922); Prado Jr. (1986, passim);
Manchester (1970:199); Fausto (1996:120 e ss.); Schwarcz e Starling (2015).

370. Marrocos (1939:110).

371. Para além da diversidade de sentidos de "elite", no que tange ao quadro
colonial o conceito costuma empregar-se a dois referentes: as "elites imperiais" constitutivas dos estratos da administração colonial e as "elites
coloniais", formadas por grupos estabelecidos nos domínios ultramarinos,
inclusive há mais de uma geração. O debate em torno das elites coloniais
recebeu inúmeras contribuições importantes, entre as quais destacamos:
Bicalho (2005); Hespanha (2005); Xavier e Santo (2007:11); Silva, I. (2011).

372. "A concentração do capital jurídico é um aspecto, ainda que central, de
um processo mais amplo de concentração do capital simbólico sob suas
diferentes formas, fundamento da autoridade específica do detentor do
poder estatal, particularmente de seu poder misterioso, de nomear. Assim,
por exemplo, o rei esforça-se para controlar o conjunto de circulação das
honrarias a que os fidalgos podiam aspirar: empenham-se em tornar-se
senhor das grandes benesses eclesiásticas, das ordens de cavalaria, da distribuição de cargos militares, de cargos na corte e, por último e sobretudo,
dos títulos de nobreza. Assim, pouco a pouco, constitui-se uma instância
central de nomeação." Bourdieu (1996:110).

373. Oliveira (1806:96). Narrativas historiográficas e análises conceituais em
Marques (1984); Serrão (1971: v. 3, p. 153); Olival (1988:111); Monteiro (1987,
particularmente p. 30 e 31). Também Raminelli (2015).

374. Jorge Miguel Pedreira (1992) refere-se a um verdadeiro comércio dos
hábitos. É desnecessário até lembrar que o comércio português nessa altura se configurava em intrincadas redes familiares dominadas por judeus
e cristãos-novos. Ver o clássico estudo de Saraiva (1969:185 e ss.). O quadro
de ruína da aristocracia na virada do século XIX foi percebida por Serrão
(1980: v. VI, p. 120). E minuciosamente estudada por Monteiro (1992) e
seus ensaios contidos em Hespanha (1992).

375. Talvez em função do mito da "vocação agrária brasileira", durante muito tempo considerou-se a "aristocracia rural" segmento dominante e dirigente da colônia. De acordo com essa interpretação tradicional da historiografia brasileira, no movimento da Independência, aquele setor, eivado de sentimento nacional, teria se contraposto à classe opressora dos comerciantes reinóis. Para Oliveira Lima, a classe dirigente já existia embrionariamente na América, uma aristocracia de caráter territorial, espécie de *gentry* — "agrícola, ou pastoril, ou mineira" —, que adotou naturalmente a causa da emancipação política. Os principais marcos historiográficos comungam dessa representação das classes antagônicas como sendo uma aristocracia nativa, agrária, oposta ao português opressor. Lima (1922:26). Também Manchester (1967, 1970, especialmente p. 202). Também Maxwell e Silva (1986:333-441).

376. Holanda (1996:228-239); Dias (1972:160-184); Prado (1955:167-73).

377. Fragoso e Florentino (1993:71 e ss.); Florentino (1995:122 e ss.); Fragoso (1992:251-304, particularmente p. 290).

378. Dias (1972); também Gorenstein (1993:126 a 255, especialmente p. 131, 201).

379. Holanda (1996:228-239).

380. Russell-Wood (1981).

381. Fragoso (1992). Também Fragoso, Ferreira e Krause (2013); Fragoso e Sampaio (2012); Gouvêa e Fragoso (2009); Fragoso, Sampaio e Almeida (2007); Bicalho (2003); Osório (2007); Almeida (2010); Sampaio (2003).

382. Freycinet (1827: t. I, p. 275).

CAPÍTULO 12. O PERSONAGEM: D. JOÃO

383. Franco (1808); Histoire de Jean VI roi de Portugal... (1827); Lisboa (1828, 1818); Sierra y Mariscal (1931); Soares (1808).

384. É folclórica a imagem que usou Hipólito da Costa no *Correio Brasiliense*, publicado em Londres, de que, ao compor seu ministério no Rio de Janeiro com os condes de Linhares, Aguiar e Anadia, d. João se muniu de três relógios descompassados: o primeiro, constantemente adiantado; o segundo, que invariavelmente se atrasava; e o terceiro, sempre parado. Oliveira Lima destaca o papel de assessores como o duque de Palmela, que teve papel de destaque no Congresso de Viena, d. Rodrigo de Sousa Coutinho, conde de Linhares, e d. Fernando José de Portugal e Castro,

conde de Aguiar. Sobre o peso dos homens de Estado, ver Lima (2012); Silva, Andrée (2006); e Wilken (2005). Sobre a cultura política do império, Schultz (2001); Neves (2003); Souza (1999); Kraay (2002).

385. Gomes (2007). Uma análise à estratégia narrativa de caráter anedótico utilizada por muitos autores de história popular como Gomes e Leandro Narloch em Malerba (2018a).

386. Esses autores verdadeiramente demonizavam a imagem de d. João, referindo à sua compleição disforme, sua figura enfermiça, dada a todos, capadócio e cheio de vícios. Martins (1887); Brandão (1912).

387. Monteiro (1981); Sousa (1988); Rodrigues (1975).

388. Sobre administração colonial, ver Fragoso, Bicalho e Gouvêa (2001); Bicalho e Ferlini (2005); Boxer (2002); Monteiro, Cardim e Cunha (2005); Faoro (1987); Garcia (1956); Gouvêa (2002); Hespanha (1988); Lira (1941); Schwarz (1979); Souza (2006); Neves (1997).

389. Jancsó (2005); Malerba (2006b).

390. Malerba (2000: cap. 5, "O novo nobre").

391. Não há muitos estudos comparativos sobre o processo de independência nas Américas espanhola e portuguesa. Excelentes exceções à regra são McFarlane (2006) e Jancsó (2002). Também Pimenta (2015) e o recente Hamnett (2017).

392. Nos dois extremos, podemos evocar, por exemplo desde Cairu *versus* Hipólito da Costa, Oliveira Lima *versus* Tobias Barreto, Josué Montello *versus* José Honório Rodrigues, Lilian Schwarcz *versus* Evaldo Cabral de Mello. Dos autores ainda não referidos anteriormente, ver Rodrigues (1975); Montello (1972); Schwarcz (2002) e Mello (2004).

393. Pedreira e Costa (2008:376 e ss.).

394. Algumas peças importantes desse debate são Graham (2001); Dias (1972); Carvalho (1981, 1988). Um texto seminal, que fez o balanço e ditou os rumos da discussão posterior, é Jancsó e Pimenta (2000). Ver também Ver também Berbel (1999); Souza (1999); Barman (1988); Santos (1992); Oliveira (1999); Melo (2001); Dolhnikoff (2005).

395. Carvalho (2001, 2007).

CAPÍTULO 13. JOSÉ DA SILVA LISBOA, REFORMADOR

396. Detalhes da viagem e do desembarque encontram-se na muito bem documentada obra de Kenneth Light. Light (2008).

397. Risério (2004).

398. Calmon (1943:128).

399. Andrade e Athayde (2008).

400. Coleção de Leis do Brasil — 1808, v. 1, p. 1. Disponível em: <www2. camara.leg.br/legin/fed/carreg_sn/anterioresa1824/cartaregia-35757-28-ja-neiro-1808-539177-publicacaooriginal-37144-pe.html>. Acesso em: 15 out. 2018. Também Cardoso (2008). Disponível em: <http://journals.openedition.org/lerhistoria/2342>. Acesso em: 15 out. 2018.

401. Aguiar (1960); Arruda (2008); Kirschner (2009); Ricupero (2007).

402. O século XIX se inicia sob o signo turbulento da Revolução, que mexeu com as percepções do tempo não só dos franceses, mas de todas as elites letradas. Muitos manifestaram esse sentimento de se encontrarem em meio a um turbilhão, sitiados entre duas épocas. Chateaubriand assim se percebeu. Em suas *Memórias de além-túmulo*: "Eu me encontrei entre dois séculos, como na confluência de dois rios; mergulhei em suas águas turvas, afastando-me com melancolia do velho rio em que nasci, nadando com esperança para uma margem desconhecida." Chateaubriand (1952:933-934). Ver, ainda, Hartog (2014:93-130); Costa (2010).

403. Rizzini (1946); Sodré (1966); Sousa (1945); Morel (2002, 2001).

404. Leite (2000); Lustosa (2000).

405. Para as quais respondeu com a produção de textos que marcaram o pensamento político do período, como as "Memórias políticas sobre os abusos gerais e os modos de os reformar e prevenir a Revolução Popular, redigidas por ordem do Príncipe Regente no Rio de Janeiro em 1814 e 1815" ou o "Manual do cidadão em um governo representativo de princípios de Direito constitucional, Administrativo e das Gentes", de 1834. Silva (1975); Pereira (1974); Paim (1997:339-372); Silva (1977).

406. Lisboa (1822b). Disponível em: <https://digital.bbm.usp.br/handle/bbm/4225>. Acesso em: 20 out. 2018.

407. Araujo (2008 2010:75-92); Araujo e Pimenta (2009: v. 1, p. 119-140).

408. Lisboa (1908).

409. Para uma visão panorâmica da obra de Cairu, ver Faria Jr. (2008); Novais e Arruda (1999:9-33).

410. Lisboa (2001:74).

411. Rocha (2001:10 e ss.); Mattos (2017). Disponível em: <https://revistas.unal.edu.co/index.php/historelo/article/view/55492>.

412. "Este desiderato exigia, para além de medidas (legais, financeiras) concretas, todo um trabalho de verdadeira doutrinação a ser sistematicamente

efetivado junto à sociedade portuguesa. E é aí que vamos encontrar uma vez mais Souza Coutinho, agora desempenhando o papel de figural tutelar (política e ideológica), aconselhando e protegendo, direta ou indiretamente, homens como Acúrsio das Neves e Bacelar Chichorro, bem como muitos outros — Silva Lisboa ou João Rodrigues de Brito, Hipólito da Costa ou José Bonifácio de Andrada e Silva, Manuel Ferreira da Câmara ou Silvestre Pinheiro Ferreira — que nem sempre subscreviam as suas propostas e ideias." Almodovar (2001:131).

413. Smith (1999, 1996). Para uma análise da obra de Smith, ver Cerqueira (2005).

414. Almodovar (2001:143).

415. Rocha (2001:50, 1996:90-93).

416. Lisboa (1956:115). Barra (2012: cap. 3. O Império sob as Luzes da Economia Política, p. 89-147). Também Faria Jr. (2008). José Luís Cardoso reitera a tese do liberalismo smithiano de Cairu, para quem a "adesão incondicional de Silva Lisboa ao sistema de economia política preconizado por Adam Smith é claramente demonstrada e documentada pela leitura de seus *Princípios de Economia Política*". Cardoso (2002).

417. Barra (2012:95).

418. Lisboa (2001:70-71); Cardoso (2008).

419. Alguns autores identificaram esse pensamento híbrido como "mercantilismo ilustrado", presente em Silva Lisboa: "Cairu não valoriza exclusivamente a agricultura (fisiocracia), nem se atrelava ao primado da indústria (colbertismo) ou propugnava pela supremacia absoluta do comércio (mercantilismo). Seu texto, como se verá, busca a adequação de todos os princípios às necessidades imediatas e reais do mundo colonial, em sua dimensão econômica, política e social." Novais e Arruda (1999:17 e ss.).

420. Carta de José da Silva Lisboa a Domingos Vandelli (1910:494-509); Novais e Arruda (1999).

421. Lisboa (2001:156). Como salientou Armando Castro, um dos "traços mais significativos dos estudos econômicos concretos do visconde de Cairu" foi a defesa dos interesses da "burguesia brasileira em luta contra a dominação colonial". Castro (1980:71) apud Rocha (2001:31).

422. Lisboa (2001: 120-121).

423. Lisboa (2001:150-151).

424. Rocha (2001:214).

425. Lisboa (1999:102).

426. Novais e Arruda (1999:28); Raminelli (2008:283).

427. Lisboa (2001:243).

428. Lisboa (2001:94).

429. Lisboa (2001:204).

430. Lisboa (2001:94).

431. Lisboa (2001:75).

432. Lisboa (2001:80 e p. 86, respectivamente).

433. Lisboa (1956:115, 152 e 300). Sobre Silva Lisboa ver: Almodovar (2001:113-148, 1995).

434. Linch (2017:329).

435. Idem. Também Araújo e Pimenta (2009:127).

436. Lynch (2017:325). Também Kirschner (2003:691).

437. Lisboa (1914).

438. "Cada tarefa de 30 braças quadradas produz regularmente 16 até 20 pães de açúcar de 3 a 4 arrobas. O açúcar não tem todo o mesmo valor: distinguem-se três preços diferentes de 9 tostões até 14, segundo as qualidades de *mascavado, redondo e fino*."

439. Lisboa (1914:498 e ss.).

440. Lisboa (1914:500): "As cartas passadas aos ministros levavam em anexo as relações dos bens já inventariados e a ordem de que inventariassem e sequestrassem quaisquer outros que fossem encontrados. Os desembargadores foram distribuídos por vários distritos, desde Porto Seguro e Ilhéus, ao sul, até Sergipe e Piauí, ao norte, passando pelo sertão e Recôncavo. Ao desembargador Luiz Ribeiro Quintela foi determinado sequestrar os engenhos do Conde e Petinga (também chamado Pitanga), na vila de Santo Amaro. Para Sebastião Francisco Manuel ficaram reservados os engenhos da Pitanga e Cotegipe. Ambos já estavam realizando determinações anteriormente mandadas pelo conde dos Arcos, relativas à prisão dos jesuítas e confisco completo de seus bens." Santos, F. (2008). Disponível em: <http://www.scielo.br/scielo.php?script=sci_arttext&pid=S0102-01882008000100009&lng=en&nrm=iso>.

441. Lisboa (1914:5010.

442. Lisboa (1914:501).

443. Lisboa (1914:501).

444. Lisboa (1914:504).

445. Lisboa (1914:505).

446. Lisboa (2001:67).

447. Lisboa (2001:146-147).

448. Lisboa (1819). Disponível em: <https://archive.org/details/Estudos-DoBemCommumEEconomiaPoliticaPorJoseDaSilvaLisboaViscondeDe/page/no>. Usamos a edição do Ipea: Lisboa (1975)

449. Almodovar (2001:141-142).

450. Lisboa (1818:18).

451. Lisboa (2001:226-227).

452. Lisboa (1822a:IV-V).

453. Lisboa (1818: passim).

454. Lisboa (1822a:84).

455. Lisboa (1818:84, 7 e.87).

456. Lisboa (1822a:V-VII).

457. Sobre o sentido do conceito de revolução no contexto luso-brasileiro de inícios do século XIX, Neves (2007:130 e ss.).

458. *Correio Braziliense* ou *Armazém Literário* (v. 16, n. 93, fev. 1816, p. 187). Costa (2001).

CAPÍTULO 14. INDEPENDÊNCIA: *PASSE-PARTOUT*

459. Beauchamp (1824); La Beaumelle (1823). Traduzido, no ano seguinte, no Rio de Janeiro, com correções e acréscimos, pelo Padre Luís Gonçalves dos Santos; Armitage (1972); Lisboa (1828).

460. "Concluída em 1875, seu notável autor veio a falecer antes de a obra vir a lume, tendo sido publicada pela primeira vez apenas em 1916, no tomo LXXIX da veneranda *Revista do Instituto Histórico e Geográfico Brasileiro.*" Viana (s.d.:9).

461. Lima (1922); Calmon (1928, 1943); Monteiro (1981).

462. Entre muitos: Montello (1972); Anais do Congresso de História da Independência do Brasil (1975); D. Pedro I e d. Leopoldina diante da História (1972); Rodrigues (1975); Mota (1972).

463. Pimenta (2009).

464. Otávio Tarquínio assina algumas das mais bem escritas biografias, como suas vidas de d. Pedro e José Bonifácio. Algumas obras recentes que merecem destaque: Brancato (1999); Caldeira (1999); Cavalcante (2002); Dolhnikoff (2006); Lustosa (2006); Pedreira e Costa (2008).

465. Farias (2010); Souza (1922); Valim (2013); Azevedo (2003); Pereira (1999); Prado (1999); Lyra (2006); Assunção (1990); Carvalho (1996); Carvalho (2005); Kraay (2002); Silva (2003).

466. Sodré (1960); Sousa (1949); Rodrigues (1975: v. 3); Pimenta (2008); Costa (2005); Castro (2005); Siqueira (2006); Kraay (2005:119-177); Malerba (2017:45-82, 2006a:19-52).

467. Bethelll (1985); Malerba (2005: v. 2, p. 564-568; Malerba (1999:5-27).

468. Interessante que o sentido da palavra "jugo" como domínio, força repressiva, sujeição, seja de acepção figurada. No dicionário *Caldas Aulete*, o primeiro sentido literal da palavra define-se como "Peça de madeira colocada sobre a cabeça dos bois e que os atrela a uma carroça, arado etc.; Canga". Disponível em: <www.aulete.com.br/jugo>. Acesso em: 7 jan. 2019. No caso da situação colonial, o sentido literal acaba mais apropriado que o figurado.

469. Hespanha (1986:418-419); Monteiro (2005); Raminelli (2013, 2005).

470. Novais (1995); Alencastro (2000); Schwartz (1985); Florentino (1997).

471. Como bem disse Luís Felipe de Alencastro, a economia colonial brasileira "tinha seus pulmões noutro continente". Alencastro (1987). Ana Rosa Cloclet pondera com acerto que todo o debate historiográfico sobre a formação do Estado nacional brasileiro tem sido marcado pela presença constante da temática da escravidão. Silva (1996, 1999).

472. Para o caso do colonialismo português na América, ver, por todos, Alexandre (1993).

473. Rao (2005); Beales (2005). Ver Paquette (2009); Greene (2009:299-316). Hamnett (2017).

474. Mattos (2004); Jancsó e Pimenta (2000).

475. Mattos (2004).

476. Manchester (1973); Bethelll (2002).

477. Lima (2012:140-142).

478. Dias (1972).

479. Arruda (2008); Ricupero (2007); Aguiar (1960).

480. Bicalho (2003); Cavalcanti (2003); Enders (2000).

481. Malerba (2018a).

482. Morel (1998, 2005a).

483. Taunay (1911); Schwarcz (2008).

484. A rainha d. Maria I faleceu em 1816; a seu lugar ascendeu d. João, aclamado e coroado rei do Reino Unido de Portugal, Brasil e Algarves dois anos depois.

485. Como lembra José Murilo de Carvalho, "até o início do século XIX, ela [América portuguesa] permaneceu profundamente marcada pela cultura oral e outras características do Antigo Regime, às quais se somava a peculiaridade da escravidão. [...] Com a chegada da Corte portuguesa ao Rio

de Janeiro em 1808, no entanto, surgiu finalmente a imprensa e o discurso escrito iniciou sua trajetória rumo ao predomínio sobre a cultura oral. [...] foi a adesão, em 1821, das províncias do Grão-Pará, da Bahia e do Rio de Janeiro ao movimento liberal português, iniciado com a Revolução Liberal do Porto de 24 de agosto de 1820, que criou as condições para os primeiros ensaios de uma relativa liberdade de imprensa, exercida em espaços públicos cada vez mais amplos. Entre esses espaços, salientavam-se, para o caso dos panfletos — manuscritos ou impressos —, as ruas e praças das cidades, cujas paredes e postes forneciam o suporte para a nova forma de comunicação". Carvalho, Bastos e Basile (2012:9). Também Morel (2005b); Lustosa (2000).

CAPÍTULO 15. CORTES, CONCHAVOS E CIZÂNIAS

486. Abordagem recente que contempla a discussão do caráter das independências na América Latina, se colapso de impérios coloniais ou revoluções, tratando simultaneamente dos casos espanhol e português, foi realizado por Brian Hamnett. Para este capítulo, ver em especial Hamnett (2017:107-144); Schiavinatto (2006:233); Neves (2003); Silva Dias (1980).

487. Sousa (1988); Monteiro (1981); Barman (2012); Bethelll (1985); Souza (1999).

488. Neves, L. (1995:306). Disponível em: <www.ihgb.org.br/rihgb. php?s=20>. Acesso em: 4 dez. 2013; Franchini Neto (2015:74); Maxwell (1986: v. 8, p. 387).

489. Holanda (1985: t. II, v. I, p. 13).

490. Varnhagen (1957:39).

491. "Entretanto que outros concordando em sua Sua Alteza Real é, que deve ir presidir aos trabalhos do Congresso Nacional, são de parecer, que pela sua parte um congresso particular do Brazil, debaixo da imediata direção de Sua Magestade, formalize uma constituição, que lhe seja apropriada, bem que conforme aos princípios que servirem de base ás instrucções que Sua Alteza Real houver de levar para de acordo dirigir os trabalhos das côrtes geraes da monarchia em Lisbôa." Pinheiro (1888:239).

492. Berbel (2008, 2006, 1999); Alexandre (1993:445-539); Rocha (2009).

493. Lima (2012:164).

494. "Nas cortes portuguesas de 1821 e 1822, a diversidade dos projetos para a unidade do império dividiu os deputados do Brasil e também os de Por-

tugal. Conflitos e tentativas de acordos ocorreram entre representantes de províncias do mesmo reino e de reinos diferentes. Todos pretendiam a unificação de leis, mercados e padrões político-administrativos, ou seja, buscavam integrar pela via da unidade nacional aquele complexo que o sistema colonial havia soldado anteriormente e construir um Estado nacional na dimensão do império. Tratava-se de uma tarefa difícil e, até aquele momento, inédita." Berbel (2006:183). Também Franchini Neto (2015:104).

495. Lyra (1994: 208). Também Lima (2012:161 e ss.). Desde o século XIX, uma historiografia nacionalista firmou-se em torno da ideia de que havia, por parte dos portugueses vintistas, um alvitre "recolonizador". A rigor, como muitos estudos recentes demonstraram, a "recolonização" do Brasil não estava em pauta, pelo menos dentro das Cortes gerais. Ali, a discussão era a reestruturação do Estado português a partir de uma constituição. Os que defendiam um desenho unitário para o Estado, sediado em Lisboa, foram alcunhados "unitários". Considerando a territorialidade do império ultramarino, outros pensaram uma constituição que considerasse dois grandes reinos e demais territórios. Com todos os problemas pelos quais foram criticadas, as Cortes eram uma assembleia representativa, composta por adesão de cada braço do império. Assim estava prescrito no principal documento normativo da assembleia constituinte, as "Bases da Constituição Política da Monarquia Portuguesa", em seu artigo 21: "Somente à Nação pertence fazer a sua Constituição ou lei fundamental, por meio de seus representantes legitimamente eleitos. [...] Quanto aos que residem em outras três partes do mundo, elas lhes tomará comum, logo que pelos seus legítimos representantes declarem ser esta a sua vontade." Bases da Constituição da Monarquia Portuguesa (1821). Disponível em: <www.fd.unl.pt/Anexos/Investigacao/992.pdf>. Acesso em: 2 nov. 2018; Berbel (2008:234, 2005); Oliveira (2005).

496. É exemplo memorável a "Representação ao príncipe" dirigida pelos paulistas em 26/I/1822. Exarada por Bonifácio, que inicia justamente apelando ao príncipe regente para que não deixe o Brasil em "mísera orfandade", jurando fidelidade a sua pessoa e expressando o descontentamento dos "paulistas", que: "[...] não podendo por mais tempo disfarçar seu justíssimo ressentimento, são os primeiros que ousam levantar sua voz e protestar contra atos inconstitucionais, com que se pretende iludir e escravizar um povo livre, cujo crime é haver dado demasiado crédito a vãs promessas e doces palavras. Desnecessário seria narrar aqui por extenso todas as causas de nosso descontentamento; V. A. R. bem as conhece. Sim, real senhor, parece que um destino fatal pugna por arrastar às bordas do

precipício a esses mesmos portugueses, que, na sua regeneração política, atraíram sobre si a admiração do mundo. Depois de haverem conseguido o principal objeto do seu plano, o arrancar do Brasil o precioso depósito que o Céu lhe confiara em 1808; depois de haverem recebido do brasileiro as mais decisivas provas de uma confraternidade sem igual, mudaram inteiramente de tom a respeito destes mesmos sinceros brasileiros, a cuja indiscreta cooperação devem com grande parte o feliz resultado de sua perigosíssima empresa. Os representantes de Portugal, sem esperarem pelos do Brasil, começaram a discutir um projeto de Constituição, que devia ser comum a ambos os Reinos; projeto em que, a cada página, se descobre o maquiavelismo com que, com douradas cadeias, se intenta escravizar este riquíssimo país, e reduzi-lo a mera colônia." Falcão, 2006: v. II, p. 227-231).

497. Wehling (1989:192).

498. Siqueira (1821).

499. Siqueira (1821:8).

500. Siqueira (1821:13 e ss.).

501. Siqueira (1821). Há um estudo desse opúsculo feito "pelo estudante de leis" José Joaquim d'Almeida Moura Coutinho. Ver Catálogo da Coleção de Miscelâneas (1970:154). Schultz (2001:247-265, 2016).

502. Para felicidade de historiadores e historiadoras, os Diários das Cortes se encontram on-line: <http://debates.parlamento.pt/catalog.aspx?cid=mc.c1821>.

503. Em ensaio sobre os projetos políticos no tempo da Independência, Manuel Correia de Andrade reitera esse isolamento, no sentido de que não havia qualquer ideia ou sentimento de pertencimento a uma nação brasileira, ou algo que o valha, naquele quadrante histórico. De acordo com esse autor, d. João tentou aliviar as tensões originadas da condição colonial com a elevação do Brasil à categoria de Reino, a ser unido a Portugal e Algarves. "A condição de Reino Unido dava à elite dirigente uma ideia de Independência, com a manutenção do *status quo*; com isto, tentava-se unir as províncias que até então tinham pouca vinculação entre si." Andrade (1999:60).

504. Holanda (1985: t. II, v. I, p. 9 e 18).

505. Conforme demonstraram Afonso Carlos Marques dos Santos (1992:141) e István Jancsó (2002:10).

506. Apud Sousa (2015:144).

507. Lima (1922); Sousa (1988); Barman (2012).

508. Ainda que luminares da historiografia entendam que a ameaça era real. Leslie Bethelll, por exemplo, define a "A independência do Brasil essencialmente [como] o resultado de uma tentativa impossível de Portugal

— durante os anos 1821-22, em seguida ao regresso de d. João a Lisboa, depois de uma ausência de 13 anos — de recuar no tempo e reduzir o Brasil, política e economicamente, à sua situação anterior de colônia". Bethelll (2002:48).

509. Mandada convocar por decreto de 3/6/1822, junto com as respectivas instruções. Nogueira (1973: v. I, p. 85).

510. Calmon (1928); Monteiro (1981: t. I, p. 15-32); Bethelll (1985); Lustosa (2006).

511. Holanda (2003: t. II, p. 217-225).

512. Armitage recorda as medidas das Cortes de Lisboa contra as ações de d. Pedro. Um decreto das Cortes de 19/9/1822 declarava ilegal a convocação da Assembleia Constituinte do Brasil; mandava processar os responsáveis por sua convocação; declarava o governo de São Paulo em desobediência — o que constituía crime contra o direito; destituía d. Pedro de suas atribuições, estabelecendo uma regência constituída por Lisboa; instava novamente o regresso do príncipe ao reino, agora sob pena de ser excluído da sucessão; o comandante militar que lhe fosse leal seria declarado traidor. Armitage (1972: passim).

513. Luz Soriano (1866:95); Pinheiro (1874:41).

514. Apud Sousa (2015:147-148).

515. Assim ajuizava o visconde de São Leopoldo a Bonifácio no contexto da independência: "A entrada principalmente de José Bonifácio no Ministério veio a dar-lhe mais unidade, o que foi de grande consequência para a marcha que seguiram os negócios. O seu grande saber, o seu gênio intrépido, o seu carácter pertinaz que quase chegava a raiar em defeito, contribuíram a fixar a volubilidade do príncipe. E o conhecimento especial, que a estada de tantos anos em Portugal lhe dera desse país, dos seus recursos, do forte e do fraco de seus habitantes e especialmente dos que dirigiram a política em 1821 e 1822, a este respeito principalmente, nenhum outro brasileiro de então lhe levava a palma. Cegava-o por vezes, como a seus irmãos, o muito orgulho, a falta de prudência e o excesso de ambição, bem que acompanhada de muita instrução e natural bonomia, mas a sua vivacidade e o seu gênio entusiasta o levavam a falar demasiado e a ser de ordinário pouco discreto e pouco reservado, como estadista. [...] Entretanto, cumpre confessar que parte dos seus defeitos na crise que atravessava o Brasil, foram qualidades recomendáveis, conforme também sucedeu com respeito ao chefe do Estado, o príncipe-regente e fundador do Império." Não obstante o reconhecimento, Varnhagen insere uma nota após mencionar que Bonifácio "falava demasiado", a qual não deixa traço de dúvida sobre os sentimentos

negativos que por ele nutria: "Esta qualidade [de Bonifácio, de falar muito] tenho eu ainda muito presente desde a meninice, quando em abril de 1821, pela única vez, vi ao mesmo José Bonifácio em nossa casa em Ipanema [a mina de ferro de Ipanema, em Sorocaba]. Era o dia do batizado de uma irmã minha (Gabriela): eu fui incumbido da 'derrama de confeitos', e ainda tenho nos ouvidos a voz rouquenha do mesmo José Bonifácio, acompanhada de alguns borrifos e perdigotos, que me amedrontaram, e não mais lhe apareci, apesar de estar nosso hóspede." Varnhagen (s.d.:101-102).

516. Essas informações factuais estão detalhadamente narradas na bibliografia aqui referida.

517. Sousa (1988); Monteiro (1981); Lustosa (2006); Lima (2012).

518. É ao menos curioso lembrar que "Independência ou morte" era o nome de uma das "palestras" da loja maçônica *Apostolado* fundada por Bonifácio. Otávio Tarquínio se pergunta se essa não seria porventura a senha que o ministro sugeria ao príncipe para a hora "h". Sousa (2015:196).

519. Carvalho (1998); Mello (2004, 2001); Villalta (2003:58-91); Silva, L. (2006).

520. Holanda (1972: t. 2, v. 2); Malerba (1999); Assunção (2000:51-65); Carvalho (2008); Salles e Grimberg (2010).

521. Ribeiro (2002); Varnhagen (1957); Homem de Mello (1863). Disponível em: <www2.senado.leg.br/bdsf/item/id/224213>. Acesso em: 20 jan. 2019. Villa (2011).

522. Andrade (2006:97-114). Algo do debate no século XIX em Meneses (1977); Vasconcelos (1978); Bueno (1978).

523. Carvalho (2001, 2007).

524. Accioly (1945); Oliveira, A. (1975: v. 1, p. 135-144); Rodrigues (1975: v. 3, p. 255); Oliveira (1973).

525. Gonçalves (2018); Ramos (2007); Silva (1993); Lima (2009); Soriano (1866-1890). Disponível em: <http://purl.pt/12103>. Acesso em: 6 jan. 2019.

526. Ribeiro (2000, 2002).

CAPÍTULO 16. PERFIL DE UM HOMEM ENTRE DOIS TEMPOS

527. Andrada e Silva (1821). Há inúmeras edições recentes: Bonavides e Amaral, (2002:46); José Bonifácio: a defesa da soberania nacional e popular (2011:108).

528. Borges (2013).

529. Sousa (2015: v. 1, p. 136).

530. Apud José Bonifácio: a defesa da soberania nacional e popular (2011: 103).

531. Aproximada na latitude de 15° e em lugar de clima temperado, onde se deveria instalar a capital. Em 1823, José Bonifácio sugeriria à Assembleia Constituinte que a nova capital se localizasse em Paracatu, na província de Minas Gerais. Ironia, coube a um mineiro, Juscelino Kubitschek realizar esse desígnio, com a fundação de Brasília. Sousa (2015: v. I, p. 138).

532. "[...] no plano político, desprezando o aspecto secundário e meramente formal, dava importância ao fundamental, ao que dizia respeito à manutenção da unidade brasileira e interessava à própria subsistência da nacionalidade. Mais importante do que fazer uma edição brasileira da Declaração dos Direitos do Homem, parecia-lhe dar a todos os brasileiros a consciência de que eram homens, com a abolição do monstruoso regime de trabalho assente na escravidão, com a incorporação dos índios à sociedade, com a extinção dos latifúndios, com o fomento à imigração, com o desenvolvimento dos meios de transporte, com a exploração das minas, etc." Sousa (2015: v. I, p. 160).

533. Todas as referências às *Lembranças* provêm da edição original: Andrada e Silva (1821).

534. O *Projeto para o estabelecimento político do Reino Unido de Portugal, Brasil e Algarves*, de Antonio D'Oliva de Sousa Siqueira, foi analisado no capítulo anterior.

535. Andrada e Silva (1821:8).

536. Furtado (1996); Mendonça (1958). Disponível em: www.brasiliana.com.br/obras/o-intendente-camara-manuel-ferreira-da-camara-bittencourt-e--sa-intendente-geral-das-minas-e-dos-diamantes-1764-1835>. Acesso em: 18 jun. 2018.

537. As referências bibliográficas a seguir dão conta da trajetória desse intenso personagem. Pode-se ver, sobre sua trajetória no reino, Varela (2005). Também Sousa (2015: v. I); Dolhnikoff (2012); Santos, E. (2008).

538. Sousa (2015:80-81).

539. Reproduzida em Silva, Andrée (2006: v. II:441 e ss.).

540. Silva, Andrée (1993, 2006); Pombo (2015b).

541. Santos, E. (2008:297); Sousa (2015).

542. Detalhes da biografia do Andrada têm sido explorados por estudiosos do período à exaustão. Alguns fixam-se na biografia; outros analisam sua participação no processo de independência e no reconhecimento diplomático subsequente; outros, ainda, compilam parcialmente seus escritos. Uns exultam o "patriarca", outros questionam o lugar que ele assumiu no panteão nacional. Além da obra clássica de Otávio Tarquínio e outras mais recentes referidas a seguir, ver, entre tantos: Sousa (1922); Peixoto e Alves

(1920); Cintra (1921); Oliveira Lima (1907). Disponível em: <https://digi-tal.bbm.usp.br/bitstream/bbm/4185/1/012603_COMPLETO.pdf>; Coelho (1963); Varela (2005); Santos, E. (2008); Dolhnikoff (2012); Anjos (2007).

543. Andrada e Silva (1857:48).

544. "[…] a Nobreza hereditária é, senão absolutamente necessária, muito útil nas Monarquias; os homens são excitados por ela a grandes ações, e uma vez que se não confira senão a merecimentos reais, é uma moeda que nada custa ao Estado, mas de que não deve abandonar o uso. Uma vez que não se conservem os grandes Morgados, perde-se a Sua Nobreza, a qual é na maior parte dos casos fundada em grandes serviços; por exemplo, a Casa de Cadaval fundada por Nuno Alvares Pereira; a de Marialva, que conta entre os seus ascendentes o Vencedor das linhas d'Elvas, etc." Franco (1821: 3. caderno, p. 23).

545. Como assinala Otávio Tarquínio de Sousa, "frisava aí José Bonifácio o seu apreço pela continuidade cultural e afetiva dos dois países, o do seu nascimento e o em que vivera tão largos anos". Sousa (2015: v. 1, p. 110).

546. Dolhnikoff (1998:171-172).

547. Santos, E. (2008:282).

548. Dolhnikoff (2012).

549. Compartilha desse entendimento Silva (2015).

550. Sousa (2015: v. 1, p. 39).

551. Dolhnikoff (1998:227).

552. Santos, E. (2008:283).

553. Dolhnikoff (1998:62-63).

CAPÍTULO 17. JOSÉ BONIFÁCIO, ARQUITETO DE QUIMERAS

554. Rodrigues (1966:24-47).

555. Lima (1901:53, 54, 86 e 87). Também de Lima (1907:412-425).

556. Rodrigues (1966:27).

557. Dolhnikoff (1996).

558. Cunha (1966:337(; Sousa (2015: v. 1, p. 114-115); Dolhnikoff (2012:199 e ss.); Silva (2000:329-402).

559. Andrada e Silva (1888).

560. Andrada e Silva (1888); Dolhnikoff (1996).

561. Bobbio (1988, 1989).

562. Dolhnikoff (1998:160-162).

563. Dolhnikoff (1998:160-162).

564. Dolhnikoff (1996:141).

565. Anjos (2007:20).

566. Sousa (2015: v. I, p. 39).

567. "Para que fossem atingidos ambos os fins, identidade nacional e civilização, eram condições necessárias (ainda que não suficientes) o fim da escravidão e a integração dos índios. O caminho, a adoção de reformas radicais, cujo agente era, obviamente, o Estado guiado por homens ilustrados." Dolhnikoff (1996:124).

568. IHGB, L. 191 doc 4845, fl. 2. Apud Varela (2009:261).

569. Dolhnikoff (1996:123); Silva (2000:331).

570. Todas as referências aos textos de Bonifácio, doravante, são extraídos da bela compilação feitas por Miriam Dolhnikoff (1998:261).

571. Dolhnikoff (1998:264).

572. Dolhnikoff (1998:272).

573. Franco (1821).

574. Andrada e Silva (1998b:48-49).

575. Em seus papéis avulsos, Dolhnikoff (1998:87-88). Mas o argumento encontra-se na própria *Representação*: "[...] com efeito os apologistas da escravidão escudam-se com os gregos, e romanos, sem advertirem que entre os gregos e romanos não estavam ainda bem desenvolvidos e demonstrados os princípios eternos do direito natural, e os divinos preceitos da religião; e todavia como os escravos de então eram da mesma cor e origem dos senhores, e igualmente tinham a mesma, ou quase igual, civilização que a de seus amos, sua indústria, bom comportamento, e talentos os habilitavam facilmente a merecer o amor de seus senhores, e a consideração de outros homens; o que de nenhum modo pode acontecer em regra aos selvagens africanos." Dolhnikoff (1998:52).

576. Martius (1845). Ver Guimarães (1988); Schwarcz (1993).

577. Franco (1821: 4. caderno, p. 3).

578. Franco (1821: 4. caderno, p. 4).

579. Franco (1821: 4. caderno, p. 6).

580. E agrega outras medidas como coibir o celibato (proibindo acesso a cargos públicos aos solteiros, por exemplo), fomentar casamentos (mesmo com mestiços), combater a mendicidade. Franco (1821:16).

581. Andrada e Silva (1998b:54).

582. Idem, p. 53.

583. A expressão "nefanda instituição" era a maneira como a ela se referiam os críticos da escravidão no Brasil do século XIX. Lima, Grinberg e Reis (2018:8).

584. Andrada e Silva (1998b:50-51).

585. Franco (1821:7).

586. Andrada e Silva (1998b:52).

587. Andrada e Silva (1998b:53); citado em Freyre (1952:589).

588. Andrada e Silva (1998b:54).

589. Andrada e Silva (1998b:56-57).

590. Andrada e Silva (1998b:60).

591. Andrada e Silva (1998b:62).

592. Andrada e Silva (1998b:62-63).

593. Art. XI: Todo senhor que andar amigado com escrava, ou tiver tido dela um ou mais filhos, será forçado pela lei a dar liberdade à mãe e aos filhos, e cuidar na educação destes até a idade de 15 anos. Dolhnikoff (1998:69).

594. Dolhnikoff (1998:79-80).

595. Dolhnikoff (1998:81).

596. Dolhnikoff (1998:84 e 85, respectivamente).

597. Andrada e Silva (1998a:87-122).

598. Andrada e Silva (1998a:89-91).

599. Andrada e Silva (1998a:97-98).

600. Dolhnikoff (1998:92).

601. Rousseau (2004); Starobinski (1991); Streck (2008).

602. Silva, José Bonifácio de Andrada e. Apontamentos para a civilização dos índios bravos do Império do Brasil. In: Dolhnikoff (1998:102-121).

603. Franco (1821: 4. caderno, p. 9).

604. Franco (1821: 4. caderno, p. 11-13). A diferença incontornável entre Bonifácio e Soares Franco jaz em que, ao final, toda reflexão deste último sobre como introduzir "melhoramentos" no Brasil, deságua no desígnio de se manterem firmes os vínculos com Portugal: "A abundância dos pretos, a pouca população branca, e a vastidão dos desertos, são as três causas que mais se opõem à civilização, e grandeza do Brasil; mas, todas três se podem diminuir muito pela íntima união com Portugal, e pela sua adesão a uma Constituição liberal, e livre. Nós podemos aumentar a sua força, e ele a nossa. Os vínculos eternos do interesse comum é que nos devem ligar. Os seus gêneros devem entrar nos portos de Portugal com preferência a todos os outros Coloniais; os de Portugal devem entrar nos do Brasil com preferência a todos os outros Europeus." Franco (1821: 4. caderno, p. 31).

605. Andrada e Silva (1998a:128).

606. Andrada e Silva (1998a:131).

607. Andrada e Silva (1998a:142).

608. Apud Dolhnikoff (1998:231-232).

609. Dolhnikoff (1998:256-257).

REFERÊNCIAS

FONTES

ABOIM, Joaquim Nobrega Cão d'. *Oração panegirica em ação de graças a Deos Omnipotente pelas felicissimas melhoras do serenissimo principe N. S. o Sr. d. João no pontifical, que fez celebrar na Capela do quartel do Regimento de cavalaria de Alcantara o seu Chefe o illmo. exmo. Marques de Marialva dom Diogo. Feita e dedicada ao mesmo serenissimo principe N. S. por...* Lisboa: Fellipe Silva e Azevedo, 1789.

ALMANAQUE da Cidade do Rio de Janeiro para o ano de 1811. *Revista do Instituto Histórico e Geográfico Brasileiro*, Rio de Janeiro, v. 282, p. 97-236, 1969.

ALMANAQUE da Cidade do Rio de Janeiro para o ano de 1816. *Revista do Instituto Histórico e Geográfico Brasileiro*, Rio de Janeiro, v. 268, p. 179-330, 1965.

ALMANAQUE da Cidade do Rio de Janeiro para o ano de 1817. *Revista do Instituto Histórico e Geográfico Brasileiro*, Rio de Janeiro, v. 270, p. 24-370, 1966.

ANDRADA E SILVA, José Bonifácio de. Apontamentos para a civilização dos índios bravos do Império do Brasil. In: DOLHNIKOFF, Miriam (Org.). *José Bonifácio de Andrada e Silva*. *Projetos para o Brasil*. São Paulo: Companhia das Letras, 1998a.

_____. *Elogio acadêmico da Senhora D. Maria Primeira, recitado por José Bonifácio de Andrada e Silva, em sessão pública da Academia Real das Ciência de Lisboa, aos 20 de março de 1817*. 2ª ed. Rio de Janeiro: Dous de Dezembro, 1857.

_____. Ideias de José Bonifácio sobre a organização política do Brasil quer como reino unido a Portugal, quer como Estado independente. *Revista do Instituto Histórico e Geográfico Brasileiro*, Rio de Janeiro, t. LI, p. 79-85, 1888.

Praça do Rossio (com a fachada do Hospital Real de Todos os Santos em primeiro plano) e o Castelo de São Jorge, antes do Terremoto de Lisboa de 1755, Autor desconhecido.

Jacques Philippe Le Bas, Ruinas da Sé de Lisboa após o Terramoto de 1755, 1752.

Franz Hogenberg, Vista da cidade de Coimbra, Portugal, 1598.

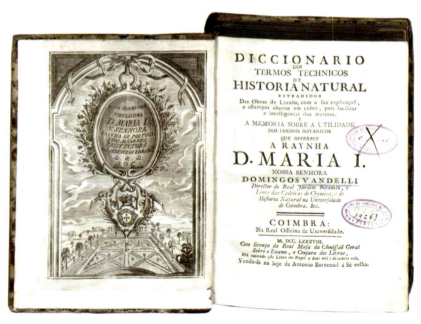

Diccionario dos termos technicos de historia natural extrahidos das obras de Linnéo ...: Memoria sobre a utilidade dos jardins botânicos, 1788. Domenico Vandelli.

Maria Ifigênia de Alvarenga ou ainda somente Maria Ifigênia, filha primogênita do casal inconfidente Bárbara Heliodora e Alvarenga Peixoto, c. de 1790, autor desconhecido.

Retrato de Hipólito José da Costa, Domenico Failutti, 1925.

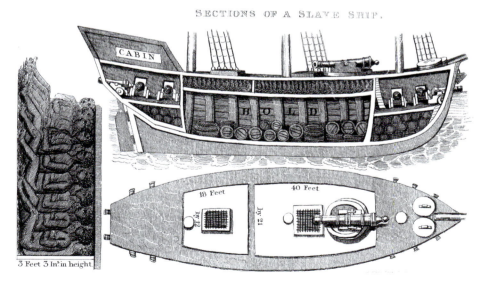

Desenho do corte transversal de um navio negreiro no Brasil, do livro de Robert Walsh, publicado em 1830.

Caboclo, Jean-Baptiste Debret, 1834.

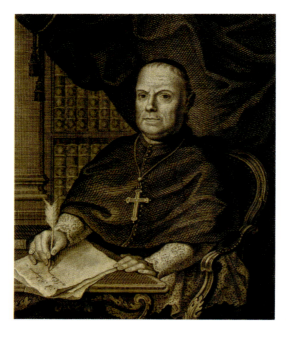

D. Joze Joaquim da Cunha
d´Azeredo Coutinho,
Henrique José da Silva, 1818.

Théodore Gudin, Batalha de Ouessant, séc. XIX.

Revolução haitiana. Combate e captura de Crête-à-Pierrot (4 - 24 mars 1802). Auguste Raffet.

Mulata indo passar as festas de Natal no Campo, 1826, Jean Baptiste Debret.

Jean Baptiste Debret, Estudo para o casamento de D. Leopoldina, 1817.

Jean-François de Troy, Sociedade da corte em Versalhes DC 1731, 1890.

Beija-mão, Esboços da vida, modos, trajes e personagens portugueses. A.P.D.G., 1826.

Johann Moritz Rugendas, Castigo público, 1835.

Henri L'Évêque, Vista do Porto, 1817.

_____. *Lembranças e apontamentos do governo provisório da província de São Paulo para seus deputados...* Rio de Janeiro: Tipografia Nacional, 1821.

_____. Representação à Assembleia Geral Constituinte e Legislativa do Imperio do Brasil Sobre a escravatura. In: DOLHNIKOFF, Miriam (Org.). *José Bonifácio de Andrada e Silva. Projetos para o Brasil.* São Paulo: Companhia das Letras, 1998b.

ANRJ. Cod. 263. *Livro de casamentos e batizados de membros da família Real e Imperial (1810-45).*

_____. Cod. 789; ANRJ — Ordens honoríficas.

_____. C.R.I., Cx. 2, pac. 1, doc 30A, de 29/11/1816.

_____. D. Rodrigo de Sousa Coutinho, *Ofícios e correspondências dos vice-reis e governadores das Capitanias do Brasil* (1796-1803). Vice-Reinado, Cx 744, pacote 1, 24 de junho de 1797.

_____. Junta do Comércio. Portarias e circulares recebidas, Alvará de 01/04/1808, caixa 419, pct. 01.

ARMITAGE, John. *História do Brasil.* Desde a chegada da família de Bragança, em 1808, até a abdicação de d. Pedro I, em 1831, compilada à vista dos documentos públicos e outras fontes originais formando uma continuação da História do Brasil, de Southey. São Paulo: Martins, 1972.

AZEREDO COUTINHO, José Joaquim da Cunha de. *Obras econômicas de J. J. da Cunha de Azeredo Coutinho (1794-1804).* Apresentação de Sérgio Buarque de Holanda. São Paulo: Companhia Editora Nacional, 1966.

BARBOSA, Januário da Cunha. Biografia dos Brasileiros distintos por letras, armas, virtudes etc. d. José Joaquim da Cunha de Azeredo Coutinho, *Revista do Instituto Histórico e Geográfico Brasileiro,* t. 1, v. 1, 1839; 2ª ed., p. 272-275, 1908.

_____. *Oração de acção de graças que celebrando-se na Real Capella do Rio de Janeiro, no dia 7 de março de 1818, decimo aniversario da chegada de S.M. a esta cidade, compoz, recitou-se, e offerece, com permissão d'Elrey N.S., a José Carvalho Ribeiro, em signal de gratidão e amizade J.C.B.* Rio de Janeiro: Imprensa Régia, 1818.

BASES da Constituição da Monarquia Portuguesa. Lisboa: J. F. M. de Campos, 1821.

BEAUCHAMP, Alphonse de. *L'Indépendance de L'Empire du Brésil, presentée aux Monarques Européens.* Paris, 1824.

BENCI, Jorge. *Economia cristã dos senhores no governo dos escravos.* São Paulo: Grijalbo, 1977.

BLUTEAU, Rafael, padre. *Vocabulário portuguez e latino, áulico, anatômico, architectonico, bellico, botânico [...] oferecido a el rey de Portugal d. João V* pelo padre Rapahel Bluteau. Coimbra: Colégio das Artes da Companhia de Jesus, 1712.

_____. *Supplemento ao vocabulário portuguez e latino [que acabou de sahir a luz, anoo M.DCCXXI... Parte II [M-Z].* Lisboa: Patriarcal Oficina da Música, 1728.

BNRJ. Antônio Alves Araújo, Reflexões sobre a edificação de novas casas na cidade do Rio de Janeiro. 9/9/1817. BNRJ. Mss, 22, 1, 10.

_____. COUTINHO, Rodrigo de Souza, dom. Notas sobre o marques de Pombal (em francês). Coleção Linhares. BNRJ, I 29.13.4.

BONAVIDES, Paulo; AMARAL, Roberto. *Textos políticos da história do Brasil.* Brasília: Senado Federal, 2002.

BRANDÃO, Mateus da Assumpção. *Elogio necrologico do muito alto e muito poderoso Imperador e Rei o Senhor d. João VI, recitado em sessão publica da Academia Real de Sciencias de Lisboa, aos 10 de setembro de 1826.* Lisboa: Typographia da mesma Academia, 1828.

BRASIL. Leis, decretos etc. 1808-31. *Legislação brazileira, ou Colleção chronologica das leis, decretos, resoluções de Conselho, provisões etc, etc, do Império do Brasil, desde o anno de 1808 até 1831 inclusive... colligidas pelo Cons. José Paulo Figueira Nabuco de Araujo.* Rio de Janeiro: J. Villeneuve, 1836-44.

BUENO, José Antônio Pimenta. *Direito público brasileiro e análise da Constituição do Império.* Brasília: Senado Federal; UnB, 1978.

BURKE, Edmund. *Reflexões sobre a Revolução em França.* Tradução de Renato Assumpção Faria, Denis Fontes de Souza Pinto e Carmen Lidia Richter Ribeiro Moura. Brasília: UnB, 1982.

CAMPOS, Francisco António de Novaes. *Príncipe Perfeito*: emblemas de d. João de Solórzano. Edicão fac-similar do manuscrito da Biblioteca Nacional do Rio de Janeiro oferecido ao príncipe d. João em 1790. Lisboa: Instituto de Cultura e Língua Portuguesa, 1985.

CARDOSO, Estanislau Vieira. Canto épico á acclamação faustissima do muito alto, e muito poderoso Sr. d. João VI, o liberalissimo Rei do Reino Unido de Portugal, e do Brasil, e Algarves, composto e offerecido por... In: SOUSA, Bernardo A. F. de. *Relação dos festejos, que a feliz acclamação...* Rio de Janeiro: Typographia Real, 1818.

CARTA de José da Silva Lisboa a Domingos Vandelli, 18/10/1781. *Anais da Biblioteca Nacional*, v. 32, p. 494-506, 1910.

CARVALHO E MELO, Sebastião José de. *Escritos econômicos de Londres (1741-1742).* Apresentação de José Barreto. Lisboa: Biblioteca Nacional, 1986.

CASTRO, Damião de Lemos Faria e. *Politica moral, e civil, aula da nobreza luzitana...* Lisboa: Na Offic. de Francisco Luiz Ameno, 1749.

CORREIO Braziliense ou Armazém Literário. Disponível em: <https://digital. bbm.usp.br/handle/bbm-ext/1303>.

COSTA, Hipólito José da. *Correio Braziliense ou Armazém Literário.* São Paulo: Imprensa Oficial do Estado; Brasília: Correio Braziliense, 2002 (edição fac-similar: São Paulo: Imesp, 2001).

_____. *Narrativa de Perseguição.* Brasília: Fundação Assis Chateaubriand, 2001.

COSTA, Vicente José Ferreira Cardoso da. *Elogio a S. M. o Sr. d. João VI, pelo Dr. V. J. F. da Costa, feito em 1811 por motivo da ommissão da palavra inconfidencia, no decreto dirigido á meza do Dezembargo do Paço, na data de 22 de outubro de 1810.* Lisboa: Typographia Rollandiana, 1823.

COUTINHO, Rodrigo de Souza. *Textos políticos, econômicos e financeiros 1783-1811.* Introdução e direção de edição de Andrée-Mansuy Diniz Silva. Lisboa: Banco de Portugal, 1993. 2 v.

CUNHA, Luís da, d. *Testamento político.* Disponível em: <www.arqnet.pt/portal/portugal/documentos/dlc_testamento1.html>. Acesso em: 20 fev. 2017.

CUNHA, Manuela Carneiro da (Org.). *Legislação indigenista no século XIX*: uma compilação (1808-1889). São Paulo: Edusp, 1992.

DENIS, Fernando. *Brasil.* Lisboa: L. C. da Cunha, 1844.

DOCUMENTOS oficiais inéditos relativos ao Alvará de 5 de janeiro de 1785, que extinguiu no Brasil todas as fábricas e manufaturas de ouro, prata, sedas, algodão, linho, lã etc. *Revista do Instituto Histórico e Geográfico Brasileiro*, Rio de Janeiro, t. X, 1870.

DOLHNIKOFF, Miriam (Org.). *José Bonifácio de Andrada e Silva. Projetos para o Brasil.* São Paulo: Companhia das Letras, 1998.

ESTATUTOS da Universidade de Coimbra (1772). Prefácio de Manuel Lopes de Almeida. Coimbra: Universidade de Coimbra, 1972.

FALCÃO, Edgar Cerqueira de (Org.). *Obras científicas, políticas e sociais de José Bonifácio de Andrada e Silva.* Edição monumental comemorativa do bicentenário de seu nascimento (1963). Brasília: Câmara dos Deputados, 2006.

FRANCO, Francisco Soares. *Reflexões sobre a conducta do Principe Regente de Portugal, revistas e corrigidas por...* Coimbra: Real Imprensa da Universidade, 1808.

FREYCINET, Louis de. *Voyage au tour du monde. Interpris par ordre du Roi (...) Executé sur les corvettes de S. M. L'Oranie et la Physicienne, pendant les années 1817, 1818, 1819 et 1820.* Paris: Chez Pillet Aîné Imprimeur-Libraire, 1827.

FUNCHAL, Marquês de. *O Conde de Linhares. Dom Rodrigo de Sousa Coutinho.* Lisboa: Bayard, 1908.

GAMA, Basílio da. *Obras poéticas de Basílio da Gama*: ensaio e edição crítica de Ivan Teixeira. São Paulo: Edusp, 1999.

GAZETA do Rio de Janeiro. Disponível em: <http://objdigital.bn.br/acervo_digital/div_periodicos/gazeta_rj/gazeta.htm>.

GOUVÊA, José Fernandes de Oliveira Leitão. *Epicedio na Infausta Morte do Senhor joão VI que à Serenissima Senhora Infante d. Isabel Maria oferece o Padre...* Coimbra: Real Imprensa da Universidade, 1826.

HISTOIRE de Jean VI roi de Portugal depuis sa naissance jusqu'a sa mort, en 1826; avec des particularités sur sa vie prince et sur les principales circonstances de son régne. Paris: Ponthieu et Compagnie, 1827.

HOMEM DE MELLO, Francisco Ignacio Marcondes. *A Constituinte perante a história.* Rio de Janeiro: Actualidade, 1863.

JOSÉ Bonifácio: a defesa da soberania nacional e popular. Organização de Elisiane da Silva, Gervásio Rodrigo Neves e Liana Bach Martins. Brasília: Fundação Ulysses Guimarães, 2011.

LA BEAUMELLE, M. M. Angliviel. *De L'Empire du Brésil, considéré sous sés rapports politiques et commerciaux.* Paris: Bosange Frères, 1823.

LINDLEY, Thomas. *Narrativa de uma viagem ao Brasil.* São Paulo: Companhia Editora Nacional, 1969. (Brasiliana 343).

LISBOA, Bento da Silva. José da Silva Lisboa, Visconde de Cairu, *Revista do Instituto Histórico e Geográfico Brasileiro*, t. 1, v. 1, 1839, 2ª ed., p. 185-190, 1908.

LISBOA, José da Silva. Carta muito interessante do advogado da Bahia, José da Silva Lisboa, para o Dr. Domingos Vandelli, Director do Jardim Botânico de Lisboa, em que lhe dá notícia desenvolvida sobre a Bahia, descrevendo-lhe a cidade, as ilhas e vilas da capitania, o clima, as fortificações, a defesa militar, as tropas da guarnição, o comércio e a agricultura, e especialmente a cultura da cana de açúcar, tabaco, mandioca e algodão. Dá também as mais curiosas informações sobre a população, os usos e costumes, o luxo, a escravatura, a exportação, as construções navais, o comércio, a navegação para a Costa da Mina etc. Bahia, 18 de outubro de 1781. *Anais da Biblioteca Nacional do Rio de Janeiro*, Rio de Janeiro, v. XXXII, p. 494-506, 1914.

_____. *Estudos do bem comum e economia política.* Rio de Janeiro: Impressão Régia, 1819.

_____. *Estudos do bem comum e economia política ou ciências das leis naturais e civis de animar e dirigir a geral indústria e promover a riqueza nacional e prosperidade do Estado.* Apresentação de José de Almeida. Rio de Janeiro: Ipea, 1975.

_____. *Extratos das obras políticas e econômicas do grande Edmund Burke* [1812]. 2ª ed. mais correta. Lisboa: Viuva Neves e Filhos, 1822a.

_____. *História dos principais sucessos políticos do Império do Brasil*. Rio de Janeiro: Tipografia Imperial, 1828.

_____. *Memória dos benefícios políticos do Governo de ELREI Nosso Senhor, d. João VI, por...* Rio de Janeiro: Impressão Régia, 1818.

_____. *Observações sobre a fraqueza da indústria, e estabelecimento de fábricas no Brasil*. Brasília: Senado Federal, 1999.

_____. *Princípios de Economia Política* [1804]. Rio de Janeiro: Irmãos Pongetti Editores, 1956.

_____. *Reclamação do Brasil*. Rio de Janeiro: Imprensa Nacional, 1822b.

_____. *Visconde de Cairu*. São Paulo: Editora 34, 2001.

LUCCOCK, John. *Notas sobre o Rio de Janeiro e partes meridionais do Brasil*. Tradução de Milton de S. Rodrigues. Belo Horizonte: Itatiaia; São Paulo: Edusp, 1975.

LUZ SORIANO, Simão José da. *História de El-Rei Dom João VI, Primeiro Rei Constitucional de Portugal e do Brasil*. Lisboa: Typographia Universal, 1866.

MAQUIAVEL, Nicolau. *O príncipe*. Tradução de Antonio D'Elia. São Paulo: Cultrix, 1994.

MARROCOS, Luís Joaquim dos Santos. Cartas de Luiz Joaquim dos Santos Marrocos. *Separata do v. LVI dos Anais da Biblioteca Nacional*, Rio de Janeiro, 1939.

MARTIUS, Carl Friedrich Phillip von. Como se deve escrever a história do Brasil. *Revista do Instituto Histórico e Geográfico Brasileiro*, t. 6, v. 24, p. 389-411, jan. 1845.

MELLO, Evaldo Cabral de (Org.). *Frei Joaquim do Amor Divino Caneca*. São Paulo: Editora 34, 2001.

MENDONÇA, Marcos Carneiro de. *O Intendente Câmara. Manuel Ferreira da Câmara Bethencourt e Sá, Intendente Geral das Minas e dos Diamantes, 1764-1835.* São Paulo: Companhia Editora Nacional, 1958.

MORAES, Alexandres de Mello. *História da trasladação da corte de Portugal para o Brasil em 1807-1808.* Rio de Janeiro: E. Dupont, 1872.

MORAIS, Francisco de. Estudantes brasileiros na Universidade de Coimbra. *Anais da Biblioteca Nacional*, Rio de Janeiro, v. 62, p. 137-335, 1940.

NOGUEIRA, Octaciano (Org.). *Obras políticas de José Bonifácio*. Brasília. Senado Federal, 1973.

OFFICIO do Vice-Rei Luiz de Vasconcelos e Souza, com a copia da relação instructiva e circunstanciada, para ser entregue a seu sucessor, *Revista do Instituto Histórico e Geográfico Brasileiro*, t. 4, p. 2-41, 129-167, 1842.

OLIVEIRA, Luís da Silva Pereira. *Privilégios da Nobreza e Fidalguia de Portugal, offerecidos ao Excellentissimo Senhor Marquez de Abrantes, d. Pedro de*

Lancastre Silveira Castelo-Branco Vasconcellos Valente Barreto de Menezes Sá e Almeida, pelo seu author [...]. Lisboa: João Rodrigues Neves, 1806.

OTTONI, José Elói. Memória sobre o estado atual da capitania de Minas Gerais. *Anais da Biblioteca Nacional*, v. 30, p. 303-318, 1908.

PASSOS, José Rodrigo. *Inscripção sepulcral, e varios disticos que por occasião das exequias na cidade do Porto, pelo Sr. d. João VI Imperador e Rei a Todos os portugueses... offerece em latim, e portugues...* Porto: Imprensa do Gandra, 1826.

PEIXOTO, Afrânio; ALVES, Constâncio (Ed.). *José Bonifácio (o velho e o moço. Antologia Brasileira)*. Porto: Chandron; Rio de Janeiro: Francisco Alves, 1920.

PINHEIRO, José Feliciano Fernandes. Memórias do Visconde de S. Leopoldo, José Feliciano Fernandes Pinheiro, compiladas e postas em ordem pelo Conselheiro Francisco Ignácio Marcondes Homem de Mello, *Revista do Instituto Histórico e Geográfico Brasileiro*, t. XXXVII, parte segunda, 1874.

PINHEIRO, Silvestre. Cartas sobre a Revolução do Brazil. *Revista do Instituto Histórico e Geográfico Brasileiro*, t. LI, p. 239, 1888.

PONTES, Antonio Pires da Silva [1802]. *Pré-memória sobre a capitania do Espírito Santo e objetos do rio Doce do governador Antonio Pires da Silva Pontes.* Vitória: Fundação Jones dos Santos Neves, 1979.

PURIFICAÇÃO, João Baptista da, sac. *Discurso pela fausta acclamação d'Elrey N. S., que no palsivel dia de 13 de maio recitou em a matriz do Recife...* Lisboa: Impressão Régia, 1818.

RELAÇÃO abreviada da república que os religiosos jesuítas das províncias de Portugal e Espanha estabeleceram nos domínios ultramarinos das duas monarquias, e da guerra que neles têm movido e sustentado contra os exércitos espanhóis e portugueses; formado pelos registros das secretarias dos dois respectivos principais comissários e plenipotenciário, e por outros documentos autênticos. Lisboa: s.n., 1757.

RELAÇÃO das festas que se fizerão no Rio de Janeiro, quando o principe Regente N. S. e toda sua família chegarão pela primeira vez áquella capital. Ajuntando-se algumas particularidades igualmente curiosas, e que dizem respeito ao mesmo objeto. Lisboa: Impressão Régia, 1810.

RELAÇÃO das pessoas que o Principe Regente N. S. houve por bem despachar no faustissimo dia de seu anniversario, para os lugares de letras. Lisboa, Officina de Antonio Rodrigues Galhardo, s.d.

RELAÇÃO dos despachos publicados na corte no faustissimo dia dos annos do principe regente N. S. em 13 de maio de 1809 pela secretaria d'Estado dos Negocios do Brasil. Rio de Janeiro: Imprensa Régia, 1809.

RIBEIRO NUNES, Antônio. *Cartas sobre a Educação da Mocidade*. Coimbra: Impressão da Universidade de Coimbra, 1922.

ROCHA, Manuel Ribeiro da. *O Etíope Resgatado, Empenhado, Sustentado, Corrigido, Instruído e Libertado* (1758). Petrópolis, RJ: Vozes; São Paulo: Comissão de Estudos da Igreja na América Latina, 1992.

ROUSSEAU, Jean-Jacques. *Emílio ou Da educação*. Tradução de Roberto Leal Ferreira. São Paulo: Martins Fontes, 2004.

SAINT-HILAIRE, Auguste de. *Viagem ao Espírito Santo e Rio Doce*. São Paulo: Edusp, 1974.

_____. *Voyage dans le district des diamants et sur le littoral du Brésil*. Paris: Librairie-Gide, 1833. 2 t.

SANTOS, Luís Gonçalves dos. *Memórias para servir à história do Brasil*. Belo Horizonte, Itatiaia; São Paulo: Edusp, 1981. 2 t.

SÃO CARLOS, Francisco de, sac. *Oração de acção de graças, recitada no dia 7 de março de 1809 na capella Real, dia do anniversario da felis chegada de Sua Alteza Real a esta cidade...* Rio de Janeiro: Imprensa Régia, 1809.

SIERRA Y MARISCAL, Francisco de [1823]. Idéas geraes sobre a Revolução do Brazil e suas consequencias, por... *Anais da Biblioteca Nacional*, Rio de Janeiro, v. 43-44, p. 48-81, 1931.

SILVA, Andrée Mansuy-Diniz (Dir.). *d. Rodrigo de Sousa Coutinho*. Textos políticos, econômicos e financeiros. Lisboa: Banco de Portugal, 1993. 2 t.

_____. *Portrait d'un homme d'État*: d. Rodrigo de Sousa Coutinho, Comte de Linhares, 1755-1812. Paris: Calouste Gulbenkian, 2006. v. 1, "Les années de formation, 1755-1796"; 2002; v. 2, "L'homme d'État, 1796-1812".

SILVA, Antônio de Morais e. *Diccionário da língua portugueza composto pelo Padre d. Rafael Bluteau, reformado e acrescentado por...* Tomo primeiro A-K. Lisboa: Oficina de Simão Tadeu Ferreira, 1799.

_____. *Diccionário da língua portugueza recopilado dos Vocabulá*rios *impressos até agora, e nesta segunda edição novamente emendado e muito acrescentado por...* Tomo segundo F-Z. Lisboa: Tipografia Lacerdina, 1813.

SILVA, António Delgado da. *Collecção da Legislação Portugueza. Legislação de 1750 a 1762*. Lisboa: Typografia Maigrense, 1830.

SILVA, Inocêncio Francisco da. *Diccionário Bibliographico Portuguez*. Lisboa: Imprensa Nacional, 1908. t. XIX.

SILVA, José de Seabra da. *Deducção Chronologica, e Analytica...* Lisboa: na Officina de Miguel Manescal da Costa, 1767-1768. 3 v.

SILVA, Ovidio Saraiva de Carvalho e. *Narração das marchas e feitos do Corpo Militar Académico desde 31 de março, em que sahio de Coimbra, até 12 de maio, sua entrada no Porto.* Coimbra: Real Imprensa da Universidade, 1809. Disponível em: <https://archive.org/details/narraodasmaroosara/page/n4>. Acesso em: 31 jan. 2019.

SIQUEIRA, Antonio D'Oliva de Sousa. *Projeto para o estabelecimento politico do Reino Unido de Portugal, Brasil e Algarves.* Coimbra: Real Imprensa da Universidade, 1821.

SMITH, Adam. *Investigação sobre a natureza e as causas da riqueza das nações.* São Paulo: Abril Cultural, 1979.

SOARES, Joaquim, sac. *Compendio historico dos acontecimentos mais celebres motivados pela revolução de França, e principalmente desde a entrada dos franceses em Portugal até a 2a. restauração desta, gloriosa acclamação do Principe Regente o Serenissimo Sr. d. João VI. Offerecido ao... Sr. Antonio S. José Casto.* Coimbra: Imprensa da Universidade, 1808.

SOUSA, Bernardo A. F. de. *Relação dos festejos, que a feliz acclamação do muito alto, muito poderoso, e fidelissimo Sr. d. João VI, Rei do Reino Unido de Portugal, Brasil e Algarves. Na noite do indelevel, e faustissimo dia 6 de fevereiro, e nas duas subsequentes com tanta cordialidade, como respeito notarão os habitantes do Rio de Janeiro; seguida das poesias dedicadas ao mesmo venerando objecto, collegidas por... e dada ao prelo, e gratuitamente distribuida pela mesma Intendencia, a fim de perpetuar a memoria do plausivel sucesso, de que mais se glorião os fastos portugueses.* Rio de Janeiro: Typographia Real, 1818.

TAVARES, Luis Henrique Dias. *História da Bahia.* 10ª ed. Salvador: Edufba; São Paulo: Unesp, 2001.

_____. *Independência do Brasil na Bahia.* Salvador: Edufba, 2005.

VANDELLI, Domenico. Viagens Filosóficas ou dissertação sobre as importantes regras que o filósofo naturalista nas suas peregrinações deve principalmente observar [1779]. In: _____. *O Gabinete de curiosidades de...* Rio de Janeiro: Dantes, 2008. p. 93-158.

VASCONCELOS, Antonio Luis de Brito Aragão e. Memórias sobre o estabelecimento do Império do Brasil ou novo Império Lusitano, Parte Primeira, dedicado ao Ill. E Exc. Sr, d. Marcos de Noronha e Brito, Conde dos Arcos, &c, pelo bel. *Anais da Biblioteca Nacional*, Rio de Janeiro, v. 43-44, 1931.

VASCONCELOS, Zacarias de Góes e. *Da natureza e limites do Poder Moderador.* Brasília: Senado Federal; UnB, 1978.

VAZ, Antonio José. *As offerendas pastoris. Idyllio. A sua alteza real o principe regente N. S. em o faustissimo dia 7 de Março de 1810, anniversario de sua plausivel e feliz entrada neste porto do Rio de Janeiro.* Rio de Janeiro: Impressão Régia, s.d.

VERNEY, Luís António. *Verdadeiro metodo de estudar*: para ser util à Republica, e à Igreja: proporcionado ao estilo, e necesidade de Portugal. Valensa [Nápoles]: Antonio Balle [Genaro e Vicenzo Muzio], 1746. Versão original digitalizada disponível em: <http://purl.pt/118>. Acesso em: 30 nov. 2017.

VIEIRA, António, padre. *Cartas*. Coordenadas e anotadas por J. Lúcio de Azevedo. Lisboa: IN-CM, 1970.

VILHENA, Luís dos Santos. *Pensamentos políticos sobre a Colônia*. Introdução de Manuel Araújo. Rio de Janeiro: Arquivo Nacional, 1987. (Publicações históricas 87).

_____. *Recopilação de notícias soteropolitanas e Brasílicas…* Salvador: Imprensa Oficial do Estado, 1921. 3 v.

BIBLIOGRAFIA

ACCIOLY, Hildebrando Pompeu Pinto. *O reconhecimento da independência do Brasil*. 2ª ed. Rio de Janeiro: Imprensa Nacional, 1945.

ADELMAN, Jeremy. *Sovereignty and revolution in Iberian Atlantic*. Princeton: Princeton University Press, 2006.

AGUIAR, Pinto de. *A abertura dos portos do Brasil. Cairu e os ingleses*. Salvador: Progesso, 1960.

ALDEN, Dauril. O período final do Brasil Colônia: 1750-1808. In: BETHELL, Leslie (Org.). *História da América Latina*: a América colonial. São Paulo: Edusp; Brasília, DF: Funag, 2004.

ALENCAR, José de. Ao imperador, Novas cartas políticas de Erasmo. In: _____. *José de Alencar*. Organização de José Murilo de Carvalho. Rio de Janeiro: Academia Brasileira de Letras, 2009.

ALENCASTRO, Luís Felipe de. O fardo dos Bacharéis. *Novos Estudos Cebrap*, São Paulo, v. 19, p. 68-72, 1987.

_____. *O trato dos viventes*: formação do Brasil no Atlântico Sul. São Paulo: Companhia das Letras, 2000.

ALEXANDRE, Valentim. *Os sentidos do império*: questão nacional e questão colonial na crise do antigo regime português. Porto: Edições Afrontamento, 1993.

ALMEIDA, Carla Maria Carvalho de. *Ricos e pobres em Minas Gerais*: produção e hierarquização social no mundo colonial, 1750-1822. Belo Horizonte: Argvmentvm, 2010.

_____; MALERBA, Jurandir. Rediscovering Portuguese America: internal dynamics and new social actors in the historiography of colonial Brazil.

A tribute to Ciro Flamarion Cardoso. *Storia della Storiografia*, v. 67, p. 91-104, 2015.

ALMEIDA, Fortunato de. *História de Portugal*. Coimbra: Fortunato de Almeida, 1928.

ALMEIDA, Maria Regina Celestino de. Reflexões sobre política indigenista e cultura política indígena no Rio de Janeiro oitocentista, *Revista USP*, São Paulo, n. 79, p. 94-105, set./nov. 2008.

ALMEIDA, Onésimo T. Estrangeirados, iluminismo, enlightenment — uma revisitação de conceitos no contexto português. *Portuguese Literary & Cultural Studies*, n. 29, p. 92-104, 2017.

ALMODOVAR, António. Introdução. In: LISBOA, José da Silva. *Escritos económicos escolhidos*. Lisboa: Banco de Portugal, 1995. 2 t.

_____. Processo de difusão e institucionalização da economia política no Brasil. In: CARDOSO, José Luís (Org.). *A economia política e os dilemas do império luso-brasileiro* (1790-1822). Lisboa: Comissão Nacional para as Comemorações dos Descobrimentos Portugueses, p. 111-148, 2001.

ALONSO, Ângela. *Flores, votos e balas*: o movimento abolicionista brasileiro (1868-1888). São Paulo: Companhia das Letras, 2015.

ALVES, Patríca Woolley Cardoso Lins. *d. João de Almeida e a revisão do processo dos Távoras*: conflitos, intrigas e linguagens políticas em Portugal nos finais do Antigo Regime (c.1777-1802). Tese (doutorado) — Universidade Federal Fluminense, Niterói, 2011.

AMADO, Janaína. O Grande mentiroso: tradição, veracidade e informação em história oral. *História*, São Paulo, n. 14, p. 125-136, 1995.

AMADO, José Carlos. *Martinho de Melo e Castro*. Lisboa: Academia de Geografia de Lisboa, 1985.

ANAIS do Congresso de História da Independência do Brasil. Rio de Janeiro: Departamento de Imprensa Nacional, 1975. 7 v.

ANDERSON, Perry. *Linhagens do Estado absolutista*. São Paulo: Brasiliense, 1985.

ANDRADE, António Alberto Banha de. *Verney e a projecção de sua obra*. Lisboa: Instituto de Cultura Portuguesa; Ministério da Educação e da Ciência, 1980.

_____. *Verney e a cultura do seu tempo*. Coimbra: Imprensa de Coimbra, 1966.

ANDRADE, Manuel Correia de. Os projetos políticos e a Independência. In: _____. *As raízes do separatismo*. São Paulo: Editora da Unesp, p. 49-58, 1999.

ANDRADE, Maria José de Souza; ATHAYDE, Sylvia Menezes de (Org.). *A Bahia na época de d. João*: a chegada da corte portuguesa, 1808. Salvador: Museu de Arte da Bahia; Solisluna, 2008.

ANDRADE, Paulo Bonavides Paes de. *História constitucional do Brasil*. 8ª ed. Brasília: OAB, 2006.

ANJOS, João Alfredo dos. *José Bonifácio, primeiro chanceler do Brasil*. Brasília: Fundação Alexandre de Gusmão, 2007.

APOSTOLIDÈS, Jean-Marie. *O rei-máquina*: espetáculo e política no tempo de Luís XIV. Tradução de Claudio Cesar Santoro. Rio de Janeiro: José Olympio; Brasília: UnB, 1993.

ARAÚJO, Ana Cristina. *A cultura das luzes em Portugal*: temas e problemas. Lisboa: Livros Horizonte, 2003.

_____. Dirigismo cultural e formação das elites no pombalismo. In: ____ (Coord.). *O marquês de Pombal e a universidade*. Coimbra: Imprensa da Universidade, 2000.

_____ (Org.). *O marquês de Pombal e a Universidade*. 2ª ed. Coimbra: Imprensa da Universidade, 2014.

_____. O "Reino de Portugal, Brasil e Algarves": 1815-1822. *Revista de História das Ideias*, Coimbra, v. 14, p. 233-260, 1992.

ARAÚJO, Artur da Cunha. *O perfil do conde da Barca*. Porto: Livraria Tavares Martins, 1940.

ARAUJO, Valdei Lopes de. *A experiência do tempo*: conceitos e narrativas na formação nacional brasileira (1813-1845). São Paulo: Hucitec, 2008.

_____. Cairu e a emergência da consciência historiográfica no Brasil (1808-1830). In: NEVES, Lucia Maria Bastos Pereira das Neves et al. (Org.). *Estudos de historiografia brasileira*. Rio de Janeiro: FGV, 2010.

_____; PIMENTA, João Paulo. História. In: FERES JÚNIOR, João (Org.). *Léxico da história dos conceitos políticos do Brasil*. Belo Horizonte: UFMG, 2009.

ARNAUD, Orain. The moral theory of Condillac: a path toward utilitarianism. *Revue de Philosophie Économique*, v. 13, n. 2, p. 93-117, 2012.

ARRUDA, José Jobson. Decadência ou crise do império luso-brasileiro: o novo padrão de colonização do século XVIII, *Revista USP*, São Paulo, n. 46, p. 66-78, jun./ago. 2000.

_____. *O Brasil no comércio colonial*. São Paulo: Hucitec, 1980.

_____. *Uma colônia entre dois impérios*: a abertura dos portos brasileiros, 1800-1808. Bauru: Edusc, 2008.

ASSUNÇÃO, Matthias Röhring. *De caboclos a bem-te-vis.* Formação do campesinato numa sociedade escravista: Maranhão 1800-1850. São Paulo: Annablume, 2015.

_____. El Imperio bajo amenaza. La Regência y las revueltas regionales: Brasil, 1831-45. In: SANTOS PÉREZ, J. Manuel (Ed.). *Acuarela de Brasil, 500 años después*. Seis ensayos sobre la realidad histórica y económica brasileña. Salamanca: Ediciones Universidad de Salamanca, 2000.

_____. L'adhesión populaire aux projets révolutionnaires dans les sociétés esclavagistes: le cas du Venezuela et du Brasil (1780-1840). *Cahiers du Monde Hispanique et Luso-Brésilienne*, v. 54, p. 291-313, 1990.

AZEVEDO, Francisca Lucia Nogueira de. *Carlota Joaquina na Corte do Brasil*. Rio de Janeiro: Civilização Brasileira, 2003.

AZEVEDO, João Lúcio de. *O Marquês de Pombal e sua época*. 2ª ed. Rio de Janeiro: Anuário do Brasil; Lisboa: Seara Nova; Porto: Renascença, 1922.

BALANDIER, Georges. *O poder em cena*. Tradução de Luiz Tupy Caldas de Moura. Brasília: UnB, 1982.

BARATA, Cipriano. *Sentinela da liberdade e outros escritos (1821-1835)*. Organização de Marco Morel. São Paulo: Edusp, 2009.

BARMAN, Roderick J. *Brazil*: the forging of a nation (1798-1852). Stanford: Stanford University Press, 1988.

_____. *Imperador cidadão*. Tradução de Sonia Midori Yamamoto. São Paulo: Editora Unesp, 2012.

BARRA, Sérgio Hamilton da Silva. *Ilustração e memória*: a impressão régia do Rio de Janeiro e o projeto do novo império português. Tese (doutorado) — Pontifícia Universidade Católica, Rio de Janeiro, 2012.

BASTOS, Elide Rugai. Atualidade do pensamento social brasileiro. *Sociedade e Estado*, Brasília, v. 26, n. 2, p. 51-70, ago. 2011.

BEALES, Derek. *Enlightenment and reform in eighteenth-century Europe*. Londres: I. B. Tauris, 2005.

BENJAMIN, Walter. Sobre o conceito de história. In: _____. *Magia & técnica, arte e política*. Tradução de Sérgio Paulo Rouanet. São Paulo: Brasiliense, 1986. p. 223-225.

BERBEL, Márcia Regina. A Constituição espanhola no mundo luso-americano (1820-1823). *Revista de Índias*, v. XVIII, n. 242, p. 225-254, 2008.

_____. *A nação como artefato*. Deputados do Brasil nas cortes portuguesas (1821-1822). São Paulo: Hucitec; Fapesp, 1999.

_____. A retórica da recolonização. JANCSÓ, Istvan (Org.). *Independência*: história e historiografia. São Paulo: Hucitec; Fapesp, 2005.

_____. Os apelos nacionais nas cortes constituintes de Lisboa (1821/1822). In: MALERBA, Jurandir. *A Independência brasileira*: novas dimensões. Rio de Janeiro: Editora FGV, 2006.

BETHELL, Leslie. *A Abolição do comércio brasileiro de escravos*. Tradução de Luís A. P. Souto Maior. Brasília: Senado Federal, Conselho Editorial, 2002.

_____. The Independence of Brazil. In: _____ (Ed.). *The Cambridge history of Latin America. V. III. From Independence to c. 1870*. Cambridge: Cambridge University Press, 1985.

_____ (Org.). *História da América Latina*: a América Colonial. São Paulo: Edusp; Brasília, DF: Funag, 2004.

BICALHO, Maria Fernanda. *A cidade e o império*: Rio de Janeiro no século XVIII. Rio de Janeiro: Civilização Brasileira, 2003.

_____. Elites coloniais: a nobreza da terra e o governo das conquistas. História e Historiografia. In: MONTEIRO, Nuno G.; CARDIM, Pedro; CUNHA, Mafalda Soares da. *Optima Pars*. Elites Ibero-Americanas do Antigo Regime. Lisboa: ICS, 2005.

_____; FERLINI, Vera Lúcia Amaral. *Modos de governar*: ideias e práticas políticas no império português, séculos XVI a XIX. São Paulo: Alameda, 2005.

_____; GOUVÊA, Maria de Fátima; FRAGOSO, João Luís Ribeiro. *O Antigo Regime nos trópicos*. A dinâmica portuguesa (séculos XVI-XVII). Rio de Janeiro: Civilização Brasileira, 2001.

BIRON, Berty Ruth Rrothstein. Considerações acerca do iluminismo luso- -brasileiro. *Convergência Lusíada,* n. 32, 2014.

BLUCHE, François. *L'Ancien Régime*: institutions et société. Paris: Fallois, 1993.

BOBBIO, Norberto. *A teoria das formas de governo*. Tradução de Sérgio Bath. 5ª ed. Brasília: UnB, 1988.

_____. *Teoria do ordenamento jurídico*. Tradução de Cláudio de Cicco e Maria Celeste Santos. Brasília: UnB, 1989.

BOEIRA, Nelson. A filosofia analítica e o papel da narrativa no conhecimento histórico. In: MALERBA, Jurandir (Org.). *História e narrativa*: a ciência e a arte da escrita histórica. Petrópolis, RJ: Vozes, p. 117-130, 2016.

BONNEY, Richard. *L'absolutisme*. Paris: PUF, 1989.

BORGES, Luiz Adriano. Aspectos econômicos da participação paulista no processo de independência, *Almanack*, Guarulhos, n. 6, p. 61-80, 2013.

BORGES DE MACEDO, Jorge. Pombal, Marquês de. In: SERRÃO, Joel (Org.). *Dicionário de história de Portugal*. Porto: Livraria Figueirinhas, 1975, v. V.

BOSCHI, Caio C. A Universidade de Coimbra e a formação intelectual das elites mineiras coloniais. *Estudos Históricos*, Rio de Janeiro, v. 4, n. 7, p. 100-111, 1991.

BOTELHO, André. Passado e futuro das interpretações do país. *Tempo Social*, Revista de Sociologia da USP, v. 22, n. 1, p. 47-66, 2010.

BOURDIEU, Pierre. O sentimento da honra na sociedade cabília. In: PERISTIANY, J. G. (Ed.). *Honra e vergonha*. Valores das sociedades mediterrânicas. Lisboa: Calouste Gulbenkian, 1988.

_____. *Razões práticas*: sobre a teoria da ação. Tradução de Mariza Corrêa. Campinas: Papirus, 1996.

BOXER, Charles Ralph. *O império colonial português*. São Paulo: Companhia das Letras, 2002.

_____. *O império colonial português (1415-1825)*. Lisboa: Edições 70, 1981.

BRAGA, Isabel Drumond. Luzes, natureza e pragmatismo em Portugal: o contributo da Real Academia das Ciências no século XVIII. *Tempo*, Niterói, online, v. 22, n. 41, p. 551-565, set./dez. 2016.

BRANCATO, Braz Augusto Aquino. *D. Pedro I de Brasil, posible rey de España (una conspiración liberal)*. Porto Alegre: Edpucrs, 1999.

BRANDÃO, Raul. *El-rei Junot*. Lisboa: Monteiro & Cia, 1912.

_____. *El-rei Junot*. 2ª ed. Porto: Renascença, 1919.

BRAUDEL, Fernand. *Civilização material, economia e capitalismo, séculos XV--XVIII*: I. As estruturas do cotidiano. II. Os jogos da troca. III. O tempo do mundo. São Paulo: Martins Fontes, 1995, 3 v.

BRESSER-PEREIRA, Luiz Carlos. Seis interpretações sobre o Brasil. In: LOUREIRO, Maria Rita (Org.). *50 anos de ciência econômica no Brasil*. Petrópolis: Vozes, 1997.

BRITO, João Rodrigues de. *Cartas econômico-políticas sobre a agricultura e comércio da Bahia*. Lisboa: Imprensa Nacional, 1821.

BUAINAIN, Antônio Márcio et al. (Ed.). *O mundo rural no Brasil do século 21*: a formação de um novo padrão agrário e agrícola. Brasília, DF: Embrapa, 2014.

BURKE, Peter. *A fabricação do rei*. A construção da imagem pública de Luís XIV. Tradução de Maria Luiza X. de A. Borges. Rio de Janeiro: Jorge Zahar, 1994.

BURNS, Bradford. Comentário. In: KEITH, Henry H.; EDWARDS, S. F. *Conflito e continuidade na sociedade brasileira*. Tradução de José Laurênio de Melo. Rio de Janeiro: Civilização Brasileira, 1970.

_____. The Role of Azeredo Coutinho in the Enlightenment of Brazil. *The Hispanic American Historical Review*, v. 44, n. 2, p. 145-160, 1964.

CALDEIRA, Jorge (Org.). *Diogo Antonio Feijó*. São Paulo: Editora 34, 1999.

CALDERÓN, Maria Teresa; THIBAUD, Clément (Org.). *Las revoluciones en el mundo atlántico*. Bogotá: Taurus, 2006.

CALMON, Pedro. A reforma da Universidade e os dois brasileiros que a planejaram. *Revista de História das Ideias*, número especial; O marquês de Pombal e o seu tempo, Coimbra, Faculdade de Letras, v. II, 1982.

_____. *História da independência do Brasil*. Rio de Janeiro: Imprensa Nacional, 1928.

_____. *O rei do Brasil*: vida de d. João VI. 2ª ed. São Paulo: Companhia Editora Nacional, 1943.

CAMPOS, Ernesto de Souza. *História da Universidade de São Paulo*. São Paulo: 1954.

CAMPOS, Fernanda Maria Guedes de et al. (Org.). *A Casa Literária do Arco do Cego (1799-1801) , bicentenário*. Lisboa: Imprensa Nacional-Casa da Moeda; Biblioteca Nacional, 1999.

CANECA, Joaquim do Amor Divino, frei. Dissertações sobre o que se deve entender por pátria do cidadão e deveres deste para com a mesma pátria. In: _____. *Obras políticas e literárias de...* Organização de Antônio Joaquim de Melo. Recife: Assembleia Legislativa de Pernambuco, 1972.

CAPELA, José Viriato. António de Araújo de Azevedo e o Brasil. A importância do arquivo de António de Araújo de Azevedo, 1º conde da Barca para a história do Brasil no fim do período colonial. *Bracara Augusta*, v. XLIII, n. 94/95, p. 13-25, 1991/1992.

CARDOSO, José Luís. A abertura dos portos do Brasil em 1808: dos fatos à doutrina. *Ler História*, v. 54, p. 9-31, 2008.

_____. Jorge Borges de Macedo: problems of the history of portuguese economic and political thought in the eighteenth-century, *E-journal of Portuguese History*, v. 11, n. 2, p. 93-100, 2013.

_____ (Ed.). *Memórias econômicas da Academia Real das Ciências de Lisboa, para o adiantamento da agricultura, das artes, e da indústria em Portugal e suas conquistas (1789-1815)*. Lisboa. Banco de Portugal, 1990-1991, 5 t.

_____. Nas malhas do império: a economia política e a política colonial de d. Rodrigo de Sousa Coutinho. In: _____ (Org.). *A economia política e os dilemas do império luso-brasileiro (1790-1822)*. Lisboa: Comissão Nacional para as Comemorações dos Descobrimentos Portugueses, 2001.

_____. O liberalismo econômico na obra de José da Silva Lisboa. *História Econômica & História de Empresas*, v. 1, p. 147-164, 2002.

_____; CUNHA, Alexandre Mendes. Discurso econômico e política colonial no Império Luso-brasileiro (1750-1808). *Tempo*, Niterói, v. 17, n. 31, p. 65-88, 2011.

CARDOSO, Walter; NOVAIS, Fernando; D'AMBRÓSIO, Ubiratan. Para uma história das ciências no Brasil colonial. *Revista Brasileira de História da Ciência*, n. 1, p. 13-17, jan./jun.1985.

CARDOZO, Manoel. Azeredo Coutinho e o fermento intelectual de sua época. In: KEITH, Henry H.; EDWARDS, S. F. *Conflito e continuidade na sociedade brasileira*. Tradução de José Laurênio de Melo. Rio de Janeiro: Civilização Brasileira, 1970 (Retratos do Brasil 79).

CAROLA, Carlos Renato; CABRAL, Gladir Silva. Concepções de natureza e sensibilidade ambiental nos livros didáticos de história natural (1934-1971), *Revista Brasileira de Estudos Pedagógicos* (on-line), Brasília, v. 94, n. 238, p. 858-880, set./dez. 2013.

CAROLINO, Luis Miguel. Dom Rodrigo de Sousa Coutinho, a ciência e a construção do império luso-brasileiro: a arqueologia de um programa científico. In: GESTEIRA, Heloisa Meireles; CAROLINO, Luis Miguel; MARTINHO, Pedro. *Formas do Império*: ciência, tecnologia e política em Portugal e no Brasil, séculos XVI ao XIX. São Paulo: Paz & Terra, 2014.

CARVALHO, Augusto da Silva. As academias científicas do Brasil no Século XVIII. In: MEMÓRIAS da Academia de Ciências de Lisboa. Lisboa: Classe de Ciências, 1939, t. 2.

CARVALHO, José Murilo de. *Cidadania no Brasil*: o longo caminho. Rio de Janeiro: Civilização Brasileira, 2001.

_____ (Org.). *Nação e cidadania no Império*: novos horizontes. Rio de Janeiro: Civilização Brasileira, 2007.

_____. *A construção da ordem*: a elite política imperial. Brasília: Universidade de Brasília, 1981.

_____. *Teatro de sombras*: a política imperial. São Paulo: Vértice; Rio de Janeiro: Iuperj, 1988.

_____; BASTOS, Lúcia; BASILE, Marcello (Org.). Às armas, cidadãos! Panfletos manuscritos da independência do Brasil (1820-1823). São Paulo: Companhia das Letras; Belo Horizonte: Editora UFMG, 2012.

CARVALHO, Marcus Joaquim Maciel de. A Insurreição Praieira. *Almanack Braziliense*, n. 8, p. 5-38, 2008.

_____. Cavalcantis e cavalgados: a formação das alianças políticas em Pernambuco, 1817-1824. *Revista Brasileira de História*, São Paulo, v. 18, n. 36, p. 331-366, 1998.

_____. Os índios de Pernambuco no ciclo das insurreições liberais, 1817-1848: ideologias e resistências. *Revista da SBPH*, v. I, n. II, p. 51-69, 1996.

_____. Os negros armados pelos brancos e suas independências no Nordeste (1817-1848). In: JANCSÓ, Istvan (Org.). *Independência*: história e historiografia. São Paulo: Hucitec; Fapesp, 2005.

CARVALHO, Rómulo de. *História da fundação do Colégio Real dos Nobres de Lisboa*. Coimbra: Atlântida Livraria e Editora, 1959.

CASTELLO BRANCO, Pandiá H. de Tautphoes. A corte portugueza no Brasil. *Revista do Instituto Histórico e Geográfico Brasileiro*, I.C.H.B. (I Congresso de História Nacional), Rio de Janeiro, v. I, p. 417-436, 1914.

CASTRO, Armando. *O pensamento econômico no Portugal moderno*. Venda Nova: Instituto de Cultura Portuguesa, 1980.

CASTRO, Zília Osório de. A independência do Brasil na historiografia portuguesa. JANCSÓ, Istvan (Org.). *Independência*: história e historiografia. São Paulo: Hucitec; Fapesp, 2005.

CATÁLOGO da Coleção de Miscelâneas. Vols. CCLXXXI a CCCLXXV. Coimbra: Publicações da Biblioteca Geral da Universidade, 1970.

CAVALCANTE, Berenice. *José Bonifácio*: razão e sensibilidade, uma história em três tempos. Rio de Janeiro: FGV, 2002.

CAVALCANTI, Nireu. *O Rio de Janeiro setecentista*: a vida e a construção da cidade da invasão francesa até a chegada da Corte. Rio de Janeiro: Jorge Zahar, 2003.

CERQUEIRA, Hugo E. A. da Gama. Para ler Adam Smith. Novas abordagens. *Síntese*, Belo Horizonte, v. 32, n. 103, p. 181-2013, 2005.

CHARTIER, Roger. *As origens culturais da Revolução Francesa*. Tradução de George Schlesinger. São Paulo: Editora da Unesp, 2009.

_____. *Leituras e leitores na França do Antigo Regime*. Tradução de Álvaro Lorencini. São Paulo: Unesp, 2003.

_____; CAVALLO, Guglielmo (Org.). *História da leitura no mundo ocidental*. São Paulo: Ática, 1998-1999, 2 v.

CHATEAUBRIAND, François-René de. *Mémoires d'outre-tombe* [1848]. Paris: Gallimard, 1952 (Bibliothèque de la Pléiade, II).

CHAUNU, Pierre. *A civilização da Europa clássica*. Tradução de Manuel João Gomes. Lisboa: Estampa, 1985, 2 v.

CHAVES, Cláudia Maria das Graças. *Melhoramentos no Brasil*: integração e mercado na América Portuguesa (1780-1822). Tese (doutorado) — Universidade Federal Fluminense, Niterói, 2001.

CINTRA, Francisco de Assis. *O homem da Independência*. História documentada de José Bonifácio, do seu pseudo-patriarcado e da política do Brasil em 1822. Prefácio de Assis Brasil. São Paulo: Melhoramentos, 1921.

CLARK, William; GOLINSKY, Jan; SCHAFFER, Simon (Org.). *The sciences in the enlightened Europe*. Chicago: The Chicago University Press, 1999.

COELHO, José Maria Latino. Elogio histórico de José Bonifácio de Andrada e Silva. Lisboa: Typographia da Academia, 1877. In: ANDRADA E SILVA, José Bonifácio de. *Obras científicas, políticas e sociais*. Santos: Grupo de Trabalho Executivo das Homenagens ao Patriarca, 1963. v. III.

CORRÊA FILHO, Virgílio. *Alexandre Rodrigues Ferreira*: vida e obra do grande naturalista brasileiro. São Paulo: Companhia Editora Nacional, 1939.

COSTA, Bruno Aidar. *A tessitura do fisco*. A política ilustrada de d. Rodrigo de Sousa Coutinho e a administração fiscal da capitania de São Paulo (1797-1803). Dissertação (mestrado) — Universidade de Campinas, Campinas, 2007.

COSTA, Wilma Peres. A independência na historiografia brasileira. JANCSÓ, Istvan (Org.). *Independência*: história e historiografia. São Paulo: Hucitec; Fapesp, 2005.

_____. Entre tempos e mundos: Chateaubriand e a outra América. *Almanack Braziliense*, São Paulo, n. 11, p. 5-25, mai. 2010.

CROCE, Benedetto. *A história pensamento e ação*. Tradução de Darcy Damasceno. Rio de Janeiro: Zahar, 1962.

CRUZEIRO, Maria Eduarda. A reforma pombalina na história da Universidade. *Análise Social*, v. 24, n. 100, p. 165-210, 1988.

CUNHA, Euclides da. À margem da *história*. In: _____. *Obra completa*. Rio de Janeiro: Aguilar, 1966.

CUNHA, Manuela Carneiro da (Org.). *História dos Índios no Brasil*. São Paulo: Companhia das Letras; Fapesp; SMC, 1992.

CURTO, Diogo Ramada. D. Rodrigo de Sousa Coutinho e a Casa Literária do Arco do Cego. In: CAMPOS, Fernanda Maria Guedes de et al. (Org.). *A Casa Literária do Arco do Cego (1799-1801), bicentenário*. Lisboa: Imprensa Nacional-Casa da Moeda; Biblioteca Nacional, 1999.

D. PEDRO I e d. Leopoldina diante da história: vultos e fatos da Independência. São Paulo: Instituto Histórico e Geográfico de São Paulo, 1972.

D'ELBOUX, Roseli Maria Martins. Uma *promenade* nos trópicos: os barões do café sob as palmeiras-imperiais, entre o Rio de Janeiro e São Paulo; *Anais do Museu Paulista*, São Paulo. v. 14, n. 2, p. 193-250, 2006.

DARTON, Robert. *Censores em ação*: como os Estados influenciaram a literatura. São Paulo: Companhia das Letras, 2016.

_____; ROCHE, Daniel. *A revolução impressa*. A imprensa na França, 1775-1800. São Paulo: Edusp, 1996.

DEAN, Warren. *A ferro e fogo*: a história e a devastação da Mata Atlântica brasileira. São Paulo: Companhia das Letras, 1996.

DeJEAN, Joan. *Antigos contra modernos*: as guerras culturais e a construção de um fin de siècle. Rio de Janeiro: Record, 2005.

DÉPELTEAU; François; LANDINI, Tatiana (Ed.). *Norbert Elias and empirical research*. Nova York: Palgrave Macmillan, 2017.

_____; _____ (Ed.). *Norbert Elias and social theory*. Nova York: Palgrave Macmillan, 2013.

DIAS, José Sebastião da Silva. Portugal e a cultura europeia (séculos XVI a XVIII). *Biblos*, Coimbra, n. 28, p. 203-498, 1953.

DIAS, Maria Odila Leite da Silva. A interiorização da metrópole (1808-1853). In: MOTA, Carlos Guilherme (Org.). *1822: dimensões*. São Paulo: Perspectiva, 1972.

_____. Aspectos da ilustração no Brasil. *Revista do Instituto Histórico e Geográfico Brasileiro*, Rio de Janeiro, v. 278, p. 105-170, jan./mar. 1968.

DILTHEY, Wilhelm. *El mundo histórico*. México, DF: Fondo de Cultura Económica, 1944.

DOBB, Maurice. *Studies in the development of capitalism*. Londres: Routeledge, 1946.

DOLHNIKOFF, Miriam. *Diogo Antônio Feijó, padre regente*. São Paulo: Imprensa Oficial, 2006.

_____. *José Bonifácio*. O patriarca vencido. São Paulo: Companhia das Letras, 2012.

_____. *O pacto imperial*: origens do federalismo no Brasil. São Paulo: Globo, 2005.

_____. O projeto nacional de José Bonifácio. *Novos Estudos Cebrap*, São Paulo, n. 46, p. 121-141, 1996.

DOMINGUES, Ângela. *Quando os índios eram vassalos*: colonização e relações de Poder no Norte do Brasil, na segunda metade do século XVIII. Lisboa: Comissão Nacional para as Comemorações dos Descobrimentos Portugueses, 2000.

_____. *Viagens de exploração geográfica na Amazônia em finais do século XVIII*. Funchal: Secretaria Regional do Turismo, Cultura e Emigração; Lisboa: Instituto de História de Além-Mar, 1991.

DOMINGUES, Mário. *O marquês de Pombal*: o homem e sua época. 2ª ed. Lisboa: Livraria Romano Torres, 1963.

DONOVAN, Bill M. Rio de Janeiro and Portugal's trans-oceanic empire, 1700-1750. In: DUTRA, Francis & SANTOS, João Camilo dos (Ed.). *The Portugueses and the Pacific*. Santa Barbara: UCSB, 1995.

DOYLE, William. *The Old European Order, 1660-1800*. 2ª ed. Nova York; Oxford: Oxford University Press, 1992.

DRAY, William H. *History as re-enactment*: R.G. Collingwood's idea of history. Oxford: Clarendon Press, 1995.

DUBOIS, Laurent. *Avengers of the New World*: the story of the Haitian Revolution. Cambridge: Harvard University Press, 2004.

DUTRA, Francis. Evolution of the Portuguese Order of Santiago, 1492-1600, *Mediterranean Studies*, v. 4, p. 63-72, 1994.

_____. The Order of Santiago and the Estado da India, 1498-1750. In: _____; SANTOS, João Camilo dos (Ed.). *The Portugueses and the Pacific*. Santa Barbara, UCSB, 1995a.

_____. The Restoration of 1640, the *Ausentes em Castela*, and the Portuguese military orders, Santiago, a case study. In: SANTOS, João Camilo dos; WILLIAMS, Frederick G. (Ed.). *O amor das letras e das gentes*. In honor of Maria de Lourdes Belchior Pontes. Santa Barbara, UCSB, 1995b.

ELIAS, Norbert. *A sociedade de corte*. Tradução de Ana Maria Alves. Lisboa: Estampa, 1987.

_____. *O processo civilizador*. Tradução de Ruy Jungmann. Rio de Janeiro: Zahar, 1994, 2 v.

ELTIS, David. The nineteenth-century transatlantic slave trade: an annual time series of imports into the Americas broken down by region. *Hispanic American Historical Review*, n. 67, v. 1, p. 109-138, 1987.

ENDERS, Armelle. *Histoire de Rio de Janeiro*. Paris: Fayard, 2000.

FALCON, Francisco José Calazans. *A época pombalina*: política econômica e monarquia ilustrada. São Paulo: Ática, 1982.

_____. De um século a outro. Uma nova época ou um novo mundo? *Acervo*, Rio de Janeiro, v. 22, n. 1, p. 7-18, jan./jun. 2009.

FAORO, Raimundo. *Os donos do poder*: formação do patronato político brasileiro. 7ª ed. Porto Alegre: Globo, 1987.

FARIA, Miguel. Da facilitação e da ornamentação: a imagem nas edições do Arco do Cego. In: CAMPOS, Fernanda Maria Guedes de et al. (Org.). *A Casa Literária do Arco do Cego (1799-1801), bicentenário*. Lisboa: Imprensa Nacional-Casa da Moeda; Biblioteca Nacional, 1999.

FARIA JR., Carlos de. *O pensamento econômico de José da Silva Lisboa, visconde de Cairu*. Tese (doutorado) — Universidade de São Paulo, São Paulo, 2008. 2 v.

FARIAS, Eny Kleyde Vasconcelos de. *Maria Felipa de Oliveira*: heroína da independência da Bahia. Salvador: Quarteto, 2010.

FAUSTO, Boris. *História do Brasil*. 4ª ed. São Paulo: Edusp, 1996.

FERNANDES, Francisco. *Dicionário de sinônimos e antônimos da língua portuguesa*. 9ª ed. Porto Alegre: Globo, 1955.

FERREIRA, Paula Botafogo Daricchio. *Negócios, impressos e política*: a trajetória pública de João Soares Lisboa (1800-1824). Tese (doutorado) — Universidade de Campinas, Campinas, 2017.

FLORENTINO, Manolo Garcia. *Em costas negras*: uma história do tráfico atlântico de escravos entre a África e o Rio de Janeiro (séculos XVIII e XIX). Rio de Janeiro: Arquivo Nacional, 1995.

_____. *Em costas negras*: uma história do tráfico de escravos entre a África e o Rio de Janeiro (séculos XVIII e XIX). São Paulo: Companhia das Letras, 1997.

FOUCAULT, Michel. Qu'est-ce que les lumières? In: _____. *Dits et écrits*. Paris: Gallimard, 1994, v. IV, p. 679-688.

_____. *Vigiar e punir*. Petrópolis: Vozes, 1977.

FRAGOSO, João Luís Ribeiro. *Homens de grossa aventura*: acumulação e hierarquia na praça mercantil do Rio de Janeiro (1790-1830). Rio de Janeiro: Arquivo Nacional, 1992.

_____. Mercados e negociantes imperiais: um ensaio sobre a economia do império português (séculos XVII e XIX), *História: Questões & Debates*, Curitiba, n. 36, p. 99-127, 2002.

_____. Modelos explicativos da chamada "economia colonial" e a ideia de monarquia pluricontinental: notas de um ensaio. *História*, São Paulo, v. 31, n. 2, p. 106-145, jul./dez. 2012.

_____; BICALHO, Maria Fernanda; GOUVÊA, Maria de Fátima (Org.). *O antigo regime nos trópicos*: a dinâmica imperial portuguesa. Rio de Janeiro: Civilização Brasileira, 2001.

_____; FERREIRA, Roberto Guedes; KRAUSE, Thiago. *A América portuguesa e os sistemas atlânticos na Época Moderna*. Rio de Janeiro: Fundação Getulio Vargas, 2013.

_____; FLORENTINO, Manolo. *O arcaísmo como projeto*: mercado atlântico, sociedade agrária e elite mercantil no Rio de Janeiro, c. 1790-c. 1840. Rio de Janeiro: Diadorim, 1993.

_____; SAMPAIO, Antonio Carlos Jucá de (Org.). *Monarquia pluricontinental e a governança da terra no ultramar atlântico luso*: séculos XVI-XVIII. Rio de Janeiro: Mauad, 2012.

_____; _____; ALMEIDA, Carla Maria Carvalho de (Org.). *Conquistadores e negociantes*: histórias de elites no antigo regime nos trópicos. América Lusa, séculos XVI a XVIII. Rio de Janeiro: Civilização Brasileira, 2007.

FRANCHINI NETO, Helio. *Independência ou morte*: política e guerra na emancipação do Brasil. Tese (doutorado) — Universidade de Brasília, Brasília, 2015.

FRANCO, Francisco Soares. *Ensaio sobre os melhoramentos de Portugal e do Brasil*. Lisboa: Imprensa Nacional, 1821.

FRANCO, José Eduardo. Massacres ou martírios do marquês de Pombal? Memória e mito. *Revista Lusófona de Ciência das Religiões*, a. 9, n. 15, p. 283-301, 2009.

_____. A reforma pombalina da Universidade Portuguesa no quadro da reforma antijesuítica da educação. In: MARQUÊS DE POMBAL; JUNTA DE

PROVIDÊNCIA LITERÁRIA. *Compêndio Histórico da Universidade de Coimbra*. Introdução e coordenação de José Eduardo Franco e Sara Marques Pereira. Porto: Campo das Letras, 2008.

FREI Joaquim do Amor Divino Caneca. Organização e introdução de Evaldo Cabral de Mello. São Paulo: Editora 34, 2001.

FREYRE, Gilberto. *Casa-grande & senzala*. 7ª ed. Rio de Janeiro: José Olympio, 1952.

FRIDMAN, Fania. *Donos do Rio em nome do rei*: uma história fundiária da cidade do Rio de Janeiro. Rio de Janeiro: Jorge Zahar; Garamond, 1999.

FUMAROLI, Marc (Ed.). *La querelle des anciens et des modernes*. Paris, Gallimard, 2001.

FURET, François. *Dicionário crítico da Revolução Francesa*. Tradução de José Guilherme Merquior. Rio de Janeiro: Nova Fronteira, 1989.

FURTADO, Junia Pereira. *O Livro da Capa Verde*. O Regimento Diamantino de 1771 e a vida no Distrito Diamantino no período da real extração. São Paulo: Annablume, 1996.

_____; MONTEIRO, Nuno Gonçalo. Os Brasis na Histoire des Deux Indes do abade Raynal, *Varia História*, Belo Horizonte, v. 32, n. 60, p. 732-777, 2016.

GARCIA, Rodolfo. *Ensaio sobre a história política e administrativa do Brasil (1500-1810)*. Rio de Janeiro: José Olympio, 1956.

GARRET Almeida. *Portugal na balança da Europa*. Lisboa: Horizonte, s.d.

GARRIGUS, John D. *Before Haiti*: race and citizenship in French Saint-Domingue. Nova York: Palgrave Macmillan, 2014.

GESTEIRA, Heloisa Meireles; CAROLINO, Luis Miguel; MARTINHO, Pedro. *Formas do Império*: ciência, tecnologia e política em Portugal e no Brasil, séculos XVI ao XIX. São Paulo: Paz & Terra, 2014.

GODECHOT, Jacques. *Europa y América en la época napoleónica (1800-1815)*. Tradução de Jesús Lopes Pacheco. Barcelona: Labor, 1969.

GOLDMANN, Lucien. *Dialética e cultura*. Tradução de L. F. Cardoso e Carlos N. Coutinho. 2ª ed. Rio de Janeiro: Paz & Terra, 1979.

GOMES, Joaquim Ferreira. Pombal e a reforma da Universidade. *Brotéria*, v. 144, n. 5-6, p. 536-552, 1982.

GOMES, Laurentino. *1808*: como uma rainha louca, um príncipe medroso e uma corte corrupta enganaram Napoleão e mudaram a história de Portugal e do Brasil. São Paulo: Planeta do Brasil, 2007.

GOMES, Pinharanda. *Dicionário de filosofia portuguesa*. Lisboa: Dom Quixote, 1987.

GOMES, Rita Costa. *A corte dos reis de Portugal no final da Idade Média*. Lisboa: Difel, 1995.

GONÇALVES, Andrea Lisly. As várias independências: a contrarrevolução em Portugal e em Pernambuco e os conflitos antilusitanos no período do constitucionalismo (1821-1824). *Clio*, Recife, v. 36, p. 4-27, 2018.

GORENSTEIN, Riva. Comércio e política: o enraizamento de interesses mercantis portugueses no Rio de Janeiro (1808-1830). In: MARTINHO, Lenira Menezes; GORENSTEIN, Riva. *Negociantes e caixeiros na sociedade da Independência*. Rio de Janeiro: Secretaria Municipal de Cultura, Turismo e Esportes, 1993.

GOUVÊA, Maria de Fátima. Poder, autoridade e o senado da Câmara do Rio de Janeiro, c. 1780-1820, *Tempo*, Niterói, n. 13, p. 111-155, 2002.

_____; FRAGOSO, João Luís Ribeiro (Org.). *Na trama das redes*. Política e negócios no império português. Séculos XVI-XVIII. Rio de Janeiro: Civilização Brasileira, 2009.

GRAHAM, Richard. Constructing a nation in nineteenth-century Brazil: old and new visions on class, culture, and the State. *The Journal of the Historical Society*, v. 1, n. 2-3, p. 17-56, 2001.

GRAMSCI, Antonio. *Os intelectuais e a organização da cultura*. Tradução de Carlos Nelson Coutinho. 4ª ed. Rio de Janeiro: Civilização Brasileira, 1982.

GREENE, Jack. Hemispheric history and Atlantic history. In: GREENE, Jack; MORGAN, Philip (Ed.). *Atlantic history*: a critical appraisal. Oxford: Oxford University Press, 2009.

GUIMARÃES, Manoel Luís Salgado. Nação e civilização nos trópicos: o Instituto Histórico Geográfico Brasileiro e o projeto de uma história nacional. *Estudos Históricos*, v. 1, n. 1, p. 5-27, jan. 1988.

HALPERIN-DONGHI, Túlio. *Reforma y disolución de los impérios ibéricos, 1750-1850*. Madri: Alianza, 1985.

HAMNETT, Brian. *The End of Iberian Rule on the American Continent 1770-1830*. Cambridge: Cambridge University Press, 2017.

HANSEN, João Adolfo. Teatro da memória: monumento barroco e retórica. *Revista do Ifac*, Ouro Preto, n. 2, p. 40-54, dez. 1995.

HARTOG, François. *Regimes de historicidade*: presentismo e experiências do tempo. Belo Horizonte: Autêntica, 2014.

HAZARD, Paul. *O pensamento europeu no século XVIII*. Tradução de Carlos G. Babo. Lisboa: Presença; Rio de Janeiro: Martins Fontes, 1974, 2 v.

HESPANHA, António Manuel. A economia do dom. Amizades e clientela na ação política. In: _____ (Coord.). *O Antigo Regime*. Lisboa: Estampa, 1993. (v. 4 da *História de Portugal*, dir. José Mattoso).

_____. Às vésperas do Leviathan. Lisboa: Almedina, 1986, v. 1.

_____. Depois do Leviathan. *Almanack Braziliense*, n. 5, p. 55-66, 2007.

_____. Governo, elite e competência social: sugestões para um entendimento renovado da história das elites. In: BICALHO, Fernanda; FERLINI, Vera (Org.). *Modos de governar*. São Paulo: Alameda, 2005.

_____ (Coord.). *O Antigo Regime (1620-1807)*. Lisboa: Estampa, 1998 (v. 4 da *História de Portugal*, dir. José Mattoso).

_____; SILVA, Ana Cristina Nogueira da. A identidade portuguesa. In: _____ (Coord.). *O Antigo Regime* (1620-1807). Lisboa: Estampa, 1998 (v. 4 da *História de Portugal*, dir. José Mattoso).

HEYNEMANN, Cláudia Beatriz. *As culturas do Brasil*. São Paulo: Hucitec, 2010.

HOBSBAWM, Eric J. *A era das revoluções (1789-1848)*. Tradução de Maria T. L. Teixeira e Marcos Penchel. 5ª ed. Rio de Janeiro: Paz & Terra, 1982.

HOLANDA Sérgio Buarque de (Org.). *História geral da civilização brasileira*. São Paulo: Difel, 1982, t. 2, v. 1.

_____ (Org.). *História geral da civilização brasileira*. 3ª ed. São Paulo: Difel, 1972, t. 2, v. 2. (Dispersão e unidade).

_____ (Org.). *História geral da civilização brasileira*. 9ª ed. Rio de Janeiro: Bertrand Brasil, 2003 (Tomo II O Brasil monárquico: o processo de emancipação).

_____. O barão de Iguape. In: _____. *Livro dos prefácios*. São Paulo: Companhia das Letras, 1996.

_____. *Raízes do Brasil*. 17ª ed. Rio de Janeiro: José Olympio, 1984.

HUIZINGA, Johan. *Homo ludens*: o jogo como elemento da cultura. Trad. Paulo Monteiro. 2ª ed. São Paulo: Perspectiva, 1990.

IANNI, Octavio. Tendências do pensamento brasileiro. *Tempo Social*; Revista de Sociologia da USP, São Paulo, v. 12, n. 2, p. 55-74, nov. 2000.

JANCSÓ, Istvan. A construção dos Estados nacionais na América Latina — apontamentos para o Estudo do Império como projeto. In: SZMRECSÁNYI, Tamás; LAPA, José Roberto do Amaral (Org.). *História econômica da Independência e do Império*. 2. ed. São Paulo: Hucitec; Edusp; Imprensa Oficial, 2002.

_____ (Org.). *Brasil*: formação do Estado e da nação. São Paulo: Hucitec, 2003.

_____ (Org.). *Independência*: história e historiografia. São Paulo: Hucitec; Fapesp, 2005.

_____; PIMENTA, João Paulo G. Peças de um mosaico, (ou apontamentos para o estudo da emergência da identidade nacional brasileira). In: MOTA,

Carlos Guilherme. *Viagem incompleta*. A experiência brasileira (1500-2000). Formação: histórias. São Paulo: Senac, 2000.

JINKINGS, Ivana; DORIA, Kim; CLETO, Murilo (Org.). *Por que gritamos golpe?* Para entender o *impeachment* e a crise política no Brasil. São Paulo: Boitempo, 2016.

KANT, Immanuel. Resposta à pergunta: o que é o esclarecimento? (5 de dezembro de 1783). Tradução de Luiz Paulo Rouanet. Disponível em: <https://bioetica.catedraunesco.unb.br/wp-content/uploads/2016/04/Immanuel-Kant.-O-que-%C3%A9-esclarecimento.pdf>. Acesso em: 10 jun. 2018.

KANTOR, Iris. Ciência e cartografia na perspectiva do "poderoso império" (1798-1822): a experiência da Sociedade Real Marítima, Militar e Geográfica. In: VENÂNCIO, Renato Pinto; GONÇALVES, Andréa Lisly; CHAVES, Cláudia Maria das Graças (Org.). *Administrando impérios*: Portugal e Brasil nos séculos XVIII e XIX. Belo Horizonte: Fino Traço, 2011.

_____. Ciência e Império: trajetórias de ilustrados luso-americanos na segunda metade do século XVIII. In: LABORATÓRIO do mundo. Ideias e saberes do século XVIII. São Paulo: Pinacoteca do Estado; Imprensa Oficial, 2004.

KARASCH. Mary. *A vida dos escravos no Rio de Janeiro 1808-1850*. Tradução de Pedro Maia Soares. São Paulo: Companhia das Letras, 2000.

KIRSCHNER, Tereza Cristina. Burke, Cairu e o Império do Brasil. In: JANCSÓ, Istvan (Org.). *Brasil*: formação do Estado e da nação. São Paulo: Hucitec, 2003.

_____. *José da Silva Lisboa, visconde de Cairu*: itinerários de um ilustrado luso-brasileiro. São Paulo: Alameda, 2009.

KLEIN, Herbert S. *The Atlantic slave trade*. Cambridge: Cambridge University Press, 1999.

KOSELLECK, Reinhart. *Futuros pasado*. Para una semántica de los tiempos históricos. Barcelona: Paidós, 1993.

KRAAY, Hendrik. A visão estrangeira: a independência do Brasil (1780-1850) na historiografia europeia e norte-americana. In: JANCSÓ, István (Org.). *Independência*: história e historiografia. São Paulo: Hucitec, 2005.

_____. "Em outra coisa não falavam os pardos, cabras e crioulos": o "recrutamento" de escravos na guerra da independência do Brasil, 1822-1823. *Revista Brasileira de História*, v. 22, n. 43, p. 109-126, 2002.

_____. *Race, state, and armed forces in independence-era Brazil*: Bahia, 1790s-1840s. Stanford: Stanford University Press, 2002.

KURY, Lorelai Brilhante. Entre utopia e pragmatismo: a história natural no iluminismo tardio. In: SOARES, Luiz Carlos (Org.). *Da revolução científica à big (business) science*. São Paulo: Hucitec; Rio de Janeiro: Eduff, 2001.

_____. Homens de ciência no Brasil: impérios coloniais e circulação de informações (1780-1810). *História, Ciências, Saúde — Manguinhos*, Rio de Janeiro, v. 11 (supl. 1), p. 109-29, 2004.

LAINS, Pedro; SILVA, Álvaro Ferreira da (Org.). *História económica de Portugal (1700-2000)*. Lisboa: ICS — Imprensa de Ciências Sociais, 2005. V. I: O século XVIII.

LANGLEY, Lester. *The Americas in the age of revolution 1759-1850*. Nova York: Yale University Press, 1996.

LE GOFF, Jacques et al. Antigo/moderno. In: _____. *Memória-história*. Lisboa: Imprensa Nacional, 1984.

LEFEBVRE, Georges. *1789: o surgimento da Revolução Francesa*. Tradução de Claudia Schilling. São Paulo: Paz e Terra, 1989.

_____. *A Revolução Francesa*. Tradução de Ely Bloem de Melo Pati. São Paulo: Ibrasa, 1966.

LEITE, Edgard. Antijesuitismo no Brasil. *Revista de Estudos de Cultura*, n. 2, p. 52-59, mai./ago. 2015.

LEITE, Renato Lopes. *Republicanos e libertários*. Pensadores radicais no Rio de Janeiro (1822). Rio de Janeiro: Civilização Brasileira, 2000.

LEME, Margarida Ortigão Ramos Paes. Um breve itinerário editorial: do Arco do Cego à Impressão Régia. In: CAMPOS, Fernanda Maria Guedes de et al. (Org.). *A Casa Literária do Arco do Cego (1799-1801), bicentenário*. Lisboa: Biblioteca Nacional, Imprensa Nacional-Casa da Moeda, 1999.

LIGHT, Kenneth. *A viagem marítima da família real*. A transferência da corte portuguesa para o Brasil. Rio de Janeiro: Zahar, 2008.

LIMA, Azevedo. O saneamento do Amazonas. *Cultura Política — Revista de Estudos Brasileiros*, v. 1, n. 3, p. 98-111, 1941.

LIMA, Ivana Stolze; GRINBERG, Keila; REIS, Daniel Aarão (Org.). *Instituições nefandas*: o fim da escravidão e da servidão no Brasil, nos Estados Unidos e na Rússia. Rio de Janeiro: Fundação Casa de Rui Barbosa, 2018.

LIMA, Manuel de Oliveira. *D. João VI no Brasil (1808-1821)*. 2ª ed. Rio de Janeiro: José Olympio, 1945.

_____. *Dom João VI no Brasil*. 3ª ed. Rio de Janeiro: Topbooks, 1996.

_____. *Dom Pedro e dom Miguel*: a querela da sucessão. Brasília: Senado Federal, 2009.

_____. *Formação histórica da nacionalidade brasileira*. 3ª ed. São Paulo: Publifolha; Rio de Janeiro: Topbooks, 2000.

_____. *Formação histórica da nacionalidade brasileira.* Brasília: Senado Federal, 2012.

_____. *História diplomática do Brasil*: o reconhecimento da independência. Rio de Janeiro: Garnier, 1901.

_____. *O movimento da Independência 1821-1822*. São Paulo: Melhoramentos, 1922.

_____. *O papel de José Bonifácio no movimento da independência*. São Paulo: Tipografia do Diário Oficial, 1907 (Conferência reproduzida na *Revista do Instituto Histórico e Geográfico de São Paulo*, n. 12, 1907).

LINHARES, Maria Yedda (Org.). *História geral do Brasil*. 9ª ed. Rio de Janeiro: Campus, 1990.

_____; SILVA, Francisco Carlos Teixeira da. *História agrária brasileira*: combates e controvérsias. São Paulo: Brasiliense, 1981.

_____; _____. *Terra prometida*: uma história da questão agrária no Brasil. Rio de Janeiro: Campus, 1999.

LIRA, Augusto de Tavares. *Organização política e administrativa do Brasil*. São Paulo: Editora Nacional, 1941.

LOPES, Marcos Antonio. *O político na modernidade*: moral e virtude nos espelhos de príncipes da idade clássica. São Paulo: Loyola, 1997.

LOPES, Nei. *Enciclopédia brasileira da diáspora africana*. São Paulo: Selo Negro, 2004.

LOURENÇO, Eduardo. *Nós e a Europa ou as duas razões*. 2ª ed. Lisboa: Imprensa Nacional, 1988.

LUSTOSA, Isabel. *D. Pedro I.* Um herói sem nenhum caráter. São Paulo: Companhia das Letras, 2006.

_____. *Insultos impressos*. A guerra dos jornalistas na Independência (1821-1823). São Paulo: Companhia das Letras, 2000.

LYNCH, Christian Edward Cyril. Conservadorismo caleidoscópico: Edmund Burke e o pensamento político do Brasil oitocentista, *Lua Nova*, São Paulo, n. 100, p. 313-362, 2017.

LYNCH, John. *Bourbon Spain 1700-1808*. Oxford: Blackwell, 1989.

LYRA, Maria de Lourdes. A atuação da mulher na cena pública: diversidade de atores e de manifestações políticas no Brasil imperial. *Almanack Brasiliense*, n. 3, p. 105-122, mai. 2006.

_____. *A utopia do poderoso império*. Portugal e Brasil: bastidores da política (1798-1822). Rio de Janeiro: Sette Letras, 1994.

MACEDO, Jorge Borges de. *A situação económica no tempo de Pombal*: alguns aspectos. 3ª ed. Lisboa: Gradiva, 1989.

_____. Estrangeirados: um conceito a rever. *Bracara Augusta — Revista cultural da Câmara Municipal de Braga*, v. XXVIII, n. 65-66 (77-78), p. 179-202, 1974.

_____. *História diplomática portuguesa*. Constantes e linhas de força. Estudo de geopolítica. Lisboa: Instituto de Defesa Nacional, s.d.

_____. *Problemas de história da indústria portuguesa no século XVIII*. 2ª ed. Lisboa: Querco, 1982.

MACHADO, Alcântara. *Vida e morte do bandeirante*. Belo Horizonte: Itatiaia; São Paulo: Edusp, 1980.

MAGALHÃES, José. *Breve história diplomática de Portugal*. Lisboa: Europa-América, 1990.

MALERBA, Jurandir. *A corte no exílio*: civilização e poder no Brasil às vésperas da Independência (1808-1821). São Paulo: Companhia das Letras, 2000.

_____. *A corte no exílio*. Civilização e poder no Brasil às vésperas da independência. 2ª ed. São Paulo: companhia das Letras, 2018a.

_____. *Brasilianos*. Capítulos avulsos da história da formação brasileira. São Paulo: Alameda, 2017.

_____. Duas histórias do Brasil de dom João. *Revista Brasileira* (revista da Academia Brasileira de Letras), Rio de Janeiro, fase VII, a. XV, n. 57, p. 105-124, 2008.

_____. Esboço crítico da recente historiografia sobre independência do Brasil (c.1980-2002). In: _____ (Org.). *A independência brasileira*: novas dimensões. Rio de Janeiro: Editora FGV, p. 19-52, 2006a.

_____. Independence-Brazil. In: FRANCIS, J. Michael (Org.). *Encyclopedia of Iberian American relations*. Santa Barbara (CA): ABC-Clio, 2005, v. 2.

_____. *Notas à margem*. Teoria e crítica historiográfica. Serra, ES: Milfontes, 2018b.

_____. *O Brasil imperial (1808-1889)*. Panorama da história do Brasil no século XIX. Maringá: Eduem, 1999.

_____. O que narram os historiadores? Para uma genealogia da questão narrativa em história, *Topoi*, Rio de Janeiro, v. 17, n. 33, p. 399-418, jul./dez. 2016.

_____. The new style: etiquette during the exile of the Portuguese Court in Rio de Janeiro (1808-1821). In: DÉPELTEAU; François; LANDINI, Tatiana (Ed.). *Norbert Elias and empirical research*. Nova York: Palgrave Macmillan, 2017.

_____ (Org.). *Lições de história*. Da história científica à crítica da razão metódica no limiar do século XX. Rio de Janeiro: Editora FGV; Porto Alegre: Edipucrs, 2013.

_____ (Org.). *A independência brasileira*: novas dimensões. Rio de Janeiro: Editora FGV, 2006b.

_____ (Org.). *A velha história*. Campinas: Papirus, 1996.

MCFARLANE, Anthony. Independências americanas na era das revoluções: conexões, contextos, comparações. In: MALERBA, Jurandir (Org.). *A independência brasileira*: novas dimensões. Rio de Janeiro: Editora da FGV, 2006.

MANCHESTER, Alan. A formação da aristocracia brasileira. In: ESTUDOS americanos de história do Brasil. Rio de Janeiro: Ministério das Relações Exteriores; Imprensa Nacional, 1967.

_____. A transferência da corte portuguesa para o Rio de Janeiro. In: HENRY, H. Keith; EDWARDS, S. F. *Conflito e continuidade na sociedade brasileira*. Tradução de José Lourenço de Melo. Rio de Janeiro: Civilização Brasileira, 1970.

_____. *Preeminência Inglesa no Brasil*. São Paulo: Brasiliense, 1973.

MARCÍLIO, Maria Luiza. Levantamentos censitários da fase protoestatística do Brasil. *Anais de História*, Assis (SP), v. 9, p. 63-75, 1977.

MARCOS, Rui de Figueiredo. *As companhias pombalinas*: contributo para a história das sociedades por ações em Portugal. Coimbra: Almedina, 1997.

MARIUTTI, Eduardo Barros. *Balanço do debate*: a transição do feudalismo ao capitalismo. São Paulo: Hucitec, 2004.

MARQUES, Antonio Henrique Rodrigo de Oliveira: Uma descrição de Portugal. *Nova História*, Lisboa, v. 1, p. 135-136, 1984.

MARQUES, Maria Eduarda C. M. O "soldado prático" e a lógica da economia do dom. *Revista USP*, São Paulo, n. 83, p. 126-135, set./nov. 2009.

MARQUES, Vera Regina Beltrão. *Natureza em boiões*: medicinas e boticários no Brasil setecentista. Campinas: Unicamp, 1999.

MARQUES, Xavier. *Sargento Pedro*: tradições da independência. 2ª ed. Salvador: Catilina, 1921.

MARQUÊS DE POMBAL; JUNTA DE PROVIDÊNCIA LITERÁRIA. *Compêndio histórico da Universidade de Coimbra*. Introdução e Coordenação de José Eduardo Franco e Sara Marques Pereira. Porto: Campo das Letras, 2008.

MARTINHO, Lenira Menezes, GORENSTEIN, Riva. *Negociantes e caixeiros na sociedade da Independência*. Rio de Janeiro: Secretaria Municipal de Cultura, Turismo e Esportes, 1993 (Biblioteca Carioca).

MARTINS, Ismênia; MOTTA, Márcia (Org.). *1808, a Corte no Brasil*. Niterói: Editora da UFF, 2010.

MARTINS, J. P. de Oliveira. *História de Portugal*. 4ª ed. Lisboa: Bertrand, 1887.

MARTINS, Ruivo. As ciências físico-matemáticas em Portugal e a reforma pombalina. In: ARAÚJO, Ana Cristina (Org.). *O marquês de Pombal e a universidade*. 2ª ed. Coimbra: Imprensa da Universidade, 2014.

MARTINS, Wilson. *História da inteligência brasileira*. São Paulo: Cultrix; Edusp, 1977-1978.

MARX, Karl. A chamada acumulação primitiva. In: _____. *O capital*: para a crítica da economia política. Livro I, volume II. Rio de Janeiro: Civilização Brasileira, 2013.

MATTOS, Hebe et al. (Org.). *Historiadores pela democracia*. São Paulo: Alameda, 2016.

MATTOS, Ilmar Rholof de. *O tempo saquarema*. 5ª ed. São Paulo: Hucitec, 2004.

MATTOS, Renato de. Versões e interpretações: revisitando a historiografia sobre a abertura dos portos brasileiros (1808). *HiSTOReLo. Revista de Historia Regional y Local*, v. 9, n. 17, p. 471-506, 2017.

MAUSS, Marcel. Essai sur le don. Forme et raison de l'echange dans les sociétés archaïques. In: _____. *Sociologie et anthropologie*. Paris: PUF; Quadrige, 1993 [1925].

MAXWELL, Kenneth. *A devassa da devassa*. Rio de Janeiro: Paz e Terra: 1985.

_____. *Chocolate, piratas e outros malandros*. Ensaios tropicais. São Paulo: Paz e Terra, 1999.

_____. Condicionalismos da Independência do Brasil. In: SERRÃO, Joel; MARQUES, A. H. de Oliveira. *Nova história da expansão portuguesa*. O império luso-brasileiro (1750-1822). Lisboa: Estampa, 1986, v. 8.

_____. *Marquês de Pombal*: paradoxo do iluminismo. Rio de Janeiro: Paz e Terra, 1996.

_____; SILVA, Maria Beatriz Nizza da. A política. In: SILVA, Maria Beatriz Nizza da (Coord.). *O império luso-brasileiro (1750-1822)*. Lisboa: Estampa, 1986.

MAZARINO, Giulio Raimondo, cardeal. *Breviário dos políticos*. Tradução de Roberto A. L. Costa. 2ª ed. Brasília: Alhambra, s.d.

MEIRELLES, Juliana Gesuelli. *Política e cultura no governo de d. João VI*. Tese (doutorado) — Universidade de Campinas, Campinas, 2013.

MELLO, Evaldo Cabral de. *A outra independência*: o federalismo pernambucano de 1817 a 1824. São Paulo: Editora 34, 2004.

_____. *Um imenso Portugal*. História e historiografia. São Paulo: Editora 34, 2002.

MENDONÇA, Marcos Carneiro de. *O Intendente Câmara*: Manuel Ferreira da Câmara Bethencourt e Sá, intendente geral das Minas e dos Diamantes, 1764-1835. São Paulo: Companhia Editora Nacional, 1958.

_____. *O marquês de Pombal e o Brasil*. São Paulo: Companhia Editora Nacional, 1960.

MENESES, José Newton. Rotas de saberes entre Europa e américas e a edição de livros técnicos de agricultura no mundo luso-brasileiro do século XVIII e início do séc. *XIX, Rilp — Revista Internacional em Língua Portuguesa*, n. 28/29, p. 97-120, 2015.

MENESES, Tobias Barreto de. A questão do Poder Moderador (1871). In: _____. *A questão do Poder Moderador e outros ensaios brasileiros*. Petrópolis: Vozes, 1977.

MENZ, Maximiliano M. A companhia de Pernambuco e Paraíba e o funcionamento do tráfico de escravos em Angola (1759-1775/80). *Afro-Ásia*, n. 48, p. 45-76, 2013.

MICHELET, Jules. *História da Revolução Francesa*: da queda da Bastilha à festa da federação. São Paulo: Companhia das Letras; Círculo do Livro, 1989.

MINK, Louis O. Collingwood's dialetic of history. In: _____. *Historical understanding.* Ithaca; Londres: Cornell University Press, 1987.

_____. *Mind, history, and dialectic*: the philosophy of R. G. Collingwood. Bloomington: Indianna University Press, 1969.

MIRANDA, Tiago Costa Pinto dos Reis. "Estrangeirados." A questão do isolacionismo português nos séculos XVII e XVlII. *Revista de História*, São Paulo, n. 123-124, p. 35-70, ago./jul. 1990/1991.

MONCADA, Luís Cabral de. *Um "iluminista" português do século XVIII*: Luís António Verney. São Paulo: Saraiva, 1941.

MONTEIRO, John E. *Negros da terra*: índios e bandeirantes nas origens de São Paulo. São Paulo: Companhia das Letras, 1994.

MONTEIRO, Nuno Gonçalo. A história social em Portugal (1779-1974). Esboço de um itinerário de pesquisa. In: MATOS, Sérgio Campos; JOÃO, Maria Isabel (Org.). *Historiografia e res publica nos últimos dois séculos.* Lisboa: Centro de História da Universidade de Lisboa; Centro de Estudos das Migrações e das Relações Interculturais da Universidade Aberta, p. 183-202, 2017.

_____. Nobreza titulada e elites na monarquia portuguesa antes e depois de 1808. In: MARTINS, Ismênia; MOTTA, Márcia (Org.). *1808, a Corte no Brasil*. Niterói: Editora da UFF, 2010.

_____. Notas sobre a nobreza, fidalguia e titulares nos finais do Antigo Regime. *Ler História*, Lisboa, n. 10, p. 15-48, 1987.

_____. *O crepúsculo dos grandes*: a casa e o património da aristocracia em Portugal (1750-1832). Lisboa: Casa da Moeda, 1995.

_____. O endividamento aristocrático (1750-1832), alguns aspectos. *Análise Social*, Lisboa, v. 27, n. 116-117, p. 263-283, 1992.

_____. O "ethos" nobiliárquico no final do Antigo Regime: poder simbólico, império e imaginário social. *Almanack Braziliense*, n. 2, p. 4-20, 2005.

_____. Poder senhorial, estatuto nobiliárquico e aristocracia. In: HESPANHA, Antonio Manuel (Coord.). *História de Portugal*. O Antigo Regime. Lisboa: Estampa, 1998.

_____; CARDIM, Pedro; CUNHA, Mafalda Soares da (Org.). *Optma pars*. Elites ibero-americanas do Antigo Regime. Lisboa: Imprensa de Ciências Sociais, 2005.

MONTEIRO, Tobias. *História do Império*. A elaboração da Independência. Belo Horizonte: Itatiaia, 1981, 2 v.

MONTELLO, Josué (Dir.). *História da Independência do Brasil*. Rio de Janeiro: A Casa do Livro, 1972, 4 v.

MORAES, Rubens Borba de. *Bibliografia brasileira do período colonial*. São Paulo: IEB/USP, 1969.

_____. *Livros e bibliotecas no Brasil colonial*. Rio de Janeiro: Livros Técnicos; São Paulo: Secretaria da Cultura, Ciência e Tecnologia, 1979.

_____; BERRIEN, William. *Manual bibliográfico de estudos brasileiros*. Rio de Janeiro: Gráfica Editora Souza, 1949.

MORAIS, Francisco. Estudantes da Universidade de Coimbra nascidos no Brasil. *Brasília*, Coimbra, Universidade de Coimbra/Instituto de Estudos Brasileiros, supl. ao v. 4, 1949.

MOREL, Marco. *As transformações dos espaços públicos*: imprensa, atores políticos e sociabilidades na Cidade Imperial (1820-1840). São Paulo: Hucitec, 2005a.

_____. *Cipriano Barata na Sentinela da Liberdade*. Salvador: Academia de Letras da Bahia; Assembleia Legislativa do Estado, 2001.

_____. Independência no papel: a imprensa periódica. JANCSÓ, Istvan (Org.). *Independência*: história e historiografia. São Paulo: Hucitec; Fapesp, 2005b.

_____. La génesis de la opinión pública moderna y el proceso de independencia (Río de Janeiro, 1820-1840). In: GUERRA, François-Xavier et al. *Los espacios públicos em Iberoamerica*: ambiguedades y problemas. Siglos XVIII-XIX. México, DF: Fondo de Cultura Económica, 1998.

_____. Papéis incendiários, gritos e gestos: a cena pública e a construção nacional nos anos 1820-1830. *Topoi*, Rio de Janeiro, v. 4, p. 39-58, 2002.

MOTA, Carlos Guilherme (Org.). *1822*: dimensões. São Paulo: Perspectiva, 1972.

MOTTA, Márcia (Org.). *Dicionário da terra*. Rio de Janeiro: Civilização Brasileira, 2005.

MOTTA SOBRINHO, Alves. *A civilização do café (1820-1920)*. São Paulo: Brasiliense, 1967.

MUNTEAL FILHO, Oswaldo. *Domenico Vandelli no anfiteatro da natureza*: a cultura científica do reformismo ilustrado português na crise do antigo sistema colonial (1779-1808). Dissertação (mestrado) — Pontifícia Universidade Católica, Rio de Janeiro, 1993.

_____. *Uma sinfonia para o novo mundo*. A Academia Real de Ciências de Lisboa e os caminhos da Ilustração luso-brasileira na crise do Antigo Sistema Colonial. Tese (doutorado) — Universidade Federal do Rio de Janeiro, Rio de Janeiro, 1998.

NESBITT, Nick. *Universal emancipation*: the Haitian Revolution and the radical enlightenment. Charlottesville: University of Virginia Press, 2008.

NEVES, Guilherme Pereira das. Do império luso-brasileiro ao império do Brasil. *Ler História*, Lisboa, v. 27-28, p. 75-102, 1995.

_____. *E Receberá Mercê*: a Mesa da Consciência e Ordens e o clero secular no Brasil, 1808-1828. Rio de Janeiro: Arquivo Nacional, 1997.

_____. Guardar mais silêncio do que falar: Azeredo Coutinho, Ribeiro dos Santos e a escravidão. In: CARDOSO, José Luís (Org.). *A economia política e os dilemas do império luso-brasileiro (170-1822)*. Lisboa: Comissão Nacional para as Comemorações dos Descobrimentos Portugueses, 2001.

_____. Repercussão, no Brasil, das reformas pombalinas da educação: o Seminário de Olinda. *Revista do Instituto Histórico e Geográfico Brasileiro*, Rio de Janeiro, v. 159, n. 401, p. 1707-1728, 1998.

NEVES, Lucia Maria Bastos Pereira das. *Corcundas e constitucionais*: a cultura política da Independência (1820-1822). Rio de Janeiro: Revan; Faperj, 2003.

_____. O império luso-brasileiro redefinido: o debate político da Independência (1820-1822). *Revista do Instituto Histórico e Geográfico Brasileiro*, Rio de Janeiro, n. 306, 1995.

_____. Revolução: em busca do conceito no Império luso-brasileiro (1789-1922). In: FERES JR., João; JASMIN, Marcelo (Org.). *História dos conceitos*: diálogos transatlânticos. Rio de Janeiro: Loyola; PUC-RJ, 2007.

_____; MACHADO, Humberto Fernandes. *O Império do Brasil*. Rio de Janeiro: Nova Fronteira, 1999.

NORMAN, Richard. *The moral philosophers*: an introduction to ethics. Oxford: Clarendon Press, 1992.

NORTON, Luís. *A corte de Portugal no Brasil*. 2ª ed. São Paulo: Companhia Editora Nacional, 1979.

NOVAIS, Fernando A. A proibição das manufaturas no Brasil e a política econômica portuguesa do fim do século XVIII. *Revista de História*, São Paulo, n. 142-143, p. 213-237, dez. 2000.

_____. O reformismo ilustrado luso-brasileiro: alguns aspectos. *Revista Brasileira de História*, São Paulo, n. 7, p. 105-118, 1984.

_____. *Portugal e Brasil na crise do Antigo Sistema Colonial (1777-1808)*. 6. ed. São Paulo: Hucitec, 1995.

_____; ARRUDA, José Jobson. Introdução. In: LISBOA, José da Silva. *Observações sobre a franqueza da indústria, e estabelecimento de fábricas no Brasil*. Brasília: Senado Federal, 1999.

_____; MOTA, Carlos Guilherme. *A independência política do Brasil*. São Paulo: Contexto, 1986.

_____; _____. *A Independência política do Brasil*. São Paulo: Hucitec, 1996.

OLIVAL, Maria Fernanda de. *Para uma análise sociológica das Ordens militares no Portugal do Antigo Regime. (1581-1621)*. Dissertação (mestrado) — Faculdade de Letras de Lisboa, Lisboa, 1988.

OLIVEIRA, Antônio Camilo de. Bibliografia da história do reconhecimento da Independência. In: ANAIS do Congresso de História da Independência do Brasil. Rio de Janeiro: Departamento de Imprensa Nacional, 1975.

_____. Reconhecimento da independência do Brasil e do Império. *Revista do Instituto Histórico e Geográfico Brasileiro*, Rio de Janeiro, n. 298, 1973.

OLIVEIRA, Cecília Helena L. de Salles. *A astúcia liberal*. Relações de mercado e projetos políticos no Rio de Janeiro (1820-1824). Bragança Paulista: Edusf; Ícone, 1999.

OLIVEIRA, Eduardo Romero de. A ideia de Império e a fundação da Monarquia Constitucional no Brasil (Portugal-Brasil, 1772-1824). *Tempo*, Niterói, n. 18, p. 43-63, 2005.

OLIVEIRA, José Teixeira de Oliveira. *História do Espírito Santo*. 2ª ed. Vitória: Fundação Cultural do Espírito Santo, 1975.

OSÓRIO, Helen. *O império português no sul da América*: estancieiros, lavradores e comerciantes. Porto Alegre: Editora da UFRGS, 2007.

PAIM, Antônio. *A meditação ética portuguesa*: período moderno. Rio de Janeiro: Tempo Brasileiro, 2001.

_____. Silvestre Pinheiro Ferreira. In: _____. *História das ideias filosóficas no Brasil*. 5ª ed. Londrina: Eduel, 1997.

_____. D. Rodrigo de Sousa Coutinho (1745-1812). Notícia bibliográfica. *Revista Portuguesa de Filosofia*, t. 38, n. 4, p. 558-580, 1982.

PAQUETTE, Gabriel. *Enlightenment, governance, and reform in Spain and its Empire, 1759-1808*. Cambridge: Palgrave Macmillan, 2008.

_____. *Imperial Portugal in the age of Atlantic revolutions*: the Luso-Brazilian world, c. 1770-1850. Cambridge: Cambridge University Press, 2013.

_____ (Org.). *Enlightened reform in Southern Europe and its Atlantic colonies, c. 1750-1830*. Farnham: Ashgate, 2009.

PARTIDO DO MOVIMENTO DEMOCRÁTICO BRASILEIRO. Uma ponte para o futuro. Brasília: Fundação Ulysses Guimarães, 2015.

PATACA, Ermelinda. *Terra, água e ar nas viagens científicas portuguesas (1755-1808)*. Tese (doutorado) — Universidade de Campinas, Campinas, 2006.

PATRÍCIO, Manuel Ferreira. Apresentação. In: Marquês de Pombal; JUNTA DE PROVIDÊNCIA LITERÁRIA. *Compêndio histórico da Universidade de Coimbra*. Introdução e Coordenação José Eduardo Franco e Sara Marques Pereira. Porto: Campo das Letras, 2008.

PAULA, Sérgio Goes de (Org.). *Hipólito José da Costa*. São Paulo: Editora 34, 2001.

PEDREIRA, Jorge Miguel. Economia e política na explicação da Independência do Brasil. In: MALERBA, Jurandir (Org.). *A independência brasileira*: novas dimensões. Rio de Janeiro: Editora FGV, 2006.

PEDREIRA, Jorge Miguel. *Estrutura industrial e mercado colonial. Portugal e Brasil (1780-1830)*. Lisboa: Difel, 1994.

_____. Os negociantes de Lisboa na segunda metade do século XVIII: padrões de recrutamento e percursos sociais. *Análise Social*, Lisboa, v. 27, n. 116-117, p. 407-440, 1992.

_____; COSTA, Fernando Dores. *D. João VI*. Um príncipe entre dois continentes. São Paulo: Companhia das Letras, 2008.

PEREIRA, José Esteves. Prefácio. In: MARQUÊS DE POMBAL; JUNTA DE PROVIDÊNCIA LITERÁRIA. *Compêndio Histórico da Universidade de Coimbra*. Introdução e Coordenação José Eduardo Franco e Sara Marques Pereira. Porto: Campo das Letras, 2008.

_____. *Silvestre Pinheiro Ferreira*: o seu pensamento político. Coimbra: Universidade de Coimbra, 1974.

PEREIRA, Sara Marques. *D. Carlota Joaquina e os "espelhos de Clio"*: actuação política e figurações historiográficas. Lisboa: Horizonte, 1999.

PIETSCHMANN, Horst. *Las reformas borbónicas y el sistema de intendencia en Nueva España*. Un estudio político-administrativo. Tradução de R. R. Meyer Misteli. México, DF: Fondo de Cultura Económica, 1996.

PIMENTA, João Paulo Garrido. A independência do Brasil como uma revolução: história e atualidade de um tema clássico. *História da Historiografia*, Ouro Preto, n. 3, p. 53-82, 2009.

_____. *A Independência do Brasil e a experiência hispano-americana (1808-1822)*. São Paulo: Hucitec, 2015.

_____. A Independência do Brasil e o liberalismo português: um balanço da produção acadêmica. *Revista Digital de Historia Iberoamericana*, v. 1, n. 1, p. 71-105, 2008.

_____. De Raynal a De Pradt: apontamentos para um estudo da ideia de emancipação da América e sua leitura no Brasil, *Almanack Braziliense*, São Paulo, n. 11, p. 88-99, mai. 2010.

_____. Portugueses, americanos, brasileiros: identidades políticas na crise do Antigo Regime luso-americano. *Almanack Braziliense*, on-line, São Paulo, v. 3, 2006.

PITA, João Rui. Medicina, cirurgia e arte farmacêutica na reforma pombalina da Universidade de Coimbra. In: ARAÚJO, Ana Cristina (Org.). *O marquês de Pombal e a universidade*. 2ª ed. Coimbra: Imprensa da Universidade, 2014.

POMBO, Nívia. A cidade, a universidade e o Império: Coimbra e a formação das elites dirigentes (séculos XVII-XVIII), *Intellèctus*, Rio de Janeiro, a. XIV, n. 2, p. 1-20, 2015a.

_____. *Dom Rodrigo de Sousa Coutinho*. Pensamento e ação político-administrativa no Império português (1788-1812). São Paulo: Hucitec, 2015b.

_____. Unidade política e dependência econômica: d. Rodrigo e as concepções geopolíticas para a América portuguesa (1796-1803). In: SIMPÓSIO NACIONAL DE HISTÓRIA — ANPUH, XXVI, jul. 2011, São Paulo. Anais…

PORTER, Rou (Ed.). *The Cambridge history of science*. V. 4. Enlightened-century science. Cambridge: Cambridge University Press, 2003.

POTSCH, Waldemiro. *História natural ou O Brasil e suas riquezas*. 11ª ed. Rio de Janeiro: Oficinas Gráficas Villas Boas, 1934.

PRADO JR., Caio. *Formação do Brasil contemporâneo*. 18ª ed. São Paulo: Brasiliense, 1983.

_____. *Evolução política do Brasil*. Colônia e império. 15ª ed. São Paulo: Brasiliense, 1986.

PRADO, João Fernando de Almeida. *Tomás Ender*: pintor austríaco na corte de d. João VI no Rio de Janeiro. Um episódio da formação da classe dirigente brasileira (1817-1818). São Paulo: Companhia Editora Nacional, 1955.

PRADO, Maria Lígia C. A participação das mulheres nas lutas pela independência política da América Latina. In: _____. *América Latina no século XIX*: tramas, telas e textos. São Paulo: Edusp, 1999.

PRATA, Manuel Alberto Carvalho. A Universidade e a sociedade portuguesa na segunda metade do século XVIII. In: ARAÚJO, Ana Cristina (Coord.).

O marquês de Pombal e a universidade. 2ª ed. Coimbra: Imprensa da Universidade, 2014.

PRESTAGE, Edgar. *As relações diplomáticas de Portugal com a França, Inglaterra e Holanda de 1640 a 1668*. Coimbra: Imprensa da Universidade, 1928.

QUEIRÓS, João Felipe. A matemática (1537-1771). In: CORREIA, António Ferrer et al. (Ed.). *História da universidade em Portugal*. Coimbra: Universidade de Coimbra; Fundação Calouste Gulbenkian, 1993.

RAMINELLI, Ronald. Ciência e colonização: Viagem Filosófica de Alexandre Rodrigues Ferreira. *Tempo*, Niterói, v. 3, n. 6, s.n.p., 1998.

_____. Do conhecimento físico e moral dos povos: iconografia e taxionomia na Viagem Filosófica de Alexandre Rodrigues Ferreira, *História, Ciências, Saúde — Manguinhos*, Rio de Janeiro, v. VIII (supl.), p. 969-991, 2001.

_____. Ilustração e patronagem: estratégias de ascensão social no império português. *Anais de História de Além-Mar*, Lisboa, v. 6, p. 297-325, 2005.

_____. Nobreza e riqueza no Antigo Regime ibérico setecentista. *Revista de História*, São Paulo, n. 169, p. 83-110, 2013.

_____. *Nobrezas do Novo Mundo*: Brasil e ultramar hispânico, século XVII e XVIII. Rio de Janeiro: Editora FGV, 2015.

_____. *Viagens ultramarinas*: monarcas, vassalos e governo a distância. São Paulo: Alameda, 2008.

RAMIREZ, Ezequiel Stanley. *As relações entre a Áustria e o Brasil. 1815-1889*. Tradução de A. J. Lacombe. São Paulo: Companhia Editora Nacional, 1968.

RAMOS, Gustavo Teixeira et al. (Org.). *A classe trabalhadora e a resistência ao golpe de 2016*. Bauru: Canal 6, 2016.

RAMOS, Luís António de Oliveira. *D. Pedro, imperador e rei*. Experiências de um príncipe (1798-1834). Lisboa: Imprensa Nacional; Casa da Moeda, 2007.

RAO, Anna Maria. Enlightenment and reform: an overview of culture and politics in Enlightenment Italy. *Journal of Modern Italian Studies*, v. 10, n. 2, p. 142-167, 2005.

REIS, João José; SILVA, Eduardo. *Negociação e conflito*: a resistência negra no Brasil escravista. São Paulo: Companhia das Letras, 1989.

REIS, José Carlos. Wilhelm Dilthey. In: MALERBA Jurandir (Org.). *Lições de história*. Da história científica à crítica da razão metódica no limiar do século XX. Rio de Janeiro: Editora FGV; Porto Alegre: Edipucrs, 2013.

_____. *Wilhelm Dilthey e a autonomia das ciências histórico-sociais*. Londrina: Eduel, 2003.

RESENDE, Maria Leônia Chaves; LANGFUR, Hal. Minas Gerais indígena: resistência dos índios nos sertões e nas vilas de El-Rei. *Tempo*, Niterói, n. 23, p. 15-32, 2007.

RIBEIRO, Gladys Sabina. *A liberdade em construção*: identidade nacional e conflitos antilusitanos no Primeiro Reinado. Rio de Janeiro: Relume-Dumará, 2002.

_____. As noites das garrafadas: uma história entre outras de conflitos antilusitanos e raciais na Corte do Rio de Janeiro em 1831. *Luso-Brazilian Review*, Madison, v. 37, n. 2, p. 59-74, 2000.

RIBEIRO, João Ubaldo. *Viva o povo brasileiro*. Rio de Janeiro: Nova Fronteira, 1984.

RIBEIRO, José Silvestre. *História dos estabelecimentos scientíficos, litterários e artísticos de Portugal*. Lisboa: Typographia da Academia Real das Sciencias, 1871-1914, v. I.

RICCI, Magda. Cabanos, patriotismo e identidades: outras histórias de uma revolução. In: KRINBERG, Keila; SALLES, Ricardo (Org.). *O Brasil Imperial*. Rio de Janeiro: Civilização Brasileira, 2010, v. 2.

RICUPERO, Rubens. *A abertura dos portos*. São Paulo: Senac, 2007.

RISÉRIO, Antonio. *Uma história da cidade da Bahia*. Rio de Janeiro: Versal, 2004.

RIZZINI, Carlos. *O livro, o jornal e a tipografia no Brasil (1500-1882)*: com um breve estudo geral sobre a informação. Rio de Janeiro: Liv. Kosmos Ed.; São Paulo: Erich Eichner & Cia. Ltda, 1946.

ROCHA, Antonio Penalves. *A economia política na sociedade escravista*. São Paulo: Hucitec, 1996.

_____. *A recolonização do Brasil pelas cortes*. São Paulo: Unesp, 2009.

_____. Introdução. In: LISBOA, José da Silva. *Visconde de Cairu*. São Paulo: Editora 34, 2001.

RODRIGUES, Antonio Edmilson M.; MARTINS, E. A querela entre antigos e modernos: genealogia da modernidade. _____; FALCON, Francisco José C. *Tempos modernos*: ensaios de história cultural. São Paulo: Civilização Brasileira, 2000.

RODRIGUES, Jose Honório. *Independência*: revolução e contrarrevolução. Rio de Janeiro: Francisco Alves, 1975, 5 v.

_____. O pensamento político e social de José Bonifácio. In: _____. *Vida e história*. Rio de Janeiro: Civilização Brasileira, 1966.

ROGERS, Dominique. On the road to citizenship: the complex route to integration of the free people of color in two capitals of Saint-Domingue. In: GEGGUS, David P.; FIERING, Norman (Org.). *The world of the Haitian Revolution*. Bloomington: Indiana University Press, 2009.

ROSEN, Frederick. *Utilitarianism from Hume to Mill*. Nova York: Routledge, 2003.

ROSSI, Paolo. *O nascimento da ciência moderna na Europa*. Tradução de Antonio Angonese. Bauru: Edusc, 2001.

RUDÉ, George. *A Europa no século XVIII*. Lisboa: Gradiva, 1988.

RUSSELL-WOOD, Anthony John R. A base moral e ética do governo local no Atlântico luso-brasileiro durante o Antigo Regime. In: VENÂNCIO, Renato Pinto; GONÇALVES, Andréa Lisly; CHAVES, Cláudia Maria das Graças (Org.). *Administrando impérios*: Portugal e Brasil nos séculos XVIII e XIX. Belo Horizonte: Fino Traço, 2011.

_____. The travels of Fernão Mendes Pinto by Fernão Mendes Pinto, Rebecca D. Catz. *The International History Review*, v. 12, n. 3, p. 568-572, 1990.

_____. Centros e periferias no mundo luso-brasileiro, 1500-1808. *Revista Brasileira de História*, on-line, v. 18, n. 36, p. 187-250, 1998.

_____. *Fidalgos e filantropos*: a Santa Casa da Misericórdia da Bahia, 1550-1755. Brasília: UnB, 1981.

SALLES, Ricardo; GRIMBERG, Keila. *O Brasil imperial*. Rio de Janeiro: Civilização Brasileira, 2010, 3 v.

SAMPAIO, Antonio Carlos Jucá de. *Na encruzilhada do império*: hierarquias sociais e conjunturas econômicas no Rio de Janeiro (c.1650-c.1750). Rio de Janeiro: Arquivo Nacional, 2003.

SANTOS, Afonso Carlos Marques dos. *No rascunho da nação*: inconfidências no Rio de Janeiro. Rio de Janeiro: Prefeitura Municipal do Rio de Janeiro, 1992.

SANTOS, Boaventura de Sousa. *Um discurso sobre as ciências*. 16ª ed. Porto: B. Sousa Santos; Afrontamento, 2010.

SANTOS, Christian Fausto Moraes dos. Das memórias do Arco do Cego: divulgação científica na américa portuguesa do século XVIII. *Diálogos*, Maringá, v. 12, p. 20-38, 2008.

SANTOS, Eugénio Francisco dos. O Brasil pombalino na perspectiva iluminada de um estrangeirado. *História, Revista da Faculdade de Letras*, Porto, série II, v. 8, p. 75-106, 1991.

_____. José Bonifácio revisitado: o universitário e o militar. *História, Revista da Faculdade de Letras*, Porto, III Série, v. 9, p. 281-313, 2008.

SANTOS, Fabricio Lyrio. A expulsão dos jesuítas da Bahia: aspectos econômicos. *Revista Brasileira de História*, v. 28, n. 55, p. 171-195, 2008.

SANTOS, Isau. A cedência de Bombaim aos ingleses. *Mare Liberum, Revista de História dos Mares*, n. 9, 1994 (VII Seminário internacional de História Indo-Portuguesa, Goa).

SARAIVA, Antônio José. *Inquisição e cristãos novos*. 3ª ed. Porto: Inova, 1969.

SCHAFFER, Simon. Late enlightenment crises of facts: Mesmerism and meteorits. *Configurations*, v. 26, n. 2, p. 119-148, 2018

SCHIAVINATTO, Iara Lis. Entre trajetórias e impérios: apontamentos de cultura política e historiografia. *Tempo*, Niterói, v. 14, n. 27, p. 23-35, 2009.

_____. Questões de poder na fundação do Brasil: o governo dos homens e de si (c. 1780-1830). In: MALERBA, Jurandir (Org.). *A independência brasileira*: novas dimensões. Rio de Janeiro: Editora FGV, 2006.

SCHULTZ, Kirsten. Atlantic transformations and Brazil's Imperial Independence. In: TUTINO, John (Ed.). *New countries*. Capitalism, revolutions, and nations in America, 1750-1870. Durham: Duke University Press, 2016.

_____. *"Tropical Versailles"*: the transfer of the Portuguese Court to Rio de Janeiro, monarchy and empire. Tese (doutorado) — Universidade de Nova York, Nova York, 1998.

_____. *Tropical Versailles*: empire, monarchy, and the Portuguese royal court in Rio de Janeiro (1808-1821). Nova York: Routledge, 2001.

_____. *Versalhes tropical*. Rio de Janeiro: Civilização Brasileira, 2008.

SCHWARCZ, Lilia Moritz et al. *A longa viagem da biblioteca dos reis*: do terremoto de Lisboa à Independência do Brasil. São Paulo: Companhia das Letras, 2002.

_____. *O espetáculo das raças*: cientistas, instituições e questão racial no Brasil (1870-1930). São Paulo: Companhia das Letras, 1993.

_____. *O sol do Brasil*: Nicolas-Antoine Taunay e as desventuras dos artistas franceses na corte de d. João. São Paulo: Companhia das Letras, 2008.

_____; STARLING, Heloísa M. *Brasil*: uma biografia. São Paulo: Companhia das Letras, 2015.

SCHWARZ, Stuart. *Burocracia e sociedade no Brasil*. São Paulo: Perspectiva, 1979.

_____. *Sugar plantations in the formation of Brazilian society*: Bahia, 1550-1830. Cambridge: Cambridge University Press, 1985.

SCHWENGBER, Jacson. *Ler os clássicos com "olhos modernos"*: ou como a história antiga deveria ser lida no século XVIII português: método e crítica em Verney. Dissertação (mestrado) — Universidade Federal do Rio Grande do Sul, Porto Alegre, 2016.

SERRÃO, Joaquim Veríssimo. *História de Portugal*. Lisboa: Verbo, 1980.

SERRÃO, Joel (Dir.). *Dicionário de história de Portugal*. Lisboa: Iniciativas Editoriais, 1971.

SERRÃO, José Vicente. Sistema político e funcionamento institucional no pombalismo. In: MARQUES DA COSTA, Fernando; DOMINGUES, Francisco Contente; MONTEIRO, Nuno Gonçalves (Org.). *Do Antigo Regime ao liberalismo (1750-1850)*. Lisboa: Vega, 1989.

SILVA, Ana Rosa Cloclet. *Construção da nação e escravidão no pensamento de José Bonifácio*: 1783-1823. Dissertação (mestrado) — Universidade de Campinas, Campinas, 1996.

_____. *Inventando a nação*: intelectuais ilustrados e estadistas luso-brasileiros no crepúsculo do Antigo Regime português: 1750-1822. São Paulo: Hucitec; Fapesp, 2006.

_____. *Inventando a nação*: intelectuais ilustrados e estadistas luso-brasileiros no crepúsculo do Antigo Regime português: 1750-1822. Tese (doutorado) — Universidade de Campinas, Campinas, 2000.

SILVA, Andrée Mansuy-Diniz. Imperial re-organization, 1750-1808. In: BETHELL, Leslie. *Colonial Brazil*. Cambridge: Cambridge University Press, 1987.

SILVA, Armando Marques da. *A filosofia política de Silvestre Pinheiro Ferreira*. Rio de Janeiro: PUC-RJ, 1977.

SILVA, Armando Barreiros Malheiro da. *Miguelismo*: ideologia e mito. Coimbra: Livraria Minerva, l993.

SILVA, Clarete Paranhos da. *Garimpando memórias*: as ciências mineralógicas e geológicas no Brasil na transição do século XVIII para o XIX. Tese (doutorado em ciências da terra) — Universidade de Campinas, Campinas, 2004.

SILVA, Isabel Corrêa da. O "letrado patriota": elites, ideologia e nação no processo de emancipação política ibero-americano. Roteiro bibliográfico. *Ler História*, n. 61, p. 171-187, 2011.

_____. Review of Dolhnikoff, Miriam. *José Bonifácio*. O patriarca vencido. *e-JPH*, v. 13, n. I, p. 125-131, 2015.

SILVA, Juremir Machado da. *História regional da infâmia*. Porto Alegre: L&PM, 2011.

SILVA, Luiz Geraldo. O avesso da Independência: Pernambuco, 1817-1824. In: MALERBA, Jurandir (Org.). *A independência brasileira*: novas dimensões. Rio de Janeiro: Editora FGV, 2006.

_____. Negros patriotas. Raça e identidade social na formação do Estado nação (Pernambuco, 1770-1830). JANCSÓ, Istvan (Org.). *Brasil*: formação do Estado e da nação. São Paulo: Hucitec; Fapesp; Unijuí, 2003.

SILVA, Maria Beatriz Nizza da. *A cultura Luso-brasileira*. Da reforma da Universidade à independência do Brasil. Lisboa: Estampa, 1999.

_____. Cultura Luso-brasileira, 1772-1808, *Arquipélago — História*, 2ª série, n. II, p. 193-207, 1997.

_____. *Cultura letrada e cultura oral no Rio de Janeiro dos vice-reis*. São Paulo: Unesp, 2013.

_____ (Coord.). *O império luso-brasileiro (1750-1822)*. Lisboa: Estampa, 1986.

_____. *Silvestre Pinheiro Ferreira*: ideologia e teoria. Lisboa: Sá da Costa, 1975.

_____. Um grande inventário da natureza: políticas da Coroa em relação ao Brasil na segunda metade do século XVIII. In: GESTEIRA, Heloisa Meireles; CAROLINO, Luis Miguel; MARTINHO, Pedro. *Formas do império*: ciência, tecnologia e política em Portugal e no Brasil, séculos XVI ao XIX. São Paulo: Paz & Terra, 2014.

SILVA DIAS, José Sebastião da. O vintismo: realidades e estrangulamentos políticos. *Análise Social*, v. XVI, n. 61-62, p. 273-278, 1980.

SIQUEIRA, Lucília. O ponto em que estamos na historiografia sobre o período de rompimento entre Brasil e Portugal. *Almanack Braziliense*, n. 3, p. 81-104, 2006.

SKINNER, Quentin. *As fundações do pensamento político moderno*. São Paulo: Companhia das Letras, 1996.

SMITH, Adam. *A riqueza das nações*. Investigação sobre sua natureza e suas causas. São Paulo: Nova Cultural; Círculo do Livro, 1996.

_____. *Teoria dos sentimentos morais*. São Paulo: Martins Fontes, 1999.

SOBOUL, Albert. *A Revolução Francesa*. 6ª ed. Tradução de Rolando Roque da Silva. São Paulo: Difel, 1986.

SODRÉ, Nelson Werneck. *História da imprensa no Brasil*. Rio de Janeiro: Civilização Brasileira, 1966.

_____. *O que se deve ler para conhecer o Brasil*. Rio de Janeiro: Centro Brasileiro de Pesquisas Educacionais, 1960.

SOLLA, Luiz de Castro; BARRETO, Américo. Bodas da família real no Brasil. *Boletim da Sociedade de Geografia de Lisboa*, Lisboa, série 99ª, n. 7-9 e 10-12, p. 299-311, jul./dez. 1981.

SORIANO, Luz. *História da Guerra Civil e do estabelecimento do governo parlamentar em Portugal comprehendendo a história diplomática militar e política d'este reino desde 1777 até 1834*. Lisboa: Imprensa Nacional, 1866-1890. 19 v.

_____. *História de El rei d. João VI primeiro rei constituicional de Portugal e do Brazil em que se referem os principais actos e ocorrencias do seu governo bem como algumas particularidades de sua vida privada*. Lisboa: Universal, 1866.

SOUSA, Alberto. *Os Andradas*. São Paulo: Piratininga, 1922.

SOUSA, Otávio Tarquínio de. *História dos fundadores do Império do Brasil*. Belo Horizonte: Itatiaia; São Paulo: Edusp, 1988, 3 v. (A vida de d. Pedro I).

_____. *História dos fundadores do Império do Brasil*. Brasília: Senado Federal, Conselho Editorial, 2015 (v. 1. José Bonifácio).

_____. Independência — Iº Reinado — Regência. In: MORAES, Rubens Borba de; BERRIEN, William. *Manual bibliográfico de estudos brasileiros*. Rio de Janeiro: Gráfica Editora Souza, 1949.

_____. *José Bonifácio (1763-1838)*. Rio de Janeiro: José Olympio, 1945.

SOUZA, Bernardino José de. *Joana Angélica*: a primeira heroína da independência do Brasil. Salvador: Imprensa Official do Estado, 1922.

SOUZA, Iara Lis Carvalho. *Pátria coroada*. O Brasil como corpo político autônomo (1780-1831). São Paulo: Unesp, 1999.

SOUZA, Jessé. *A radiografia do golpe*: entenda como e por que você foi enganado. São Paulo: Leya, 2016.

SOUZA, Laura de Mello e. *O sol e a sombra*. Política e administração na América Portuguesa do século XVIII. São Paulo: Companhia das Letras, 2006.

SPENCER, Leitman. Negros farrapos: hipocrisia racial no sul do Brasil no século XIX. In: DACANAL, José Hildebrando. *A Revolução Farroupilha*: história & interpretação. Porto Alegre: Mercado Aberto, 1985.

STARLING, Heloísa. *Ser republicano no Brasil*. A história de uma tradição esquecida. São Paulo: Companhia das Letras, 2018.

STAROBINSKI, Jean. *Jean-Jacques Rousseau*: a transparência e o obstáculo. Tradução de Maria Lúcia Machado. São Paulo: Companhia das Letras, 1991.

_____. *1789*: os emblemas da razão. Tradução de Maria Lucia Machado. São Paulo: Companhia das Letras, 1988.

STRECK, Danilo R. *Rousseau e a educação*. Belo Horizonte: Autêntica, 2008.

SWEEZY, Paul et al. *The transition from feudalism to capitalism*. A symposium. Londres: Fore Publications, 1954.

TAUNAY, Afonso de Escragnole. A missão artística de 1816. *Revista de Instituto Histórico e Geográfico Brasileiro*, Rio de Janeiro, v. 74, Iª parte, p. 5-202, 1911.

TEIXEIRA, Ivan. *Mecenato pombalino e poesia neoclássica*. Basílio da Gama e a poética do encômio. São Paulo: Edusp, 1999.

TENGARRINHA, José (Org.). *História de Portugal*. 2ª ed. rev. e ampl. Bauru: Edusc; São Paulo: Unesp; Portugal: Instituto Camões, 2001.

TOCQUEVILLE, Alexis de. *O Antigo Regime e a Revolução*. Tradução de Rosemary Costhek Abílio. São Paulo: WMF Martins Fontes, 2009.

TORGAL, Luís Reis. Pombal perante as ideologias tradicionalistas e católicas. In: SANTOS, Maria Helena Carvalho dos (Org.). *Portugal revisitado*. Lisboa: Estampa, 1984, v. I.

TRONI, Joana Almeida. *Catarina de Bragança*. Lisboa: Colibri, 2008.

TUNNERMANN, Carlos. Breve historia del desarrollo de la universidad en América Latina. In: _____. *La educación superior en el umbral del siglo XXI*. Caracas: Cresalc, 1996.

VAINFAS, Ronaldo (Org.). *Dicionário do Brasil colonial* (1500-1808). Rio de Janeiro: Objetiva, 2000.

VALADARES, Virgínia Maria Trindade. Trajetória do homem e do estadista Melo e Castro. *Cadernos de História*, Belo Horizonte, v. 3, n. 4, p. 36-46, out. 1998.

VALIM, Patrícia. Maria Quitéria vai para guerra. In: FIGUEIREDO, Luciano (Org.). *História do Brasil para ocupados*. Rio de Janeiro: Casa da Palavra, 2013.

VANZOLINI, Paulo Emílio. A contribuição zoológica dos primeiros naturalistas viajantes no Brasil. *Revista USP*, São Paulo, n. 30, p. 190-239, 1996.

VARELA, Alex Gonçalves. A trajetória do ilustrado Manuel Ferreira da Câmara em sua "fase europeia" (1783-1800). *Tempo*, Niterói, v. 12, n. 23, p. 150-175, 2007.

_____. Atividades científicas no Império português: um estudo da obra do "metalurgista de profissão" Manuel Ferreira da Câmara — 1783-1820. *História, Ciências, Saúde — Manguinhos*, on-line, v. 15, n. 4, p. 1.201-1.208, 2008.

_____. Naturalista e homem público: a trajetória do ilustrado José Bonifácio de Andrada e Silva em sua fase portuguesa (1780-1819), *Anais do Museu Paulista*, São Paulo, n. sér., v. 13, n. 1, p. 207-234, jan./jun. 2005.

_____. *Atividades científicas na "bela e bárbara" capitania de São Paulo (1796-1823)*. São Paulo: Annablume, 2009.

VARNHAGEN, Francisco Adolfo de. *História da Independência do Brasil*. 3ª ed. São Paulo: Melhoramentos, 1957.

_____. *História da Independência do Brasil até o reconhecimento pela antiga metrópole, comprehendendo, separadamente, a dos sucessos ocorridos em algumas províncias até essa data*. Rio de Janeiro: Imprensa Nacional, 1917. (*RIHGB*, v. 133).

_____. *História da Independência do Brasil*. 4. ed. São Paulo: Melhoramentos, s.d.

VEBLEN, Thorstein. *Teoria de la classe ociosa*. Tradução Vicente Herrero. 2ª ed. México, DF: Fondo de Cultura Económica, 1951.

VENÂNCIO, Renato Pinto; GONÇALVES, Andréa Lisly; CHAVES, Cláudia Maria das Graças (Org.). *Administrando Impérios*: Portugal e Brasil nos séculos XVIII e XIX. Belo Horizonte: Fino Traço, 2011.

VERGER, Pierre. *Fluxo e refluxo do tráfico de escravos entre o Golfo do Benin e a Baía de Todos os Santos dos Séculos XVII a XIX*. Tradução de Tasso Gadzanis. 2ª ed. São Paulo: Corrupio, 1987.

VILLA, Marco Antonio. *A história das Constituições brasileiras*. São Paulo: Leya, 2011.

VILLALTA, Luiz Carlos. *1789-1808*: o Império Luso-Brasileiro e os Brasis. São Paulo: Companhia das Letras, 2000.

_____. *O Brasil e a crise do Antigo Regime português (1788-1822)*. Rio de Janeiro: Editora FGV, 2016a.

_____. *Reformismo ilustrado e práticas de leitura*: usos do livro na América Portuguesa. Tese (doutorado) — Universidade de São Paulo, São Paulo, 1999.

_____. *Usos do livro no mundo luso-brasileiro sob as luzes*: reformas, censura e contestações. 2ª ed. Belo Horizonte: Fino Traço, 2016b.

_____. Pernambuco, 1817, "encruzilhada de desencontros" do Império luso-brasileiro. Notas sobre as ideias de pátria, país e nação. *Revista USP*, São Paulo, v. 58, p. 58-91, jun./jul./ago. 2003.

VILLAS BÔAS, Glaucia. *Mudança provocada*: passado e futuro no pensamento sociológico brasileiro. Rio de Janeiro: Editora FGV, 2006.

VOVELLE, Michel. *A Revolução Francesa (1789-1799)*. Tradução de Mariana Echalar. São Paulo: Unesp, 2012.

_____. *Breve história da Revolução Francesa*. Lisboa: Presença, 1986.

VVAA. *A transição do feudalismo para o capitalismo*. 5ª ed. Tradução de Isabel Didonnet. Rio de Janeiro: Paz e Terra, 1977.

WAIZBORT, Leopoldo. O mal-entendido da democracia; Sérgio Buarque de Hollanda, *Raízes do Brasil*, 1936. *Revista Brasileira de Ciências Sociais*, v. 26, n. 76, p. 39-62, 2011.

WEGNER, Robert. Livros do Arco do Cego no Brasil colonial. *História, Ciências, Saúde — Manguinhos*, Rio de Janeiro, v. 11 (suplemento 1), p. 131-140, 2004.

WEHLING, Arno. Constitucionalismo e engenharia social no contexto da independência. In: _____. Pensamento político e elaboração constitucional no Brasil: estudos de história das ideias políticas. Rio de Janeiro: Instituto Histórico e Geográfico Brasileiro, p. 11-23, 1994.

WILKEN, Patrick. *Empire adrift*. The Portuguese court in Rio de Janeiro (1808-1821). Londres: Bloomsbury, 2005.

WOOLF, Daniel. *A global history of history*. Cambridge: Cambridge University Press, 2011

XAVIER, Ângela Barreto; HESPANHA, Antônio Manuel. A representação da sociedade e do poder. In: HESPANHA, Antônio Manuel (Coord.). *O Antigo Regime*. Lisboa: Estampa, 1993.

_____; SANTOS, Catarina Madeira. Cultura intelectual das elites coloniais. *Cultura. Revista de História e Teoria das Ideias*, n. 24, II série, 2007.

ÍNDICE ONOMÁSTICO

A. J. R. Russell-Wood, 72, 108, 109, 202, 328, 329, 336, 352, 408
Afonso III, 119
Almeida, Fortunato de, 190
Almodóvar, António, 230, 334, 355-57
Armitage, João, 194, 239, 344, 345, 350, 357, 362
Azevedo, João Lúcio de, 46, 57, 66, 323, 325

Bacon, Francis, 87, 90
Barbosa, Januário da Cunha, 134, 259, 265
Barbosa, Jorge da Cunha, 25
Barbosa, Rui, 107
Beauchamp, Pierre, 239, 357
Benci, Jorge, 152, 344
Bentham, Jeremy, 65
Bluteau, Rafael, 41, 81, 322, 330
Bobadela, Gomes Freire de Andrade, 44, 322
Bonaparte, Napoleão, 75, 160, 165, 176, 198, 213, 232, 243-45, 247, 345
Branco, Alves, 259, 266
Brandão, Raul, 160, 206
Brito, João Rodrigues, 31, 145, 311, 355
Brito, Marcos de Noronha e, 169, 377
Burke, Edmund, 224, 225, 231-33
Buttafuoco, Matteo, 288, 324

Calmon, Pedro, 214, 239, 324
Câmara, Arruda, 105, 264
Camões, Luís Vaz de, 72, 157
Cardoso, José Luís, 95, 101, 355

Carolino, Luís Miguel, 94, 103
Castro, Damião de Lemos Faria e, 187
Castro, Martinho de Melo e, 81, 92, 94, 116, 140, 220
Condillac, Étienne Bonnot de, 65
Costa, Ana Francisca Rosa Maciel da, 194
Costa, Fernando Torres, 209
Costa, José Vicente Ferreira Cardoso da, 192
Coutinho, bispo Joaquim José da Cunha Azeredo, 30, 31, 33, 37, 44, 86, 103, 105, 114, 124, 127, 130, 133, 134, 137-42, 147, 149, 153, 163, 220, 228, 291, 296, 298, 303, 311, 335, 341-44
Coutinho, Domingos Antônio de Sousa, 119
Coutinho, Francisco de Lemos Faria Pereira, 52
Coutinho, Francisco Maurício de Sousa, 119
Coutinho, Rodrigo de Sousa, 13, 18, 29, 30, 31, 37, 44, 62, 65, 74, 75, 77, 78, 86, 87, 89, 93, 97, 98, 101, 107, 114, 115, 117, 119, 132, 133, 138, 142, 143, 152, 159, 175, 217, 225, 252, 274, 278, 281, 306, 309, 311, 319, 328, 332, 335, 337, 340, 341, 352
Crébillon, Claude Prosper de, 67
Cujas, Jacques, 56
Cunha, Alexandre M., 95, 101
Cunha, Luís da, 41, 42, 120, 321

d'Alembert, Jean le Rond, 91, 120
Dias, Maria Odila da Silva, 104, 201, 202

Diderot, Denis, 67, 91

dona Leopoldina, 167, 175-181, 246, 347, 357

Elias, Norbert, 183, 185, 191

Ferrez, Marc, 246
Ferrez, Zepherin, 246
Florentino, Manolo, 204
Fragoso, João Luís, 204
Fragoso, Joaquim Pedro, 277
Franco, Francisco Soares, 31, 57, 146, 228, 280, 292, 294, 295, 297, 304, 305, 321, 323
frei Veloso, 92, 96
Freycenet, Louis de, 204
Funchal, conde de, 118, 119, 280, 290, 293, 330, 338
Funchal, marquês de *veja* conde de Funchal
Furtado, Francisco Xavier de Mendonça, 45

Galileu, 42
Gramsci, Antonio, 57
Grotius, Hugo, 42, 56
Guimarães, Manuel Pinheiro, 173, 175
Gusmão, Alexandre de, 41, 42

Heineccius, Johann Gottlieb, 56
Helvétius, Claude-Adrien, 65
Holanda, Sérgio Buarque de, 139, 149, 153, 193, 201, 202, 225, 250, 256, 341, 342, 349
Hume, David, 65

Jancsó, Iztvan, 105,
João III, 49, 52
João VI, 31, 176, 177, 180, 186, 192, 200, 209, 211, 246, 250, 264, 268,
Jordão, Manoel Rodrigues, 276
José I, 31, 43, 46, 49, 55, 74, 78, 85, 90, 113, 119, 147, 187, 200, 322, 338
Junot, Jean-Andoche, 159, 160, 169

Kant, Immanuel, 43, 65, 327
Kantor, Iris, 340
Koselleck, Reinhart, 66
Kury, Lorelai, 94, 104

La Beaumelle, Laurent Angliviel de, 239
La Mettrie, Julien Offray de, 67
Leão, Brás Carneiro, 175, 194
Lebreton, Joachim, 246
Ledo, Gonçalves, 259, 262, 263, 265, 266
Lima, Oliveira, 193, 205, 206, 239
Lisboa, Baltasar da Silva, 244, 251, 285, 350, 352, 353
Lisboa, José da Silva, 13, 20, 31, 44, 86, 92, 105, 133, 157, 188, 211-17, 225, 312, 355
Locke, John, 42
Lopes, Elias Antônio, 174, 175
Lord Strangford, 165
Loyola, Inácio de, 47
Luccock, John, 166, 346
Luís Gonçalves dos Santos, 169, 192, 357
Luís XIV, 141, 183, 184, 348
Lyra, Maria de Lourdes Viana, 105

Macedo, Duarte Ribeiro, 40
Maria I, 31, 53, 58, 62, 74, 75, 82, 118, 177, 191, 200, 279, 323, 338, 358
Marrocos, Joaquim dos Santos, 194, 198
Maxwell, Kenneth, 31, 86, 103, 105, 111, 323
Mello, José Maria de, 134
Melo, Sebastião José de Carvalho e, 30, 42, 43, 74, 85, 113
Meneses, Rodrigo de, 40
Metternich, Klemens Wenzel von, 178
Monteiro, Tobias, 179, 193, 206, 239,
Montesquieu, 87, 128, 147, 266, 275, 303
Montigny, Grandjean de, 246

Neves, Lucia Bastos, 105
Newton, Isaac, 42,
Novais, Fernando, 78, 93, 219

Oeynhausen, João Carlos Augusto, 276
Ottoni, José Elói, 108, 133, 311

padre Antônio Vieira, 40, 152, 324
padre Malagrida, 43
Padre Perereca *veja* Luís Gonçalves dos Santos
Pedreira, Jorge Miguel, 209, 349, 351
Pereira, José Clemente, 259
Pimenta, João Paulo, 105
Pinheiro, Silvestre, 216, 250, 355
Pinto, Fernão Mendes, 72
Pires, Francisco Xavier, 173, 175
Pombal, Marquês de, 20, 29 30, 42, 43, 49, 74, 120, 133, 305, 309, 322, 338
Pombo, Nivea, 94, 334, 340
Portugal, Marcos Antônio, 246
Portugal, Tomás Antônio Vilanova, 207, 272
Pufendorf, Samuel von, 56

Quesnay, François, 87, 100

Raminelli, Ronald, 94,
Raynal, Guillaume Thomas François, 87, 102, 120, 334
Rodrigues, José Honório, 206, 285, 286, 353
Rousseau, Jean-Jacques, 66, 67, 87, 288

Sá, Manuel Ferreira da Câmara Bethencourt e, 277, 340, 355
Sanches, Antônio Nunes Ribeiro, 41, 42, 120, 324
Say, Jean-Baptiste, 65, 137
Silva, Amaro Velho da, 173, 175
Silva, Andrée Mansuy-Diniz, 94, 99, 131, 330, 340,

Silva, José Bonifácio de Andrada e, 13, 18, 19, 30, 31, 78, 86, 133, 138, 142, 237, 240, 260, 261, 271, 276, 313, 319, 344, 355
Silva, Maria Beatriz Nizza da, 87, 94, 105
Siqueira, Antonio d'Oliva de Sousa, 253, 255
Siqueira, Joaquim José da, 31, 86, 186
Smith, Adam, 20, 65, 87, 92, 100, 102, 131, 137, 216-19, 225, 234, 334, 340, 341, 349, 355
Sousa, Otávio Tarquínio de, 206, 277, 320, 365
Spinoza, 67

Taunay, Auguste Marie, 246
Taunay, Nicolas Antoine, 246
Tavares, Muniz Tavares, 253

Valentim, Alexandre, 79, 80, 81, 116, 117, 131
Vandelli, Domenico, 89, 219, 225, 340, 355
Varnhagen, Francisco Adolfo de, 239, 250, 261, 363
Verney, Luís Antônio, 42, 54
Viana, Paulo Fernandes, 170, 202, 350
Vieira, padre Antônio, 40, 152
Vilhena, Luís dos Santos, 31, 44, 107, 124, 137, 311,
visconde de Cairu *veja* José da Silva Lisboa, 13, 20, 29, 30, 31, 44, 86, 92, 105, 133, 157, 188, 192, 204, 206, 211-15, 225, 229, 312, 355
Voltaire, 66, 67, 87

Wehling, Arno, 253